普通高等教育"十二五"规划教材
21世纪高等师范院校教师教育教改系列教材

主编 周玲
副主编 唐靖 罗锋

云南地方史

西南交通大学出版社
·成都·

图书在版编目（CIP）数据

云南地方史/周玲主编．—成都：西南交通大学出版社，2011.9

21世纪高等师范院校教师教育教改系列教材

普通高等教育"十二五"规划教材

ISBN 978-7-5643-1334-0

Ⅰ．①云… Ⅱ．①周… Ⅲ．①云南省－地方史 Ⅳ．①K297.4

中国版本图书馆CIP数据核字（2011）第162203号

21世纪高等师范院校教师教育教改系列教材
普通高等教育"十二五"规划教材

云 南 地 方 史

主编　周玲

责 任 编 辑	郭发仔
特 邀 编 辑	杨岳峰
封 面 设 计	原谋书装
出 版 发 行	西南交通大学出版社
	（成都二环路北一段111号）
发行部电话	028-87600564　028-87600533
邮 政 编 码	610031
网　　　址	http://press.swjtu.edu.cn
印　　　刷	四川锦祝印务有限公司
成 品 尺 寸	185 mm×260 mm
印　　　张	14
字　　　数	348千字
版　　　次	2011年9月第1版
印　　　次	2011年9月第1次
书　　　号	ISBN 978-7-5643-1334-0
定　　　价	42.00元

图书如有印装质量问题　本社负责退换

版权所有　盗版必究　举报电话：028-87600562

述往事，思来者

周玲老师将她主编的《云南地方史》书稿发给我，嘱我写几句话。

中华民族历来有重视治史的优良传统。司马迁曾说："究天人之际，通古今之变，成一家之言。"这种精神在后世中国文化中得到了很好的传承。重视历史的学习与研究，注意总结和汲取历史经验，也是中国共产党的一个优良传统。毛泽东同志认为，"读历史是智慧的事"。他指出，"今天的中国是历史的中国的一个发展"，马克思主义者看问题，一定不能割断历史。1944年在中国抗日战争即将取得胜利之际，毛泽东同志在整风运动中倡导全党学习《甲申三百年祭》，希望全党同志吸取历史教训，"不要重犯胜利时骄傲的错误"。这次以史为鉴的学习，对中国共产党领导中国人民取得抗日战争和解放战争的胜利产生了深远影响，为中国共产党的"进京赶考"做了思想铺垫。江泽民同志也认为："一个民族如果忘记了自己的历史，就不可能深刻地了解现在和正确地走向未来。"我们"如果不了解中国的历史，特别是中国的近代史、现代史和我们党的历史，就不可能认识和把握中国社会发展的客观规律，继承和发扬我们党在长期斗争中形成的光荣传统，也就不能胜任领导建设有中国特色的社会主义事业。"

我历来认为历史研究的成果不仅具有历史学的意义，还有思想政治教育的意义。在思想政治理论课教学中，历史知识的传授、历史素养的培养有其特殊的地位和意义，而引进地方史教育对进行爱国主义教育、乡土教育作用突出。地方史，通常也称区域史，其内容涉及一定地理空间的政治、经济、文化、社会生活等方面，它是探索地方社会历史发展过程及其规律的学科。

云南由于地处祖国西南边疆，又是一个多民族地区，所以云南地方史同时具有地方史、区域史、边疆史、民族史的多重性质，它讲述了云南与内地的政治经济文化联系和云南各民族社会发展、抗击西方殖民侵略、积极投身民主革命的历史，是中国多民族国情的典型写照，因此，在爱国主义教育中具有典型意义。

比如晚清时期，英法等侵略者一步步将其势力范围向云南边疆扩张，引发了祖国西南的边疆危机，从而使云南从昔日的边鄙之地一变而成为关系到国家生死存亡的战略要地。在这种"强权之势，非尚武不足以立国"的严峻形势下，要捍卫疆土安全、维护国土尊严，首先就必须发展壮大自己的国防力量。云南各民族没有坐以待毙，而是奋起抵抗，作出了大量彪炳祖国史册的爱国业绩。其中，清末民初创办的云南陆军讲武堂，虽地处当时偏远的云南，但因在同类军事院校中具有系统性和正规性的优势，从而逐渐发展为规模较大、成绩显著、声名远播的一所军事学堂，为中国近现代民主革命作出了巨大贡献，被视为滇军军官和云南民主革命的摇篮。为此，云南同盟会元老李根源先生曾深情地回忆说："自辛亥以来，国体三嬗，云南以贫瘠阻绝之地，尝先天下以卫共和。"其在中国近代军事史和革命史上影响之深远，早已超出了云南一省的疆域，是值得所有云南人尤其是云南青年深刻铭记的。

"尝一脔而知鼎味"，我们由此可知云南地方历史与整个中国史之间的密切关系，也由此可以充分体现出学习云南地方史的重要性。周玲老师主编的这本书在使高校学生全面了解云南地方历史方面将产生积极的作用。尽管该书主要是写云南地方史的古代部分，但她告诉我，他们有志于将这本地方史书完整地写到近现代，这无疑能为云南大学生更好地了解祖国近现代历史提供一个有益的视角，我期待这一重要工作能够早日完成。

云南师范大学哲学与政法学院院长　　陈路　教授
2011 年 5 月 22 日

汲取历史的智慧与力量

地方史，通常也称区域史，是历史学的一门分支学科，其视野集中于一定地域空间（行政区划、地理区域）的自然地理、山川河流、政治、经济、文化、社会生活等方面，并对该地域空间的地方性特征进行专题考究。它突出了地方或区域的独特性历史脉络，探索一定地理空间的社会历史发展过程及其规律。

作为一个长期从事思想政治理论课教学与研究的老教师，我一直在思考这个问题，即如何把云南地方历史同高校思想政治理论课，尤其是其中的"中国近现代史纲要"课有效地结合起来，使云南的大学生在了解祖国历史的时候，也能加深对所生所长的这片热土的历史的了解。"中国近现代史纲要"课被列为全国大学生公共必修的思想政治理论课，是以胡锦涛同志为总书记的党中央作出的决定，对于加强大学生的思想政治理论教育工作，帮助当代大学生了解国史、国情有着重要的意义。但是，"中国近现代史纲要"课的教学还需注意收集和运用地方历史的资料，使学生了解地方历史与文化。这在客观上要求讲授这门课的教师们要在已有国史国情教材的基础上，进一步挖掘和整理省史省情的教材，以适应思想政治理论教学的要求。

由周玲老师主编的这本《云南地方史》，涵盖了云南古代的经济、政治、文化与社会生活等诸多方面内容，为高校学生全面了解云南的省史省情具有重要的参考价值。这本教材突出的特点主要有：一是具有综合性。本书内容既有云南地方的历史沿革与政治概况，以使读者能对每一时期具有标志性的云南上层建筑有一个大致的了解，另外又增加了每一时期云南的经济、文化等内容，尤其加上了各个时期社会生活的内容，使读者能对云南古代历史的各个方面能进行全面的把握。二是有一定的新视角。本书既注意说明各个时期云南地方与内地王朝的关系，强调云南历史是中国大历史不可分割的一部分，又注意强调云南地方历史发展的特殊性，照顾云南社会发展在相当长时期内具有相对独立性这一历史事实。尤其在唐宋时期云南历史的章节命名问题上，没有采用长期沿袭的"隋唐时期的云南"或"宋朝时期的云南"这种称呼，而是使用"南诏国"和"大理国"的国号，这样更突出了地方史的历史事实。

周玲老师是一个勤于思考、视野开阔、做事严谨的人，据我所知，在其主持的昭通师范高等专科学校"云南地方史"精品课程的内容体系中，除了云南古代史的内容外，还包含了云南近现代史的内容，但本书出于篇幅的考虑，却并未将后面部分加入，这不能不说是一个遗憾。希望在不远的将来本书再版时，能补充上云南近现代史的内容，使全书在体例与内容上无遗珠之憾。

云南民族大学马克思主义学院院长　　张建国　教授
2011 年 5 月 22 日

目 录

导 言 ·· 1

第一章 从远古到先秦时期的云南 ·· 16
第一节 石器时代的云南 ·· 16
第二节 青铜时代的云南 ·· 23
第三节 先秦时期云南和内地的联系 ··· 30
第四节 远古至先秦时期云南居民的社会生活 ·· 35

第二章 秦汉时期的云南 ·· 41
第一节 秦汉王朝对西南夷地区的开拓 ·· 41
第二节 秦汉王朝在西南夷地区的统治措施 ··· 47
第三节 秦汉时期西南夷地区的经济状况 ·· 51
第四节 秦汉时期西南夷地区的文化与社会 ··· 55

第三章 三国两晋南北朝时期的云南 ·· 60
第一节 蜀汉政权平定和开发南中 ·· 60
第二节 两晋王朝对南中的统治 ·· 65
第三节 南北朝时期的宁州和爨氏割据 ·· 67
第四节 民族融合与经济文化的发展 ··· 71

第四章 南诏国时代的云南 ··· 78
第一节 南诏的起源和建国 ·· 78
第二节 南诏与唐朝之间的和战关系 ··· 86
第三节 南诏的经济发展 ·· 92
第四节 南诏的文化艺术 ·· 96
第五节 南诏居民的社会生活 ··· 101
第六节 南诏国的灭亡 ··· 106

第五章 大理国时代的云南 ··· 110
第一节 大理国的建立 ··· 110
第二节 大理国的政治经济制度 ·· 114
第三节 大理国与宋朝中央的关系 ·· 118
第四节 大理国的经济状况 ·· 121
第五节 大理国统治集团的内部斗争及王朝衰落 ······································ 124

  第六节 大理国的文化 …………………………………………………… 128
  第七节 大理国居民的社会生活 …………………………………… 132

第六章 元朝时期的云南 …………………………………………………… 137
  第一节 蒙古对大理国的征服 ……………………………………… 137
  第二节 元朝在云南的行政设置 …………………………………… 139
  第三节 元朝统治云南的政策措施 ………………………………… 145
  第四节 云南各统治势力之间的关系 ……………………………… 154
  第五节 云南各阶层的反元斗争 …………………………………… 157
  第六节 元朝时期云南居民的文化与社会生活 ………………… 161

第七章 明朝时期的云南 …………………………………………………… 165
  第一节 明朝军队平定云南 ………………………………………… 165
  第二节 明朝在云南的主要统治措施 ……………………………… 167
  第三节 云南的经济、文化教育 …………………………………… 175
  第四节 明朝中后期云南的社会矛盾 ……………………………… 180
  第五节 南明在云南的抗清斗争 …………………………………… 184
  第六节 明朝时期云南居民的社会生活 …………………………… 185

第八章 清朝前期的云南 …………………………………………………… 188
  第一节 吴三桂镇守云南与三藩之乱的平定 …………………… 188
  第二节 清朝在云南的设置和经营 ……………………………… 192
  第三节 清朝在云南的改土归流 ………………………………… 198
  第四节 清朝时期云南的文化 ……………………………………… 204
  第五节 清朝时期云南居民的经济与社会生活 ………………… 208

主要参考文献 ………………………………………………………………………… 212

后 记 …………………………………………………………………………… 215

导 言

云南地方的历史，是我们伟大祖国历史不可分割的组成部分。了解地方史，是深入地了解祖国历史的必然要求。历史是时间与空间的结合，我们要了解一个地方的历史，既要从时间（纵向）上去追溯该地方历史发展的线索，还要从空间（横向）上去了解这个地方民众生活的地理环境。云南的地理环境是自古及今云南人民生活繁衍的历史舞台。就让我们从这里开始一段探究云南神秘历史文化的幽长旅途。

一、美丽的云南

地理位置、地理环境，包括地形、山川、土壤、气象、物产等构成的自然力，是人类社会生活必不可少的物质条件，无时不影响着人类的活动。人类在同自然的斗争中，逐步认识自然，积累经验，创造和改进工具，提高适应、利用和改造地理环境的能力，在不断改善生产、生活条件的同时，也创造了自己的历史，并"给自然界打上自己的印记"①。地理环境是社会发展的必要条件之一，它影响到社会的发展进程。人的一切历史活动都不能离开特定的地理环境。在深入了解云南历史之前，我们先要对云南的地理环境有充分认识，因为它是自古及今云南居民生活的大舞台。

云南省位于祖国的西南边疆，地处北纬 21°8′32″至 29°15′8″，东经 97°31′39″至 106°11′47″之间，南北纵距 990 千米，东西横跨 864.9 千米，属于低纬度的内陆地区。北与西藏、四川相连，东与贵州、广西接壤，南部与越南、老挝为邻，西部与缅甸相望。全省面积 39.4 万平方千米，占全国总面积的 4.1%，居全国第 8 位，比日本面积略大。国境线长达 4 060 千米，有 8 个州市 26 个县（市）与缅、老、越三国接壤，与泰国、柬埔寨、印度、孟加拉国等国相距不远。澜沧江从云南出境后称湄公河，流经缅、泰、老、柬、越等国，被称为"东方多瑙河"。

云南的地形大势从西北向东南倾斜，西北高，东南低，自北向南呈阶梯状逐渐下降。从高空俯视广袤的云南大地，它就像一个巨大无垠的半圆形台阶，由西北向东、向南、向西一级级下降，最高点是滇藏交界的德钦县境内怒山山脉的梅里雪山主峰卡格博峰，海拔 6 740 米，终年白雪皑皑，云遮雾障；最低点在与越南交界的河口县红河出口处的南溪河，海拔 76.4 米，常年青翠葱郁，热浪滚滚，两地的相对高差竟达 6 663.6 米，由南溪河至卡格博峰，步步高，级级升，直达云雾，真像神话中所说的人间通向天国的神梯。全省地形以元江谷地和云岭山脉南段宽谷为界，分为东西两部。东部为滇东、滇中高原，系云贵高原的组成部分，地

---

① 中共中央马克思恩格斯列宁斯大林著作编译局：《马克思恩格斯选集》第 3 卷，人民出版社 1972 年版，第 457 页。

形波状起伏，平均海拔 2 000 米左右。西部为横断山脉纵谷区，高山深谷相间，相对高差较大，地势险峻，南部海拔一般在 1 500 至 2 000 米，北部为 3 000 至 4 000 米左右，西南部边境，地势渐趋和缓，河谷开阔，海拔一般在 800 至 1 000 米左右。

从大型地貌类型来看，云南是一个以山地和高原为主的省份，山地占全省面积的 84%，高原占 10%，坝子（即山间盆地）占 6%。全省东西两大地形区，在地势、地貌、山脉走势、河流分布等方面差异较大，构成了云南地貌的主要特征：

波状起伏的滇东高原 滇东高原又称云贵高原，主要分布在云南的东部，云贵高原西部，平均海拔高度 2 000 米左右，乌蒙山、梁王山、牛首山、六韶山是高原面上的残留山地。整个滇东高原又可分为三个部分：西部为滇中红层高原，位于昆明、石屏一线以西，主要为中生代红色岩系，地势起伏和缓。东部为喀斯特高原区，位于宜良、蒙自一线以东，地表广布古生代和中生代的碳酸盐岩类，是崎岖不平的喀斯特景观区。上述东、西两区之间为断陷湖盆高原区，这里湖泊众多，山间盆地广布，湖光山色、喀斯特地貌是这里的景观特征。

山谷相间的滇西纵谷区 滇西纵谷区也称横断山脉纵谷区，主要分布在云南的西部，是由高黎贡山、怒山、云岭等高大而狭窄的山脉与怒江、澜沧江、金沙江上游几条河流的深切河谷相间排列而成。横断山地的北段，山高林密，山地海拔一般在 3 000～5 000 米。南段为横段山余脉，地势向南、向西南缓降，河谷逐渐宽广，海拔一般不到 3 000 米。

错落不齐的断陷盆地 在云南辽阔的山地和高原上，还镶嵌着大小不一、形态各异的山间盆地，云南人一般称之为"坝子"。据初步统计，云南在 1 平方千米以上的坝子共 1 442 个，面积在 100 平方千米以上的坝子有 49 个，最大的坝子是陆良坝，面积为 771.99 平方千米。全省坝子的总面积约 24 000 平方千米，占全省面积的 6%。著名的坝子有：滇池坝、曲靖坝、昭通坝、宣威坝、陆良坝、嵩明坝、玉溪坝、澄江坝、通海坝、楚雄坝、祥云坝、洱海坝、丽江坝、鹤庆坝、巍山坝、保山坝、潞西坝、盈江坝、瑞丽坝、蒙自坝、建水坝、弥勒坝、平远街坝、邱北坝、文山坝、景谷坝、勐遮坝等 28 个。这些坝子大多土地肥沃，水利条件较好，物产丰富，是当地的粮仓；同时也是人口稠密，集市贸易发达的地区，常为州、县政府所在地，因而也是当地政治、经济、文化的中心。

堪称一绝的帚状水系 云南河流众多，水量丰富，有大小河流 600 多条，主要有 180 多条，分别属于独龙江—伊洛瓦底江、怒江—萨尔温江、澜沧江—湄公河、金沙江、元江—红河、南盘江等六大水系。六大水系在省内干流总长 5 000 千米左右，流域面积在 100 平方千米以上的河流有 672 条。其中，金沙江流域面积最大，支流最多；独龙江—伊洛瓦底江在云南的流域面积最小，支流最少。云南的六大水系分别注入太平洋和印度洋。金沙江、南盘江、元江—红河和澜沧江—湄公河注入太平洋（分别为东海、北部湾和南海），怒江—萨尔温江、独龙江—伊洛瓦底江注入印度洋的安达曼湾。六大水系中，元江—红河和南盘江发源于省内，除金沙江和南盘江外，独龙江—伊洛瓦底江、怒江—萨尔温江、澜沧江—湄公河、元江—红河为国际河流，它们的下游均在国外入海。

云南的河流堪称独特的帚状水系。在滇西北，怒江、澜沧江和金沙江，在横断山脉的钳制下，从西向东大致平行长驱南下，彼此靠得很近。但在北纬 28°附近，三江逐渐分开，分别向南、东南、东三个方向流去。金沙江流到丽江石鼓附近，突然折向东北，澜沧江在保山附近转向东南流，仅怒江仍向偏南方向，再配合上向东南流向的元江、向西南流去的龙川江和大盈江，形成著名的"帚状"水系。金沙江和怒江距离最近处仅 66.3 千米，但东去的金沙江的入海口与南往的怒江入海口相隔却达 3 000 多千米之遥。另一个有趣的现象是：三江在北纬 27° 附近，江面海拔自东向西递减，金沙江为 2 100 米，澜沧江为 1 900 米，怒江则仅有 1 600 米。

云南六大水系的支流遍及全省，绝大部分属山区河流，落差大而集中，几条大江在狭窄的山谷中咆哮奔腾，夺路而出，遇上陡峭的断岩地带，水从高空泻下，形成几十米高的瀑布壮景，喷珠溅玉，蔚为奇观。著名的瀑布有大叠水瀑布、九龙河瀑布群、多伊河瀑布群、黄连河瀑布群等。由于河流落差大，水力资源蕴藏量异常丰富。

风光独秀的高原湖泊 云南高原湖区是我国五大湖区之一，云南是西南地区淡水湖泊最多的省份，有大小湖泊 40 多个，湖泊水面积 1 066 平方千米，总蓄水量 290 亿立方米。全省面积在 1 平方千米以上的湖泊有 37 个，1 平方千米以下的湖泊、水库和池塘数以万计。其中许多湖泊驰名中外，被誉为"高原明珠"。一系列大大小小的湖泊、水库和池塘主要集中在滇东高原，它们生机盎然、湖光波影，像一面面明镜在大地上闪耀。

云南的湖泊多系断层陷落形成的高原型淡水湖泊。这些湖泊大多水质清冽，可供人汲饮、调节气候、灌溉农田、繁殖鱼虾，给人以鱼米之饶，舟楫之便。湖岸多山峦起伏，陡峭雄伟，湖光山色相映成趣，加之花木繁茂，气候宜人，往往成为风景秀丽的游览区。主要湖泊有：滇池（昆明，湖面面积 306.3 平方千米）、洱海（大理，湖面面积 250 平方千米）、抚仙湖（澄江，面积约 212 平方千米）、程海（湖面面积 78.8 平方千米）、泸沽湖（宁蒗，面积约 51.8 平方千米）、杞麓湖（湖面面积 42 平方千米）、异龙湖（湖面面积 42 平方千米）、星云湖（湖面面积 39 平方千米）、阳宗海（昆明，湖面面积 31 平方千米）。云南湖泊的平均水深 20 米以下，滇池为 5 米，洱海为 10.5 米；超过 20 米的有抚仙湖、阳宗海、程海和泸沽湖，其中抚仙湖平均水深 87.5 米，最深处为 151.5 米，是我国第二深湖泊；泸沽湖平均水深 40 米，最大水深 93.5 米，为云南省第二深湖泊。

千差万别的立体气候 云南地形北高南低，差距很大，加剧了因海拔和纬度高低而造成的温度差别。从纬度看，它与广东、广西、福建略同，均属冬暖夏热的亚热带气候。但云南的情况却较复杂。滇南元江河谷，平均气温为 23.8 ℃，而滇西北的德钦，年平均气温仅 4.7 ℃，相差 19.1 ℃，相当于我国从海南岛至长春之间的温差。滇南部分地区，伸入到北回归线以南，属热带气候；滇中、滇东、滇西大部分地区，属亚热带气候；滇西北一些雪峰峻岭，则为寒温带和高山气候。云南有六个气候带和一个高原气候区，即北热带、北亚热带、中亚热带、南亚热带、南温带、中温带和高原气候区，囊括了从海南省到黑龙江省的多种气候带，是世界上少有的"气候王国"。一省兼有热、温、寒三带气候，成为全国气候的缩影。

云南气候基本属于亚热带高原季风型。冬季受干燥的大陆季风控制，夏季盛行湿润的海洋季风。由于地形复杂，境内高山深谷纵横交错，形成了独特的立体气候类型。这不仅表现在全省范围内，就是从一座山的山谷到山顶的变化也很突出。由于河流深切，云南大部分地区山高谷深，一般高差在千米以上。很多地区，谷底常是亚热带气候，随海拔上升，依次有暖温带、温带、寒温带，至终年积雪的山顶，是高山苔原带和雪山冰漠带。民谚云："一山分四季"、"山高十丈，大不一样"，就是立体气候的体现。

云南虽然气候多样，但大部地区气候适宜，夏无酷暑，冬无严寒，气候温和。究其原因，主要是低纬度的地理位置，冬夏两季太阳所在的角度变化小，地面得到的热量比高纬度地区多，且比较平均；每年夏秋，来自海洋、含水分较多的东南、西南季风逐步进入，阴雨天多，地面温度不易升高，虽值盛夏而较凉爽；加之纵横的山脉，常是阻挡寒流入侵的屏障，故形成了较适宜的气候条件。

云南气候宜人，还在于雨季旱季分明，日照充足。据气象资料，昆明、玉溪、楚雄一片，全年日照时数在2 500小时以上，平均每日7个小时以上，尤其在冬春两季，阳光分外充足，每天日照时数7至9个小时。当人们从外地跨入云南，顿觉碧空如洗，天气晴朗，阳光灿烂，心胸豁然开朗，精神为之一舒，倍觉温暖和煦。云南大部分地区雨量充沛，年降雨量约1 000毫米至2 000毫米，雨季多在5至10月，冬春两季少有雨水，为旱季，适于户外活动；雨季也少有阴雨连绵的天气，在雨过天晴之后，益增凉爽清新。

云南的气候年温差小，日温差大。由于地处低纬度高原，空气稀薄、干燥，各地太阳光热的多少除随太阳高度角的变化而增减外，也受云雨的影响。云南很多地方夏无酷暑，最热天在19 ℃～22 ℃之间。冬无严寒，一年中最冷月均温也在6 ℃～8 ℃以上，年温差一般只有10 ℃～12 ℃。但阴雨天气温较低，从一天的温度变化来看，早晚较凉，中午较热，尤其是冬春两季，日温差可达12 ℃～20 ℃。降水充沛，干湿分明，分布不均。全省大部分地区年降水量在1 000毫米以上，但由于冬夏两季受不同大气环流的控制和影响，降水量在季节上和地域上的分配极不均匀。85%的雨量集中在5～10月的雨季，尤其以6、7、8三个月降水量最多，约占全年降水量的60%。11月至次年4月冬春季为旱季，此时天晴日暖，雨雪很少，降水量只占全年的15%，常有春旱出现。在地域分布上降水量很不均匀，多的地方如江城、金平、西盟等地，年降水量可达2 200～2 700毫米，而少的地方如宾川仅有584.1毫米。气候垂直变化非常明显。由于水平方向上的纬度增加与垂直方向上的海拔增加相吻合，致使全省8个纬度间的温度差异很大，呈现寒、温、热三带气候。同时，因河床不断受侵蚀加深，不少地区山高谷深，垂直高差显著，域内任何一地从河谷到山顶，都存在着因高度上升而产生的气候类型的差异。一般来说，高度每上升100米，温度即降低0.6 ℃左右。"四季如春"的气候主要分布在海拔1 500～2 000米的地带。"立体气候"的特点至为鲜明。由此，"一山分四季，十里不同天"就成为云南多样气候类型的生动写照。云南的无霜期长。南部边境全年无霜，偏南的文山、蒙自、普洱以及临沧、德宏等地无霜期为300至330天；中部的昆明、玉溪、楚雄等地约250天；比较寒冷的昭通和丽江也可达210至220天。此外，云南的光照条件好，每年每平方厘米为90～150千卡，仅次于西藏、青海、内蒙古等省区。

神奇众多的温泉　泉，是大地母亲胸脯上流淌的乳汁，而温泉，犹带有她身上的余温。云南的泉水分布广泛，遍及全省各地。其中，温泉较多，据不完全统计，全省有温泉700多处，占全国的1/4强。从泉的分布来看，滇东高原温泉数量少，但出水量大，以中低温温泉为主，水温多在25 ℃～60 ℃之间，宜于沐浴。滇西横断山区温泉多，以中高温温泉为主，水温多在60 ℃～100 ℃之间，地下浅部水温甚至达104度。温泉既有观赏价值，又可治病、疗养、休闲，由于泉内含有溴、碘、硼、氡、硫等微量元素，对人们的神经、消化、皮肤等系统的疾病有一定的疗效。

由于云南地貌呈波状起伏，故山高谷深，河川纵横，坝子和湖泊众多，岩溶地貌分布面广，既有近代火山地貌，又有现代冰川，加之云南热带、亚热带、温带、寒带等多种气候类型兼备，立体气候特点显著，不仅为人类的社会实践活动提供了多种选择，也在有限的空间范围内，使自然界的多样性得以集中地存在，全球植物、动物的许多种类在云南都有分布，生物资源极为丰富。同时，云南高原山区独特的地质结构，形成了丰富的地下矿藏，可供开

导　言

采的植物资源也很丰富，因此云南素有"植物王国"、"动物王国"、"有色金属王国"之称。丰富的自然资源条件，使云南成为我国自然保护区数量和类型最多的省份，为人类社会物质文化发展提供了重要的资源条件。

植物资源　全国有高等植物近3万种，云南有1.8万多种；低等植物，不可胜数，是我国植物分布最多的省，因而云南被誉为"绿色王冠""植物王国"。全省森林覆盖率为44.2%。云南的地理和气候条件造就了具有各种利用价值的珍贵植物，材用树种、经济林木、药用植物、香料植物、观赏植物等种类繁多，具有较大潜在的经济优势。材用树种以云南松、思茅松、云杉等主要树种蓄积量比较大。经济林木不仅种类多，而且经济价值高。茶叶、橡胶、八角、油桐、油茶、核桃、板栗、柑橘、咖啡、芒果等，都已形成一定规模，特别是茶叶和橡胶已成为较大的产业。各种林副产品和山林特产资源也比较丰富。云南有中草药2 000多种，约占全国总数的一半，有"药物宝库"之称。其中用作中医配方和制造中成药的有400多种。三七、天麻、云木香、云黄连、云茯苓等，在传统中药中享有很高声誉。云南香料的种类也很多，计有69科约400种，被称为"香料之乡"。云南还拥有2 100多种观赏植物，其中花卉植物1 500种，被誉为"天然花园"。茶花、杜鹃花、报春花、龙胆花是云南的四大名花。云南的甘蔗亩产量在全国居第二位，含糖量名列全国第一。茶叶，云南是最早的起源中心。藻类、菌类、苔藓等资源也十分丰富。

动物资源　云南被誉为"动物王国"，蕴藏着十分丰富的野生动物物种资源，拥有脊椎动物1 737种，占全国种类的58.9%；全国见于名录的昆虫2.5万种，云南即有1.6万余种。许多动物为云南特有，如鱼类中就有5科40属249种。云南有很多稀有珍贵动物，如列为国家一级保护动物的有野牛、野象、印支虎、滇金丝猴、蜂猴、长臂猿、白尾稍虹雉、犀鸟等46种。列为国家二级保护动物的有猕猴、小熊猫、穿山甲、蟒、绿孔雀等154种。

矿产资源　云南的矿产资源丰富，矿产种类繁多，被誉为"有色金属王国"。共发现矿产142种，其中92种矿产已探明了储量；有54种矿产储量居全国前10位，其中储量居全国前3位的有铅、锌、锡、磷、铜、银等25种。云南的矿产资源在经济价值上有四大特点：一是矿产资源品种多、储量大。二是化工原料和矿产潜力大。三是资源分布广，大型矿床又相对集中。四是伴生矿多，经济价值高。

能源资源　云南最大的能源资源是水能资源。云南河流纵横，雨量充沛，水资源丰富。水能资源理论蕴藏量为10 364万千瓦，约占全国总蕴藏量的15.3%，可开发装机容量为9 000万千瓦，仅次于西藏和四川，居全国第三位。云南地势西北高东南低，江河落差大，而且沿岸多为峡谷，这就决定了云南水能资源开发具有两大特点：一是干流开发价值大于支流，有利于兴建大型和特大型水电站；二是开发的工程量相对较小，而且水库淹没的损失少，技术经济指标优越。云南的煤炭资源也很丰富，品种齐全，无烟煤、烟煤、褐煤均有储量，已探明储量为240亿吨，居全国第九位，在南方13省区中名列第二。云南是高原山区，有较好的光热资源。地热资源也比较丰富，云南温泉不仅数量多，而且流量大，释放热量居全国前列，每年从温泉流出的热水约3.6亿立方米，在全国仅次于西藏，居第二位。

旅游资源　云南是个神奇而又美丽的地方，大自然的"鬼斧神工"造就了云南得天独厚的旅游资源。云南独特的地理构造，构成了世界一流的地质地貌遗迹，容纳了除沙漠和海洋以外的所有自然景观。云南拥有北半球南亚热带、中亚热带、暖温带、寒温带和寒带等多种生物群落类型，是欧亚大陆生物多样性最丰富的地区。云南旅游资源品位高。云南有大量的国家级重点文物保护单位。云南拥有的世界自然遗产、世界文化遗产、世界记忆遗产、世界地质公园、世界生物圈保护区、国际重要湿地、国家级风景名胜区、国家级自然保护区、国家地质公园、国家森林公园、全国文明风景旅游区示范点数量居全国各省、区、市前茅。云南已拥有国家级旅游线路11条，国家级和省级风景名胜区57个，国家级和省级森林公园22处，自然保护区5处，国家级历史文化名城5座，省级历史文化名城11座，全国重点文物保护单位76项，省级文物保护单位286处。畅游云南秀丽的山川，奥秘甚多，有四季如春的昆明，以风花雪月四大景观而闻名遐迩的大理，有被誉为"孔雀之乡"的西双版纳，有世界闻名的奇景石林，有巧夺天工的西山龙门，有令人惊叹的奇洞异窟，有千姿百态的热带雨林、争奇斗艳的奇花异草和各种珍禽怪兽，有碧绿万顷的原始森林等，令人无限向往。

二、多彩的民族风情

云南民族众多，可以说是伟大祖国多民族的缩影。根据1990年全国第四次人口普查公布的数据，全国有56个民族，云南就有52个民族，其中除汉族以外人口在5 000以上的少数民族有25个，千人以上的有30个，不足千人的4个，不足百人的10个，不足10人的8个，此外，还有族系未定的"芒人"，少数民族个数占全国民族总数的90%。云南的少数民族人口在5 000以上的有25个。习惯上认为云南的民族有26个，为全国居住民族最多的省份。云南的26个世居民族是：汉、彝、白、哈尼、壮、傣、苗、傈僳、回、拉祜、佤、纳西、瑶、藏、景颇、布朗、普米、怒、阿昌、德昂、基诺、水、蒙古、布依、独龙、满族。据2011年5月公布的第六次人口普查数据，云南省总人口4 596.6万人，各少数民族人口为1 533.7万人，占全省总人口数的33.3%，汉族人口为3 062.9万人，占全省总人口的66.7%。少数民族中人口数目最多的是彝族，共有500多万人；人口数最少的是独龙族，有6 000多人。除彝族外，人口在100万以上的少数民族还有：白、哈尼、傣、壮族；人口在10～100万的有9个：苗、傈僳、回、拉祜、佤、纳西、瑶、景颇、藏族。在云南的25个少数民族中，有15个民族为云南特有。这15个特有民族是：白、哈尼、傣、傈僳、佤、拉祜、纳西、景颇、布朗、普米、阿昌、基诺、怒、德昂、独龙。其中除白族占全国白族总数的84%以上外，其他14个民族有95%以上居住在云南。

云南还是我国跨境民族最多的省份。在云南的25个少数民族中，有16个民族跨境而居。他们是：傣、壮、苗、景颇、瑶、哈尼、德昂、佤、拉祜、彝、阿昌、傈僳、布依、怒、布朗、独龙。此外，西双版纳的克木人在东南亚也有广泛分布。这16个民族在境外分布于越南、老挝、缅甸，有的甚至延伸到泰国、柬埔寨、印度等国。虽然这16个民族在境外称谓不尽相同，但因共同的历史渊源、语言和文化习俗，自古以来关系密切。云南跨境而居的民族多，与周边国家的人民增添了一层亲戚关系，这是发展我国与邻国友好关系的一个基础。

云南成为多民族地区，其原因是多方面的，既有地理环境方面的因素，也有特定的历史原因。概括起来有以下几个方面：一是特殊的地理环境，形成了云南的多民族。由于云南古代的居民长期生活在这样的地理环境中，再加上交通不便，各地居民处于相对"封闭"状态，久而久之，就逐步形成体貌、气质、语言、服饰及生产、生活方式各不相同的民族共同体。二是特定的历史条件使外地民族大量流入云南。进入云南的外来民族，不仅有来自于西北地

导　言

区的游牧民族——氐羌民族群体，也有来自于东南沿海地区的百越民族群体，还有来自于长江以南的百濮群体（或孟高棉民族群体）。他们与云南的当地民族相互融合、吸收，从而使云南成为多民族地区。从唐朝起到明末清初，因避战乱、灾荒和寻找可开垦的处女地，苗族从江西、湖南、贵州等地先后迁入云南。元朝时期，蒙古族和回族进入云南。清朝时期，满族进入云南。三是特别的统治方式使云南保留了众多的民族。两汉、蜀汉采用"羁縻"统治，元、明、清三代采用了土司制度等特别的统治方式，使云南保留了众多的民族。

云南少数民族的语言主要属于汉藏语系和南亚语系。属于汉藏语系的又分为：汉语族、藏缅语族、苗瑶语族、壮侗语族。属于南亚语系有孟高棉语族。除汉族外，云南的满族和回族也使用汉语。藏缅语族的有藏语、彝语、哈尼语、傈僳语、拉祜语、纳西语、基诺语、白语、普米语、景颇语、独龙语、阿昌语；壮侗语族的有壮语、傣语、布依语、水语；苗瑶语族的苗语、瑶语。属于南亚语系孟高棉语族的有佤语、布朗语、德昂语、克木语。

云南各民族的分布表现出大杂居与小聚居的状况。各民族基本上是以村寨为聚居点，也有极少数村寨是两个或三个民族杂居。全省没有单一的民族市、县。大体来讲，云南各民族的分布情况是：汉、白、彝、纳西、壮、回、蒙等民族多居住和分布在内地及坝区；滇西北边疆，藏、傈僳、怒、独龙、普米等民族较集中；滇西边沿一线，傣、景颇、阿昌、德昂等民族较多；滇西南国境边缘，有佤、拉祜、布朗、傣等民族聚居区；滇东南以壮、苗、瑶等民族为主。在长期的历史发展过程中，内地居民和云南当地民族不断迁徙、融合，形成了各民族大杂居、小聚居，互相交错的状况。某些地区各民族的分布状况呈垂直态势。如云南靠内地区，汉、白、壮、回、纳西、蒙古等族多住坝子，彝、瑶等族多住半山和高山，苗族多住高寒山区，藏、普米等族居住于滇西北部的高原。又如文山州俗话："苗族住山头，瑶族住箐头，壮族住水头，汉族住街头。"这是对各民族垂直分布状况的形象反映。

云南民族自治地方众多。现在云南有 8 个民族自治州，29 个民族自治县，共 37 个民族自治地方，是全国民族自治地方最多的省份。其中 8 个民族自治州是：西双版纳傣族自治州、德宏傣族景颇族自治州、怒江傈僳族自治州、大理白族自治州、迪庆藏族自治州、红河哈尼族彝族自治州、文山壮族苗族自治州、楚雄彝族自治州。

云南少数民族不仅数量多，而且各民族经济社会发展很不平衡。到 20 世纪中期，云南大多数民族地区是与汉族地区基本相同的半封建半殖民地社会，但在边疆地区的少数民族中仍存在着原始公社制、奴隶制、封建领主经济等，所以，被称为"一部活的社会发展史"。这可大体分为四个类型：一是分布在国境线各县山区的独龙族、傈僳族、怒族、景颇族、德昂族、佤族、布朗族、基诺族及纳西族的一部分等，处在原始社会向阶级社会过渡阶段；二是宁蒗彝族自治县境内的小凉山及其邻县华坪、永胜山区的彝族，到 20 世纪中叶还处在奴隶社会；三是分布在边疆地区的傣族、藏族、哈尼族、拉祜族、阿昌族、普米族和白族、彝族、纳西族中的一部分，已处于封建领主经济阶段；四是分布在云南腹地的白族、纳西族、回族、彝族、壮族、傣族、蒙古族、布依族、苗族等民族，基本上都进入了封建社会的地主经济阶段。新中国成立以后，经过民主改革和社会主义改造，各少数民族都跨入了社会主义社会，社会历史发生了巨大的飞跃。但是，由于云南各民族不同母体带来不同的社会经济发展阶段，造成了今天各民族经济文化发展上仍然存在着差距。

云南各民族形成了众多的民族风俗和特色文化。云南各民族大杂居与小聚居交错，在长期的历史发展过程中，各民族在婚姻、丧葬、生育、节日、饮食、居住、服饰、待客、礼节、文娱活动等方面都保持着本民族独特的风俗习惯，形成了众多的民族风俗和特色文化。体现在如下方面：

首先是民族服饰和民居建筑各具特色。民族服饰绚丽多彩。各民族的服饰与所分布地区的自然地理气候及文化传统密切相连，大致可分为三种类型：一是炎热地区的轻薄短紧型：居住在滇南、滇西南等河谷湿热地区的傣、壮、哈尼、佤、布朗、阿昌等族，上衣、裙子都较短，质地轻薄。二是内地平坝区的轻便型：居住在滇中坝区的各少数民族，衣着一般都很轻便实用，如回、白等族。三是寒冷地区的宽大厚重型：滇西北的藏、纳西、普米、傈僳等民族的服饰均属此类。此外，云南少数民族服装还带有浓郁的宗教文化色彩，如彝族崇拜虎，其服饰上就有各色虎图案，还有虎头帽、虎头鞋；纳西族妇女的披肩"披星戴月"寓意勤劳；白族姑娘的包头体现大理"风花雪月"四景等。

在民族民居建筑方面，有傣、壮、景颇、德昂、拉祜、哈尼等族的干栏式建筑，即竹楼；彝、哈尼等民族的土掌房；白族、纳西族的"三坊一照壁"、"四合五天井"建筑；普米族的井干式建筑，即木楞房；汉族、彝族、回族、蒙古族等有"三间四耳倒八尺"的"一颗印"民居。

其次是民族语言和文字众多。新中国成立前，许多少数民族只有本民族的语言而没有文字。新中国成立之后，党和政府帮助彝、哈尼、傣、壮、苗等民族改进和创制了14种民族文字，加上藏文，现在云南省有少数民族文字共15种。少数民族语言的使用主要有4种类型：一是基本上只使用本民族语言，如傣、景颇、佤、傈僳、拉祜等民族；二是除使用本民族语言外，同时也使用汉语，如白、壮、纳西等民族和部分彝族、哈尼族。三是除使用本民族语言外，还兼用本地另一种少数民族语言，如德宏州的阿昌、德昂、布朗等民族，西双版纳州、临沧市的布朗、佤等民族兼用傣语。四是转用汉语或邻近的其他少数民族语言，如回族、满族使用汉语，通海的蒙古族则使用彝语或汉语。同时，一些少数民族内部的语言也存在不同的方言，如彝族就有6种方言，景颇族则使用景颇语和载佤语两种不同的方言，傣语也有傣、傣那和傣绷等方言。

再次是民族节日丰富多彩。云南民族众多，因而云南民族节日也十分丰富，异彩纷呈。据粗略统计，云南少数民族的节庆活动每年有70余个，往往一个民族就有许多节日，有的节日则是多种民族所共有。云南民族节日以祭祀活动为主，与农业、牧业、历法等也有一定的关系。按照节日的起源及节日内容划分，云南少数民族节日大致可以分为四类：一是宗教祭祀性节日。如彝族的插花节、密枝节，纳西族的三朵节，白族的本主节，傣族的泼水节、关门节、开门节，景颇族的目瑙纵歌等。二是生活活动节日。如彝族的火把节，拉祜族、布朗族的新米节，基诺族的特莫克节。三是与历法有关的节日。如傈僳族的阔什节，独龙族的卡雀哇，拉祜族的扩塔节，哈尼族的苦扎扎节等。四是社交娱乐与集贸节日。如傈僳族的刀杆节，白族的大理三月街、绕三林节等。此外，云南少数民族的不少节日是许多民族共同的节日。比如火把节，除了彝族外，白、傈僳、纳西、哈尼、拉祜、基诺等民族也都过火把节；泼水节是傣族的主要节日，同时它也是布朗、德昂、阿昌等民族的传统节日；新米节更是布朗、拉祜、景颇、白族等许多民族的共同节日。

三、悠久灿烂的地方历史

云南历史悠久，其名称的由来也有多种多样的说法：一为"云山之南"，见常璩《华阳

导　言

国志·南中志》："云南县之西北，有山（今鸡足山）高大，如扶风太乙之状，郁然与云气连接，因视之，不见其山，以城在山之南，故名为云南。"二为"彩云之南"，见谢肇淛《滇略》："汉武元狩年间，彩云现于南中，遣使迹之，云南之名始此。"《祥云县志》亦载："汉元狩元年，彩云现于白崖，遂置云南县。"云南又简称"滇"。"滇"原是古代西南夷地区滇池畔的部落的名称。战国末期，楚将庄蹻率众到滇池附近建古滇国。事实上，滇部族和滇国均得名于滇池的"滇"。而滇池的"滇"得名也有三说：一曰"高山之巅有池，而名巅池"；二曰滇池"上源深广而下流浅狭，有似倒流，谓之巅池"；三曰"云南古夷语谓山间平地为甸，甸中有池，曰甸池"。在明代以前，作为地名，"滇"仅指昆明市周围一带，从明代开始，才用"滇"来概括全省。

　　自秦建立中央集权国家以来，云南就是统一的多民族国家的一个政区。和一切事物有一个发生、发展的过程一样，任何地名都有其产生、演变的历史。"云南"这一名称，初指一县，进称一郡，再为一司、一省之称，作为行政区名称由小变大，它包含着两千年历史发展的曲折进程，记录了云南各族人民改造自然、创造历史的光辉业绩。秦朝时期，秦始皇派常颊在云南开通五尺道，并在部分地区设置官吏；西汉，汉武帝在云南建置了益州郡，领有云南县（今祥云、弥渡及宾川之地）；东汉，益州郡西部设永昌郡，亦领有云南县；三国蜀汉，分永昌郡东部及益州、越巂两郡的部分地方设云南郡，治云南县城（今祥云县云南驿），领九县，保有今大理州、丽江地区以及姚安、大姚等地，是南中七郡之一；西晋，设宁州，为全国十九州之一，沿至南朝未改；隋至唐初，在原宁州之地置南宁州（保有建宁、兴古、朱提之地）及姚州（又称云南郡）；开元年间，唐朝封南诏皮罗阁为云南（郡）王，阁罗凤继袭，并扩张疆土，尽有南宁州之地；《新唐书·南蛮传》说南诏疆域"东距爨，东南属交趾，西摩伽陀，西北与吐蕃接，南女王，西南骠，北抵益州，东北际黔、巫。"分政区为十睑、六节度、二都督。南诏所属的广大地区，范围比今天云南省还要大；宋朝，大理段氏在三百年间多次受到宋朝册封。宋徽宗政和七年（公元1117年），又特授大理首领段和誉为"云南节度"，其辖境与南诏相近；元朝，以大理所辖的八府、四郡、四镇、三十七部设云南行省，分置府、州、县及诸司（如宣抚司、安抚司）；明朝，置云南承宣布政使司，分置府、州、县诸司，其境界比之元代缩小，因为有一部分地区，分属贵州、四川布政使司。清朝，沿明制置承宣布政使司，又称云南省，设云南巡抚，并设云贵总督，辖滇黔两省，省下设道、府、州、县和诸司（又有长官司）。总之，云南的疆域，由小变大，后又缩小。即唐、宋、元不断扩大，至明清又缩小，直至形成今天的境界。

　　经过漫长的发展，在云南39万多平方千米的土地上逐渐形成了云南历史文化的三大发源地，它们是昆明、昭通和大理，并以三地为承载体分别形成了滇文化、朱提文化和南诏大理文化。滇文化是战国中后期至西汉末，以滇池为中心，东达曲靖，西到禄丰，北迤东川，南抵通海、华宁这一大致范围内分布着的一种文化类型。其名称最早见于《史记·西南夷列传》，并通过1956年石寨山发掘出土的一枚金质"滇王之印"而得到印证。滇文化以其造型精美奇特、纹饰细腻丰富的青铜器闻名于世，并具有较强的写实性和极高的艺术价值，故又称为"滇青铜文化"。朱提文化借助昭通"锁钥南滇，咽喉西蜀"的特殊地理位置，充分吸收滇、夜郎、巴蜀、荆楚等诸多文化的营养，它以幽远的望帝杜宇为滥觞，以举世闻名的朱提银、朱提堂狼铜洗、汉碑、晋墓为标志，镍和白铜的发明又为朱提文化在世界文化史上的一席之地增添了异彩。它上承滇文化，下接南诏大理文化。早在汉武帝建元六年（公元前135

· 9 ·

年)汉朝即在昭通设朱提县,使昭通成为云南得风气之先的地区,在云南历史文化的三大发祥地之中争得了自己应有的地位。大理素有"文献名邦"之称。唐、宋时期,南诏、大理国均在此建都,是当时云南的政治、经济、文化中心。南诏大理文化以云南省第二大内陆淡水湖泊洱海作为中心,有驰名中外的大理崇圣寺三塔、南诏太和城遗址、《南诏德化碑》、剑川石钟山石窟、弥渡南诏铁柱等重要的文化古迹,被誉为"西南的敦煌"。大理山川雄奇,风光秀丽,气候宜人,民风淳朴,是国务院首批公布的全国24个历史文化名城之一,这些桂冠都使大理声名远播,享誉中外。

云南经济社会在长期发展过程中,还形成了若干区域次中心城镇。其中一些保存完好的城市被列为历史文化名城。云南省现有国家级历史文化名城5座,分别是昆明、大理、丽江、建水和巍山。昆明是现在云南省的省会,辖1市5区8县,城区面积约125平方千米,市中心海拔1891米。战国后期,楚将庄蹻率军来此称滇王,建城郭。西汉元封二年(公元前109年),汉武帝始设益州郡,郡治在今晋宁县晋城。东汉至晋代属建宁郡,隋代改称昆明为昆川。南诏时,南诏王阁罗凤亲临昆川巡视,唐永泰元年(公元765年)他派长子凤伽异在昆川筑拓东城,唐建中二年(公元781年)改拓东城为鄯阐郡,誉为南诏东都,并相沿至大理国时。元朝设置云南行省后,昆明正式成为云南省省治。昆明不仅历史悠久,而且具有光荣的革命传统。在1911年辛亥革命后,昆明举行了"重九起义",同时作为护国起义的发源地。抗日战争时期是大后方的"民主堡垒"和重要根据地。抗战胜利后,又是以"一二·一运动"为代表的反内战的民主学生运动中心,留下了大量的历史文物和革命古迹。1982年,昆明首批被公布为国家级历史文化名城。大理古城如前所述,是云南古代文化的重要发源地之一。如今保留的大理城,是洪武十二年(公元1382年)在南诏、大理国的都城羊苴咩城西部旧址上修建的。到了清朝,在大理设迤西道、大理府等。康熙十四年(公元1701年)提督偏图扩大了大理城的面积。大理城为棋盘式的建筑,南、北城楼上修建有巍峨的城楼。城内从南至北有5条街,从东到西有8条巷,"三坊一照壁"、"四合五井天"的白族民居建筑,显得古意盎然。丽江古城又称大研镇,始建于元初。它西枕狮山,北依象山,四周青山紫绕,宛如一块碧玉大砚,故名"大研镇"。四方街为古城中心,四周小巷排列有序。东河、中河、西河三条河水穿街过巷。形成"家家溪水绕户转,户户垂杨赛江南"的独特古城风貌。路面采用五花石铺砌,雨季不泥,旱季无尘。丽江古城无城垣,依地势精心构筑,街道建筑古朴,充分利用了黑龙潭的水源,是一座兼有水乡之容、山城之貌的古城,被誉为"高原姑苏城"。1997年12月,被联合国教科文组织列为世界文化遗产。建水古城已有1200多年的历史,古称步头。唐元和年间筑惠历城,明清为临安府所在地。建水文物古迹甚多,著名的有建于明洪武二十二年(公元1389年)的建水东门城楼朝阳楼,形同北京的天安门,故有"小天安门"之称,是建水县城的标志,是祖国边陲古老军事重镇的象征。建于元朝至元二十二年(公元1285年)的建水文庙,其规模及知名度仅次于曲阜孔庙,为全国第二大文庙。巍山古城,古称邪龙,又名蒙化,是南诏国的发祥地。唐开元十八年(公元730年)皮罗阁自称南诏王之后,始建都城。现存巍山古城楼是明洪武二十二年(公元1389年)修建的,楼上南、北两面悬挂有"魁雄六诏"、"万里瞻天"的匾额,以表示南诏王统一六诏、雄踞西南的威严。巍山城内街道井然,保持了明清棋盘式的布局形制。有蒙阳公园、文华书院、太阳宫、圆觉寺、冷泉庵等古建筑。

云南省还因其特殊的地形地貌、历史文化而赢得多项世界遗产。目前联合国教科文组织确定的世界遗产分为文化遗产、自然遗产、文化与自然双重遗产三种，截止到2007年7月，中国已经获得的世界遗产有35项，云南省已有3项，仅次于北京（5项）、四川（5项），在全国排名第三。它们分别是丽江古城（文化遗产）、三江并流（自然遗产）和昆明石林喀斯特地貌（自然遗产）。此外，澄江动物群化石、元阳哈尼梯田、大理苍山与南诏历史文化遗存，是云南省在申报中的三项潜在世界遗产。目前，云南还新增加了四项提议世界文化遗产，它们是：腾冲高黎贡山、西双版纳热带雨林、滇缅公路、哀牢山古茶园。到时，云南有望成为世界自然、文化遗产的大省，这对弘扬云南历史文化具有重要的促进作用。

在世界遗产之外，东巴古籍文献还以其独特的历史文化价值于2004年获得联合国教科文组织"世界记忆遗产"的殊荣。东巴古籍是纳西族东巴教祭司使用的宗教典籍，用于东巴教的各种仪式，现藏有2万余卷1000多种，都是世代传承下来的。记写古籍的东巴文为图画象形文字，有2000多个字符，其源甚古。东巴经书和文献，内容极其丰富，历史极为久远，记载了纳西族人民从原始社会、奴隶社会到初期封建社会这一漫长历史时期中社会生活各个方面的状况，是研究纳西族人民的社会历史、宗教民俗、天文历法、哲学思想、文学艺术和语言文字发展的珍贵材料。它是纳西族人民在中华民族文化宝库中留下的一份珍贵的、世所罕见的文化遗产。东巴经书和文献，有书写于棉纸上的，也有书写于木片上的。因为它是反映一种民族社会活动的记录，因此具有少数民族历史档案的性质。东巴经卷至少在11世纪就已产生。纳西族象形文字的产生和运用应早于东巴经。约至公元7世纪象形文字就开始产生，同时也就分化出专门的类似汉族史官的巫师，由他们采集整理流传民间的图画字，借以简单记事、通信、写经书和卜书，逐渐约定俗成，不断流行和发展，以后世代相传直到现在。这种象形文字在东巴经师中还广泛使用。东巴经书和文献对研究纳西族文字和文献的发展提供了可靠的实物依据，对于我国各民族档案的产生和发展一般规律的研究也有所裨益。

云南历史悠久，在漫长的历史进程中，留下了极其丰富的文物古迹。据统计，从1961年起至2006年，在国务院公布的六批全国重点文物保护单位中，云南省共有76项，位居全国第13位。其中，1961年公布的有石钟山石窟等6项；1982年公布的有太和宫金殿等3项；1988年公布的有云南陆军讲武堂等8项；1996年公布的有国殇墓园等7项；2001年公布的有建水文庙等8项；2006年公布的有国立西南联合大学旧址等44项。另外，从1965年开始至2003年，云南省政府也先后公布了六批省级重点文物保护单位，共286项。

四、云南地方史的分期与编写体例

云南地方史的范围就是以今天云南省的行政区划为空间（兼及今四川省西南部及贵州省西部一部分），由此上溯到人类诞生的远古时期。也就是说，自古至今，凡在今云南省地区发生的人类社会、经济、军事、政治、文化等活动，都属于云南地方史的研究范围。云南是中国的一部分，云南地方史也是中国史的一部分。中国是一个有机的整体，早在中原地区夏商及前文明时期，起着核心主干作用的诸夏族（即后来汉族的雏形）就创造了灿烂的文化，它以高度发达的汉族文化为中心，吸取了周边各族的文化营养；而周边少数民族也不断接受汉族文化的成分，在整体地推动中华民族大家庭的共同发展时，自身也有其独特的发展模式和发展轨迹。所以，不能以王朝史来约束中国史，也就是说，不能把中国史局限于王朝史，更不能把处在王朝以外的中国领域划在中国历史范围之外。

自秦朝建立统一的多民族的中央集权政体之后，在地方上实行郡县制，汉晋时期有内郡、边郡之分；唐宋时期有内州、边州之别；元明清有流官、土官制之不同，但它们都是国家主权统一体的一部分，这是中国历史发展的特点。就云南来说，秦时开道置吏，西汉设置郡县，延至南朝爨氏称霸，隋代、唐初复设州县，唐天宝以后蒙氏割据，后经郑、赵、杨、段、高诸氏更替，到元代复设行省，明清相因。总而言之，云南历史是中国历史的有机组成部分。云南作为中国不可分割的一部分，其历史分期自然受到宏观中国历史的影响，但又有自身的特点。我们认为，云南地方历史按其发展特点及与中央王朝的关系，可以大致划分为四个时期，即：秦以前部族独立发展时期，秦汉至南北朝的郡县制度时期，南诏大理国的割据时期和元明清行省制度时期。① 在每一大时期内部又按照与中原王朝的对应关系和自身发展的显著特点，而有更细的分章：

第一个发展时期是部族独立发展时期。秦汉在西南开设郡县以前，云南地区的远古居民保持一种相对独立发展的态势，同时也与周围尤其是巴、蜀地区有密切的联系。当时云南地方的部族主要有：夜郎、滇、邛都、笮都、嶲、昆明以及西僰。其中，夜郎、滇、邛都、笮都四个区域，都有"君长以什数"，分作很多部落，以夜郎、滇、邛都、笮都最大。至于嶲、昆明，也有众多部落，只是无"大君长"而已。夜郎、滇、邛都三个区域的部族是"耕田，有邑聚"的农业部族；嶲、昆明两个区域的部族是"随畜迁徙"的游牧部族；邛都的部族为"或土著、或移徙"的半农半牧部族。此外，还有夜郎以西的僰人区域，受汉文化影响较大，修了"千顷池"种植水稻，有较高的冶铜技术。

第二个发展时期是郡县制时期。秦始皇统一中国后，立郡县，任命太守、令、长分治，建立大一统的中央集权专制政体，两汉沿袭秦制，设置的郡县有所增多。在云南地区，秦时"颇置吏"，但其事已无法详考。云南地区普遍设置郡县始自汉武帝时期。元鼎六年（公元前111年）设牂牁郡、越嶲郡。元封二年（公元前109年）设益州郡，后又设犍为南部都尉。东汉永平十二年（公元69年）分益州郡西部设永昌郡。蜀汉建兴三年（公元225年）诸葛亮南征设七郡，由庲降都督统率。西晋泰始七年（公元271年）设宁州，领南中七郡之建宁、云南、永昌、兴古四郡，宁州为全国十九州之一，自此云南成为一个中央直属的大区。由于云南社会经济发展的不平衡，故汉晋时云南地区虽已设郡，但普遍掺杂所谓"羁縻"政策进行统治。郡县控制区域大都以部族联系的范围为基础，一边设置郡县，任命太守、令、长掌治之，一边又任命土长为王、侯、邑长，实行双重统治。郡县在云南的设立，加强了祖国的统一，加强了云南与内地的经济、政治、文化联系，对于开发边疆、发展生产、巩固统一有着重大作用。

第三个发展时期是南诏大理国的割据时期。持续隋唐宋相连的大约500年时间。这一时期的特点在于，虽然隋、唐、宋三朝中央都承袭前朝制度，在云南设置行政管理机构，但这些机构基本上要么控制区域并非云南核心地区，要么仅为虚授，不能反映当时云南主体政治经济的历史。具体来看，隋代在云南设南宁州总管府（约为公元585年），任命土长为总管，听命于益州长史或西川节度使；唐改设南宁州都督府（公元618年），任命土长爨氏为都

---

① 此分期法参照方国瑜先生遗作《云南地方史导论》，但在文字表达上又有所改变，主要强调了云南历史发展的自身特点，而不完全以中原王朝作标准。

督,又分设姚州都督府(公元664年),任命蒙氏为云南郡王(公元738年);贞元十年(公元794年)唐设云南安抚司,任命剑南西川节度使兼云南安抚使;公元937年段氏夺得故权,称大理国,在宋太平兴国初(约公元977年),宋王朝任命大理段氏为云南八国都王,在政和七年(公元1117年)册封大理首领段和誉为云南节度,等等。其中对南诏蒙氏和大理段氏的册封,就往往只是虚授。云南在这一时期的基本政治主体,实际上处于南诏、大理两个地方政权割据于中央统治之外的状态。

第四个时期是元明清行省制度时期。宪宗三年(公元1253年)忽必烈远征大理,征服大理段氏后班师,留大将兀良合台四出征战,在两年间平大理五城、八府、四郡及乌白蛮三十七部,设大元帅府于大理,统十九万户府。元世祖至元十一年(公元1274年)命赛典赤为云南行中书省平章政事,设路、府、州、县,又设宣慰司节制镇守军及土军。明、清承袭元代行省之制,略有因革损益,这是云南历史上的行省时期,其政权机构大体与内地相同,在经济较为落后的地区,仍设土官、土司。明朝曾在某些内部区域实施改土归流,但并不成功,直到清朝雍正年间,才正式在云南大规模推行改土归流,在推进过程中手段血腥残忍,但客观上也推动了云南社会经济的发展,使云南逐渐与中原地区融合为一体,并在晚清边疆危机后走向舞台前沿。

关于云南历史的内容或体例是云南地方史编写中争论极大的问题。学习历史学的人都知道,历史无所不包,涵盖无边。为了方便学习与研究,人们往往会习惯性地选择过去历史中的某些侧面作为重点了解的对象,久而久之,就形成了研究者之间不同的编写体例。就《云南地方史》这一在云南高校中普遍开设的乡土课程而言,云南省内一些高校较普遍地采用尤中先生的《云南民族史》或马曜先生的《云南简史》作为授课教材,各位史学前辈筚路蓝缕的开创之功,既使后人的学习有章可循,也逐渐形成了云南地方历史讲授的两种固定模式:即分别突出云南民族众多这一特点的"云南民族史"和顺应阶级斗争史观的"云南各族人民反抗统治阶级的历史"。为了反映云南26个民族进步发展的过程,"云南民族史"的讲述模式有其合理性和必要性,但却难以涵盖云南地方历史的全部,因为汉族人口和社会在云南尤其是明代以后的云南历史上占有越来越重要的地位,无法用"民族史"框架加以包容。

基于以上的考虑,我们在编写这本《云南地方史》的时候,既注意参考前人的研究成果,同时在框架上也适当顾及云南历史的广泛性,以期能较全面地反映云南社会发展的进程。首先,在每一章节中都安排云南地方的历史沿革与政治概况模块,以使读者对每一时期具有标志性的云南上层建筑有一个大致的了解。第二,注意处理云南地方与内地民族或中原王朝的关系。每一代王朝史,或直称断代史,无不涵盖各个区域史;反过来说,区域史是一代王朝史的不可或缺的组成部分,这是没有疑义的。因而在每一章节的内部安排上,都有关于当时云南与祖国内地或中原王朝的关系的内容。但具体内容和关系如何处理,则需要实事求是地看待。比如研究秦汉时期的云南史,就应了解秦汉史的相关部分,并在此基础上认识云南地方与内地的关系。既强调云南历史是中国大历史不可分割的一部分,也照顾云南社会发展在相当长时期内具有相对独立性这一历史事实。因而在诸如唐宋时期云南历史的章节命名问题上,我们就没有采用长期沿袭的"隋唐时期的云南"或"宋朝时期的云南"这种称呼,而是使用"南诏国"和"大理国"的国号,这样更合乎当时的历史事实。第三,在适当顾及各民族反抗上层统治者这一历史内容的时候,加强每一时期云南内部的经济、文化与社会生活的内容，其中，社会生活史的内容是本书刻意努力的方向。一部人类真实感受的历史，其实还是每一个现实生活中的人的生活史。因而，还原历史中社会生活的内容，成了新史学"从下往上看"历史的宗旨所在。但由于文献资料的缺乏，加之王朝史观的强大影响，这一重要内容又常常难以搜寻，因而想要树立社会史完整结构的初衷往往也是草草了之，只能期待将来更多学者的关注与努力。

此外，云南史的研究尚有许多空白领域，迄今还少人问津。比如云南的生态环境与社会变迁的问题，云南各地区的城镇史研究等，虽有个别学者接触，但尚待挖掘的问题还很多，由于笔者能力有限，在该书中也就基本付诸阙如了。

五、学习云南地方史的意义与方法

《云南地方史》主要讲授云南地区社会、政治、经济、军事、文化诸方面演进的沿革与过程；研究云南地方与全国的相互关系、历史联系、统一性和整体性；研究云南地方历史发展的特点；探讨云南地方历史发展的轨迹和规律，正确总结历史的经验教训，以科学的研究成果，为现实的政治、军事、外交、文化等方面提出有益的借鉴。

学习和研究云南地方历史有着重要的社会价值与现实意义：

任何事物都有其发生发展的过程，要认识其现状和预测未来，就必须深刻地了解其历史。学习和研究云南地方史，就能够更好地认识现状，预测未来，为今天的发展制定正确的政策和策略。

中国自古以来就是统一的多民族国家，学习和研究云南地方史，有助于正确阐述统一多民族国家的历史，让学生懂得云南从远古开始就是伟大祖国的一部分，对于维护国家统一和各民族团结有极为重要的作用。

使学生较为系统地了解云南地方历史的基本知识，探讨云南地方发展的轨迹、特点和规律，正确总结历史上云南与内地关系的经验教训，作为现在和未来正确解决我国民族问题的借鉴。

由于云南地处祖国西南边疆，云南地方历史的沿革与少数民族发展史紧密关联。研究云南地方史，对于深入研究我国的边疆发展史，对于开发边疆、保卫边疆都有着重要的学术价值与现实意义。

学习和研究云南地方史，增进学生的民族自豪感，激发其爱国家爱民族的深厚情感，使之能够积极主动地参加云南的社会主义现代化建设，有利于开发西部，促进云南各地区经济的发展和各民族社会的进步。

学习云南地方史，还要注意方式方法。从教师角度说，要引导学生在把握历史事实和基本史料的基础上，对课堂讲授内容中所涉及的一些理论和学术问题展开讨论，提高学生分析问题、解决问题的能力，培养学生的独立思考能力和初步的研究能力，并通过对云南地方史的学习，进一步提高学生的人文素质。从学生方面来看，要通过学好这本教材，掌握每个历史时期、每个历史阶段的基本线索和主要内容，弄清事情的来龙去脉，注意纵的发展和横的联系，特别要学会从纷繁的历史事实中，掌握历史发展的基本脉络，总结历史的经验教训。在掌握教材的基础上，在可能的情况下，有选择地阅读一些原始资料，提高自己分析问题和

导 言

使用资料的能力。掌握原始资料也是学习历史的基本功,因为史料是研究问题的依据,学习云南地方史,适当读一些有关的专著和论文是很必要的,它可以使学生加深对某一方面或某一问题的理解。此外,还可以通过参观游览云南的名胜古迹及博物馆来扩大知识面,增加感性知识,使自己对历史事件和人物的了解更加生动具体,更有真实感。在学习中翻阅与云南历史有关的报纸杂志和新书,也是很必要的,它能够为我们提供最新的学术动态和信息。最后,学习云南史,要注意使用工具书,它可以帮助我们提高学习效率,使我们对人物、事件、时间、地点的了解更加准确。学习历史千万不能根据"想当然"去理解。当然,学习的路子要依靠每个人自己去走,形成有自己特点的学习方法,但是,掌握一些一般的学习方法,吸收别人行之有效的学习经验,也是有益的。

第一章 从远古到先秦时期的云南

地处西南边疆的云南，是一个多民族地区。各个民族都有自己悠久的迁徙、繁衍的历史。自20世纪50年代以来，在云南地区先后发现了大量古猿化石、原始人类化石和他们的活动遗迹。自从这块美丽富饶的土地上有了人，云南的历史也就拉开了序幕。

第一节 石器时代的云南

一、云南地区的远古人类

根据目前大多数人类学家的观点，人类祖先的历史可追溯到生活在2000万年以前的森林古猿。约在1400万年以前森林古猿演变为三支，第一支是现代猩猩和长臂猿的祖先，另一支是亚洲巨猿的祖先，第三支发展为可能是人类直系祖先的腊玛古猿。腊玛古猿是从猿到人的过渡性生物，能吃植物也能吃肉，会使用天然的工具，被称为"正在形成中的人"。喜马拉雅山南北坡延伸入云南的地带，遍布亚热带阔叶林木，是腊玛古猿理想的栖身之所。气候的变迁和地质构造的改变，不断推动古猿向人类进化迈出决定性的一步。云南出土了丰富的古猿化石，对探索由猿向人演化的过程具有重要的意义。

云南地区目前为止发现的古猿化石，以在开远、禄丰、元谋和保山4县市发现的最为重要。20世纪50年代在开远小龙潭煤层中发现10枚古猿牙齿化石，80年代又在同一地点煤层发现含12枚牙齿的上颌骨和3枚下齿化石。这批化石分属于腊玛古猿和西瓦古猿，时代为距今约1200万年的中新世。这是我国第一次发现腊玛古猿牙齿化石。

1976年，在位于禄丰县东北9千米的石灰坝村的庙山坡褐煤层中发现了禄丰古猿化石，遗址面积达2万余平方米，化石层厚约5米。在同一地层中还找到了云南西瓦古猿化石和大量的哺乳动物化石，其中包括腊玛古猿和西瓦古猿共1060枚牙齿化石，生存时代大约是800万年前的早上新世中期。1980年4月9日，在禄丰又发现了世界上第一具腊玛古猿头骨化石，它是从猿演化到人的中间代表，其形态比开远腊玛古猿进步，它的发现填补了距今1500~1200万年前的开远腊玛古猿到距今170万年左右元谋人之间的一个重要缺环，对于研究古猿在进化系统中的地位以及人类起源的时间、地点等有重要的意义。

禄丰发掘出的这些牙齿化石和头骨化石，其中最重要的是3具腊玛古猿头骨和1具西瓦古猿头骨。迄今，腊玛古猿化石在巴基斯坦、印度、土耳其、希腊、匈牙利、肯尼亚、尼泊尔等8个国家都有发现，但中国出土的化石在世界古猿化石中是资料最丰富、标本保存最完整的一批，而头骨标本的出土在世界上更属首次，为研究人类的起源和演化提供了重要的实物资料。所以，1980年禄丰发现腊玛古猿头骨化石的消息一经公布，便轰动了国际学术界。它证明了中国西南是人类起源的重要区域之一，并为今后在云南等省星罗棋布的第三纪褐煤层中寻找早期人类的祖先开辟了广阔的前景。

元谋古猿化石首次发现于1986年。随后云南省博物馆会同当地文物部门在3年内进行了4次正式发掘。第一次发掘共获人猿牙齿化石160枚和一批共生动物化石。1986年10月在物茂区豹子洞箐发现的牙齿化石，研究者认为其形态与尺寸介于腊玛古猿与早期直立人之间，为人属东方新种，简称为"东方人"。第四次发掘获牙齿825枚和上颌骨1件、下颌骨9件。这一次在蝴蝶梁子出土的古猿化石，经研究认为是目前世界上已知腊玛古猿中时代最晚的一种。据古地磁法测定，出土化石地层的时代为晚上新世。此外，1992年在保山市羊邑煤矿发现1件古猿下颌骨，时代是在距今800万年至400万年之间。

云南以上4个地区发现的古猿化石具有较明显的相似性，表明它们在演化过程中有较密切的关系，这些共同特征使云南古猿构成了一个有别于世界上同一时期其他古猿的古猿群体。这些古猿化石以及云南元谋人等旧石器时代早期人类遗存的发现，表明云南是亚洲人类最早的起源地之一，是哺育我国古代民族祖先的摇篮，在祖国乃至世界人类开端期的历史上占有十分重要的地位。①

二、旧石器时代的云南

整个原始社会时期，人类都使用石器从事生产劳动。考古学将人类使用石制工具进行生产的时代，称为石器时代。作为人类历史的开端，石器时代经历了一个漫长的阶段，在人类历史上大约延续了300万年左右，约占整个人类历史的99%以上。

旧石器时代是人类使用打制石器进行生产劳动的时代。与这个时代相对应的人类体质具有许多原始的特征，人类学家将其分为直立人（猿人）、早期智人（古人）和晚期智人（新人）三个发展阶段。从目前我国发现的旧石器时代古人类化石和文化遗址的分布状况来看，早期人类在中国境内是由南向北、由西向东逐步扩散和迁徙的。云贵高原处于人类起源地的范围以内，它也可能是中国古人类的发祥地。②目前云南已正式确定属旧石器时代早期的遗存是元谋人遗址。

元谋人 1965年5月在云南元谋县上那蚌村发现的元谋人牙齿化石，根据古地磁学方法测定，其生存年代为170±10万年，大大早于此前发现的"蓝田人"、"北京人"等猿人的年代，从而把中国发现的最早人类化石的年代推前了一百多万年。③元谋人化石包括两枚上内侧门齿，一左一右，属于同一成年人个体。齿冠保存完整，齿根末梢残缺，表面有碎小裂纹，裂纹中填有褐色黏土。这两枚牙齿很粗壮，唇面比较平坦，舌面的模式非常复杂，具有明显的原始性质。

先后出土的石制品共7件，人工痕迹清楚。原料为脉石英，器型不大，有石核和刮削器。

---

① 参见方铁主编：《西南通史》，中州古籍出版社2003年版，第6-8页。
② 张之恒、黄建秋、吴建民：《中国旧石器时代考古》，南京大学出版社2003年版，第133页。
③ 关于元谋人的"绝对"年代问题，据中国地质科学院地质力学研究所用古地磁方法测定，为距今170±10万年；中国科学院地质研究所根据古地磁分析和对比，认为是164万年。也有人认为不应超过73万年，即可能为距今60万至50万年或更晚一些。但学术界目前通常采用170万年的说法。

它们和人牙虽不居于同一水平面上，但层位大致相同，距离又不远，应是元谋人制作和使用的。发现的炭屑多掺杂在黏土和粉砂质黏土中，少量在砾石凸镜体里。炭屑大致分为3层，每层间距30～50厘米。炭屑常常和哺乳动物化石伴生。最大的炭屑直径可达15毫米，小的为1毫米左右。在4厘米×3厘米的平面上，1毫米以上的炭屑达16粒之多。此外还发现两块黑色的骨头，经鉴定可能是被烧过的。研究者认为，这些是当时人类用火的痕迹。这一发现如确系人工用火证据，则可以把人类用火的历史大大提前。在遗址中还找到一些有明显人工加工痕迹的动物骨片，说明当时人类已会制造骨器和简单的工具了。

同期与元谋人共生的哺乳动物化石，有泥河湾剑齿虎、桑氏缟鬣狗、云南马、爪蹄兽、中国犀、山西轴鹿等29种，绝种动物几乎占100%，其中上新世和早更新世的占38.8%，这表明元谋人的生存时代不会晚于早更新世。有人根据动物化石及植物孢粉分析，认为当时的自然环境呈森林草原景观，气候比现在凉爽和湿润。

昭通人 1982年11月，在昭通北郊15公里北闸镇塘房二社过山洞中发现了一枚人牙化石，这是云南省首次发现的早期智人化石。同时发现的还有一批东方剑齿象、中国犀牛、猴、鹿等哺乳类动物化石。化石采集现场情况及标本送有关研究部门后，经专家鉴定，哺乳类动物化石地质年代属中更新世晚期或晚更新世早期，距今约二三十万年；人牙化石为距今五万年至十万年之间的新人化石，按照人类学研究的命名原则，学术上将其命名为"昭通人"。"昭通人"是古人与今人之间的继往开来者，填补了云南这片土地上人类进化发展过程中的一段空白，受到中外学者的高度重视。

在云南发现的旧石器时代晚期智人的化石，主要有西畴人、丽江人、昆明人、蒙自人、蒲缥人和姚关人。

西畴人 西畴人与丽江人、昆明人同属一万年前的晚期智人，代表云南旧石器时代的晚期原始人，发现于云南省西畴县小新寨旁的仙人洞。仙人洞系石灰岩溶洞穴，洞口朝向西北，洞口较小，高度略高于人，宽度约1.5米；洞长40米，宽6米，高3米。1972—1973年，中国科学院古脊椎动物与古人类研究所与云南省博物馆先后两次在该洞清理发掘出5枚牙齿化石，并出土32种古脊椎动物化石，其中已灭绝种6种。经鉴定，牙齿化石属晚期智人牙齿，距今约一万年，定名为"西畴人"。

仙人洞为旧石器时代晚期的遗址，出土有精细的石器、骨器和装饰品，并有原始的雕刻、彩画和塑像，表明西畴人已经进入母系氏族社会。

丽江人 丽江人化石于1956年后陆续在离丽江古城11公里的漾西木家桥南面出土，包括三根股骨和一具少女头骨化石。丽江人具有明显的蒙古人种的特征，同一地点出土的1具鹿角工具上有人工钻孔和研磨的痕迹，还出土了一些伴生物，如旧石器、石核、石片、刮削器、砍砸器等28件。

昆明人 昆明人化石包括1976年出土的一个完整的人颅骨化石和3枚人齿化石。遗址位于昆明市呈贡县大渔乡龙潭山，北距昆明20多千米，西距滇池约4千米。龙潭山原为一大采石场，山上溶岩洞穴甚多，其中保存有大量旧石器、古人类及哺乳动物化石。1973年后，考古工作者在这里进行了大规模的考察和发掘，1975年出土一批旧石器、烧骨等文化遗物，1977年在第一号洞出土晚期智人的两颗牙齿化石，后又从第二、第三号洞发掘出丰富的古人类化石、旧石器。1978年这种古人类被命名为"昆明人"，其形态与现代人十分接近，属于晚期智人，已经能使用火。云南昆明龙潭山出土的"昆明人"化石，有头骨、顶骨、额骨、下颌骨、上颌骨、椎骨、肩胛骨、髋骨、肱骨、股骨、牙齿及肋骨等百余件。经碳14测定，"昆明人"生活在1~3万年前，为昆明滇池区域最早的穴居原始先民。

蒲缥人 蒲缥人化石发现于1986年保山市塘子沟遗址。该遗址出土人类化石7件，石器和石片等100件，骨制品46件，角制品71件和牙制品1件，是云南省迄今发掘旧石器时代文化遗物最丰富的遗存。塘子沟遗址的遗物在时代上有早晚之分，早期为旧石器时代晚期，晚期文化已进入新石器时代。遗址的一个重要特征是居民大量使用骨、角、牙的制品，加工时还普遍使用了磨制技术。在遗址中还发现了柱洞、火塘、夯土面等房屋的遗迹，这是迄今我国已知最早的房屋遗迹。

云南旧石器晚期的人类化石和遗址还有蒙自县红寨乡马鹿洞内发现的"蒙自人"和施甸的姚关人等。此外，还有尚待进一步确定的年代约为距今80万年的石林县"百石岭"旧石器时代遗址，年代为4.4~3.6万年的旧石器时代中晚期富源县大河遗址。它们的发现充分表明云南在远古时期人类进化史上具有重要地位。

云南的旧石器时代文化是中国旧石器时代文化的一个组成部分，其共性表现为石器类型基本上以石片石器为主。原始人类多选择硬度较大的石料制作石器，用火烧使岩石裂开，取其结核。加工时以锤击法为主，也使用砸击法、碰砧法、锐棱砸击法；第二次加工时多见单向反面修理，多用石锤直接打击。石器以大、中型者居多，类型有刮削器、尖状器和砍砸器等，而以刮削器为最多，这反映出当时云南的经济生活应以狩猎为主，因为刮削器主要是用于处理兽肉兽皮的。

另外，云南大部分出土的石器看不出明显的早期到晚期技术差异；石器组合方面，器型相对单纯，无手斧以及矛头、标枪、箭镞等"投射器"，缺少切割器和挖掘器。此外，与石器技术的相对简单相反，角、骨器加工的技术发达，在晚期遗址中发现大量的骨、角、牙器，器形有骨铲、骨锥、骨针、骨镞和装饰品，角铲、角锥、矛头、角棒及牙饰品等，达到了很高的制作水平。

三、新石器时代的云南

新石器时代大约开始于公元前8 000年。农业、畜牧业的产生是新石器时代到来最主要的标志。这一时期出现了磨制石器、陶器和纺织，人类从原来依赖天然产品过渡到生产经济占重要比重的阶段。在新石器时代大部分人群开始筑房定居，并形成了大小不等的聚落。在旧石器时代晚期出现的母系氏族制度在新石器时代达到鼎盛时期，这是继血缘家族公社之后人类所进入的原始氏族社会的第一个阶段。这一时期人类生产力的水平明显提高，社会生活也发生了较大转变。

云南新石器时代的考古工作早在20世纪30年代就开始了。新石器时代的遗存在云南的分布十分广泛，迄今已发现300余处遗址和遗物地点，几乎遍及全省各县市。根据不同的自然环境，遗址有河湖台地、贝丘遗址和洞穴遗址3种。如果按照考古学类型来看，云南目前发现的新石器文化大致可分为8种不同的地方类型[①]，这充分反映出云南地理条件的复杂和

---

① 李昆声：《云南史前考古四十年的主要收获》，载周国兴主编：《北京人第一头盖骨发现六十周年文集》，北京科学技术出版社1992年版，第69-71页。

文化多元化的特点:

滇池地区石寨山类型　　滇池地区新石器文化,以石寨山类型为代表。昆明附近的滇池、抚仙湖、星云湖和杞麓湖周围,都是断层陷落形成的内陆湖泊,周围有比较宽广的平坝,分布着相当密集的新石器时代遗址,多数为贝丘遗址,已发现的有官渡、石寨山、河泊所等20多处,重要遗址有晋宁县石寨山遗址和通海县海东贝丘遗址。其文化面貌是常有螺壳堆积,居民种植稻谷。

出土石器以磨制品为主,种类有斧、锛、铲、刀、锤、砺石和敲砸器等。斧、锛类器物除普通型以外,还有双肩的、有段的以及有肩有段的各种类型,明显地是受到了华南新石器文化的影响。陶器中以红陶为多,次为灰陶。手制,陶质较差,火候甚低。器形以大量泥质红陶的凸底浅盘为显著特征,只是人们至今都不明白它们的具体功用。其他器物有碗、钵、盆、罐等,有些罐带流,还有个别圈足器。陶器上的纹饰主要有各种刻划纹,也有少量几何形印纹。泥质红陶凸底浅盘的外表常有稻壳印痕,证明这个地区新石器文化时代的居民已能种稻。

滇东北地区闸心场类型　　滇东北昭通地区的新石器文化,以闸心场类型为代表。1959年1月在昭通城北20千米的官寨闸心场首次发现,反映这一文化的遗址主要有昭通闸心场遗址、野猪洞遗址和鲁甸马厂遗址[①]、野石遗址。

闸心场遗址位置与发现"昭通人"的过山洞遗址邻近。遗迹为半敞露式洞穴,前高后低、由外向内形成斜坡。初步探测,分布面积约10平方米,文化层深1米余,尚未进行系统清理发掘。目前出土了一批夹砂红陶残片,均为素面。可辨认器形有陶鬲、陶鼎、卷口陶罐等。砂粒较粗,火候不高,厚薄不匀,大都为捏制。鬲和鼎带有中原器物的特点,推断为新石器时代中期遗物。

野猪洞遗址位于今昭通市洒渔乡巡龙湾村公所以北300米处。遗址地处洒渔河(古为朱提江上游)东侧台地,依山傍水,为洞穴式遗址。洞口处文化层达1.5米,出土器物有石磅、石斧、网坠、夹沙红陶、灰陶;器形可辨的有侈口鼓腹平罐、侈口平底瓶;同时出土的还有人的下颌骨和野牛、狗的骨骸。出土器物中,石器制作粗糙,陶器不光滑且胎厚,火候低而易破碎,其文化年代属新石器时代早期遗址,比闸心场遗址的年代要早一些。

马厂遗址位于今鲁甸县城东北5千米茨院乡葫芦口村。遗址面积10余万平方米,依山傍水,文化层主要分布在东、南、西三个方向临水处。出土陶片500多件,泥质灰陶居多,也有夹砂灰陶、泥质黑陶。可辨认器形有碗、单耳罐、平底瓶、带流瓶、单耳瓶、敛口罐、久形器、长颈小口小底壶、带"米"字刻符的磨光双耳黑陶罐、平底束腰圆底壶、束颈扁鼓腹圆底盂。出土石器有刀,斧,石质坚硬,磨制精细;石斧一端有孔,为穿凿斧柄用,凿孔技术也已达到较高水平。部分泥质陶器,打磨光滑,火候甚高,施黑色陶衣,为云南出土的新石器时代器物中所仅见。

野石遗址位于今鲁甸县城东郊5千米的桃源乡野石自然村,遗址面积达1平方千米,集中分布在河流两边。文化层厚1.3米。出土器物有夹砂红陶,泥质磨光黑陶、灰陶、橙黄陶。可辨认器形有敛口碗、敛口陶壶、单耳陶壶、长颈带流陶罐、大型带耳陶罐等。特别应该提到的是,在遗址中发现有古墓葬和半地穴式屋基,并有炭化粟。野石遗址是迄今为止云南所

---

① 云南省文物工作队:《云南昭通马厂和闸心场遗址调查简报》,《考古》1962年第10期。

发现的新石器时代遗址中规模较大、保存较完整的大型村落遗址。

这些遗址和出土器物反映出"昭通人"后裔的生存环境、劳动方式、生活条件在这一时期发生了革命性变革，开始从山区走向了坝区，从分散的穴居、半穴居走向了大体以氏族为单位的邑聚。其典型特征在陶器的器形和质地方面，表现为出土陶器多是单耳、细颈平底的小瓶和单耳侈口陶罐，并有一些打磨光亮的黑陶，这是云南其他地区出土陶器所没有的。

滇东南地区小河洞类型 滇东南地区目前考古工作还比较薄弱。20世纪70年代发现的麻栗坡县小河洞遗址，出土了许多夹砂陶片和打磨精细的有肩石斧、石锛和三角形石刀。以后在广南县八宝区铜木犁洞、板磨乡龙根洞和珠琳镇又发现3处新石器时代的洞穴遗址，在文山、富宁、马关、砚山等县发现了一些新石器时代地点，出土遗物的风格与小河洞遗址大体类似，表明文山地区存在一种与其他地区有别的新石器时代文化。

小河洞出土陶片三百余片，无一完整。其中夹砂灰褐陶占85%以上，其次为夹砂红陶。纹饰以绳纹为主，还有划纹、附加堆纹等。出土动物有鹿、熊、野猪等，在文化层底部一堆红烧土上的灰烬中还有大量的螺蛳壳，显示出渔猎在当时占有很大的比重。出土石器以磨制精致的有肩石锛、靴形石锛和三角形石刀为代表，此外还有梯形和长条形石斧、石刻印模等。从出土的石器看，与两广地区，特别是左右江流域出土石器相近，带有百越系统文化遗存的特点。

滇南—西双版纳地区曼蚌囡类型 以景洪县曼蚌囡类型为代表的滇南—西双版纳地区新石器时代文化，大致分布在西双版纳州和思茅地区的南部。在景洪县、勐腊县和孟连县发现的近10处新石器时代遗址，出土了罐、碗、钵、盘等器形的夹砂灰陶陶器，出土石器多采江边砾石打制而成，少数局部或通体磨光，器形有尖状器、盘状器、研磨棒、敲砸器、石核、石片等，其中以有肩石斧和硕大的网坠最富有特色，在我国新石器文化中并不多见。

洱海地区的新石器文化 洱海也是因断层陷落形成的内陆湖，面积仅次于滇池，为云南第二大湖，周围有比较宽阔的平坝，动植物资源十分丰富。这里的新石器文化遗址除吴金鼎等人在20世纪30年代末发现的十多处外，新中国成立以后又发现二十多处，其中宾川白羊村、祥云清华洞和大理鹿鹅山等处均经过发掘和详细调查。

金沙江中游地区—元谋大墩子类型 金沙江中游主要指楚雄地区，境内多高山峡谷。大墩子遗址1972年由中国科学院古脊椎动物与古人类研究所和云南省博物馆调查发现，遗址年代根据碳14测定并经树轮校正，认定为公元前1470±155年。属同一类型的遗址除大墩子外，元谋境内还有龙街、张二村、下马应登、马大海、下棋柳、大那乌、新发村等9处，禄丰县境内有十八犁田、火车站等处，大部分分布在金沙江支流龙川江沿岸的河旁台地上。

大墩子位于元谋县城东约4.5千米，南距元谋人出土地点上那蚌约4千米。1972年至1973年曾进行3次发掘，发现房基15座、火塘7个、窖穴4个和墓葬37座，出土了石器、骨器和陶器等大批遗物。房屋均为地面起建，长方形，单间或双间，长5~8米，宽3~4米不等，室内有椭圆形或圆角长方形火塘。

大墩子墓葬有土坑墓和瓮棺葬两种。土坑墓一般为单人葬，葬式比较复杂，有仰身直肢、仰身屈肢、侧身屈肢和俯身屈肢者。绝大部分墓没有随葬品，仅4座有骨镯、骨珠、牙饰、角凿或石锛，大致都是随身携带的装饰品和个别工具，看不出有专为埋葬而准备的随葬品。最值得注意的是这里不少人骨是生前断肢的，比如一具男性遗骨大腿折断，置于胸腹部位，一具女性遗骨的右手右腿均被砍断，断肢缺肢的骨骸竟然占到全部成年死者的55%以上，均系中青年,且以男性为多。许多墓中在人体部位发现石镞,有多达十余枚者,这些石镞所在的部位大多是容易致命的胸腹部,应该是射入体内无法拔除,然后尸体腐烂掉出来的。19座成人墓中,有18个墓主都不同程度地被石镞射中。结合前面提到那些断肢缺肢的情况,更证明这块墓地的死者均非正常死亡,而是被敌方在战场上残酷杀死的。这种情况在我国史前文化的墓地中为仅见,或许是部落间掠夺性战争的一种反映。

大墩子有瓮棺葬17座,主要位于房屋附近。先挖浅坑置瓮,上盖陶罐、陶瓮或石板。人骨大多朽坏,初步判断大多是不足周岁的婴儿。有7座瓮棺有随葬品,包括小陶罐、陶壶、鸡形壶和穿孔骨珠等。瓮棺上往往凿有1~3个小圆孔,意在供死者灵魂出入。有随葬品的瓮棺比例之高,在云南史前文化其他墓地中是没有见过的。

大墩子出土的石器绝大部分为磨制,有的通体磨光,有的残留打坯时留下的石片疤,打制石器为数甚少。种类有斧、锛、凿、刀、镞、纺轮、砺石、印模、杵、刮削器和石球等。骨器有锥、凿、抿子、针、镞及管、珠等装饰品。鹿角制品有锥、凿、抿子等,还有少数牙器、蚌刀、蚌饰和海贝等。

陶器多为夹砂陶,以灰褐陶为主,约占80%,其次为橙黄陶和红陶。纹饰有绳纹、划纹、篦纹、剔刺纹、印纹、乳丁纹和附加堆纹等,以绳纹、划纹和篦纹为主。器物造型比较简单,基本上都是平底器,仅见个别的圜底器和圈足器。主要器物有罐、壶、瓮和深腹钵等,分别用作炊器、水器、存储器和食器,不少瓮用作婴儿葬具。

大墩子遗址系多种经济结构,除农业外,还经营畜牧和渔猎。狩猎和捕捞对象有十几种动物。大墩子1号窖穴内发现大量灰白色粮食粉末、谷壳和禾草类叶子,7号火塘的3个陶罐内发现大量炭化谷物,经鉴定属于粳稻。结合工具中有石刀和蚌刀等农具,说明大墩子史前居民的经济主要是稻作农业,并且已可能驯化猪、狗、鸡等家畜。遗址中除发现这些动物的骨骼外,还有更多的野生动物骨骼,包括水鹿、赤鹿、麝鹿、野兔、豪猪、松鼠、竹鼠、黑熊、猕猴等许多种,水生动物则有厚壳蚌、田螺和鱼骨等,说明狩猎、捕鱼和捞取软体动物仍然是当时经济的重要组成部分。

滇西洱海地区—马龙类型 早在1938—1940年的抗战时期,中央博物院吴金鼎、曾昭燏、王介忱3人就对洱海西岸点苍山下的马龙遗址进行过调查和试掘,并在大理县发现同类遗址十余处。新中国成立后,云南省博物馆又进一步在滇西地区多次调查,在大理、宾川、鹤庆、洱源、祥云、云龙、永胜等县发现同类遗址23处,其中宾川白羊村、祥云清华洞、大理鹿鹅山等处的发掘,都有重大的收获,大大丰富了这一类型文化的内容。

就目前发掘情况来看,本类型以宾川白羊村遗址最为典型。该遗址位于洱海以东的宾川县城东北约3千米,西临宾居河,高出河面约6米。由于河水长年冲刷,遗址遭到严重破坏,现存面积仅3 000平方米。1973—1974年发掘时发现34座墓葬,其中土坑墓24座,瓮棺葬10座。土坑墓均为长方形竖穴,均无葬具,也没有随葬品。葬式十分复杂,最突出的是无头葬,共有10座墓,死者一般为仰身直肢;其次是仰身直肢葬和二次葬,也有个别的仰身屈肢葬。除全部无头外,还有缺股骨或其他骨骼的,又都是一次葬,显然都是非正常死亡。云南有的民族曾有过猎头风俗,这些无头葬也许是猎头风俗的牺牲者。

白羊村遗址出土的石器以磨制为主,只有个别是琢磨兼施或打制的。种类有斧、锛、凿、刀、镞、网坠、纺轮、砺石、印模、杵、刮削器、敲砸器和石球等。其中的石刀颇有特色,多为半月形,上背较直或稍凹,刃部呈圆弧状,近背部有二穿孔,有的刃部刻成锯齿状,可作锯用。印模系砺石改制而成,在一头刻成米字格纹,与某些陶器上的印纹是一致的。骨器不多,主要有镞、凿、锥、针等,还有一种扁薄骨器,可能是抹泥的抿子。

陶器几乎都是夹砂的,以褐陶最多,其次是灰陶,红陶甚少。均为手制,个别有慢轮修整痕迹。纹饰十分复杂,有划纹、绳纹、篦纹、剔刺纹、乳丁纹、印纹、附加堆纹等,以划纹、绳纹和篦纹为主。划纹中有细线纹、弦纹、菱形纹、三角纹、网格纹、曲折纹、斜平行线纹等。绳纹较早的纵横交叉,疏密不等,较晚的细而整齐。篦纹早期较多,有曲折纹、之字纹等。陶器造型比较简单,主要是圜底器和平底器,无盖无把,仅少数有耳。器形主要有釜、罐、匜、钵、缸等。釜均为圜底大口,有的口外有錾手。罐有圜底和平底两种,常有复杂的纹饰。匜全为圜底宽流。此外还有陶支脚等。

在白羊村遗址的 2 号窖穴中曾出土了灰白色的粮食粉末与稻壳,1 号窖穴中也有灰白色粮食粉末,可知当时已种植水稻。白羊村遗址的年代,专家曾分别对两个炭化木柱进行测试,其碳 14 年代经树轮校正后分别为公元前 2165±105 年和公元前 2050±105 年,大体相当于龙山时代,比元谋大墩子遗址略早。

滇西北地区—戈登类型 滇西北迪庆藏族自治州一带的考古工作比较薄弱,其新石器文化遗址仅有维西县戈登村西约 1 公里腊普河东岸的一处洞穴遗址。出土磨制石斧、石刀、石镞、石锥等。石刀有长方形和半月形两种,均为单孔。陶器多夹砂陶,灰褐色,器形仅见单把罐和侈口罐,均为平底,底部印有树叶纹或麻织物纹。陶器与后来川西、滇西发现的一些石棺葬出土的器物相近。

澜沧江中游地区—忙怀类型 在澜沧江中游两岸,特别是澜沧江与怒江之间的地区,曾发现一系列新石器时代遗址,分别属于云县、景东和澜沧拉祜族自治县等,云县忙怀是其代表。这些遗址大多用砾石打制石器,种类有双肩斧、靴形器、钺形器、网坠等,没有发现磨制石器。钺形石斧与后来滇西地区广泛出土的铜钺极为相似,或许二者之间有一定的渊源关系。遗址中出土陶片极少,试掘后仅发现 11 片,皆夹砂陶,以绳纹为主。从遗址大都地处高山深谷和很少出土陶器的情况看,忙怀类型居民的社会生活很可能以游牧为主。

综合来看,目前发现的云南新石器遗址均属新石器时代晚期遗址。从石、陶器的制作来看,以昭通闸心场类型和滇池区石寨山类型的新石器磨制得最为精巧,陶器制作技术也较高,打磨十分光亮,比金沙江中游和洱海地区的器物进步。云南各个类型的新石器文化,都是西南少数民族的文化遗存,它们种类的复杂多样,表明远古时期云南居民的组成比较复杂。

第二节 青铜时代的云南

与中原地区青铜时代大约同时,至迟在商代以后,居住在云南古滇池、洱海、滇西北、红河流域和滇东北地区的云南少数民族先民也同样创造了富有地方民族特色、光辉灿烂的青铜器文化,在这些青铜器中,完整而精美的造型包括了动物组合、人和动物的组合及圆雕、浮雕及直形体浇铸与焊接的工艺,其写实性之强,技艺之精巧,令人叹为观止。它们使云南青铜文化毫无愧色地在中国青铜文化大家族中占有一席之地。

云南青铜文化在中国青铜时代的历史地位是毋庸置疑的，不过对其历史年代却长期存在争议。对云南青铜文化的下限，目前人们比较统一的断代，认为应该是在西汉中晚期，即通常所称"滇王国"时期，而对其年代上限的断定问题，学术界始终存在分歧。还需要说明的是，尽管在云南境内数次大型青铜墓葬的考古发掘中，出土的大量青铜器都证实了古滇国青铜器具有的极其重要的文化艺术价值及学术地位，使得"古滇国青铜器"几乎成了云南青铜文化的代名词，但云南青铜文化并不就等同于"古滇国"青铜文化，前者的外延要大得多。

一、古滇国的青铜文化

据《史记·西南夷列传》记载，战国至西汉时在滇池周围地区有滇国，方三百里滇池"旁平地，肥饶数千里"。滇王"其众数万人"。在夜郎（主要在今贵州东部和滇东一带）以西，邛都（今川西南地区）以南，滇东北有名为"劳浸、靡莫"的部落，与滇国"皆同姓相扶"。《史记》对滇国范围的记载仅此数句，语焉不详。根据数十年来有关滇文化的重要考古推断，古滇国统治的范围东达曲靖、陆良和泸西，西到禄丰，北至会泽，南抵元江、新平一带。滇国都城的位置在滇池湖畔的晋宁以东，这里的石寨山遗址出土了汉赐的"滇王之印"，可以证实这里是滇王及其臣属的墓地。有关它的记载最早见于司马迁的《史记·西南夷列传》。考古资料证实，滇国存在的时间至迟不晚于战国初期，它兴盛于战国，历经五百余年，至西汉之后走向衰亡。实际上，自从西汉中央政权在滇国旧地设置郡县以后，"滇"国名称就不复见于史册，它似乎从此就默默地消失在了历史深处，只留下大量宝贵的青铜器物，供后人无限遐想。

青铜器主要是铜和锡的合金，也有部分为铜、铅合金。我国最早的青铜器大约产生于公元前3 000年左右，商代中期以后，我国开始进入青铜文化的全面繁荣时期。中原地区的商周青铜器多铜、锡合金（锡青铜），云南除铜、锡合金外，也有数量较多的铜、铅合金青铜器（铅青铜）。铜器的冶炼和使用，是人类掌握金属工具的开始，也是人类生产力革命性的进步。

古滇国时期的青铜器虽然在新中国成立前就不时流出，有的甚至流落国外，被一些著名的博物馆收藏，但对其进行正式的发掘则是1951年云南省博物馆建立后开始的。1955—1960年，首先在晋宁石寨山进行过4次发掘，共清理墓葬50座，出土文物4 800余件，其中在6号墓发现了著名的"滇王之印"，证明其为一代滇王的墓葬，沉睡了2 000余年的神秘古滇国终于重见天日。1972年春和1991年底，云南省博物馆又两次发掘了江川李家山墓地。其中的第二次发掘工作，在1 100平方米的范围内清理墓葬58座，出土文物2 000余件。李家山墓地距晋宁石寨山仅50余千米，墓葬结构和随葬品也完全相同，证明它们同属滇文化圈。在这一区域内发现的青铜器在器型风格上大体相同，也与周围地区的青铜文化存在明显的区别。

云南的青铜文化时间跨度大约500年，其早期为先秦的战国时期，中晚期为秦汉时期。目前各地出土的滇国青铜器数量众多，器型复杂，大致分为5大类共80余种：

（1）生产工具类（包括农业和手工业工具等）：铜锄、铜锛、铜镰、铜爪镰、铜铲、铜斧、铜锯、铜凿、铜削、铜刀、铜针、铜锥、鱼钩、纺轮、成套织布工具（包括经轴、布轴、打纬刀、布撑和分经杆等）以及蛇头形镂孔铜器等。

（2）生活用具类：铜壶、铜洗、铜罐、铜碗、铜盘、铜杯（包括耳杯及高足杯）、铜勺、铜炉、铜奁、铜案、铜盒、铜尊、铜釜、铜甑、铜镰斗、铜盂、铜桶、针筒、线盒、绕线板、伞盖、执伞俑、铜灯、铜枕、铜镜、贮贝器、带钩、印章、钱币等。

（3）兵器类：铜剑、铜矛、铜斧、铜戈、铜钺、铜啄、铜戚、铜锤、铜叉、铜镞、铜镦、狼牙棒、弩机、箭箙、剑鞘、头盔及各式铜甲等。

（4）乐器类：铜鼓、铜钟、铜锣、铜铃、曲柄和直柄葫芦笙等。

（5）装饰品类：圆形、长方形和不规则形浮雕扣饰，各种杖头铜饰、铜镯、铜簪、铜珠饰、铜孔雀、铜鸳鸯、铜鹿及各种马饰等。

与中原地区商周时期的青铜文化相比，古滇国青铜器带有浓郁的地方民族特色。商代青铜器纹饰以具有庄严和神圣之感的兽面纹为主，风格粗犷凌厉，线条勾曲回旋，变形夸张。西周早期承袭商代的艺术风格，一些重要的青铜礼器也和商代的作品一样表现着神圣、庄严之美，发挥祭祀功能的祭器在青铜器总量中占有相当的比重。相比较而言，云南古滇国青铜器在形制、纹饰包括铸造等方面都与之有很大的区别。如鼎、簋等重要的青铜礼器在滇文化中被贮贝器、铜鼓所取代，特别是贮贝器和其他器具上的大量人物和动物附饰雕塑，是古滇王国青铜文化特有的艺术形式。殷商时代中原青铜器在装饰表现中除铭文、征战、宴乐等特定图像纹饰外，基本上都是相对固定的纹饰，如饕餮、龙凤、兽面纹饰以及其他几何与动物变形的图案。而滇国青铜器装饰雕刻却呈现出一种多变的、生活化的甚至浪漫的意态。已发现的铜鼓的图案中，一部分为太阳纹、几何形花纹、饰弦纹、云雷纹等。动物图案出现最多的是鳄鱼与翔鹭纹、牛纹、鹿纹及船纹等。太阳纹反映出云南古代民族对太阳的崇拜，牛纹既反映了农业劳作的地位，也是炫耀财富、荣誉、地位与威望的象征，都具有很强的云南地域民族特点。在这些青铜器中，完整而精美的动物组合、人和动物的组合及圆雕、浮雕造型，其写实性之强，令人叹为观止。出土于李家山 24 号墓春秋晚期、战国初期的牛虎铜案，其主体是一头站立的母牛，一猛虎攀咬住其尾，小牛则避于母牛腹下，铜器整体构思巧妙，富有审美韵味，亦具有一定的生活意蕴。铜案以普通范模分体浇铸后再合铸而成，但整体平整光滑，制作上达到了较高的工艺水平，是云南历史文物的代表之作。

具体来说，古滇国青铜器中体现独特的地方特点和民族风格的重要器物有如下几种[①]：

仿生式兵器　古滇国青铜兵器有 20 余种，其中铜戈、矛、剑、钺、斧、戚等虽见于中原地区，但器形、纹饰差别较大，很明显是云南当地制作的。另一部分兵器，不见于我国内地和云南邻近地区，大多是模仿动物的某一部位制作的，可以称为"仿生式"兵器。如鸟头形铜啄，整体似一长嘴的鸟头，其上有两个对称的圆圈，很像鸟的两只眼睛，刃部既长且尖，刃上端有横出的圆梁，便于穿木柄，柄与刃部呈十字交叉状，使用时如长嘴啄木，故名"铜啄"。又如鸭嘴形铜斧，整体似一个伸嘴曲颈的鸭头，刃部呈铲状为鸭嘴，两侧各有一对称的圆圈，酷似鸭子的双眼。此外如蛇头形铜叉、牙刺形铜棒、蛙形铜矛、鸟头形铜钺等，也多是仿照动物的某一部分制成的。构思新颖，做工精妙，为滇国青铜器中艺术造型与实用功能高度结合的典范。

在古滇国时期青铜铸造的兵器，往往都有精美的雕塑装饰。尽管其中一些兵器的基本造型与中原地区十分相近，但纹饰却不同。尤其在武器之上，一般装饰着俘虏或动物等，充分显示了滇文化独特的魅力和滇国工匠非凡的创造力。

---

① 张增祺：《滇国与滇文化》，云南美术出版社 1997 年版，第 17-18 页。

贮贝器 贮贝器是古滇国特有的贮放贝币的青铜器。有的为专制的筒状带盖器，器底多有三只人形足；有的是用击破鼓面的废铜鼓改制的（将破损的鼓面去掉，另配一盖和焊接一底）；也有的用两件现成的铜鼓对合而成，其中一鼓鼓面为底，另一鼓鼓面为盖。无论哪一种贮贝器，其腰部及盖上一般都配有生动逼真的人物和动物图像。动物以牛的数量最多，有一牛、四牛、五牛、七牛不等。人物活动场面有祭祀、战争、纺织、纳贡、上仓、狩猎、驯马、舞乐、宴饮、农作等，涉及当时社会生活中的各个方面。其中人物最多的一件有127人，少的也有十余人或数十人不等。贮贝器种类包括的范围也很广，如骑士、狩猎、人乐、播种与纺织贮贝器等。这些人物和动物雕塑的附饰形式与器型合一，这成为古滇国时期青铜文化的一个代表性特征。

铜鼓 铜鼓是我国西南边疆少数民族独具特色的一种打击乐器。古代南方各族把铜鼓当做权力、地位和财富的象征，有"得鼓二三，便可称王"之说。古人把它视为神器，对它顶礼膜拜。学术界也有"中原地区以鼎为尊，南方则以铜鼓为贵之说"。因而铜鼓的功能绝不是单一的，它一可作乐器，二可作礼器，三还是上层统治阶级拥有权力和财富的象征。它还具有召集部众、传递消息等多种社会功用。公元前7世纪，当中原"青铜时代"逐渐衰落时，与中原文明中"鼎"一样占有重要地位的铜鼓，开始在中国长江以南和东南亚许多民族中诞生和流传。铜鼓文化被视为中国西南和东南亚民族文化的重要代表，它集冶炼、铸造、绘画、雕塑、音乐、舞蹈于一身，融政治、经济、文化于一体，两千多年绵延不绝。

云南是铜鼓的发源地，有近3 000年的历史。云南战国至汉朝时期的铜鼓可分为"万家坝型"和"石寨山型"两类。其形状均由互相连铸在一起的鼓面、胴部（胸部）、腰部、圈足及胴、腰之间的鼓耳等五部分组成。鼓面是一个圆形平展的面，为主要打击的发音部位。胴、腰、圈足三部分起共鸣作用，有时也有用于打击，可发出与鼓面不同的音响效果。鼓耳是为悬挂、搬动方便而特设的，上面系有绳索。云南铜鼓的基本特征是制作精美，纹饰繁复，鼓面有太阳纹和晕圈，常饰以翔鹭，在胴和腰部常有羽人、舞人和船、牛等形象。

青铜农具 由于目前不可知的原因，古代中原地区很少发现青铜农具。滇国的情况和中原地区不同，不仅青铜农具的数量多，而且种类也很多。就以掘土的农具铜锄而言，仅晋宁石寨山和江川李家山两墓地出土的就有70余件，且有半圆形、尖叶形、梯形、曲刃形、长銎形、镂孔形等不同式样。这在我国青铜文化中是极少有的情况。究其原因，或许与云南"有色金属王国"的天然优势有关。云南历来以盛产铜、锡著称，铜、锡资源非常丰富，东川的铜、个旧的锡都名闻遐迩，直至近代也基本如此。甚至中原商周青铜器，其原料也可能产自千里之外的云南。因此青铜在中原昂贵到只能用来制作贵族阶级的祭器、酒器、礼器，但在滇国，青铜则不仅用于铸造兵器（包括甲胄）、生活用具、乐器、装饰品及生产工具，就连当做随葬品的枕头和伞盖等日常生活用品，也同样用青铜制作。这或许可以解释滇国青铜文化中有不少青铜农具出土的原因。

另外，古滇国青铜文化之所以能在整个中国青铜文化史上独树一帜，占有重要的一席，除了资源优势之外，某种程度上还得益于早期阶段的滇文化处于一定的封闭状态，和内地没有什么往来，因而这一时期滇国的青铜器就能保留更多浓郁的地方特点和民族风格。这些地方特点和民族风格体现在各方面，包括当时兵器中常见的狼牙棒、铜啄、蛙形铜矛、蛇头形铜叉、鸟头形铜钺和铜斧，乐器中的铜鼓和葫芦笙，生活用具中的铜伞、铜枕、贮贝器、牛虎铜案、立牛铜尊、立牛盖铜杯和铜壶，装饰品中的各种动物纹扣饰和镶嵌孔雀石的铜镯，生产工具中的铜锄、铜铲、镂孔铜器及成套的纺织工具,等等。上述青铜器无论器形和纹饰,都具有云南少数民族独有的风格及特征,这反过来也说明当时中原地区的汉文化和长江中游的楚文化尚未传入滇池区域。

二、云南其他地区的青铜文化

云南其他地区的青铜文化虽不如滇文化的发达,但又带有不同于滇文化的一些特点。从目前已知的考古材料来看,云南青铜文化发展到成熟阶段,大致可分为滇池地区、洱海地区、滇西北地区、红河流域地区和滇东北地区5种不同的类型。除滇文化之外,其他4种类型分述如下:

洱海地区的青铜文化 洱海地区的青铜文化大约始于商代,比滇池地区的要早,在战国或西汉初期达到鼎盛,于西汉晚期趋于衰落。其分布以洱海周围为中心,北至永胜和剑川县沙溪与滇西北青铜文化相接,南到昌宁县,东抵楚雄市与滇文化分界,西达保山市以西。这一文化类型的遗址在剑川、永胜、大理、巍山、昌宁、弥渡、祥云、保山和姚安等地都有发现。比较重要的青铜文化遗址有剑川海门口遗址、祥云大波那木椁铜棺墓、楚雄万家坝墓葬群和剑川县沙溪鳌凤山墓地等处。

剑川海门口遗址是迄今所知云南时代最早的青铜文化遗址,它的发现为确定云南青铜时代的上限提供了线索。1964年发掘的东周时期的祥云大波那墓葬,在洱海地区青铜文化中最为有名。墓葬属长方形竖穴土坑木椁铜棺墓,木椁用长2.5米,宽0.3米的方木构成,铜棺重达257千克。铜棺棺身由2块壁板、1块底板和2块挡板组成,棺盖则用2块铜板合构成人字形屋顶状。随葬的青铜器共90余件,有锄、锛、刀、矛、剑、啄、钺、匕、箸、尊、釜、鼓、葫芦笙等器物,并有2件铜房屋模型和马、羊、猪、鸡的模型各数件。1977年在木椁铜棺墓附近又发掘了1座木椁棺墓,出土了殉葬奴隶被肢解的遗骨。

1975年和1976年发掘的楚雄万家坝墓葬①,计有79座古墓,分大墓和小墓两种。大墓的墓室有生土台、腰坑、边桩和垫木,墓内均有木棺,虽大多数墓被盗过,但仍发现了不少青铜器,如锄、斧、凿等工具,还有矛、剑、戈、钺、镞等兵器,以及鼓、编钟与铃等乐器。小墓无葬具,极少的一点随葬品包括铜矛和铜剑,以及随葬铜镯、玉杯、玛瑙珠等装饰品。万家坝遗址最重要的发现是出土了5面大约春秋时期的原始铜鼓,经碳14测定,距今约2600年左右,是世界上发现年代最早的铜鼓。它们的型制较为独特,成为考古学界中与滇池石寨山类型并列的"万家坝"类型铜鼓。铜鼓通高34厘米,面径38厘米,鼓面正中有太阳纹,但是无光芒;腰部分为24格,格内无纹饰;近足处可见云纹一周;鼓胸处有四耳,呈扁形。万家坝铜鼓的制作并不精美,非但纹饰稀少,而且鼓面还能明显看到炊烟的痕迹,大约当时还曾作过炊具之用。万家坝出土青铜农具的数量多达100余件,在我国同时期墓葬中还不多见。古墓群器物的风格虽然明显有受到滇文化影响的痕迹,但从文化内涵上看基本上仍属于洱海地区的青铜文化。

万家坝出土的铜锄有的背面有浮雕牛头。从研究来看,这些锄不大可能是农耕用品,更有可能是用于祭祀的器物。这些青铜锄头上的纹饰有孔雀纹饰、牛头纹饰、雉鸡纹饰等,其

---

① 云南省文物工作队:《云南省楚雄万家坝古墓群发掘简报》,《文物》1978年第10期。

中部分为抽象弦纹、回纹、编织纹、锯齿纹、双旋纹、太阳纹、绳纹等，尤其以双旋纹为常见。纹饰的分格、排列力求均匀，富有规律。细节安排、章法布局等方面，独具匠心。所有图案都以一种或几种不同的纹样为单元，形状相同，方向相对，排列均衡对称，给人以稳重、整齐、匀称的感觉。

剑川县沙溪鳌凤山墓葬是云南近年最重要的考古发现之一。① 在发掘的342座墓葬中有竖穴土坑墓217座，瓮棺葬和火葬墓125座。出土文物572件，其中有青铜器227件，包括剑、矛、戈、钺、镞、臂甲等兵器和削、凿等生产工具，还有发箍、簪、戒指、手镯等装饰品。墓有大墓和小墓之分，随葬品的数量差距很大，显示当地的居民正处于从原始社会向阶级社会过渡的阶段。墓葬的时代大致可分为3期，早期约为春秋中期至战国初期，中期为战国的中、晚期，晚期约在战国末期到西汉初年。青铜剑的类型反映了本土文化与滇文化影响交融的情形，表明在春秋战国时期，剑川地区与滇东和我国西北地区居民在文化上的交流比较频繁。

洱海地区青铜文化的面貌与滇文化的有不少相同或近似之处，都使用铜鼓、铜钟和铜葫芦笙等乐器，啄、勺、豆、尊、钺、凿等青铜器的形制也基本相同，铜制畜禽的模型和动物纹饰中蛇、鸟、兽、青蛙等的形象大体一致。不过差异仍然存在。如洱海地区少见滇式戈而多见一种对称曲刃状援的无胡戈，农业生产工具中流行心形锄。铜器纹饰仅限弦纹和几字纹，一种以鹰燕为题材的纹饰未见于滇文化。另外，铜器铸造技术也逊色于滇池地区。看来洱海地区青铜文化的创造者与滇池地区属同一文化系统，但因居住地区不同文化面貌又有所差别。

滇西北地区青铜文化　这一地区的墓葬目前发现不多，已发掘的主要有德钦县永芝的石板墓，德钦纳古的石棺墓，德钦石底的土坑墓和宁蒗县大兴镇的土坑墓。② 1976—1978年在德钦县纳古发掘了23座石棺墓，随葬品有曲茎剑、矛、饰牌等铜器和扁宽耳陶罐、石镞、绿松石珠等。随葬品的数量相对均匀，反映出当地居民贫富分化尚不明显。这批墓葬中出土的青铜短剑具有我国东北和内蒙古等地常见的形状，其样式被称为"中国北方青铜短剑"，表明纳古等地的青铜文化受到我国北方游牧民族文化较多的影响。在墓葬中还发现了少量人骨，形态接近蒙古人种远东和南亚的类型。据碳14测定，纳古文物的时代约为西周初期至西汉初期，由此推测战国时期滇西北青铜文化已进入了繁荣的阶段。

1977年在德钦县石底村清理了两座土坑墓，出土了矛、剑、刀、杯、匕等铜器15件，还发现了宽扁耳陶罐和陶纺轮等器物。1978年在宁蒗县大兴镇发掘了11座土坑墓，出土了铜制的剑、斧、矛、削等器物，以及各种形状的扁宽耳陶罐。还发现了一些木质器物，种类有杯、纺锤、枕等，碳14测定的年代为2 460±80年。滇西北青铜文化与我国北方和西北青铜文化之间具有相当明显的联系，值得进一步研究。

红河流域的青铜文化　大约距今3000年左右，红河流域进入了青铜文明时代，其年代大约与滇文化相当或稍晚。红河流域青铜文化目前还不能确定典型的文化遗址，但将其划分为一种区域性文化仍然有其道理。迄今为止，在红河州13个县市都有青铜器发现，从个旧石榴坝、黑马井、蒙自鸣鹫、红河小河底等遗址出土的造型生动、纹饰精美的青铜器来看，红河青铜文化的百越文化特征比较明显，与东南沿海百越文化、古滇文明和越南东山文化有广

---
① 云南省博物馆文物工作队：《云南剑川鳌凤山墓地发掘简报》，《文物》1986年第7期。
② 参见方铁主编：《西南通史》，中州古籍出版社2003年版，第30-31页。

泛的联系，体现出多元文化影响、交融的特色。

这一文化主要分布在滇南的河口、石屏、金平、红河、建水、屏边、元阳、蒙自、泸西等县市。出土文物以青铜器为主，常见的有矛、斧、钺、锛、锄、剑、戈、凿和鼓等。1987年7月，由云南省考古所和个旧市博物馆联合对个旧石榴坝古墓群进行了抢救性清理发掘，发掘面积1000平方米，共清理长方形竖穴墓24座，其中22座墓都有数量不等的随葬品。共计出土铜戈、铜凿、铜斧等青铜器和陶器、玉石器等随葬品131件，典型器物有双翼无胡戈、锛、凿、斧及平底盘、侈口鼓腹圈足罐等，这些器物有鲜明的地方特点，绝大多数造型都比较简单古朴，有的青铜器就直接源于新石器造型。该墓葬群属于战国中、晚期古墓群，距今约2500年左右。一些青铜器形制与滇文化器物相近，如红河流域地区出土的尖叶形铜镬与滇中所出的相同，有肩方条形锄则是滇文化中常见的长条形锄的变体。此外红河青铜文化的最大特点就是广泛使用青铜钺，其造型各异，种类较多，其中有的型制与越南北部的青铜器又有相似之处。

红河青铜文化北接古滇国文化，南连越南东山骆越文化，东南与东南沿海百越文化区相邻，在广泛吸取东南沿海百越文化、古滇文明和中原汉文化成就的同时，也兼容了越南东山文化的不少元素，发展成为以百越文化为主，兼容有多种文化色彩的红河青铜文化。

滇东北地区的青铜文化　滇东北主要指位于云南省东北部，川、滇、黔三省结合部的昭通片区。境内虽重山阻隔，但水系密布，金沙江、牛栏江、白水江等几条大河发源或过境，独特的地理位置和独特的水陆交通，使得昭通从新石器时代开始就是一个多民族文化的走廊。大约3000年前，昭通进入青铜时代后，各种民族文化的交融得到进一步升华。20世纪60年代以来，在昭通共调查发现青铜时代遗址2处，墓葬5处。①较重要的是鲁甸马厂遗址和野石山遗址。

鲁甸马厂青铜遗址位于县城东北4千米的马厂村，1954年云南省文物工作队在鲁甸进行文物调查时发现，当时初步确定为一处新石器时代晚期遗址。②1980年云南省文物工作队又对该遗址进行试掘，曾出土铜矿石，并出土铜斧、铜剑各一件，以及扁薄形铜匕，呈橙黄色，表面粗糙，是已知昭通青铜文化的滥觞。不过由于马厂遗址至今没有进行科学的考古发掘，只能根据其出土的陶器、石器、铜器来推测该遗址的年代。有学者认为马厂遗址为铜石并用时代，也有学者认为它已经进入铜器时代。

野石山遗址位于鲁甸县桃源乡野石村，地处与四川、贵州相接壤的滇东北高原，属金沙江下游地区。遗址面积近1平方千米，为非连续性分布，部分区域被现代村落所占据。2002年进行考古发掘，发掘面积425平方米，出土铜器13件，有锥、锛、削等。出土石器100件，有锛、斧、箭镞、纺轮、双孔刀等。据碳14测年报告，年代介于公元前1300至公元前900年③，为青铜时代早期遗存。青铜器中的鸟形模样，与四川三星堆出土文物有相似之处。

此外，在水富张滩墓地、昭阳区洒渔乡营盘墓地、白沙地墓地和水井湾墓地以及巧家魁阁梁子墓地等，都发现了大量青铜器，其中部分为汉代时期的器物。综合来看，昭通出土的西汉以前的青铜器，反映出和周围已知几种考古学文化的联系。比如滇文化特点的扁圆颈无格剑、饕餮纹直援无胡戈、石寨山型铜鼓、牛首带钩；夜郎文化特点的长三角形援，援上铸

---

① 丁长芬：《昭通青铜文化概述》，《中华文化论坛》2002年第4期，第113-116页。
② 崔玉珍：《鲁甸马厂遗址的调查》，《贵州社会科学》1980年第1期，第93-94页。
③ 刘旭等：《云南鲁甸县野石山遗址发掘简报》，《考古》2009年第8期，第42-53页。

眉成齿形的饕餮纹无胡戈，云雷纹圆颈、表面铸有祭竹图案的扁圆桶形铃。其中，滇文化特点的扁圆颈无格剑和夜郎文化特点的齿形眉饕餮纹无胡戈见于同一墓群中。昭通西、北境的金沙江上游巧家县出土的扁颈无格匕和扁颈弧背削，其器形也见于四川省凉山州。同时出土有邛都文化特点的侈口、长颈、鼓腹、水波纹带流陶壶。可见滇东北昭通青铜文化代表了云南青铜时代早期一种独具特色的文化，它融合了南方的滇文化、北部的巴蜀文化、东部的夜郎文化和西部的邛都文化诸多因素于一身而又自成一系。

第三节 先秦时期云南和内地的联系

一、先秦时期云南同内地的联系状况概述

　　云南虽然因为特殊的地理条件，在很长时间内一直相对封闭，但云南的历史却并不是孤立发展的。从远古时期起，云南各民族和祖国内地各民族之间，就一直保持着密切的联系。早在三四千年以前，云南这块土地上就有氐羌族群的先民生活。横断山脉虽然自北向南把云南切隔开来，但山势和河谷却变成了内陆文化向云南传播的通道，再加上金沙江水系、雅砻江水系、澜沧江水系、怒江水系等所形成的河谷，就使得内陆文化向云南传播具有了可能性。氐羌族群正是沿着这些河谷通道，由青藏高原、黄河上游，缓慢地向云南迁徙的。今天云南属于氐羌族系的各民族，大都认为自己的祖先居住在怒江、澜沧江、金沙江、雅砻江的源头。他们有关追寻祖先来源的传说、史诗中，也能够明确地分辨出氐羌族群南迁的路线，大体是由甘肃西南，西藏东南，青海南部经四川西部，再经澜沧江、雅砻江、金沙江等几条大江的河谷走廊进入云南西部和北部地区。从古代文献中，我们也能依稀看出云南的氐羌族群与中原地区深厚的文化渊源关系。《史记·五帝本纪》中记载过黄帝的幼子玄嚣（青阳）即位后，其长子昌意便从黄河流域南下，"降居若水（今雅砻江）"，娶蜀山氏的女儿为妻，生子繁衍，然后流播四方。传说夏禹即出自西羌，周族中的姜姓也是羌人的一支。约在公元前四五世纪时，羌人大规模南迁，分布在大渡河、安宁河及今云南西北部地区，以后逐步形成今天藏缅语各族。氐羌族系各民族的语言中，南北的方位与这几条江的走向也有密切的关系。例如彝语"北方"意为水之源或江头，"南方"意为水尾；纳西语的"北方"、"南方"也有同样的意思。这与其说是一种巧合，还不如说是对共同祖先渊源的反映。云南少数民族中藏缅语各族，也是古代氐羌部落的后裔。

　　云南东部则是珠江的源头。珠江水系与东南沿海一脉相通，百越系的各民族，通过珠江水系的河谷地带向西迁徙渗透，将沿海文化传入云南。除居住着许多百越族系的民族外，大量出土文物的型制特征，也有力地证明云南确实是沿海文化西进的交汇融合地区。经过春秋战国五百年的社会大变，长江中下游及沿海一带的越人、濮人大部分都融合于华夏族之后，居住在云南的越人和濮人由于远离中原，依然保留着自己语言文化的特点。

　　诚然，云南的地形地貌，形成了一种难以与外部世界沟通交往的总体封闭状态，但是云南的地理位置，又处于亚洲大陆很特殊的地位。就地域文化的类型而言，东亚大陆自古以来

大体形成了这样一种格局，即以黄河流域、长江流域为中心的内陆文化圈，以东南沿海为中心的沿海文化圈，以四川盆地为中心的巴蜀文化圈，以南亚次大陆为中心的南亚文化圈。在长期的历史流变过程中，总的流向辐射趋势是，内陆文化东进和南下，沿海文化向西扩散，巴蜀文化向南延展，而南亚文化向北渗透，云南刚好处在这几个文化圈的交汇结合部。

全省各地发现了几百处旧石器时代和新石器时代的遗址，其文化特征，与西北内陆文化，黄河、长江中下游文化，东南沿海文化，都有千丝万缕的联系。属于新石器时代文化遗址的云南洱海地区的白羊村文化、元谋县大墩子文化，其出土的器物、村社遗址和墓葬情况，与黄河流域的半坡文化、中原的龙山文化，都有相同或极其相似的地方。例如，墓葬中常见的一种半月形双孔石刀，在内地龙山文化和南方一些地区新石器文物中也是常见之物。洱海地区新石器文化遗址中还发现了陶鼎的残足，鼎下有三足，是我国特有的一种炊具。云县一带新石器遗址中发现的一种打制石锄，刃部略呈三角形，在云南其他地区至今没有另外的发现，而类似形状的器物在四川西部地区就发现了。昭通野石山遗址中出土的青铜器，其造型与四川三星堆发掘的青铜器也有"惊人的相似"。滇池地区新石器文化遗址中的有肩石斧，在东南沿海地区远古文化遗址中常有发现。可见，远在新石器时代，云南和祖国其他地区在文化上已有若隐若现的交往。

在进入金属时代以后，云南和祖国各地的关系有了进一步的发展。① 剑川海门口遗址出土了一种刃为圆形的铜钺，与四川巴蜀文化的铜钺就具有相同的风格。云南各地出土的大量青铜器，如兵器中的戈、矛、戚、钺，酒器中的尊等，无论它们的形制和花纹多么特殊，但仍然能够看出是对内地同类器物的模仿，特别是对殷周时期青铜器的模仿。这说明殷周青铜文化的影响已经到达云南。云南青铜文化中常见一种粗柄上布满圆点的剑，它在四川茂汶地区石棺墓中也常有出土。晋宁、江川等地出土以各种动物搏斗为题材的铜饰，其实也与北方青铜器存在诸多类似之处。由此可知，云南青铜文化尽管有深厚的地方色彩和特殊风格，但它仍旧是祖国青铜文化不可分离的一部分。

严格上说，这种影响也是相互的而不是单方面的。云南青铜文化一方面受到内地和相邻地区的影响，另一方面也以自己的特有风格影响着相邻地区。在广东、广西、四川和贵州等地一些战国至西汉时期的墓中，就常有与云南青铜器相类的器物出土。在我国南方广大地区内，云南的青铜文化是发展程度较高、影响较大的一种。

关于先秦时期云南和内地的关系，有关的文献记载较为缺乏。但把散见于古籍的零星记载集中起来，仍可看出密切交往的情况。据《逸周书》等书的记载，远在商汤之时，四方诸侯贡献方物，南方产里、百濮等曾献上各种珍贵宝石、象牙、美丽的羽毛和"短狗"。到了西周初年，在成周（今天的洛阳）举行了一次大规模的朝献，又有"卜人"来献丹沙。关于产里，或认为就是车里，也就是今天的西双版纳一带。虽然这一说法还并无明确证据，但百濮或卜（濮）人，则是从江汉平原到云贵高原都有分布的一个古老族群，包括云南孟高棉各族的先民在内。直到清代，今凤庆一带的"蒲蛮"（濮人的后裔），仍保留着向中央王朝进献"短狗"这种传统贡品的习俗。另据《管子霸形》说，齐桓公自称统治势力达到南方的"雕题、黑齿"。所谓"雕题"，是指纹面或纹身的习俗，而"黑齿"可能与长期嚼食槟榔有关。后世云南壮傣语各族仍被称为"雕题"、"黑齿"，而且包括云南在内的南方各少数民族也长期保持

---

① 马曜主编：《云南简史》，云南人民出版社1983年版，第26页。

纹身纹面或嚼食槟榔的习惯。

由上可见，云南少数民族无论在文化上还是在种族上，都和内地华夏民族有着密不可分的关系。

二、杜宇入蜀

因为地理位置的原因，云南与周边相邻的贵州和四川两省的交往尤其密切。四川地区的蜀王杜宇，就与云南的昭通有着莫大的关系。但史籍关于杜宇的记载却语焉不详，相互之间也有不少矛盾之处。扬雄在《蜀王本记》中说：

> 蜀王之先名蚕丛，后代名曰柏濩，后者名鱼凫。此三代各数百岁，皆神化不死。其民亦颇随王化去。鱼凫田于湔山得仙，今庙祀之于湔。时蜀民稀少。
>
> 后有一男子，名曰杜宇，从天堕，止朱提。有一女子名利，从江源地井中出，为杜宇妻。宇自立为蜀王，号曰望帝。治汶山下邑曰郫，化民往往复出。
>
> 望帝积百余岁。荆有一死人名鳖灵，其尸亡去，荆人求之不得。鳖灵尸随江水上至郫，复生。与望帝相见，望帝以为相。时玉山出水，若尧之洪水。望帝不能治水使鳖灵决玉山，民得陆处。鳖灵治水去后，望帝与其妻通。惭愧。帝自以德薄，不如鳖灵，委国授鳖灵而去，如尧之禅舜。鳖灵即位，号曰开明帝。帝生卢保，亦号开明。下至五代有开明尚，始去帝号复称王也。
>
> 望帝去时子规鸣，故蜀人悲子规鸣而思望帝。

这篇文献的前半部分可视为蜀国传说和神话的历史，后半部分则描述了望帝的悲剧结局。商周时期，在成都平原建立的蜀国政权可能与古史传说中的"三代蜀王"，蚕丛、柏濩、鱼凫有关。他们当是地处在岷山与岷江河谷的蜀人部落或部族的首领。在夏商之际，他们从今茂县叠溪一带经都江堰市灌口一带迁徙至成都平原。学者认为，广汉三星堆遗址可能就是鱼凫王朝建立的古蜀王国的都城。蜀国的"蜀"，释为虫类，即野蚕。而蚕丛的主要功绩是"教民蚕桑"，其人"目纵"，居岷山下的石穴里，历数百岁，"神化不死"，他开创了后世成都"锦官城"的历史。从《蜀王本记》到今日川西民间口头故事都有很多这方面的说法。

鱼凫本是一种捕鱼的水鸟，既可以看作神话中蜀人的祖先，也可以说是部落的图腾，现四川温江县一带有不少关于鱼凫的故事和遗迹。后来鱼凫国破，为杜宇所取代。古文献中有关于此的记载，仅《蜀王本纪》中的寥寥数语："鱼凫田于湔山，得仙，今庙祀之于湔。"后来的《华阳国志》也说："鱼凫王田于湔山，忽得仙道，蜀人思之，为立祠。"另一版本的《蜀王本纪》则说，鱼凫"王猎至湔山，便仙去，今庙祀之于湔。"[①]这几种说法与同书所记三代蜀王"皆神化不死"一样，表面上很能给后人以颇为浪漫的想象空间，背后的内幕实则非常残酷，均为战败而亡之义。所谓"猎于湔山"，也与内地古籍中诸如"天子狩于某"、"王者狩于某"的隐晦笔法相类，都是史家为王者避讳之辞，实际在暗示王者遇难或逃亡。《蜀王本纪》又说："其民亦颇随王化去"，"望帝治汶山下，邑曰郫，化民往往复出"，就是说部分随鱼凫王败亡的前朝遗民，在等到杜宇统治完全确立、社会稳定之后，又从湔山出来，归服杜宇王

[①] 李昉等：《太平御览》卷八百八十八。

朝。可见，以上史料所说明的实际是同一事实，即鱼凫为杜宇所逐，蜀国王政归于杜宇。蜀国的先王，从"教民养蚕"的蚕丛，到"教民捕鱼"的鱼凫，再到"教民务农"的杜宇，和后来治水的开明，都和农业生产有关。

杜宇王朝继"三代蜀王"之后而崛起，而杜宇的身世却扑朔迷离。① 根据上引扬雄《蜀王本纪》中的记载："后有一男子，名曰杜宇，从天堕，止朱提。有一女子名利，从江源地井中出，为杜宇妻。宇自立为蜀王，号曰望帝。" 朱提，今云南昭通；江源，今四川崇庆县。据此推测，杜宇（或杜宇部落）来源于朱提，从云南昭通进入成都平原，同江源的女酋长梁利进行政治联姻，得到当地部落的支持，从而逐渐取代鱼凫王族，夺取蜀国王政，成为蜀国的统治者。

后人对于杜宇的族属也多有争议。②《华阳国志·蜀志》载，杜宇"号曰望帝，更名蒲卑"。杜宇又名蒲卑。蒲，与濮音近相通，即濮人之谓；卑，下也；郫字则从卑从邑，卑即郫，合乎"汶山下邑曰郫"之说。杜宇来自朱提，古为濮人居地。朱提在汉代属犍为郡。《说文》中有"僰，犍为蛮夷也。"濮人与僰人古音相同，其来源甚古，疑为同一民族的不同称呼。杜宇本为朱提濮人，封为蜀侯后建都于汶山下，命名为卑（郫），其本人改名为蒲卑（蒲郫），实际上是以居为氏，表示濮人所建之邑。③

杜宇率领濮人一系入蜀，与蜀地的地方部族相结合，给蜀族注入了新鲜血液，也让二者的生命力更加旺盛，因而才有"七国称王，杜宇称帝"的说法。一方面，杜宇"教民务农"，将更先进的农耕技术带入四川，是最早开发成都平原的主要功臣，因而深得人心，被后世奉为农神；另一方面，杜宇部落从富产银铜的朱提向蜀地迁徙，极有可能将从朱提学得的铸造技术带到了成都平原，加之受商周青铜文化和其他外来文化的影响，共同促进了四川青铜文化的繁荣，基本肯定为杜宇时期蜀人杰作的三星堆遗址和金沙遗址，其出土的众多青铜器便是最好的证明。

杜宇对四川的另一贡献，就是扩大了蜀国的疆土。他将蜀国的都城迁至汶山下的郫邑（故址在今郫县城北，即民间传说中的杜鹃城），又在瞿上（今双流县牧马山一带）建立陪都，以此为中心，四出经营。《华阳国志·蜀志》中说，杜宇"乃以褒斜为前门，熊耳、灵关为后户，玉垒、峨眉为城郭，江、潜、绵、洛为池泽；以汶山为畜牧，南中为园苑"。褒斜在今天陕西汉中附近，是入蜀的重要通道；熊耳、灵关靠近云南，是由蜀入滇的门户；峨眉山和都江堰的玉垒山是成都平原的天险；汶山成了他的天然畜牧场，云南、贵州一带成了蜀王狩猎之地。这些描述虽然不无夸张的色彩，但其势力波及的范围确实算得上空前，为四川的开发和统一奠定了基础。

三、庄蹻王滇

庄蹻是先秦时期见于文字记录的第一个有组织进入云南内地的历史人物，云南和祖国内地建立直接政治联系即从庄蹻入滇开始；后人认识古代云南，也是从认识滇国开始的。灿烂

---

① 杜宇的生存时代不确，目前有从商周之交到周王朝初年、春秋时期和战国时期等多种说法，时间跨度很大。
② 一般认为杜宇为氐羌系统的部落，有彝族史学者认为杜宇为彝族始祖笃慕，不确。
③ 段渝：《四川通史》第1册，四川大学出版社1993年版，第53页。

的古滇文化与庄蹻王滇,有着密切的关系,庄蹻对云南地区古代历史的发展,具有积极的促进作用。

庄蹻为楚国后期的名将,《史记·西南夷列传》中说:"始楚威王时,使将军庄蹻将兵循江上,略巴、蜀、黔中以西。庄蹻者,楚庄王苗裔也。蹻至滇池,地方三百里,旁平地,肥饶数千里,以兵威定属楚。欲归报,会秦击夺楚巴、黔中郡。道塞不通,因还,以其众王滇,变服,从其俗,以长之。"《史记》这个记载为此后多部史书所转抄,如班固《汉书》、常璩《华阳国志》等都无异议,唯有《后汉书》作者范晔在经过研究考订后,将庄蹻入滇的时间从楚威王时期改为了楚顷襄王时期。

庄蹻入滇这一事件有极其复杂的历史背景。战国后期,各国的社会经济急剧变化,兼并战争愈演愈烈,势力此消彼长,逐步形成秦、楚争霸的局面。此后秦国商鞅变法,废井田,开阡陌,奖励耕战,成效卓著,国力日益强大;而楚国由于吴起变法失败,社会矛盾愈加尖锐,"食贵于玉,薪贵于桂",国力日趋衰落。到楚怀王、顷襄王时,在强秦的威胁下,楚国由进攻转为防御。周赧王十四年(公元前301年),秦与齐、韩、魏三国联合攻楚,大败楚兵于垂沙,楚将唐蔑战死,其部下十几万楚兵阵亡,楚国元气大伤,国势更加衰弱,内外矛盾尖锐,国家陷入分裂的危险中,正如《荀子·议兵》中所说:"唐蔑(昧)死,庄蹻起,楚分而为三四"。

此后,楚怀王死于秦国,太子继立而为楚顷襄王,与秦国在巴、巫、黔中郡等楚国的生命线上展开拉锯式的争夺战。《史记·楚世家》载:"二十二年(公元前277年),秦复拔我巫、黔中郡。""二十三年(公元前276年),襄王乃收东地兵,得十余万,复西取秦所拔我江旁十五邑以为郡,距秦。"在秦国的凌厉攻势下,夜郎其地归属的黔中郡等地又失陷于秦,楚国顷襄王不甘失败,拼凑了"东地兵"十余万,再次夺回长江边的十五城,构筑与秦对抗的防线。这就是庄蹻开滇事件的线索。

庄蹻或为楚国范围内的越地人。① 越地,即为春秋时期越国的故地。越国在被楚国兼并后,变为楚的"东地"。越人自古善战,庄蹻又与齐之田单、秦之卫鞅、燕之缪虮并列为当世名将②,他所率领的"东地兵"自然也就成为国势日衰的楚国最后的筹码。大约公元前276年,庄蹻接受楚顷襄王之命西征,以收复被秦国占领的巫、黔中郡等失地。

庄蹻在取得夺取长江边十五邑的初胜后,为了进一步扩大战果,选择向夜郎、滇进兵。庄蹻入滇的路线,按《史记·西南夷列传》中所说是沿长江而上,至巴楚后又沿乌江入黔中,再向西到滇池,这也是一条通滇的古道。《华阳国志》、《后汉书》中所说庄蹻"从沅水伐夜郎"的"沅水",实际为"延水"(即乌江)之误。③ 庄蹻入滇后,以兵威降服当地滇人,为楚国开疆拓土,在准备回报楚王时,秦国已经彻底占领楚黔中郡,归路被秦所阻,只好变发从俗,在滇池附近建立滇国。

滇池地区的原住居民在庄蹻来滇之前,已经在滇池地区生息繁衍,他们是滇文化的主要创造者。庄蹻来滇,促进了滇国社会经济文化的进一步发展。由于庄蹻为楚国越地人,因而他和他的近两万楚兵就把百越文化的成分一同带到云南,并带入了滇文化中。这也是古滇王国的滇文化为什么没有受到楚文化的影响,而更多呈现出鲜明的百越民族文化特征的原因。

---

① 参见黄懿陆:《滇国史》,云南人民出版社2004年版,第35-40页。
② 《荀子·议兵》。
③ 参见方国瑜《从秦楚争霸看庄蹻开滇》,《方国瑜文集》第1辑,云南教育出版社2001年版,第99页。

庄跷王滇,是古代云南改革开放史上最早也是最辉煌的一个篇章。在我国历史上,庄跷是第一个开发西南边疆的历史人物。他率领的两万余士兵①在滇池定居下来,把内地先进的文化和生产技术带到了当时相对落后的滇池地区,加速了滇池地区的社会发展,并从政治上、经济上为秦汉时期在云南设置郡县打下了良好的基础,也对我国统一的多民族国家的形成和发展作出了重要的贡献。

第四节 远古至先秦时期云南居民的社会生活

一、远古时期云南居民的生活

关于远古时期在云南地区生存繁衍的居民的生活状况,人们知之甚少,只能通过考古发掘的遗物、遗址进行某些合理的推测。而伴随云南最早猿人化石出土的,就有元谋人生活的种种遗迹和7件属于旧石器时代的石制品,其类型包括尖状器、刮削器和砍砸器。尽管这些石器还打制得相当粗糙,但人工制造工具的出现标志着真正意义上人类劳动的开始,而劳动是人类社会区别于猿群的特征。同时,会制造工具还标志着人类祖先的社会组织已从原始群转变为血缘家族公社,人类的历史从此真正开始了。

在同一地层中还发现了大量的炭屑和一些烧焦的骨头,这说明元谋人的生活地点已经有了用火的痕迹。元谋发现的炭屑分为3层,每层间隔30厘米至50厘米,含炭层厚达3米。并且在有炭屑的地方都伴有共生哺乳动物化石,大约40余种,大的如黄豆,小的则如芝麻般大小。这就说明,元谋人已不仅从事初级的狩猎及采集活动,而且还会用火烤食他们所获取的猎物,逐步摆脱了茹毛饮血的时代。现在虽不能完全确定元谋人用的火究竟属自然火还是人工火,但远古时期云南居民已会用火则是完全可能的。原始人开始用火,意味着可以极大地丰富食物的来源,通过加热肉类食物制成熟食,也有利于食物营养被充分吸收,对人类脑髓的发展和体力的增强起到重要的作用,火还加强了人类抗御严寒和与野兽作斗争的能力。与元谋人共生的哺乳动物化石,有泥河湾剑齿虎、桑氏缟鬣狗、云南马、爪蹄兽、中国犀、山西轴鹿等29种,这些动物目前虽已完全绝种,但当时却足以构成对人类的致命威胁。远古人类只有凭借着自己创造的工具和集体防卫的力量,才能在求得生存的同时,猎取一些较小的野兽作为采集植物的辅助食品。从元谋人生存时代的动物化石及植物孢粉分析,当时的自然环境呈森林草原景观,气候比现在要凉爽。人们主要居住在天然洞穴中,靠火来御寒、赶走野兽和加热食物。

进入旧石器时代中晚期以后,云南原始居民的分布区域逐渐增多,人们制造的石器在种类和加工技术方面趋于多样化和精细化。此外,人们还因地制宜依靠云南地区丛林广布的特点,普遍使用方便灵巧的竹木工具。狩猎也发展为通过挖掘陷阱、围赶、利用捕兽器和围猎等方式,有意识地猎取单只或成群的大动物。采集仍然是重要的生产活动,捕捞来

---

① 许多史家对其兵员数目存有疑问,认为最多不会超过数千,到云南的目的也不是开疆拓土,而只是为节节败落的楚国预置退路,参见方铁主编:《西南通史》,中国古籍出版社2003年版,第149页。

的水产品也开始成为食物的重要来源。由于生产活动尤其是狩猎的发展，氏族内部开始出现了按性别和年龄简单的分工，男子常年从事狩猎，妇女则主要负责采集和捕捞。在保山塘子沟遗址中出土了一些磨制精巧的骨锥和骨针，可能是用来缝制一些简单的御寒的兽皮制衣服的。狩猎为食物来源提供了相对可靠的保证，使人们在一个地方停留较长时间成为可能。一些地方因此出现了人工建造的最初房屋，如在保山塘子沟遗址就发现了包括火塘、柱洞和夯土面的房屋遗迹。在这些不规则形状的火塘内还残留有烧土、炭屑和烧骨。分布在夯土面四周的柱洞直径约10厘米，洞壁光滑坚实，柱洞间距为1米至1.3米。永久性住所的出现，表明在旧石器时代的中晚期，西南地区的人类已有了较稳定的社会组织并进入了早期氏族社会。

进入新石器时代以后，人们的生产力水平有明显的提高，在采集和狩猎活动的基础上产生了最早的农业和畜牧业。随着农业的发展和人群的定居，制陶与纺织也发展起来。人们由旧石器时代依赖自然的采集渔猎经济，过渡到具有改造自然性质的生产经济，定居生活成为可能，不同类型的住房也在各地建盖起来。在社会发展阶段方面，云南地区的人群进入了母系氏族社会繁荣的阶段。由于生产力依然低下，人们常常面临严峻的生存环境，结成氏族是人类向自然界谋求生存的依靠。人类的生产活动——采集、狩猎和捕鱼都必须集体进行，否则就难以抵御野兽、饥饿和疾病的威胁。于是人们共同劳动，平均分配。由于妇女在生育上的特殊作用，氏族成员的世系均按母系计算，使得妇女在氏族中具有崇高的威望，居于主导的地位。人们按性别和年龄作简单不稳定的分工，青壮年男子外出狩猎、捕鱼；妇女则从事采集果实，加工食物，缝制衣服，管理杂务及养护老幼等公益劳动。在云南的早期农业方面，稻谷的种植值得一提，云南是亚洲最早的稻谷起源地之一。在云南新石器时代的一些遗址，如宾川白羊村、元谋大墩子、滇池周围遗址中都发现了稻谷的遗迹。据此推测，云南居民种植稻谷应有三四千年的历史。这些最早培育出的人工栽培稻，是云南早期居民对中国乃至亚洲文明的一项重要贡献。

新石器时代云南的人群不仅过上了定居生活，而且在建盖房屋方面已经积累了一定的经验。当时居民的住房大致有以下几种样式：① 半地穴式房屋，即以圆形、长方形土坑为居室，以生红土坑壁为墙壁，上部制草顶为顶棚。② 平地起建篱土结构房屋。从平地起建，在墙基周围挖沟，沟内掘洞埋屋柱，柱间以荆条或树枝等编缀，再用草拌泥抹平为墙，室内地面用火烤硬或混合硬土踏实，屋内有火塘或炉灶，房屋附近有贮藏粮食的窖穴。③ 巢居式房屋。通过沧源崖画的描绘可知，它大体上是以粗壮的大树为房柱，在树顶建房舍，树枝上竖立几处木柱以支撑屋顶，屋顶正中悬挂绳索以便上下。史家推测中原古籍中所谓的"有巢氏"即为起源于南方的氏族首领代称。④ 干栏式房屋。这也是见于沧源崖画的一种房屋建筑样式，它以竹木构建房架，房屋地板高出地面。从崖画描绘的建筑来看，桩柱数目在3至8根之间，视房屋面积大小而定，形状与现今傣族居住的竹楼相似。在剑川海门口遗址发现了水滨干栏式房屋的遗迹，共出土桩柱224根，推测可能是一长方形房屋的遗留。[①]

随着生产力水平的进一步提高，社会分工和阶级分化日益显著，部落之间掠夺性质的战争也日益增多。在西南地区的遗址中出土了一些断肢葬和中箭死亡者的遗骨，反映了当时械

---

① 夏光辅等：《云南科学技术史稿》，云南科技出版社1992年版，第22页。

斗与战争的残酷性。如在元谋大墩子遗址发现了 7 座断肢葬,死者被砍断的肢体分置于躯体两侧,而且多为青年。灵魂不灭和万物有灵的观念也在新石器时代的人群中开始产生。元谋大墩子遗址中发现的 17 座埋葬儿童的瓮棺葬,成行地排列在住房附近。多数瓮棺上都凿有 1 至 3 个小孔,似乎专为瓮棺中死亡者的灵魂随意出入与亲人团聚而设。在原始艺术方面,西南的人群已有了一定的审美观念和艺术创造活动。1965 年至 1995 年在云南沧源、耿马等 80 余个地点发现了 160 余处崖画,其中以沧源崖画的内容最丰富,分布也最集中。该处 10 个地点崖画的内容,可分为人物、器物、房屋、动物、神灵、自然物、符号与手印 7 大类,而象和水牛组成的动物图形占有较大的比例。图形以红色颜料绘成,在技法上重形体轮廓和形体特征的勾画,省略细部的描绘,并强调人体、动物体某一富有特征的器官。如画牛突出牛角、画猴子则突出尾巴,画人则突出人体的第二性征等。沧源崖画上人的舞蹈可分为非宗教性舞蹈、宗教性舞蹈和傩舞 3 类。在一些遗址中还发现了以石或动物的骨、角或牙制作的人体装饰品,类型丰富,有石珠、石镯、石环等,甚至出现了用 14 片兽骨精心磨制而又粘合起来的骨"镯",其加工技术之精、工艺难度之大令人赞叹。①

二、先秦时期云南居民的社会生活

由于有色金属资源丰富,云南进入青铜时代的时间是非常早的。金属器具的冶炼,不仅刺激了生产的发展,也改变了人们的生活方式。限于考古资料的缺乏,这一时期云南居民的社会生活状况只能更多地以滇池地区居民的社会生活为代表。商周至战国时期的云南农业社会,处于奴隶制社会的早期发展阶段。奴隶大体来源于战俘和被征服的民族,而且奴隶的占有和使用在滇国社会中也并不普遍,滇国社会经济各个领域的劳动者仍主要是滇国的自由平民。这就决定了滇国的奴隶制仍是不发达的家内奴隶制。不过这个时期的滇池区域,仍然是一个阶级壁垒分明的社会,社会成员由贵族、平民和奴隶 3 个等级组成。贵族的人数不多,不从事生产劳动,只专门负责战争、巫鬼宗教或狩猎活动。女贵族则监督女奴从事农业和纺织,也主持与农业有关的祭祀。贵族外出时骑马或乘肩舆,家居有众多奴仆侍奉。作为滇国社会的统治者,他们的形象在滇国出土的青铜器物上被刻画得格外高大,居于生产和祭祀活动的中心和支配位置。平民在社会成员中占大多数,是社会生产的主要承担者。男性平民在战争中是战士,平时放牧并参加祭祀等社会活动。女性平民从事农业生产,贮贝器上有她们排队把收获的粮食送进粮仓的情景。平民与贵族虽同属滇族,但身份地位和所从事的活动已有严格的区分。

在滇池周围和其他一些地区的青铜器图像上可看出人身尤其是腿部纹有动物或几何形的图案,证明了当地人有纹身的习惯。而滇族的发式既是种族也是地位的象征。通常男子是椎髻,即将头发总掠于头顶然后打结成髻;妇女的发式则种类较多,大致有银锭髻、鞍形髻、螺髻、辫发、盘髻和侧髻等几种,以银锭髻最为流行。滇族大都穿对襟无领、袖短宽大、长及膝部的长衫,不穿裤或着短裙,通常是跣足。社会地位最低的奴隶又分几种,一种是通过战争和掠夺获得的奴隶,有男子、妇女与儿童,其服装和发式有五六种类型,表示来自不同的民族。这一类奴隶以"辫发"者最为常见,装束是穿一件直条纹短袖上衣跣足,男女均蓄

---

① 李昆声:《云南艺术史》,云南教育出版社 1995 年版,第 22-45 页。

两条长发辫或披散发。在滇国的青铜器上有不少表现战争、掠夺和人祭等场面的雕铸和图像，战争的胜利者和祭祀的主持者是椎髻的滇族，失败者和人祭中的牺牲是发式不同于滇族的其他民族，尤以"辫发"者居多。"辫发"者可能就是《史记·西南夷列传》中记载在滇西一带从事游牧的嶲族和昆明族。另一类是从被征服民族中征调来的奴隶，青铜器图像中"衣着尾"者、发式为螺髻或其他式样民族的人口即属此类。这些人居住在滇国境内及其附近地区，被征服后沦为奴隶。滇国贮贝器上就有降服的部落牵牛马背箩筐络绎贡纳的情景。这一部分来自被征服民族的奴隶地位和所从事的劳动各有不同，"衣着尾"者较受优待，从事较轻的体力劳动或侍奉在奴隶主左右，其他奴隶的待遇则在"衣着尾"者和昆明族之间。被征调来的奴隶人数不多，一般从事杂役和纺织等劳动，也很少会遭到杀戮。滇族中也有少数人沦为奴隶，在晋宁石寨山贮贝器上刻画的纺织场面中，有一银锭髻发式的妇女双手捧布跪于女奴隶主身侧，看来社会地位较自由民低，可能是女奴隶主的随身女奴。

总体看来，滇族妇女的地位较高，祭祀活动的主持人通常是女性，反映妇女耕作、播种、纺织、运粮入库一类活动的场景不少，这种情形在其他地区的奴隶制社会中并不多见，反映了云南母系氏族社会的影响仍然存在。佤族史诗《司岗里》说：最早社会是由女子领导的，"女子领导了三十代，男子才领导了二十代"。这一传说也反映了云南母系氏族时代悠久的历史。在滇国的重要活动中男女的分工相当明确，平民男子冶金、放牧、作战和狩猎，平民妇女负责耕作、纺织和制陶。滇国手工业的门类比较齐全，产品基本能满足社会自身的需要，对内对外的贸易虽较活跃但尚未形成为交易而生产的商品经济。

在洱海区域也出现了明显的贫富分化，一些大墓除有丰富精美的随葬品外还有木棺乃至棺椁作葬具，而大多数小墓既无随葬品又无棺木。滇西一带有夫妻合葬的习俗，在剑川县沙溪鳌凤山墓地发现了8座夫妻合葬墓，还有一男二女合葬的情形，反映了氏族制度正在解体，或已进入阶级社会，一夫一妻制乃至一夫多妻制已经出现。在祥云大波那木椁铜棺墓中不但发现以"重器"铜鼓随葬，还在棺内发现有象征权力的一根铜权杖，也表明阶级社会的统治者已经出现，但发展程度比不上滇池地区。

商周青铜时代云南农业地区居民的社会生活，比起石器时代有了很大的发展，显得更丰富也更活跃。由于降水丰富，湿气较重，蛇虫猛兽也比今天多等因素，云南农业地区的建筑几乎都是"干栏"式。如前所述，已知云南最早的"干栏"式房屋发现于剑川海门口遗址，此外在云南其他不少地区也发现了"干栏"的模型，以晋宁石寨山、江川李家山、呈贡天子庙等地墓葬出土的最为有名，而祥云大波那出土的木椁铜棺实际上也是一具"干栏"式房屋的模型。当时的"干栏"大致还可分为"干栏"式建筑和"井干"式建筑两种。前者的特征是人们居住与活动的场所建筑在一个有底架或柱桩的平台上，在不同地区又有单体、组群、"干栏"井干"结合式等变化。滇文化地区的"干栏"既是居住集会的地方，同时也是祭祀活动的场所。某些结构特别的"干栏"式房屋，可能专为大型祭祀活动而建造。"井干"式建筑的特点是用圆木或方木层层交叠堆砌构成房屋的底架和墙壁，这一结构的房屋在纳西、普米等少数民族中至今犹存。

云南农业地区的居民有不少特别的习俗，见于青铜器图像上较多的有祭铜柱、竞渡、动物崇拜和纹身等。如出土于江川李家山墓葬的1件铜斧上雕铸着3个滇国武士猎头归来，其中一个骑马武士手提一个人头。另一件青铜短剑上刻着一个利齿大嘴的巫师，一手操刀，另一手提人头，像是在举行某种祭祀仪式。猎头习俗与人们祈祷农业丰收的愿望有关。除猎头祭祀以外，滇族还有杀人祭祀和剽牛祭祀的习俗。从青铜器图像来看，人祭中被杀者多半是"辫发"的昆明族。青铜器雕铸还描述了滇人剽牛的情景：数人把待剽的壮牛缚在木桩上，牛狂蹦乱跳拼命反抗，场面紧张，扣人心弦。至今云南的傣、景颇等少数民族仍有剽牛的习俗，场面与古代滇国青铜器中的场面非常相似。晋宁石寨山贮贝器上还有杀人祭铜柱的情景：铜柱高人1倍，约与人腰同粗，柱中段盘绕二蛇，柱端立一虎，柱下有鳄鱼，数人面向铜柱祈祷或奉献祭品，柱旁木桩捆着一个待杀供祭的人。

有关动物的图腾崇拜十分盛行，动物也是青铜器装饰常见的题材，表现的动物有蛇、虎、豹、熊、孔雀等40余种，图像有单一动物、动物群、人与动物的组合和动物立体雕铸等几种类型。滇国装饰品中，有很大一部分为动物纹铜扣饰。因此类铜饰品的正面多为浮雕的动物纹，背面有一横制的矩形扣，便于穿系或悬挂，故一般名为"扣饰"。其正面图案或为两种肉食动物互相搏斗，或为肉食动物捕捉、吞噬草食动物。整个画面布局严谨、生动逼真，真实地反映了动物间互相打斗和弱肉强食的恐怖气氛。在祭祀和喜庆的场面上常出现虎豹和蛇鳄等对人身安全威胁极大的动物，如晋宁石寨山贮贝器"杀人祭铜柱"图像上有蛇、虎和鳄鱼，另一件"盘舞"铜扣饰上画着两位滇族男子双手伸张，昂首躬背屈膝，边歌边舞，其足旁有大蛇，均反映了当时存在对凶猛动物，尤其是对虎和牛的崇拜。此外，滇族还有对祖先和生育行为的崇拜迹象。

云南江河纵横，导致先秦时期云南的交通工具除了贵族外出时骑马或乘肩舆外，船只成了主要的出行和运输方式。在晋宁石寨山型铜鼓上就有各式各样的船纹，反映了滇池和洱海等湖泊地区捕捞业和水运业发达，并且流行竞渡的习俗。当时的船大致有渔船、交通船、战船、祭祀船、游戏船、海船和竞渡船等几类，船已装备了桨、橹、锚等部件，尚未发现帆和桅。石寨山出土的铜鼓残片上可看到竞渡船上坐5排人，每排两人，双手执短桨，动作整齐划一，船头坐1人指挥，船外有游动的鱼和水鸟以形容船只划行很快，这种栩栩如生的竞渡情形与今天云南西双版纳傣族赛龙舟的场面十分相似，而且每次设4只船进行比赛的做法也相同。狩猎是先秦时期云南居民喜爱的活动，主要有集体围捕、陷阱套捕、纵马追逐和只身斗兽等几种方式。青铜器上还有狩猎者满载猎获物兴高采烈归来和盛宴庆祝狩猎成功的场面。

狩猎、饲养和农业技术的发展，使居民的饮食和烹饪比起石器时代来有了很大的进步。稻米是农业地区居民的主食，食用方法有熬粥、蒸饭、磨粉制成面食等多种，而小麦的种植也已出现。副食有畜禽肉类、鱼虾螺蛳以及瓜果、野菜等。发达的畜牧业为人们提供了较多的肉食，多余的肉则进行腌制，晋宁石寨山出土的一件房屋模型栏杆上就晾晒着猪腿和方形肉。常见的炊具有青铜或陶制的釜、甑、罐和镬，人们把这些器物安置在锅桩石、三足架或灶台上进行烹制。食器有铜、陶和竹木制成的碗、盆、案、勺和箸等。饮酒风气盛行，在各地墓葬出土了青铜铸造的壶、尊、杯等酒具，在一些祭祀和节庆的图像上也可看到人们饮酒的情景，石寨山的一件乐舞扣饰就表现了饮酒的场面，一妇女持酒筒给背墙而坐的4人敬酒，其中1人正举筒畅饮。酿酒业的兴盛反映出粮食已有较多的剩余。

对于生活于滇池、洱海等区域的云南先秦居民来说，音乐和舞蹈从来都是他们生活的重要内容之一。这一时期，青铜制造的乐器种类繁多，有葫芦笙、葫芦箫、钟、编钟、铃、锣、钹、鼓等多种，据对云南出土青铜时代乐器实际演奏的分析，在祥云、楚雄等滇西地区已存在以纯律三度（三度音偏低）为特征的音阶形式，在时代稍晚的滇池地区则存在以三分损益律大三度为重要特征的音阶形式。上述两种音阶形式在现今云南的民间音乐中仍可找到痕迹。与音乐结伴而生的舞蹈也有很大的发展,在滇池等地青铜器的图像上可看到"葫芦笙舞"、"翔鹭舞"、"圆圈舞"、"巫舞"和"刑牛舞"等富有地方特色的舞蹈。还有一些舞蹈则具有商周庙堂舞蹈的遗风,如"翌舞"与商朝祭祀祖先的同名舞蹈相似,"旄舞"、"人舞"、"干舞"均类似于周代的"六小舞"。在滇国青铜器及其图像上,还可看到投壶、角抵、驯兽、鬼竿、斗兽等杂技和马戏表演①,大多数运动都可在今天云南少数民族丰富多彩的体育项目中见到残存的影子。同时也可以说,云南少数民族能歌善舞的传统可以上溯到两千多年前的先秦青铜时代。

---

① 方铁主编:《西南通史》,中州古籍出版社2003年版,第43—47页。

第二章　秦汉时期的云南

公元前3世纪以降，是中原地区逐步趋向于统一并建立中央集权统治的时期，西南的各民族此时也处在自身经济文化的开创和发展之中。这些出现在历史文献中的各民族，在秦汉时期统称为"西南夷"，他们生活在今四川省西部和西南部，贵州、云南两省以及滇、黔、桂交界的地区。秦汉王朝是中国大一统中央集权体制建立的开始时期，同时这两个王朝也开始了对西南地区的开疆拓土和设置郡县。这一举措的客观后果是加强了各民族之间的联系，扩大了封建王朝统治的版图，为统一多民族国家的形成和进一步的发展准备了条件。对云南少数民族地区来说，归入封建王朝统治的范围也有利于这些地区的开发，在内地经济文化的积极影响下，云南地区的一些少数民族较快地实现了经济社会的进步。汉代出现国家统一、经济繁荣的局面，也正是内地与边疆各族人民融合交流的结果。

第一节　秦汉王朝对西南夷地区的开拓

一、秦朝在西南夷地区开道置吏

秦汉时期在蜀郡西南广大地区有众多的少数民族和部落，总称为西南夷。"西南夷"一名最早见于《史记·西南夷列传》，继而《汉书》、《后汉书》、《华阳国志》对之均有专篇记载，且内容更加丰富。

> 西南夷君长以什数，夜郎最大。其西，靡莫之属以什数，滇最大。自滇以北，君长以什数，邛都最大。……其外，西自桐师以东，北至楪榆，名为巂、昆明。……自巂以东北，君长以什数，徙、筰都最大。……此皆巴、蜀西南外蛮夷也。……秦时，常頞略通五尺道，诸此国颇置吏焉。①

从中看出，西南夷的分布地域广大，族系繁杂。其中，主要的有夜郎、滇、邛都、巂、昆明、徙、筰都、冉駹、白马、哀牢等。除了主要地处贵州省的夜郎之外，其他如滇部落在今滇池周围地带；与滇结成联盟的劳浸、靡莫，当在滇之东北，即今天昆明市以北寻甸、东川、昭通、镇雄等市县地内；邛都在今四川西昌市；围绕在邛都周围的众多小部落则散布在今四川凉山州境内；巂、昆明部落群则分布在今保山东北至大理州境内；徙、筰都部落在今四川雅安地区一带；哀牢，主要分布在澜沧江以西，《后汉书》及《华阳国志》有时

---

① 司马迁：《史记》卷一百一十六《西南夷列传》。

又将哀牢夷称为濮，哀牢夷的区域甚广，哀牢地"东西三千里，南北四千六百里"①，当包括今之保山、德宏地区，西抵独龙江流域上游，南至凤庆、临沧、西双版纳及其以南地带。司马迁的《史记·西南夷列传》记载了汉武帝经营"西南夷"之前巴蜀西南的夜郎、靡莫、滇、邛都、嶲、昆明等诸部族的社会经济和文化状况，说明了这些部族既自成区域相互联系，又与巴蜀之间有着经济文化的交往，并和内地相通。这个区域成为后来的"蜀—身毒道"的重要地区。

公元前316年，秦国惠文王采纳了司马错的建议，灭了巴国、蜀国，并在巴、蜀国的范围内先后设置了巴郡、蜀郡、汉中郡三个郡，在这里大兴水利，修筑城池，使自然条件比较好的四川盆地越加富饶起来，秦的声威远及边陲。此后，秦国以蜀作为基础开始经营西南地区。在公元前310年，分布在今云南境内的两个部落——丹、犁，就开始接受了秦国的统治。公元前285年，蜀郡郡守张若又"取笮及其江南地"，即在取蜀后致力于对岷江以南的西南诸部的招徕和略定，逐渐把秦国的统治势力伸到了今四川盐源、盐边及云南宁蒗、丽江一带。秦国和楚国都把经营西南作为扩展势力的重要举措。所以《太平寰宇记》说："秦惠王破滇池，此地始通。"②公元前280年秦"使司马错发陇西，因蜀攻楚黔中，拔之。"③接着，公元前277年，秦蜀守张若又攻拔巫、黔中。④秦国对西南地区的经营，为秦朝的开拓打下了基础。公元前221年，秦始皇统一中国建立秦王朝之后，即在以往的基础上着手对西南地区进行经营。《史记·司马相如传》说："秦时尝为郡县于邛、笮。"此后又通五尺道。以上材料说明了秦朝经营"西南夷"主要做了两件事：一是通道；二是设郡置吏。

所谓"通道"，即开通五尺道。早在战国时期秦孝文王以李冰任蜀郡郡守，李冰就在今四川南部修筑了僰青衣道：由蜀郡（成都）出发，沿青衣江下，经夹江至乐山，又循岷江而下至僰道。《华阳国志·南中志》说，僰道"其崖渐峻不可凿，冰乃积薪烧之，故其处悬崖有赤白五色"。秦朝建立之后，秦始皇派常頞继续修整道路。常頞把道路由川滇交界的僰道向南延伸，经滇东北一直修到今曲靖附近。《汉书》颜师古注中说："其道险扼，故道才五尺。"即由于道路仅宽五尺，时称为"五尺道"。五尺道具体走向见以后的记载：由僰道南下，过石门（今盐津豆沙关），经朱提（今昭通），达味县（今曲靖）。常頞所开的五尺道尽管狭窄，但却和其他地区宽达五十步的"驰道"一样，在巩固统一和加强中央集权方面，具有重要的意义。并使云南地区的各民族与内地的经济文化联系更加密切。据史载：秦汉之际关中和四川之间、四川和云南部分地区之间，"栈道千里，无所不通"，商人来往于途，络绎不绝，把邛、笮的牛马运入四川，又把四川的铁器输入云南。四川铁器的输入，对于促进云南少数民族生产的发展起了一定的作用。昭通地区东汉墓葬封土中发现过铸有"蜀郡·千万""蜀郡·成都"字样的铁器，从字体来看，它们应是东汉以前就输入云南的。

所谓设郡置吏，《史记》中说："秦时……诸此国颇置吏焉。"司马相如也说"秦时尝为郡县于邛、笮。"即秦王朝曾在上述各地设置郡县，派遣了官吏，尽管没有非常详尽的记载，但也足以说明秦朝当时以巴郡和蜀郡为据点，对西南夷的一些部落地区进行了经营。郡县设置的区域，只能是今云南东北部、川西南的凉山州、雅安地区一带和贵州北部。司马迁本人

---

① 司马迁：《史记》卷一百一十七《司马相如传》。
② 《太平寰宇记》卷七十九《剑南西道八·戎州》。
③ 司马迁：《史记》卷五《秦本纪》。
④ 司马迁：《史记》卷四十《楚世家》。

亲自到过云南，司马相如也亲自处理过邛、笮等地区的民族事务，他们关于秦朝在西南地区设郡置吏具体情况的记载应是可信的。

秦对"西南夷"地区的经营随着秦王朝的覆灭而告终，虽然短暂而不深入，但这一事件本身却具有重要和深远的意义。正如西汉政论家贾谊所说，秦始皇的"余威振于殊俗"。它标志着云南从秦代开始即已成为统一多民族国家的一个重要组成部分；加强了云南各族与中原王朝的政治、经济、文化诸方面的联系；是中央王朝对云南正式统治的开始，为汉代在云南设置郡县奠定了基础。

二、西汉王朝对西南夷地区的开拓和经营

公元前206年，刘邦建立了汉朝，建都长安，是为西汉王朝。西汉初年，由于经过了秦的暴政、秦末农民战争及楚汉相争，长期的战乱给社会经济带来严重的破坏，新王朝面对的局面是经济凋敝，国库空虚，人民贫困。正如《史记》所言："自天子不能俱醇驷，将相或乘牛车，齐民无盖藏。"加之汉王朝还面临严重的内忧外患：内有异姓诸侯王和同姓诸侯王的割据骚乱，外有北方匈奴的不断侵掠袭击。汉王朝为此只能致力于新王朝局势的稳定和巩固。于是"汉兴，皆弃（诸）此国，而闭蜀故徼。"即汉王朝干脆关闭了蜀地通往西南夷的通道，不与西南夷诸部族发生任何联系和往来。但是，西南夷诸部与巴、蜀之间的联系却是由来已久，在长期的经济文化交流中形成了不可分割的整体。《史记·西南夷列传》载："巴、蜀民或窃出商贾，取笮马、僰僮、髦牛，以此巴、蜀殷富。"《史记·货殖列传》说："巴、蜀亦沃野……南御滇僰、僰僮，西近邛笮，笮马、旄牛；然四塞，栈道千里，无所不通。"《史记》中曾经提到僰僮，《史记索隐》引韦昭语云"僰属犍为"，《正义》："今益州南戎州北临大江，古僰国。"①又"唐蒙略夜郎西僰"，"南夷之君，西僰之长。"②可见僰人分布在夜郎以西的僰道县和朱提地区，即在今天四川省宜宾和云南省昭通地内。从以上记载中也可见到，巴、蜀与西南夷诸部之间有着密切的经济文化的联系，并不以中原王朝的更迭而割断联系，这为后来汉王朝在云南设置郡县打下了基础。

到了公元前140年汉武帝即位，西汉王朝已经过了汉高祖、文帝、景帝的六七十年的"休养生息"，社会经济有了很大的恢复和发展，国力强盛起来。《史记·平准书》言："都鄙廪庾皆满，而府库余货财。京师之钱累巨万，贯朽而不可校；太仓之粟，陈陈相因，充溢露积于外，至腐败不可食；众庶街巷有马，阡陌之间成群。""财阜有余，士马强盛。"在这种背景下，边疆各民族地区的生产也都有了不同程度的发展，各民族之间的经济文化往来更加密切。"富商大贾，周流天下，交易之物，莫有通得其所欲。"③这种内地和边疆各民族地区经济同时得到发展的形势，为汉武帝进一步开疆拓土奠定了物质基础。于是，汉武帝一改先帝黄老无为而治的治国思想，遵循大有为的治国理念，在剪除封国的势力，加强中央集权，巩固封建统治之后，即开始考虑处理四周边境问题，改变以往退守自保的政策，勘定边患、拓展疆域，建立起统一的多民族的汉帝国。汉武帝开疆拓土的计划包括南收南越，西南通西南夷，西通

---

① 范晔：《后汉书》卷八十七《西羌列传》。
② 班固：《汉书》卷九十五《西南夷传》。
③ 司马迁：《史记》卷一百二十九《货殖列传》。

西域，北逐匈奴。所以，开拓和经营西南夷成为汉武帝拓展疆土计划的重要内容，既为了实现政治上的集中，又可满足物质上的贪欲，从边疆获得更多的内地缺少的物品。

公元前135年，唐蒙出使南越，谕令南越归附。唐蒙在南越见到蜀郡所产的"枸酱"，了解到从巴蜀地区经过夜郎的牂牁江（今北盘江）有一条商道可通南越，于是，唐蒙便向汉武帝建议：招降夜郎，利用夜郎之兵由牂牁江而下出奇兵制服南越。汉武帝便派唐蒙率领一部分军队，带着缯帛等物品到了夜郎，招降夜郎。夜郎及其周围部落均表示愿意归附。汉王朝遂在今四川南部和滇东北地区建立了犍为郡，并在秦五尺道的基础上修整僰道（今四川宜宾）通往牂牁江的"南夷道"。与此同时，又命司马相如以同样的方式招降"西夷"的邛、笮等部落归附，将其地置十余县，属蜀郡管辖，并修筑从蜀郡（今成都）通往邛、笮（今四川凉山州）的"西夷道"。由于同时修筑"南夷道"和"西夷道"，耗费了大量的人力和物力，还经常遭到道路附近一些落后部落的袭击和阻挠；为了集中力量对付北方的匈奴，故在公元前126年，汉武帝只好将经营西南夷的工作暂时放下，第一阶段的经营活动就告结束。《史记·西南夷列传》对此记载说：

> 建元六年（公元前135年），大行王恢击东越，东越杀王郢以报。恢因兵威使番阳令唐蒙指晓南越。南越食蒙蜀枸酱。蒙问所从来，曰"道西北牂牁，牂牁江广数里，出番禺城下"。蒙归长安，问蜀贾人，贾人曰："独蜀出枸酱，多持窃出市夜郎。夜郎者临牂牁江，江广百余步，足以行船，南越以财物役使属夜郎，西至同师，然亦不能臣使也。"蒙乃上书说上曰："南越王黄屋左纛，地东西万余里，名为外臣，实一州之主。今以长沙、豫章往，水道多绝，难行。窃闻夜郎所有精兵，可得十余万，浮船牂牁江，出其不意，此制越一奇也。诚以汉之强，巴蜀之饶，通夜郎道，为置吏，易甚。"上许之，乃拜蒙为郎中将，将千人，食重万余人，从巴蜀笮关入，遂见夜郎侯多同。蒙厚赐，喻以威德，约为置吏，使其子为令。夜郎旁小邑皆贪汉缯帛，以为汉道险，终不能有也，乃且听蒙约。还报，乃以为犍为郡。发巴蜀卒治道，自僰道指牂牁江。蜀人司马相如亦言西夷邛、笮可置郡。使相如以中郎将往喻，皆如南夷，为置一都尉，十余县，属蜀。

早在公元前138年，张骞即受命出使西域，准备联合西域各国夹击匈奴，以打开通往西域的交通道路。及至公元前122年，张骞出使西域归来，说在大夏（今阿富汗）时见到蜀布、邛竹杖，了解到蜀布、邛竹杖是蜀郡商人从西南夷中运往身毒（今印度）而转卖到大夏的。又说大夏等国多稀奇之物，而且一直仰慕汉朝，意欲与汉朝通好，但是有匈奴从中隔断通道。张骞建议，要通大夏，如从西北的道路行进，常受匈奴的阻碍，若从蜀郡经西南夷往身毒转北，就能避免像西北部匈奴的威胁。汉武帝采纳了张骞寻找从蜀郡通往身毒道路的建议。于是便派遣使臣王然于、柏始昌、吕越等人到西南夷寻找通往身毒的道路。经营西南夷地区的第二阶段的活动由此展开。派出的使臣首先到了滇池地区，受到了滇人首领尝羌的友好接待。《史记·西南夷列传》中说："滇王与汉使者言曰：'汉孰与我大？'及夜郎侯亦然。以道不通故，各自以为一州主，不知汉广大。使者还，因盛言滇大国，足事亲附。天子注意焉。"但汉朝使者继续往滇西前进时却受到了昆明人、嶲人的阻挠，寻路未果而返回。使臣回到长安后向汉武帝报告情况，盛赞滇池地区的富饶，这更加强了汉武帝进一步开发西南夷的决心。元狩三年（公元前120年），汉朝积极准备重新开拓西南夷，在长安"象滇河作昆明池"练习水战，以适应西南夷地区的江河湖泊作战。

公元前 112 年，汉朝出兵进攻南越。汉兵在破南越后折兵北上，降服了夜郎及其周围各部落，在其地设立了牂牁郡，并封夜郎统治者为王。牂牁郡下辖 17 个县，郡治在且兰（今贵州黄平县西），范围在今贵州西部、云南东南部。同时又在西边征服了邛、笮等部落，设立了越嶲郡和沈犁郡（今四川雅安，公元前 97 年废）。越嶲郡共辖 15 县，郡治在今西昌，范围包括今四川凉山州，云南楚雄西北部、丽江地区。滇国则势力较大，不肯听从，一时难以降服。直到武帝元封二年（公元前 109 年），汉发巴、蜀的军队击灭了滇国东北的劳浸、靡莫等部落，包围了滇国，滇王才不得不降汉。汉朝廷按照对待夜郎的办法，一方面以其故地为中心设立了益州郡，另一方面又封其统治者为"滇王"。"滇王始首善，以故弗诛。滇王离难西南夷，举国降，诸置吏入朝。于是以为益州郡，赐滇王印，复长其民。"①益州郡共辖 24 个县，郡治在滇池县（今晋宁），范围包括今宣威西南的曲靖地区、滇中、玉溪、红河、保山的一部分，最西达不韦县（今保山市），最南达来唯县（今越南莱州黑水河一带）。

犍为、牂牁、越嶲、益州等四郡的设立，标志着郡县制在西南夷地区的确立，西南夷诸部与巴、蜀和中原的经济文化联系进一步加强和扩大，中央集权的封建国家得到进一步巩固和扩大；郡县制度在西南夷地区的推行，对西南各族的发展也有着很大的推动作用，内地先进的生产技术和文化传到边疆，内地的封建生产关系也对西南地区的经济制度和生产方式产生了积极的影响，促进了西南社会经济的发展；郡县制在西南地区的推行，为云南始终成为祖国不可分离的一部分奠定了基础，也为祖国西南边疆的形成和巩固奠定了基础，促进了统一的多民族国家的巩固和发展。

三、东汉王朝对西南夷地区的开拓和经营

公元 25 年，刘秀重建汉朝，定都洛阳，史称东汉。东汉王朝继承和发展了西汉王朝对西南夷地区的经营，并更进一步向益州郡的西部和西南部边境扩展。一方面继续巩固犍为、牂牁、越嶲、益州等四郡地区的统治，另一方面，进一步向西汉王朝未曾纳入统治的滇南、滇西南地区拓展。并对西汉设置的犍为郡进行调整，把犍为郡中朱提（今昭通）和汉阳（今贵州威宁）划出来，设立了犍为属国。

公元 51 年，哀牢首领贤栗率本部落万余人"内属"，东汉王朝封他为"君长"，并把益州郡所属的西部六县划出来成立了"益州西部属国"。公元 69 年，哀牢王柳貌遣其子"内属"，代表着 77 个部落首领统治下的 55 万多人。光武帝接受他的请求，于其故地设哀牢（今腾冲、龙陵一带）及博南（今永平、临沧、普洱、西双版纳）两县。早在汉武帝时，已取哀牢人居住地方的一部分设置了嶲唐、不韦二县，属益州郡。至永平十二年（公元 69 年），东汉王朝乃将益州郡西部边境的六县（嶲唐、不韦、叶榆、邪龙、云南、比苏六县）划出来，与新投降的哀牢人及其同一区域的其他民族居住的地方设置的哀牢、博南二县合在一起，设置了永昌郡。《后汉书·西南夷·哀牢传》即说：

> 永平十二年，哀牢王柳貌，遣子率种人内属，其称邑王者七十七人，户五万一千八百九十，口五十五万三千七百一十一。西去洛阳七千里。显宗以其地置哀牢、博南二县，割益州郡西部都尉所属六县合为永昌郡。

---

① 司马迁：《史记》卷一百一十六《西南夷列传》。

另据《后汉书·郡国志》记载："永昌郡，明帝永平十二年，分益州（郡）置。……八城，户二十三万一千八百九十七，口百八十九万七千三百四十四。"永昌郡统属的8个县，其中有6个县在西汉时期属益州郡，只有哀牢、博南二县是永平十二年（公元69年）新设置的。也就是说，东汉王朝在西汉王朝益州郡西部边疆范围的基础上，扩大了的范围即哀牢、博南二县之地。哀牢、博南二县区域内的居民以哀牢人、掸人等为主，同时也存在着许多复杂的部落及其他民族。永昌郡是汉朝在西南边境最遥远的地区设置的一个政区。它的设置是东汉经营西南夷地区最为重大的举措，意义非凡。永昌郡人口繁盛、统辖地域广远辽阔。永昌郡治所在永昌（今保山），下辖8个县。永昌郡虽仅有8个县，而人口却比有17个县的益州郡多出数倍，当时益州郡有"户二万九千三十六，口十一万八千百二"。而且永昌郡的人口在东汉105个郡国中还位居第二，这说明永昌郡人口繁盛。永昌郡统辖的地域广远辽阔，包括今天的保山市、德宏州、普洱市、临沧市、西双版纳州等地以及缅甸的伊洛瓦底江中上游地区。永昌郡的设置，加强了这一地区的哀牢（濮）、掸（傣）人、寻传（景颇）诸部族与中央王朝的政治经济文化各方面的联系，并把这种联系用政权的形式确定了下来，而这里的哀牢（濮）、掸（傣）人、寻传（景颇）诸部族便在统一的多民族国家内建设、保卫着祖国的西南边疆。

永昌郡是祖国西南地区的重要门户，是中外交通的孔道。古老的蜀—身毒道就是从永昌出缅甸到印度再到中亚和欧洲、非洲的。永昌郡的设置促进中外经济文化交流。唐武后时，张柬之《奏罢姚州疏》说："汉光武帝季年，哀牢始请内属，汉置永昌郡以统之，其国西通大秦，南通交趾，奇珍异宝进贡，岁时不缺。"永昌郡的设置，使东汉王朝完成了西南边疆的统一，最终完成了今天云南西部、西南部边疆的全部统一。据史书记载，永昌郡设置后，东汉王朝在宫廷盛宴欢庆"绥哀牢、开永昌、春王三朝，会同汉京。"（班固《东都赋》）《后汉书·西南夷·赞》说："俾建永昌，同编亿兆。"说明自此之后，永昌郡诸部族与内地人民同为一体，巩固和发展了汉王朝的西南边疆，所以朝廷特予隆重庆贺。

犍为属国都尉的设置是继永昌郡设立后的一件大事。据《后汉书·百官志五》载：汉武帝时"置属国都尉，主蛮夷降者"；汉光武帝时，有诸郡都尉，"唯边郡往往置都尉及属国都尉，稍有分县，治民比郡"。又据《后汉书·西南夷列传》载，东汉安帝时，旄牛夷之乱被平定后，"分置蜀郡属国都尉，领四县如太守"。以上记载说明，属国都尉是为专门管理少数民族地区而设立的一种地方行政单位，其地位相当于郡，同样领有属县。其与郡不同之处，是属国都尉"在新发展的少数民族地方有之，具有半独立的地位"。①犍为属国都尉的设立经历了"犍为郡—犍为南部—犍为属国都尉"这样一个历史过程。犍为郡为汉武帝建元六年（公元前135年）设置，领县12。这是汉朝在西南设郡最早的地区。元封二年（公元前109年）在南部五县设犍为南部。这五县是：南广（今镇雄）、汉阳（今贵州威宁、水城）、朱提（今昭通、鲁甸、永善）、堂琅（今巧家、会泽、东川）等。到东汉时期又设置了属国都尉。《后汉书·安帝纪》说："永初元年（公元107年）正月戊寅，分犍为南部为属国都尉。"

滇西边境纳入汉朝统治范围以及滇东北地区建制的巩固，是为汉朝开发西南夷的第三阶段。至此，东汉王朝基本达到了开发西南夷地区的目标。

---

① 聂崇岐：《中国历代管制简述》，见《宋史丛考》上册，中华书局1980年版，第221页。

第二节 秦汉王朝在西南夷地区的统治措施

一、特别的统治措施——羁縻政策

从西汉到东汉,中央王朝在西南夷地区共设置了犍为、益州、牂牁、越嶲、永昌5个郡,所辖区域十分广阔。在这个广阔的区域内,分布着来自氐羌、百越、孟高棉三大系统的各民族,民族成分较复杂;各民族的社会经济、文化发展水平与内地汉族地区不一样。所以,汉朝从内地派来的官吏,不可能使用对内地汉族人民进行统治的方式进行统治,便不得不采取有别于内地且适合西南夷地区特点的统治方式——羁縻政策。一方面两汉王朝从内地派遣汉族官吏前往在西南夷各地设置的郡县充当太守和县令,在部分原来生产发展水平较高的地方建立郡、县据点(郡治和县治),以对辖区内的各民族群体进行管理。但另一方面,限于西南夷各民族群体内部的经济文化发展水平,内地汉族地区的统治方式无法有效行使,所以,便不得不封西南夷各族内部原有的一些奴隶主、部落贵族们为王、侯、邑长,使他们保持住原来在本民族中的统治地位,按照原有的统治方式去统治本民族人民;从内地派遣来的汉族官吏们的统治,则是通过这些当地民族中的王、侯、邑长们来进行。这种统治方式即羁縻政策。《史记·司马相如列传·索隐》中说:"按,羁,马络头也;縻,牛纼也。"《汉官仪》中亦云:"马云羁,牛云縻,言制四夷如牛马之受羁縻。"从以上史料可知,封建王朝将西南夷各族视为"牛马",而其内部的奴隶主、部落贵族则充当栓牛马的"络头"和"绳索",中原统治者通过他们对西南夷各族人民进行统治。羁縻政策是内地汉族中的封建统治阶级施行于多民族而发展不平衡的西南夷各族的一种民族政策。其内容即封西南夷各族内部原有的首领为王、侯,推行"蛮夷君长"的统治制度,保持他们原来在本民族中的统治地位,按照旧的统治方式去统治本民族人民,而中央王朝派来的汉族官吏就通过这些当地各民族中的王、侯来对各民族进行统治。据《史记·西南夷列传》载,汉武帝时,"南粤已灭,还诛反者,夜郎入朝,上以为夜郎王";汉武帝时,以兵临滇,"滇举国投降,请置吏入朝,于是以为益州郡,赐滇王王印,复长其民",颜师古注"为之长帅";"西南夷君长以什数,独夜郎、滇受王印。滇,小邑也,最宠焉"。《汉书·明帝纪》载,始元六年(公元前81年),立西南夷钩町侯毋波为钩町王;王莽时,钩町王虽遭贬,但仍给予侯的称号。《后汉书·西南夷列传》:安帝时"青衣道夷邑长令田与徼外三种夷,三十一万口,赍黄金、旄牛毦,举土内属,安帝增令田爵号为奉通邑君"。

羁縻政策只能在阶级分化已经产生的民族中才能有效实施,即既可推行于处于奴隶社会的民族中,也可实施于封建领主制社会的地区里。在广阔的西南夷居地有着为数众多的君长,其得宠者甚有获得封王之称号者,汉王朝给他们以印绶等信物,假予威权,此即为"有邑君长,皆赐印绶",以示其存在的合法性。故《史记·西南夷列传》记载:"西南夷君长以什数,独夜郎、滇受王印。"另外还有一些侯、邑长,也都受了印。《史记·西南夷列传》又载:汉朝廷曾"赐滇王王印,复长其民"。新中国成立后在晋宁石寨山滇人墓葬中已发现金印一枚,文曰"滇王之印",它就是自古以来云南地区接受中原统治的标志和象征。汉王朝还允许"蛮夷君长""复长其民",即维持其原有的统治而不加干预。在物质上,则给予大量的钱币、缯帛、食物等"厚赐",使其有利可图。当中央王朝承认"蛮夷君长"的统治地位以后,这些"蛮夷君长"则须承担入朝、贡纳的义务,即当地民族的王、侯在政治上听从郡县官吏的调度,经济上则象征性地贡纳一些地方土特产给郡县官吏。如《汉书·司马相如传》载:"南夷之君,西僰之长,常效贡职,不敢怠慢";《后汉书·明帝纪》载:永平十七年(公元57年),"西南夷哀牢、儋耳、僬侥、槃木、白狼、动粘诸种,前后慕贡献"。这意味着:"蛮夷君长"的统治地区已纳入中央王朝的版图之内,其与中央王朝存在着君臣隶属关系。

羁縻政策的实质在于在保持西南夷各族内部原有的政治、经济结构不变的前提下,通过其内部原来的首领进行统治,避免了不适应民族情况而产生的民族反抗。羁縻政策的施行,既将郡县制度推广到边境地区,保持了国家的统一,又适当照顾了少数民族的特点,符合当时西南夷地区的实际情况。从两汉开始一直到明代中叶的"改土归流",中央王朝在云南地区实行的政策都是羁縻政策的沿袭和发展。两汉王朝的羁縻政策是成功的。史家认为,在这些"异俗殊风"的地区设置郡县,具有"万世推功"的意义。① 清人王夫之在论及汉武帝开西南夷时也说,过去的"遐荒之地"变成了"冠带之伦",这一做法是"广天地之德而立人极","纾边民之寇攘而使之安。""以一时之利害言之,则病天下,通古今计之,则利大而圣道以宏。"通过开发西南,边境各民族"与我边鄙之名,犬牙相入,声息想通,物产相资",各民族和平友好相处,且西南各族通过向汉族学习,使该地区成为"冠带之国"。②

二、移民垦殖活动

两汉王朝为了进一步巩固和扩大在西南夷地区的统治,在设置郡县、实行羁縻政策的同时,还配合进行移民垦殖活动,即从内地迁移一些汉族人口到西南夷地区屯田。《史记·平准书》记载:汉武帝"通西南夷,乃募豪民田南夷,入粟县官,而内收钱于都内"。两汉王朝在西南夷设置郡县,从内地派驻太守和县令,并派军队驻守。为解决郡县官吏及士兵的粮食,不得不采取移民垦殖这一措施。因为在当时,如果驻在西南夷的军队和官吏们的一切用度,都完全依靠当地贵族的贡纳,不仅不能及时和可靠,而且需索多了,势必引起带有民族性质的反抗。所以,从汉武帝在西南夷设置郡县之时起,便号召内地的汉族地主、商人到西南夷地区屯田垦殖。这些地主、商人在内地招募汉族农民到西南夷地区为他们种田。此后,以各种形式进入西南夷地区垦殖的汉族人口不断增加。两汉移民垦殖的形式基本上可分为三种:

1. 内地的汉族地主和商人到西南夷地区屯田(商屯)

主要是内地的汉族地主、商人招募汉族农民到西南夷地区屯田。这些地主、商人把在西南夷地区屯田的收获物交给当地的郡县官吏,以供驻军和官吏们食用,然后由西南夷地区的郡县官吏发给凭证,让他们到内地府库中去取钱。

2. 民 屯

内地农民受剥削而贫苦破产,在内地无以为生,在两汉政府的号召下"应募"而来;犯

---

① 司马贞:《史记·西南夷列传索引·述赞》。
② 王夫之:《读通鉴论》。

了罪的"徙罪者"、"奔命"、"民"、"三辅罪人"被迫流徙而来;一部分居住在靠近西南夷地区的汉族农民,当两汉在西南夷地区设立郡县后,便主动流入该地区垦荒。

3. 军屯(兵屯)

被派到新设郡县据点上驻守的士兵,时间长了不能回去,也就流落定居下来,娶妻生子,成为移民中的一部分。

秦开五尺道后,汉王朝又发巴、蜀、广汉卒数万人修筑从僰道至牂牁江(今南盘江)的"南夷道"。《史记·司马相如传》载,唐蒙略通夜郎、西僰时,"(蜀)郡又多为发转漕万余人","转漕"就是运输民工。后因巴、蜀租赋不足,乃"募豪民田南夷,入粟县官,而内受钱于都内"。加上征发从军的"三辅罪人"、"京师亡命"及往返于滇蜀间的商贾,大批汉族移居朱提地区,形成相对集中的汉族移民区,汉文化在五尺道交通沿线扎下根来。移入的汉族人口的分布区域,基本上是原来西南夷地区生产发展水平较高的地方,亦即主要的郡县据点上。就民族来说,便是在僰族聚居的地方和夜郎、僚、濮的中心地带(今贵州清镇、平坝、安顺等地),以及滇西的不韦县(今保山)等处。新中国成立后在今清镇、平坝、安顺一带发掘到西汉时期的墓葬,可证明这一带是汉族移民活动的地方。滇西的不韦县有汉族,见《三国志·蜀志·吕凯传·注》引孙盛《蜀世谱》说,吕凯乃不韦人,其先世为吕不韦后裔,秦时被迁徙于蜀,汉武帝于西南夷地区设置郡县,复徙于不韦县。

由于移民垦殖,大批汉族到了西南夷地区,他们不仅直接开发了西南夷地区的部分地方,而且还成为两汉王朝在广大的西南夷地区进行较稳固统治的直接的经济、政治乃至军事的源泉。如果没有这部分汉族移民,两汉王朝只能单纯地依靠羁縻政策来拉拢当地各民族中的贵族分子,要想长期地稳定在这个地区的统治,那就很困难了。羁縻政策和移民垦殖,是两汉王朝在西南夷地区采取的两套措施。它们之间有区别,但却又有联系,从不同的角度使两汉王朝在西南夷地区的统治加强。羁縻政策从政治上有利于两汉王朝对西南夷地区的当地各民族贵族分子的控制,强化了两汉王朝在西南夷地区的统治;移民垦殖活动的开展,带来了大批汉族人民,不仅增加了西南夷地区的劳动力,而且还带来了先进的生产技术,促进了西南夷地区社会经济的发展和民族的进步,两汉王朝对西南夷地区的统治加强了。

三、免赋薄敛的宽松政策

由于西南夷各民族的社会形态不一,土地所有制复杂,不宜实行中原的租赋制,因此汉王朝在西南夷各民族中采取了宽松的政策,在经济上实行轻税乃至无税。汉武帝时期借助强大的经济实力,曾对南方17个"初郡"普遍推行了"毋赋税"的政策,并且这些新设郡县机构的办公费及粮食供应一律由内地调运。其要求于各地方的,只是"岁令大人输布一匹,小口二丈,是为賨布";崇"其君长岁出赋二千一十六钱,三岁一出义赋千八百钱;其民户出嫁布八丈二尺,鸡羽三十镞"[①];"邑豪岁输布贯头衣二领,盐一斛,以为常赋"。在薄赋的同时,又对西南夷各民族首领"厚赐缯帛"。利用汉朝丰富多彩的物质产品来吸引各民族首领,以争取他们内属,加入到统一国家之中。汉建元六年(公元前135年),"拜(唐)蒙为郎中将,

---

① 司马迁:《史记》卷一百一十六《西南夷列传》。

将千人,食重万余人,从巴蜀笮关入,遂见夜郎侯多同。蒙厚赐,喻以威德。夜郎旁小邑,皆贪汉缯帛……乃且听蒙约。还报,乃以为犍为郡"。① 厚赐缯帛,吸引了夜郎侯及西南夷许多民族首领,使汉王朝得以与西南夷建立起政治上的联系。

此外,为了取得西南夷地区各民族的信任,汉王朝还重视选择比较廉洁的官吏到西南夷地区去,如益州太守文齐,和夷、汉各族人民相处"甚得其和"。② 因此当文齐死后,益州人为其立庙纪念。越嶲太守张翕与当地叟、昆明、摩沙等族关系较好,翕"政化清平,得夷人和"。③ 据传翕为越嶲太守,布衣疏食,俭以化民,自乘二马之官,久之,一马死,一马病,翕即步行。夷、汉甚安其惠爱,翕"在郡十七年,卒于任上,夷人爱慕如丧父母。苏祈叟二百余人,赍牛、羊送丧至翕本县安汉,起坟祭祀"④。此外还有郑纯、景毅等人均能做到"清廉,毫毛不犯,夷汉歌咏"⑤。由于官吏比较廉洁,治政又较稳重,并重视各民族的社会生产,因而笼络了当地的各族首领,取得了西南夷地区各民族人民的信任,共同发展了社会生产,缓和了阶级矛盾,稳定了西南地区的社会秩序,有利于西南各民族社会的发展。免赋薄敛的办法对安定西南夷地区的社会秩序产生了显著的效果,整个汉代,西南夷地区社会较安定,民族之间的关系较好,没有发生过大的战乱,推动了西南夷地区社会经济的发展。

四、积极传播内地先进的生产技术和文化

帮助西南夷各民族发展生产和文化教育,是汉朝治理西南夷政策的一项重要内容。首先是积极恢复和发展与西南夷地区的商业活动,将关中、巴蜀的"姜、丹砂、石、铜、铁、竹木之器,南御滇僰、僰僮,西近邛笮,笮马牦牛。然四塞栈道千里,无所不通,唯襃斜绾毂其口,以所多易所鲜"⑥。内地一些商人因此而成为大富,反过来也促进了西南夷各民族经济的发展。郡县官吏也重视发展西南夷地区的生产和推广内地的先进生产技术,如文齐在犍为属国"穿龙池,溉稻田,为民兴利",后又在益州郡内"造起陂池,开通灌溉,垦田二千余顷"⑦,使犍为、益州等地各民族生产有了较快的发展。

郡县官吏还注意在西南夷地区传播中原文化,兴办学校,改变其民风习俗。公元84—86年(东汉元和年间),益州太守王阜追"政化尤异……始兴学校,渐迁其俗"⑧。西南夷各族也善于接受汉族文化。东汉末,牂柯郡人"尹珍自以为生于荒裔,不知礼义,乃从汝南许慎应奉受经书图纬,学成,还乡里教授,于是南城始有学焉"。据《孟孝琚碑》载,孟孝琚12岁即入内地"受韩诗,兼通孝经二卷"。可见汉文化在西南夷中的传播情况,对后来西南夷地区各族经济文化的发展有着积极的促进作用。

总之,秦、汉王朝对西南夷地区的开拓,尽管在当时和以后一段时期内遭到以公孙弘为代表的"盛毁西南夷无所用"的批评,然而秦、汉王朝的统治者坚持和顺应历史发展趋势,完

---

① 范晔:《后汉书》卷八十六《西南夷传》。
② 司马迁:《史记》卷三十《平准书》。
③ 刘琳:《华阳国志校注》卷四,巴蜀书社1984年版,第393页。
④ 陈寿:《三国志·蜀书·吕凯传》卷四十三,引孙盛《蜀世谱》。
⑤ 范晔:《后汉书》卷八十六《西南夷传》。
⑥ 司马迁:《史记》卷一百二十九《货殖列传》。
⑦ 范晔:《后汉书》卷八十六《西南夷传》。
⑧ 李文子:《蜀鉴·西南夷本末》。

成了统一西南夷地区的大业，是中国历史上的一件大事，其功绩应该予以肯定。自秦汉时期开通西南夷地区以后，"滇云之壤，理学义节文章事功之选，肩踵相望，天所佑也，汉肇之也"①。历史的发展证明，秦、汉王朝对西南夷地区的开拓，有利于西南地区政治的统一、经济文化的发展和各民族的团结进步。

第三节　秦汉时期西南夷地区的经济状况

一、秦汉时期西南夷地区的农业

秦汉时期，西南夷地区的各地区和各民族社会经济发展是不平衡的。在秦朝和西汉王朝时期，滇池地区和滇中、滇东北、滇西的某些坝区，生产力水平较高，奴隶制经济已有一定的发展。而在边远地区和广大山区，大多还停留在原始社会阶段。由于文献记载很少，我们对其发展的具体情况还不清楚。直到1956年开始，在晋宁石寨山等地出土了西汉时期的大批文物，人们对滇池地区才有了较多的了解。秦朝和西汉时期，滇池地区滇族（人）的经济代表了当时"西南夷"地区社会经济的最高水平。

滇族（人）主要从事农业生产，农业为主要经济部门，使用青铜制造的镰、锄、斧等农具，种植作物以稻谷为主。农业中的主要劳动力是妇女，还不知牛耕，生产还处于锄耕阶段。由于土地肥饶及青铜农具的使用，农业生产的产量还是比较高的。当时已出现了剩余产品，奴隶主家中甚至盖有高大的仓房，贮放着从奴隶及其他劳动者那里剥削来的粮食。

滇族（人）畜牧业也比较发达。从青铜器图像可以看出，豢养的家畜有牛、马、猪、犬、山羊和绵羊，尤以牛的数量为多，牛的形象在青铜器上几乎随处可见。滇池地区有"田渔之饶"，故捕鱼也成为滇族（人）一项重要的生产活动。青铜器上也屡见鱼的形象，反映出鱼和人们日常生活有密切的关系。滇族（人）除捕鱼外，还从滇池中捕捞螺蛳，作为食物的补充。狩猎活动也很频繁。青铜器上有不少野生动物的图像，如虎、豹、猴、兔、孔雀等，其形象均表现得非常准确而生动，应是"滇人"经常猎获之物。狩猎的工具主要有刀矛、弓弩和弹丸。当然，狩猎活动不能与农业、畜牧业、捕鱼业相提并论，它在整个经济中已不占重要地位，其娱乐意义远大于经济意义。

农业方面还值得一提的是两千多年前滇东北的朱提（今昭通）坝子，其地势低洼，积水盈尺，周回近百里，也称为"千顷池"，所以这里有种植水稻的有利条件。朱提地区是汉代移民屯田的重要地区，他们将内地先进的农业生产技术带到了五尺道交通沿线。《华阳国志·南中志》关于朱提郡说："先有梓潼文齐，初为属国。穿龙池，溉稻田，为民兴利。"②文齐在东汉初年率领汉族移民穿渠引水溉田，推广了内地的水稻种植和灌溉技术。龙池，左思《蜀都赋》注中说："龙池，在朱提南十里（《续汉书·郡国志》注引作'数十里'），地周四十七

---

① 范晔：《后汉书》卷八十六《西南夷传》。
② 同书卷一以《文齐传》载文齐在孝平帝末（公元1—5年）为犍为属国，但历史上犍为属国的设置则在东汉初年，平帝时尚未设犍为属国，当为犍为南部之误。

里。"后人推测为近代昭通、鲁甸之间的八仙海,今已成平陆。又有千顷池,魏完《南中志》说:"(朱提)县有大渊池水,名千顷池。"《永昌郡传》也载:"朱提郡……川中纵广五六十里,有大泉池水,僰名千顷池;又有龙池,以灌溉种稻。"则千顷池别为一池,与龙池有别,其地据方国瑜先生考证,认为昭通府"南有小长海,水名千顷池"。是时,朱提地区有两池溉田,其中龙池得到了开凿整修,表明当时的昭鲁坝子上水稻种植非常普遍,与此相应必然形成和内地不相上下的灌溉技术及稻作文化因素。东汉时期,西南夷地区的社会经济各方面有了进一步的发展。就在这一时期,随着滇国的灭亡,滇族(人)的衰亡、迁徙,以滇池为中心的滇文化发生断裂,西南夷地区经济重心开始东移,具有代表性的经济仍然是稻作农业和青铜手工业。除了内地的水稻种植和灌溉技术得到推广外,牛耕技术、铁制农具也在这个时期传入云南,使农业面貌发生了很大的变化。在昭通、鲁甸梁堆汉墓中还出土了大批青铜和铁器生产工具,其铁器基本和内地铁农具相同。西汉时代铁农具在南中得到使用,但还不普遍,数量尚少。昭通、鲁甸、威宁、赫章等地出土的铁农具数量却不算少。墓葬封土中还发现过上铸"蜀郡·千万"或"蜀郡·成都"字样的铁口锄,是东汉以前由四川传入的。反映了汉代朱提地区农业生产的高超技术及其与内地的联系。同时,铁农具、牛耕、水利灌溉,是发展农业经济生产的三个要素,朱提具备了这三个要素,生产力因而得到迅猛地发展。到了东汉,中央王朝的势力进一步深入,设置了犍为属国都尉统治,社会经济高度繁荣,朱提地区取代滇池成为西南夷地区经济文化发展的中心。

二、秦汉时期西南夷地区的手工业和商业

滇族(人)手工业方面有很高成就,已能制造出青铜器、铁器、金银器、玉石器、漆器、皮革、纺织品和陶器,其中尤以青铜冶铸业最为发达。晋宁石寨山出土青铜器总数在两千件以上,且种类繁多,举凡生产工具、生活用具、装饰品、乐器等多用青铜制造。这批青铜器的铜锡比例配合恰当,冶炼技术也很高超,特别是工艺方面的造诣已达到惊人的水平。在青铜器表面进行鎏金、错金、镀锡或镶嵌玉石,做得十分精致、美观。一些兵器及其他器物上还附饰有立体的或半立体的人物和动物形象,都塑造得栩栩如生。七件贮贝器上塑铸有复杂的人物活动场面,表现人们从事战争、祭祀等活动,更是世界上少有的青铜艺术珍品。从传世的几千件青铜器来看,其工业方面的造诣达到了惊人的水平,有些还是世界上少见的艺术珍品。

东汉时期各种矿产较西汉时又有进一步的开发。铜锡产地,除西汉时已见记载的俞元(今江川、澄江)、律高(今通海、河西)和贲古(今个旧、蒙自)外,又增加了永昌等地。银的产地,除西汉时已见记载的律高、贲古和朱提外,还有益州郡的双柏(今双柏、新平、易门一带)。此外,《续汉书·郡国志》记载:"博南……出金","不韦……出铁","滇池……出铁"。西汉时当地制成的铁器实物已有发现,这时又见于文献记载,说明铁的开采较前有所发展。

由于矿产的大力开发,冶铸业随之发达起来,尤以朱提(今昭通、鲁甸一带)、堂琅(今东川、会泽、巧家一带)地区的青铜冶铸业发展最快。《续汉书·郡国志》说:"朱提,山出银、铜。"由于朱提地区的铜矿开采较早,到东汉时期,该区已成为全国青铜制造业的重要基地,产品以传世朱提、堂琅铜洗最为著名。洗是一种盛水之器,早在先秦时期即已使用,到

东汉时因产于朱提、堂琅两地而得名，行销于祖国各地，著名于当时。朱提、堂琅铜洗上的纹饰多采用双鱼纹和鱼鹭纹，以"富贵有余"、"吉庆有余"之谐音象征吉祥富贵。其款识多为纪年及产地，如"朱提造"、"堂狼造"字样，少数间以吉祥语。传世朱提、堂琅铜洗上的纪年始于东汉章帝建初元年（公元76年），止于灵帝建灵四年（公元171年），都是东汉中晚期的作品，表明这一个世纪的时间是朱提青铜文化鼎盛发展的时期。《南齐书·刘俊传》言蒙城（今昭通）"有烧炉四所，高一丈，广一丈五尺"，可见其规模之大。朱提地区的青铜器工艺精巧，按一定规格为市场成批生产，闻名全国，受同期蜀郡洗制造技术的影响而又可与之媲美，这与汉代朱提地区社会经济的繁荣发展是分不开的。

东汉以后，朱提地区在冶金方面又有一个伟大的创造，那就是白铜的发明。《华阳国志·南中志》说："堂琅县……出银铅白铜"；李时珍《本草纲目》卷八说："白铜出云南"；17至18世纪欧洲的书籍中也说白铜出云南，经广州出口，有的则直称"云南白铜"。白铜是铜镍合金，我国当在公元3世纪以前就发现了镍，并制出铜镍合金。后白铜经波斯（被波斯人称为"中国石"）传入欧洲，受其影响，欧洲人直到公元1751年才提炼成功。可见我国汉代有色金属的开采、冶炼具有很高的科技水平，居于世界领先地位。镍和铜镍合金的发现是云南对世界文化发展作出的重大贡献，朱提文化在世界文化史上争得了一席之地。

朱提地区的铜冶铸业很发达，其银冶铸业也很发达。《汉书·地理志》朱提县注"山出银"，则至迟在西汉朱提地区就进行了银的开采和冶炼。王莽时改革币制，发行"银货二品"，其一就是"朱提银"，被规定为全国通用货币，可见它的产量很高，且规定其价格为其他地区所产银的一倍半，可见其质量之佳。据《后汉书·食货志》载：此"银货二品"即"朱提银，重八两为一流，直一千五百八十。它银，一流直千"。可见当时朱提地区银的产量一定很高，足敷全国通货之用，其质量也驰名全国，广为流布。朱提银的盛名在文学作品中也常见吟咏。唐宋八大家之一的韩愈，在《赠崔官立之》诗中有："我有双饮盏，其银出朱提。"可见古时朱提银在全国使用之广。由于朱提银有名，到了后代"朱提"一词甚至成了白银的别称，并成为一种文化现象。《聊斋志异·宫梦弼》中有这样一段描写："女一日入舍中，及见断草丛丛，无隙地，渐入内室，坐埃尘中，暗觉有物堆积，蹴之连足，拾视兼见朱提。"朱提银直到近代还有发现，1935年昭通刘家包包"梁堆"出土银一块，重达2千克以上，上刻铭文一行："囗年重五十斤"；另一传世品称"朱提银块"，方形，已裂成3块，上有5字，唯"提"、"银"2字依稀可辨。据推测，汉时的朱提银矿可能就是直到清初产银仍为全国之冠的鲁甸县乐马厂，其矿石一般含银24/10 000，最好的达94/10 000。要从这不到1%的含量中提炼出精银，绝不是一般的技术水平所能办到的。到三国时，朱提银矿的开采和冶炼虽呈衰势，但威名尚存。《后汉书·郡国传》犍为属国下注引《诸葛亮传》就提到"汉嘉金，朱提银，采之不足以自食"。仍将朱提银和汉嘉金相提并论。

东汉时期滇东北地区冶金业有突出发展，而滇西地区则以发达的纺织业而著名。《后汉书·西南夷传》说，永昌地区"有蚕桑"，有毛织品、棉织品，还有麻织品，称为"兰干细布"。各族劳动人民还用木棉"绩以为布"，或称"桐华布"，在当时享有美誉。《后汉书·哀牢传》云：哀牢"土地沃美，宜五谷蚕桑，知染采文绣，罽毲帛叠，兰干细布，织成文章如绫锦。有梧桐木华，绩以为布，幅广五尺，洁白不受垢污。先以覆亡人，然后服之。其竹节相去一丈，名曰濮竹。出铜、铁、铅、锡、金、银、光珠、虎魄、水精、琉璃、轲虫、蚌珠、孔雀、翡翠、犀、象、猩猩、貊兽"。反映了哀牢各部已开始种植五谷蚕桑。手工业除兰干细布、桐华布之外，还能纺织帛叠，且知染色、刺绣，已知开采冶炼金属和制造装饰品。商业上哀牢处于蜀—身毒道的要道上，哀牢各部用多余的桐华布进行交换，蜀商还将哀牢所产的帛叠、桐华布贩运至内地和身毒等国，并将身毒等国的琉璃、光珠、蚌珠等装饰品带回哀牢地区。哀牢的中心永昌以后成为"金银宝货之地"，哀牢各部经济之发展可见一斑。

随着农业、手工业的发展，商业交往也兴盛起来，交通道路通畅，"蜀—身毒道"逐渐形成。从秦朝开通五尺道，西汉修筑南夷道，都以僰道县（今宜宾）为起点，向南延伸，经滇东北直达滇中地区，而朱提成为该道路上的枢纽和重要据点，古代蜀—身毒道，即今定名为"南方陆上丝绸之路"的重要部分。蜀—身毒道的路线：蜀（成都）——僰道（宜宾）——石门（盐津豆沙关）——朱提（昭通）——汉阳（威宁）——存䣖（宣威）——建宁（曲靖）——滇池（昆明）——叶榆（大理）——永昌（保山）——滇越（腾冲）——掸国（缅甸）——身毒（印度）。

滇池地区的滇族（人）盛行集市贸易，并同今四川和祖国其他地区有频繁的商业交往。该地输入的商品主要是丝织品、铜镜、弩机等，输出的商品主要是牲畜和畜产品。此外，从滇池等地掠卖出去的奴隶人口也作为一项"商品"出现在今四川地区市场上，称为"滇僮"。在滇族（人）的商业活动中，作为交换的媒介由自然物充当，互相之间交换的货币是牛，外来交换品则是海贝。石寨山等地发现了大批的海贝，放在"贮贝器"中作随葬之用。海贝是从我国南海地区传入的。此外，石寨山还出土了半两钱和五铢钱，为数较少，不像社会上普遍使用的通币，但也说明这时滇池地区与内地的商业交往是频繁的。

三、秦汉时期西南夷地区的阶级分化

在生产力进一步发展之下，生产关系必然也发生变化。先秦时期西南夷地区经济相对发展较慢，作为生产关系主要内容的阶级分化缓慢进行。《史记·西南夷列传》中说：邛都、夜郎及与"滇"同姓的"靡莫之属"属于一种经济文化类型，都是"椎髻，耕田，有邑聚"。这些部落的社会发展程度当与滇族（人）相去不远。至于《史记·西南夷列传》提到的昆明人、嶲人，他们过着游牧生活，"随畜迁徙，无常处，无君长"，他们之中还没有明显的阶级分化。西南夷地区经济发展较快的滇池地区则远在庄蹻入滇之时，就已经产生阶级分化了。到了秦和西汉时期，由于生产和交换的进一步发展，滇池地区已进入等级森严的奴隶社会。从石寨山等地出土的青铜器图像上出现的人物形象看，当时已明显出现了贵族、平民、奴隶阶级。贵族不从事任何生产活动，专门指挥战争或主持祭祀。每逢出行，或骑马，或坐轿子，而强迫奴隶抬轿。平日家居，亦有奴隶左右伺奉。总之，他们生活奢侈，作威作福，在经济上是榨取平民和奴隶血汗的大奴隶主，在政治上是一小撮特权阶级。平民人数较多，他们从事农业和畜牧业，是生产的主要负担者。他们每年要将生产出的粮食的一部分缴纳给贵族，并直接送进贵族高大的仓库。

奴隶的主要来源是战争中的俘虏。在晋宁石寨山滇王墓葬中出土的贮贝器上，就铸有战争中捕捉俘虏的场面。在另外出土的青铜矛头的两侧也铸造有两个双手反缚的俘虏的图像，有的贮贝器上还有战争的场面，反映出掠夺俘虏作为奴隶成为滇国奴隶主进行战争的主要目标之一。奴隶被大量用于农业、牧业和手工业生产中，在晋宁石寨山出土的一个贮贝器上，饰有许多人排成行,替奴隶主把收获的粮食倒入粮仓中的画面。同样在石寨山出土的青铜器上还刻画有身着奴隶服的人手执鞭子赶着牛羊的图像。有一个贮贝器的盖子上饰有纺织手工工场中奴隶生产的场面:6个奴隶坐在地上低头织布,1个女奴隶主坐在中间监视,女奴隶主背后站着1个手拿长棍的人正在听奴隶主的命令惩罚生产不力的奴隶,奴隶主的右边还站着3个人正在验收织好的布匹,可见奴隶被普遍用于农业生产和各个手工业生产部门。① 他们在从事生产时被戴上枷锁,与牛马同列,并在严密监视之下从事强迫性的劳动。石寨山出土的一件贮贝器的盖上铸有十几个女奴隶在一个女奴隶主的监视下进行纺织的情景。奴隶的地位十分低下,在祭祀时奴隶还要充当牺牲品。在出土的青铜器中有三件表现了祭祀场面,反映了杀害奴隶的情况,竟然有一次杀4人之多。这些青铜器上的这类形象向人们无声地控诉着奴隶社会的黑暗、野蛮和残暴,反映了奴隶主对奴隶的残酷压榨和剥削。

总之,秦汉时期西南夷地区民族经济也发展到了相当的水平,但发展是不平衡的,发展较快的是滇池地区、滇东北地区,其他地区的民族则"随畜迁徙,无常处,无君长",还没有明显的阶级分化。而从石寨山出土文物可以看出,秦和西汉时期滇族(人)已完全处于奴隶制阶段。

第四节 秦汉时期西南夷地区的文化与社会

一、秦汉时期汉文化在西南夷地区社会中的传播

西南夷地区各民族原来大部分还处在刻木记事或结绳记事阶段,没有文字,仅在滇池地区有一种简单的图画文字。晋宁石寨山发现一块铜片,刻绘有奴隶、牛、马等图形,下缀短线及圆圈组成的计数符号,似乎是记录财富的"账单"。当时滇族(人)就是用这种文字来表意和记事的。秦汉时期西南夷各族一方面保持着自己独特的文化,另一方面也逐步受到汉文化的影响。汉文化的传播是随着郡县设置而来的。随着汉族移民的迁入,政治上、经济上和内地的密切交往,汉文字至迟自西汉起也开始在西南夷地区得到使用。晋宁石寨山除发现著名的"滇王之印"外,还发现了"胜西印"和"王牢(?)私印"。江川李家山也发现汉印三方:"李德"、"黄义印"、"寿之人"。这些印章的主人或是汉移民,或是汉化了的少数民族统治者。

在大理市近年发掘的大展屯1号和2号东汉墓出土的文物表明,东汉时期在洱海区域铁器业已得到普遍使用。板瓦、筒板的出土说明已传入了中原的建屋技术。砖室墓本身及其墓内发现的摇钱树,更是内地典型的汉文化文物。尤其是2号墓中出土的陶质水塘稻田模型,表明东汉时期洱海区域的农业生产已达到相当高的水平。

两汉在西南夷地区设置郡县后,随着中央王朝统治措施的施行和大量内地移民的进入,内地封建文化也传入了西南夷地区,并产生了广泛而深远的影响。在汉文化在云南的传播过程中,儒学的传播占到非常重要的地位。自春秋战国孔子创立儒家思想,到秦汉时随着政治

---

① 马曜主编:《云南各族古代史略》,云南人民出版社1977年版,第37-39页。

和经济上的大一统,汉武帝采纳董仲舒"罢黜百家,独尊儒术"的主张,儒学便逐渐成为中国两千多年封建文化的正统,虽经多次补充和改造,并经过多次变化发展,但作为汉文化的基本内核,其正宗地位始终未曾动摇。东汉以前汉文化在云南已有零星记载,云南人士曾主动去学习接受汉文化。据冯苏《滇考》中说:"张叔,叶榆(今大理)人,天资颖出,闻相如至若水造梁,距叶榆二百余里,负笈往从受经,归教乡里。"万历《云南通志》卷十一还提到了另一位叶榆人(一说牂牁人)盛览,也曾受学于司马相如,并著《赋心》四卷。由于史籍记载过于简略,张、盛二人事迹难以详考。云南儒学的传播,主要是通过学校的正式教育实现的。云南官办学校的开设,至迟不晚于儒学兴盛的东汉时期。《后汉书·西南夷列传》载,汉明帝"元和(公元84—86年)中,蜀郡王追(当为阜)为益州郡太守,政化尤异……始兴起学校,渐迁其俗"。王阜"少好经学",11岁就赴犍为学经,受韩诗,他通过儒家的"礼乐教化",使滇池地区的风俗发生了变化。《华阳国志·南中志》也说朱提"其民好学,滨犍为,多士人,为宁州冠冕"。朱提地区的儒学发展主要受到来自巴蜀的影响。还在西汉景帝末年,蜀守文翁就修起学官于成都市中,招下县子弟为学官弟子,开地方郡国设儒学的先例,推动了巴蜀儒学的迅速发展。川南的犍为郡很快成为儒学水平较高的地区,子弟多以儒学致用,并有位列三公者,后朱提太守就多为犍为人士担任。朱提地区因位于犍为南部,紧靠巴蜀,容易受汉文化熏陶和传播,也是一个设学的重点;同时,南夷道的开通,交通状况的改善,使朱提成为川滇黔的重要交通枢纽。这些都利于汉文化的传入和文化的交流,使朱提成为当时西南夷地区中文化最发达的地区,著名的《孟孝琚碑》就是最好的证明,朱提地区交通沿线的大批汉族移民不仅带来了内地先进的生产技术,而且将内地汉族的社会文化完整地移植到了边疆地区,形成了所谓的"大姓",孟孝琚便是东汉时期的朱提大姓。在大姓的产生过程中,文化是一个重要的因素。当时朱提大姓除孟氏之外,还有朱、鲁、雷、兴、仇、递、高、李诸家,他们共同推动了本区儒学文化的发展。孟孝琚自己就曾"受《韩诗》,兼通《孝经》二卷",说明当时的朱提是接受汉文化较早的地区,当时朱提的儒学水平在滇池、益州之上。

二、秦汉时期西南夷地区的文化艺术

在文化艺术方面,西汉初年滇国尚能延续辉煌灿烂的云南青铜文化,随着滇国退出历史舞台,云南青铜时代也宣告结束。两汉时期云南地区兴起的则是浑厚凝重的碑刻与书法艺术,内容丰富的汉画像砖和画像石,陶俑、陶楼以及铜镜、铜洗等银铜制品。

《孟孝琚碑》于清光绪二十七年(公元1901年)在昭通城外白泥井出土,当年移置昭通城内凤池书院(今昭通市实验小学)内。由于碑的上段缺失,残高1.33米,宽0.96米,仅有"丙申"、"十月癸卯"、"十一月乙卯"等字,立碑时代因缺年号,说法不一。据考证应为东汉永寿三年(公元157年)所立,是云南省现有唯一的汉代碑刻。碑文存15行,每行残存21字,现存250余字。昭通金石学家谢饮涧先生根据碑文上下文意补阙的上段碑文,颇合孟碑原意。碑文隶书,梁启超说"见此碑可证汉隶今隶递嬗痕迹,皆与书学有关"。碑身左刻青龙,右刻白虎,下刻玄武。残失的上部应该刻着朱雀,才符合汉碑"四神"的格式。碑文记述汉代武阳令之子孟广宗(字孝琚)的生平事迹,其中如"凉风渗淋,寒水北流"之句,情真意切,文辞典雅。画像及书法都是东汉时期盛行的风格。书体在篆隶之间,方正平满,简朴古茂，体势夸张，横排纵放，在我国书法史上具有较高地位，也是云南百字以上最早的一块古碑，历代书法家对此都给予了高度的评价。黄鹿泉评论《孟孝琚碑》："乃古汉碑第一，微独滇南瑰宝，亦寰宇希世之珍矣!"清末云南状元袁嘉谷称此碑为"滇中第一石"；方树梅跋《孟孝琚碑》文中有"海内汉碑第一"的评价；方国瑜说《孟孝琚碑》"名满海内"。[①]它还是研究西南古代民族史和云南与中原文化交流史的珍贵实物资料。

除《孟孝琚碑》外，云南汉代碑刻还有东汉章帝建初九年（公元84年）的刻石，是迄今为止云南发现年代最早的刻石。建初画刻石于1937年由昭通著名金石学家张希鲁先生于当时昭通县城东郊曹家老包梁堆中掘出。石为正方斜上立方体，底面呈正方形，边长8寸5分，高6寸5分。顶部凿有孔——据张希鲁先生调查，刻石出土前几年曾发现佛像一座，下有柄，恰好可以插入刻石顶部凿孔中。可惜佛像已流失，多方搜求未能找到。如果此说确实，建初刻石还具有考察佛教传入云南的重要史料价值。稍晚的《汉封地刻石》，立于东汉安帝延光四年（公元125年），并为云南存世最早的刻石之一。

汉代带有浓厚地方特色的画像砖，也是云南汉文化的重要见证。画像砖在昭通出土众多，多带有菱形、方格、车轮纹等几何图案，起到装饰美化的作用。极有价值的是一些描绘社会内容的画像砖，它更具风土人情和地方特色。在白泥井及鲁甸等地出土的画像砖，技法朴素而粗犷，在研究民族史和昭通经济社会风貌等方面，具有较高参考实证价值。画像砖是用刻有画像的木范，压印在半干的土坯上再入窑烧制成的。发现的成套同模的画像砖，表明当时可能有专门烧制画像砖的工场。画像砖现实主义的写实作风与夸张技法相间，其艺术造诣和水平极高，充分反映了时代特色和地方特色，从其表现手法和艺术形象上说，都具备了绘画的特征，是艺术珍品。关于汉代社会习俗、生产和生活情景，古书资料记载较少，尤其是关于少数民族的资料更为缺乏，而且都很不具体，画像砖以它的写实手法，描写了更多的现实生活题材，手法也更加活泼得多，具有古朴之感，粗犷中也有细腻的手法，显示出朱提画像砖艺术的蓬勃生气。牛、马大都是侧影，雄健有力，气魄宏大，或行进、或跳跃，充满活力，造型特点是动中取形，将运动中的牛、马形体拉长，四肢伸展，加强动势，夸张特征。在小小的画面中，给人以深沉雄大、充满活力之美。通过画像砖的形象描绘，可看到当日朱提社会的若干个侧面，反映出少数民族的生活和衣着状况，因而具有重要的历史价值和艺术价值。

云南古代民族都是能歌善舞的民族。从晋宁石寨山出土的文物来看，乐器种类很多，既有西南民族固有的乐器，如葫芦笙、铜鼓、编锣等，也有从巴蜀地区传来的淳于（古代一种铜制乐器）和内地传来的编钟。舞蹈方面，从晋宁石寨山青铜器图像所表现的来看，当时的舞蹈极为丰富多彩。如有的图像颇似今傣族孔雀舞的手势，有的很像哈尼族的舞蹈，有的则和滇西北各族的"跳锅庄"相类。舞蹈者多以葫芦笙及铜鼓伴奏，具有鲜明的民族特色。同时，滇族（人）也有一些舞蹈与内地类似，如有一种舞蹈，舞蹈者手执羽毛，颇像古代内地贵族在庙堂举行的"大夏舞"；又有一种舞蹈，舞者一手持盾牌一手持兵器，又使人想起古代内地手执"朱干玉戚"的"大武舞"。看来，至少在西汉或更早时期，云南一些地区（如滇池地区）和内地在乐舞方面就具有共同之处。东汉以后，当地大姓全面模仿内地的生活方式，使得内地的影响更加显著。如滇池地区呈贡归化东汉墓中发现了抚琴陶俑和吹箫陶俑，说明琴这样的内地乐器也传入了云南。

[①]《新纂云南通志》卷八十一《金石考》一。

秦汉时期的云南各族，在造型艺术方面也有很高的造诣。晋宁石寨山等地青铜器上的人物、动物形象，无论是雕塑的或刻绘的，都形态逼真，具有写实主义风格和民族特色。东汉时期，内地艺术传入云南。如朱提、堂琅洗常以双鱼为图案，而鱼象征"年年有余"，正是中原汉地装饰艺术中的常见图案。《孟孝琚碑》碑文两侧的"四神"图案也与内地的龙龟画法一样。此外，"梁堆"出土花砖及一些雕刻，就其风格和内容来看，均与内地无别。

在汉朝时期的史籍中，还记载了若干西南夷地区各族百姓的歌谣和创作，这些作品表现了他们的思想感情和生活感受，对于了解当时的历史具有重要价值。据《华阳国志·南中志》载，西汉时，为开通由西南夷地区到达身毒的道路，汉武帝遣卒披荆斩棘开道过博南山（在今云南永平以西），于兰津渡口越过澜沧江，开通了经今缅甸北部到达印度的博南山道。饱受劳顿之苦的筑路士卒和行商作歌道："汉德广，开不宾。渡博南，越兰津。渡兰沧，为他人。"歌谣既肯定了汉武帝开辟博南山道的功绩，也鞭挞了统治者为满足私欲滥用民力的行为。这首《渡澜沧江歌》是现存云贵地区最早的民谣。同书还记载了另外一首《僰道谣》，西汉时期，从僰道（治今四川宜宾）经朱提（今云南昭通）到达滇池地区的道路艰阻难行，行人必须经过牛叩头、马搏颊诸坂，还要越过筠连河、横江和洒渔河等"三津"，"故行人为语曰：'犹溪、赤木，盘蛇七曲；盘羊、乌栊，气与天通。看都濩泚，住柱呼伊。庲降贾子，左儋七里。"歌谣极言由僰道至朱提路途之艰险和行人之辛苦，说沿途要跨越犹溪、赤水和盘蛇一般弯曲的七曲河，翻过高耸"气与天通"的盘羊、乌栊诸山；行人挥汗如雨，还须停杖招呼同伴。来自庲降（指南中）的商贾，途经狭路危栈时不得不以左肩担物连行七里，至宽敞处才得换肩。歌谣颇具生活气息，同时也反映汉晋时五尺道是巴蜀至南中重要的商道，以及往来于五尺道的四川及云南的商人不畏险阻四处奔波的情形。[①] 此外，还有见于《后汉书·西南夷传》所载的《白狼王歌》，则是西南夷地区少数民族创作的作品，歌中附有白狼语——一般认为与今天滇西北地区的普米语或纳西语比较接近——的记音，为今天研究白狼部落的语言和族属提供了不可多得的资料。

三、秦汉时期西南夷地区的社会生活

由于地形地势等诸多原因，西南夷地区社会经济发展非常不平衡，进入秦汉时期的西南夷地区部分部落，已开始从原始社会向奴隶社会过渡；但也还有一些部落，直到东汉时期，仍然是"食肉衣皮，不见盐谷"。《史记·西南夷列传》说：汉初夜郎、滇和邛都的发式为椎结，这几个民族"耕田、有邑聚"，在今滇西大理至保山一带过着"随畜迁徙"的游牧生活。而嶲、昆明等部落则习惯披发，还处于"毋常处、毋君长"的早期社会发展阶段，以原始的畜牧业为主，农业还没有发展起来。

先秦以降，巫鬼文化是一个地区人民生活的最直接生动的反映。到秦汉时期，整个西南夷地区的巫鬼之风依然炽盛。据《汉书·地理志》记载，西南夷地区共置7个"初郡"，107个县。中央王朝推行"以其故俗"的管理方法和免赋税的优惠政策，有利于西南地区的安定和发展。秦汉在西南地区长期实行的清净无为和轻徭薄赋的政策，使西南地区保持着传统的地域风貌，与秦汉以前其地的社会文化风俗没有太大差异。文献中偶尔述及这一带的民情民

[①] 方铁主编：《西南通史》，中州古籍出版社2003年版，第221-222页。

风，依然是"姿态敦重"、"人多憨勇"、"信巫鬼重淫祀"等。巫鬼信仰广泛活跃在民间，深深影响着人们的生活，以至在汉末，成为道教产生和传播的摇篮，并在某些汉文化影响较大的地区，形成不同于传统巫鬼文化的神仙文化。

由于文献资料的缺乏，对于云南秦汉时期神仙文化的具体情况人们了解甚少，只能从两汉时期画像、刻石和出土的摇钱树窥其一斑。摇钱树一般是用接铸法制成，树枝铸得较粗糙，铜钱是当时各朝的流通钱币。它在工艺上是先将一些钱币安置在泥范上，再浇灌铜液呈树干、树枝连接各枚铜钱；下方的底座则在最后一道工序铸接。据不完全统计，迄今为止在四川、云南、贵州、陕西、甘肃、青海6个省份36个市县中出土有数量不等的摇钱树，较完整的有12件左右，其中唯一刻有纪年铭文的摇钱树是于1937年在云南昭通县曹家老包出土的一件红砂石摇钱树座，上刻有"建初七年三月戊子造"，其时为东汉章帝在位时（公元84年），是迄今所知年代最早的一件摇钱树。从昭通桂家院子东汉墓出土的摇钱树残片并参照其他地区类似的文物中可以看出，东汉摇钱树正是掺杂有佛教因素的神仙思想的集中体现，它既含有宇宙树、生命树最基本的性质和功能，同时又融合有流行于民间的神仙思想。摇钱树的构想与神树、天梯的神话信仰相关，摇钱树座实际上就是海中神山的模拟，而摇钱树则是通天的阶梯、日月出入的宇宙之树的象征。它是对中国古代神话中有关建木、扶桑、若木等宇宙树的图演。作为生命之树的摇钱树在用于墓葬时，则表示其为灵魂升天之树。将摇钱树置于墓葬的主要功用是安魂，是灵魂仙升等精神寄托的显现。它的造型和图像展现了令人向往的、充满祥和安宁的神仙洞天境地，包含着长生不老、羽化升仙、辟邪祛灾、生殖繁衍、享有财富，甚至灵魂归宿的观念。墓葬中的摇钱树为死者的灵魂升天提供了必经的通道，主神西王母的出现，既保护着墓主在阴间的生活，又成为其灵魂升天的引导者。大量悬挂于树上的钱币为墓主人在阴间的生活提供了必要的财源和物质保障。"树可生钱"这一观念，是人们在长期的生产、生活实践中慢慢形成的。采用刀耕火种的早期人类，每当天一亮，肚子就饿，人们便组织在一起去狩猎，但在更多的时间他们是去林中采集野生果实充饥；到了人们的价值观、经济贸易发展出现后，由以物易物到货币的出现，树林中的可食之物也渐渐产生了价值，价值观形成后，"树可生钱"的观念也就十分自然地产生了。摇钱树充分显示了朱提与巴蜀地区在文化上的联系，以及道家思想、佛教艺术渗入后的朱提地区的民俗文化。

在饮食习俗方面，西南夷地区大多保持原有风格不变。但西汉在云南设立郡县后，内地汉族饮食文化传入云南，对云南各地区产生了程度不等的影响。在近年来于云南各地发现的被称为"梁堆"的汉式墓葬中普遍出土了汉式铜器和锄、刀等铁制工具，用于陪葬的各种陶制明器，以及马、牛、狗、鸡、鸭等畜禽的模型，表明当地农业有了长足发展，同时表明当地居民也饲养多种家禽与家畜。另据《华阳国志·蜀志》中说，在滇北与四川相连的地区有石猪坪，"有石猪子母数千头。长老传言：夷昔牧猪于此，一朝猪化为石，迄今夷不敢牧于此"。从此神话亦可窥知畜牧业的情形。当时养猪仍以野外放牧为主，圈养的情况还不多，但一个猪群有大小数千头猪，表明具规模十分可观。蜀汉平定云南后，庲降都督李恢在今曲靖驻军屯垦，使当地农业有较大发展，当地也逐渐成为云南的经济与文化中心。当时云南饲养牛马比较普遍，牛马成为蜀汉征收出产的重要来源。近年在保山汪官营发掘一座蜀汉砖墓时，发现牛、鸡、狗和粮仓的陶质模型，表明在比较偏僻的永昌郡，畜牧业与农业也有所进步，为魏晋以后发展当地饮食文化奠定了基础。

第三章 三国两晋南北朝时期的云南

公元220—280年，是我国历史上的魏蜀吴三国对峙时期。此时的云南，包括贵州和四川西南部被合称为"南中"，为蜀国的一部分。但自东汉后期起南中部分大姓、夷帅就据地自雄，打起反蜀旗帜，投靠吴国孙权。诸葛亮为了北伐中原，巩固后方，亲自率兵平定了南中。继而蜀汉实践其"西和诸戎，南抚夷越"的政策，放手起用少数民族渠帅治理南中，促进了云南社会经济的发展。西晋王朝建立以后，继续加强对云南的统治。但由于长期的战乱，晋王朝对云南宁、益两州的统治时断时续，东汉三国时期一度繁荣的滇东北地区，逐渐衰落。汉族屯民纷纷迁到滇中和滇西，促进了西爨势力的发展。南北朝时期的云南，在滇东建宁郡（今曲靖地区）大姓爨氏的统治下，形成割据状态，分为东西两部，大抵以今曲靖至建水一线为界，在此以东及东北部称为东爨乌蛮，在此以西及西南者称为西爨白蛮。云南地区的社会相对稳定，经济文化相对发展，各族文化互相融合、互相吸收，产生了《爨龙颜碑》和《爨宝子碑》等被誉为"神品"的文化瑰宝。

第一节 蜀汉政权平定和开发南中

一、吴蜀争战与南中的关系

三国两晋南北朝时期，云南的几乎所有史料都被收录在与南中相关的历史文献里。文献记载的"南中"，自古称为"夷越之地"，是指自三国开始直到南北朝时期属于原西南夷地区的朱提（东汉犍为属国）、益州、永昌、牂牁等郡，主要包括今云南省和贵州省西部及川西南部分地区，自汉武帝平定西南夷地区以来它就和巴蜀保持着密切交往的关系。汉武帝还在西南夷地区实行商屯、军屯和民屯，传播先进的生产技术和推广先进的生产工具，对开发边疆地区起了积极的作用，对加强内地人民和边疆人民的经济文化交流也起了积极作用。许多少数民族也纷纷内属，各族人民间的联系更加强了。

东汉末年，由于内地战乱纷纷，无暇也无力控制南中地区，南中一些大姓豪强势力日益强大，出现了不少世为郡吏和拥有部曲的大姓和被称为"夷帅"、"叟帅"的奴隶主贵族、部落首领，他们利用这个机会割地自雄，独霸一方，发展自己的势力。大姓多半是汉族的后代，即从西汉以来进入云南屯戍的汉族移民中发展起来，经过世代定居已多少"夷化"了的豪强大姓，主要有朱提的朱褒、孟琰，建宁的雍闿、孟获，永昌的吕凯等；"夷帅"、"叟帅"则多是当地叟、昆明等族的奴隶主贵族、部落首领。在今昆明、昭通、曲靖地区的大部分地方，大姓和夷帅的势力在不同程度上取得了支配地位，成了统治地方的力量，其强大势力使郡太守也不得不为之屈服。其中最大的实力派人物，首推盘踞滇中以"恩威著于南土"的雍闿。

进入三国时期后，入主蜀地的刘备试图继续对西南夷地区各郡县行使统治权，并派驻官吏到南中进行统治。建安十九年（公元214年），刘备任命邓方为犍为属国都尉，不久犍为属国改为朱提郡，以邓方为太守。以后蜀汉增设统治南中的最高机构庲降都督，治南昌县（在今云南镇雄县境），派邓方为庲降（招降之意）都督，从朱提（今云南昭通）向滇中展开政治攻势。邓方上任以后，"轻财果毅，夷汉敬其威信"，使蜀汉在朱提郡及其附近地区的统治得到巩固。公元221年邓方死后，刘备以仕蜀的南中大姓李恢继为庲降都督，并改驻平夷县（在今贵州毕节县境）。蜀汉又相继恢复东汉时期的越巂郡、牂牁郡和永昌郡，分别任命了郡守和郡吏。

蜀汉虽部分恢复了东汉时的越巂郡、牂牁郡和永昌郡，但实际能控制南中诸郡的程度仍然有限，派来的官吏也不可能有太大的实际支配权力，益州也并未纳入控制范围。建安二十四年（公元219年），孙吴袭取荆州，蜀汉大将关羽败亡。章武三年（公元223年），刘备率军攻吴受挫，病死于白帝城。当时的形势对蜀汉十分不利，南中大姓、夷帅认为蜀汉"刘备新死，主少国疑"，有内忧而无力南顾，便公开纷纷倒戈反蜀。越巂郡叟帅高定元首先发难，他杀死郡将军焦璜，"举郡称王以叛"。高定元的起事在当地少数民族中引起了很大的反响，各地纷纷反叛。在此前后，吴国也企图夺取南中，孙权通过交趾太守士燮，遥授雍闿为永昌郡太守；又授已故的刘璋之子刘阐领益州刺史，"处交、益界首"①，以刺史名义总摄南中，和蜀国的李恢针锋相对。以雍闿为代表的南中大姓，则想利用吴的力量牵制和削弱蜀的力量，以便雄踞南中，更进一步通过进攻来扩张势力。刘备死后，雍闿、孟获杀益州郡太守正昂，又将蜀汉新派的将军张裔绑送东吴；朱褒也据牂牁郡起兵响应雍闿。一时间"南中诸郡，并兼叛乱"，除了朱提郡仍为蜀汉所控制，还有永昌郡的吕凯"闭境拒闿"，坚决拥蜀，奉蜀汉为正朔外，蜀国处于整个后方叛乱的不利形势之下。

二、诸葛亮南征

蜀汉北伐中原的目标遥遥无期，此时又因荆州问题与东吴失和，举国处于"主少国疑"的危机中。南中的反蜀活动又影响到蜀汉在南中乃至在四川的统治地位。蜀汉政权建立之时，本就只拥有巴蜀和南中地区，地盘可谓是很小了，如果再失去南中之地，就差不多等于失去了大半个蜀汉政权，政治、经济、军事力量也将遭到严重削弱。仅靠巴蜀等不算大的一片地区，即使面对孙吴政权也难于自保，何况还有北方强大的曹魏，根本没有足够力量进行反抗。再则，南中地区作为蜀汉政权的后方，也是不能轻易丢失的。失去了南中，蜀汉政权的兵力、物质资源得不到补充，那么势必会造成蜀汉政权很快被吞并的危险。南中地区对于蜀汉政权来说是命运攸关的，诸葛亮也深知这些利害关系，要想北伐中原，统一中国，就必须首先把南中治理好。

安定和开发南中是完成统一全国的整个策略的一个组成部分。面对南中叛乱，如果马上采取军事行动镇压会对蜀汉极为不利，因为这样蜀汉就会在南中面临三面作战，这需要大规模的出兵运粮，对当时蜀汉而言是不能承受的。加上南中险远，不可能短时间取胜，这样就

---

① 陈寿：《三国志·蜀志·刘璋传》。

有可能导致东吴西进，曹魏南下，再加上南中后扰，蜀汉政权的险境会更加雪上加霜。故蜀汉政权只有采取慎重稳进的"和抚"方式去解决南中叛乱。考虑到这些因素，在如何改善与南中少数民族关系的问题上，诸葛亮采取了"西和诸戎，南抚夷越"的民族政策，同时还吸收了马谡"攻心为上，攻城为下，心战为上，兵战为下"的策略，着手于南征前的准备。他首先对南中进行政治招抚，同时在国内实行"务农殖谷，闭关息民"，重视对国民的休养生息，做好南征的各项准备。建兴元年（公元223年），诸葛亮又派遣尚书邓芝通好于吴，吴主孙权派张温报聘于蜀，两国的积怨由此得到化解，"自是吴、蜀信使不绝"，遂解除了南征的后顾之忧。在政治招抚、怀柔的一手不灵，后勤补给又有所充实的情况下，距南中叛乱将近三年之后，诸葛亮才开始亲自南征。

公元225年春，诸葛亮亲率大军南征。南征进军的部署，《华阳国志·南中志》说："建兴三年春，亮南征，自安上（今屏山）由水路入越巂；别遣马忠伐牂牁，李恢向益州。"到宜宾后兵分三路①：诸葛亮率领的主力为西路军，上溯泸水（金沙江）而上至越巂郡；东路由马忠率领，从宜宾到牂牁江，征朱褒；中路军由先前投蜀的大姓李恢率领，从宜宾进入平夷县（今毕节），南下至滇中，进攻雍闿、孟获盘踞的建宁郡（今曲靖沾益一带）。三路军中西路是主力，故由诸葛亮亲自率领，准备入越巂郡平定高定元之后，再渡泸水（金沙江）南入益州与李恢军汇合。

蜀汉军队南下，益州郡大姓雍闿便率领自己的部曲北上入越巂郡，与高定元合力抵抗诸葛亮所统率的蜀汉主力军。但两部之间随即发生矛盾，雍闿被高定元的部曲杀死，雍闿的部将孟获便起代雍闿统率益州郡的少数民族地方军与蜀汉军队作战，但其又难以在越巂郡停留，只好南撤退回益州郡。诸葛亮统兵入越巂郡时，高定元在牦牛（今汉源）、定筰（今盐源、盐边）、卑水（今美姑）等地筑垒防守。诸葛亮本来想等高定元的军队集中，然后合而歼之。然而高定元的部曲杀了雍闿，失去了孟获联军的支持，于是诸葛亮就在卑水一带打垮了高定元的叟族兵，并杀了高定元，然后率领西路军经会无（在今四川会理县西）渡过泸水②，尾追孟获入益州郡。这时李恢的中路军已在滇中地区打垮了留守益州郡的大姓武装，把这部分地方大姓军追逐至南盘江下游地带，这就与东路马忠率领的入牂牁郡的军队连接了起来，并与南下的诸葛亮亲自率领的西路军也声势相连，三路大军并抄，给孟获军以很大的压力，孟获只能一路败逃，最后被包围在今曲靖沾益一带。诸葛亮在向孟获进攻时，采取了"七擒七纵"的策略，几次俘虏了孟获，却几次都把他释放了，最后使孟获心服口服，感动地说："公，天威也，南人不复反矣！"③到了这年秋天，诸葛亮基本上平定了南中的叛乱。对诸葛亮的这一征战过程，《华阳国志》的记载与《汉晋春秋》基本相同。裴松之在为《三国志》作注的时候，

---

① 方国瑜经多方考证认为：诸葛亮的南征路线是安上水道，即由成都南下，到今天四川宜宾（原金沙江边的僰道），以僰道为交通要冲，在这里才分兵三路，一路由李恢率领直取益州，一路由马忠攻击牂牁，一路就由诸葛亮亲率攻取越巂。具体路线是：成都——宜宾——安上——卑水县——（平定）越巂郡——（渡过）金沙江——（平定）滇池地区——（回师）味县（今曲靖）——汉阳（今威宁）——四川宜宾（原金沙江边的僰道）——成都。参见萧霁虹等：《滇史疑云》，云南人民出版社2004年版，第41-43页。
② 诸葛亮五月渡泸的具体地点，历来有不同的说法。孟获是建宁大姓，其根据地在滇东和滇东北一带，滇西为附蜀的吕凯所控制，孟获应该不会向滇西撤退，结合当时ом战争形势分析，渡口应在今四川西昌至云南会泽、巧家之间。参见马曜主编：《云南简史》，云南人民出版社2009年版，第38页。
③ 《三国志》卷三十五《蜀书·诸葛亮传》注引《汉晋春秋》。

同样引用了上面的说法。著名史学家司马光在《资治通鉴》中也完全引用了前面的资料,而清初冯苏的《滇考》更是把诸葛亮七擒孟获之地从洱海一直延伸到了缅甸。①

诸葛亮南征,自三月兵发成都,五月渡过金沙江,秋天平定南中诸郡,十二月诸葛亮统军回到成都,前后用兵仅11个月,即取得了平定南中的胜利。南中叛乱之所以能被迅速平定,首先与诸葛亮卓越的政治军事才能、正确的谋略和战术是分不开的;其次是因为南中叛乱势力的虚弱和孤立,得不到各族广大群众的支持和拥护。同时,平乱战争的顺利进行,也与大姓豪强间复杂的矛盾有很大关系。朱褒原是朱提大姓,据牂柯郡谋叛,以依附雍闿投靠吴国为掩护,割据统治牂柯郡。这就侵犯了牂柯郡龙、傅、尹、董、谢等大姓和夷帅济火的利益。结果,"牂柯郡帅济火献粮通道,以迎武侯",使朱褒孤立无援,终为马忠所破。雍闿在益州郡发动叛乱,不但与拥蜀派李恢等处于敌对地位,而且"益州(郡)夷不复从闿",一开始就遭到广大群众的反对。他受孙权署为永昌太守,又为永昌郡大姓吕凯等所反对。如果他由滇东、滇中扩张其势力于滇西,则必须占有洱海地区后才能进入永昌郡,势必侵犯当时统治洱海地区的大族豪强龙佑那的利益。结果,雍闿只能由滇东进入越巂地区,再由越巂进入永昌郡。但是,高定元盘踞于越巂地区,并在险要通道上设垒防守,且曾试图向永昌东北进逼。雍闿取道越巂进永昌势必与高定元发生利害冲突。由此可见,朱褒、雍闿、济火、吕凯、龙佑那、高定元等大姓豪强之间矛盾复杂交错,这恰好为诸葛亮平定南中提供了更好的机会。②

南中叛乱的迅速平定,进一步巩固了蜀国立国的基础,既是军事上的胜利,又是政治上的重大胜利,巩固了蜀汉中央政权,对南中社会经济的发展、社会秩序的安定具有很大的意义。

三、蜀汉政权稳定南中的政策措施

平定南中后,为了进一步稳定和发展南中,诸葛亮采取了一系列的措施和政策。首先,使南中地区进一步郡县化,即改四郡一属国为七郡,并在各郡中增设新县,以加强蜀汉对南中的统治。具体做法是把益州郡改为建宁郡,把郡治从滇池(今晋宁)移到味县(今曲靖);又从原益州郡所领县中划出贲古(今蒙自)、胜休(今石屏、通海)二县,从牂柯郡所领县中划出宛温(今砚山)、镡封(今砚山平远街)、句町(今广南)、漏卧(今罗平)、进桑(今屏边)、西随(今金平)六县,合八县设立新郡——兴古郡,以宛温为郡治;从原益州郡所领县中划出弄栋县(今姚安),从永昌郡所领县中划出叶榆(今大理)、邪龙(今巍山)、云南(今祥云)三县,从越巂郡所领县中划出遂久(今丽江)、姑复(今永胜)、蜻蛉(今大姚)三县,合七县设立新郡——云南郡,以云南为郡治;犍为属国改为朱提郡,加上原有的越巂、永昌二郡,这就是所谓的"南中七郡"。在把大郡变小郡的同时,各郡所辖的县也略有变化。新建的建宁郡领十八县,较原益州郡十七县多一县,其中有十二县为原益州郡所领,有二县(同

---

① 对"七擒七纵"的史事,史学界争议很大。从地点来说,诸葛亮南征战事主要发生在越巂一带,后来是南下一路穷追。因此《三国志》主要记载越巂的战事,对南下渡江后记载很少。从时间来说,南征不足一年,如果从"五月渡泸"算起,则不到半年,很难完成"七擒七纵"这件事情。综合而言,方国瑜先生的观点较为公允:"诸葛亮平定越巂,渡泸水追击,孟获屡败退,凡七战,至滇池,孟获乃降。事盖如此,战地不详。"参见方国瑜:《滇史论丛》第一辑,上海人民出版社1982年版,第81-82页。
② 马曜主编:《云南简史》,云南人民出版社2009年版,第39页。

并，今路南；毋单，今华宁盘溪）是由牂牁郡划入，新增了宣威、伶丘（今罗平亦佐）、修云（弥勒、江川间）及新定（富源、陆良间）四县；兴古郡新增西丰（今开远）、汉兴（今贵州兴义）二县；永昌郡原领八县，划出叶榆、邪龙、云南三县后仍领八县，新增雍乡（今镇康）、永寿（今耿马）及南涪（今景洪）三县。以上七郡统由庲降都督管辖。诸葛亮把南中五郡调整为七郡，其中建宁、朱提、永昌、云南、兴古五郡全在云南省内，大体上滇东二郡为今曲靖地区和昭通地区，滇西二郡为今保山地区和洱海地区，滇南一郡为今红河、文山两州部分地区。这样的布局较之两汉时期西南夷地区原有的郡县设置，更进一步合理化了，适应了当时南中各郡地区经济发展的政治要求。对蜀汉政权来说，也有利于更紧密地控制南中地区，进一步加强中央集权。①

其次，区别不同的情况，对原南中大姓、夷帅采取拉拢和扶持的政策，使统治南中各郡的实权掌握在拥蜀派大姓和平叛有功的将领手里，以保证南中地区成为蜀汉政权的可靠后方。如以"平南中功居多"的李恢为建宁郡太守，"威恩并著"的吕凯为云南郡太守，原永昌郡丞王伉为永昌郡太守，马忠为牂牁郡太守。对叟、昆明族的酋长则"皆即其渠帅而用之"，即给他们"瑞锦铁券"（契约文书），仍任用其管理本民族地区。并把他们隶属于郡守统治的情况画成"图谱"，作为信符与他们，以确定郡守对他们的统治关系。

再次，针对当时南中大姓势力发展的现实，吸收部分大姓直接进入最高统治阶层，并充分利用南中的人力资源。将一些豪强大姓调离南中，吸收他们到蜀汉政权的军政部门，这在一定程度上消除了在加强郡县制统治中可能遇到的阻力，也缓和了相互之间的矛盾，有利于加强民族融合和团结。如任用为"夷汉所并服"的孟获任御史中丞，孟琰任辅国将军，爨习任领军将军。把豪强大姓控制的"劲卒青羌"万余家迁移到成都，把其中身体强壮的选编补充到军队中，编为"五部"军，成为讨伐曹魏的一支有力力量，是北伐曹魏的前锋，其打仗勇敢，所向披靡，号曰"飞军"。而那些年老体弱的人则配隶给南中的拥蜀大姓作为部曲，平时在政府屯田上耕作生产，战时补兵，把他们变成政府屯田上的隶属农民。另外，还鼓励这些大姓用钱帛买夷人作为他们的私家部曲，使大姓领有夷人和汉人组成"夷汉部曲"合法化，即从法律上允许他们占有依附他们的人户。这样一来，既缓和、改善了民族关系，也保证了蜀汉在南中的统治，使南中夷汉之间纷争停止，社会秩序安定下来，对夷汉人民之间的交流和共同发展生产是有利的。

最后，积极发展南中地区的社会经济。史载诸葛亮曾劝导南中人民"弃山林，居平地，建城邑，务农桑"。这推动了南中地区生产的发展。另外，在今曲靖地区屯田，把建宁郡治滇池县移至味县，还设置了管理屯田事务的五部都尉，任命大姓为五部都尉，利用政府配隶给他们的部曲和他们领有的"夷汉部曲"从事屯田生产，并把庲降都督治所移到味县，进行监督。从而使味县（今曲靖地区）成为云南的又一个经济文化中心，使滇东北地区社会生产得到了较大发展。此外，还向今楚雄地区移民，从洱海地区和永昌郡移民至楚雄，使当时人少地肥的楚雄地区劳动力增多，促进了生产的发展，楚雄地区成为云南富庶的地区之一。汉代洱海地区的居民还处于"毋常处，毋君长"的状态，过着不定居的游牧生活。自诸葛亮开辟了云南郡后，一些称为"上方夷"的山居民族开始下坝生产，成为"下方夷"。洱海地区出现稻田也是这时首次见于文献记载，"土地有稻田"，"亦出华布"（即木棉织成的布）。另外，诸葛亮

---

① 马曜主编：《云南简史》，云南人民出版社2009年版，第39页。

还在云南推广内地汉族的先进生产技术,改革工具。他在越嶲郡还亲自教当地人种蔓菁,后来人们称蔓菁为"诸葛菜"。诸葛亮推行的屯田曲靖、移民楚雄、开发祥云是继西汉开发滇池地区、东汉开发保山、昭通地区之后,云南生产发展史上又一项重要行动,极大地促进了云南社会生产的发展。经过诸葛亮的提倡鼓励后,南中社会生产得到了发展,诸葛亮也因此备受南中各族的欢迎和拥护。诸葛亮南征及以后蜀汉对南中地区的统治,在南中地区产生了很大的影响。据明代记载,在云南省的 21 个府州中,有 13 个府州建有武侯祠。各地附会南征而修建的诸葛营、诸葛碑、诸葛井等遗迹,也随处可见。① 直至近代,在云南少数民族中仍流传着不少关于诸葛亮的传说,居住在西双版纳地区的基诺族,传说其祖先随诸葛亮南征来到基诺山,是诸葛亮教他们种茶,并令基诺族照他帽子的式样建盖住房等。虽然诸葛亮南征事实上到过的地方非常有限,但各地的传说则是诸葛亮南征和蜀汉统治在云南地区产生了深远影响的反映。

总的来看,诸葛亮平定南中后的这一系列政治经济措施,缓和了民族矛盾,稳定了南中社会秩序,促进了南中生产的发展,加强了蜀汉对南中的统治,从而使南中地区发生了显著的变化,出现了一个安定和睦、生产发展的局面,在政治上和经济上与蜀国更加紧密地联系起来了,蜀汉政权得到了进一步巩固,为诸葛亮进行北伐打下了基础。但是,为了支撑诸葛亮的北伐,蜀汉政权对南中"无岁不征",南中各族人民莫不在"苦其役调"中煎熬。公元 263 年,魏将邓艾攻蜀,蜀国面临亡国危险。刘禅召集群臣会议,讨论或战或降。主战派中有的主张投奔吴国,有的主张南奔南中。主降派谯周认为南中地区"供出官赋,取以用兵",各族人民"愁怨"已极,若奔南中继续抗魏,则"耗损诸夷必甚,其必速叛",因而主张投降魏国。蜀国统治阶级内部的这场争论,充分说明了蜀汉政权统治下的南中劳动人民的痛苦生活。

第二节 两晋王朝对南中的统治

一、西晋王朝对南中的统治

泰始元年(公元 265 年),司马炎强迫曹氏禅位,从而改魏为晋,史称西晋。太康元年(公元 280 年)晋灭了孙吴,实现了全国范围内的统一,直到建兴四年(公元 316 年)被汉国所灭,西晋共存在了 52 年。据《华阳国志·南中志》说,西晋建国之后,继续了蜀汉政权在南中的统治,在接收南中之初,仍以降晋的蜀汉庲降都督霍弋续任管理南中,沿用蜀汉统治南中的政策。霍弋死后,其子霍在龚继任,也还能够团结南中的大姓、夷帅,没有挑起民族间的纷争,阶级关系仍比较缓和。

公元 271 年晋武帝时期,晋王朝认为益州辖区过大,便新成立了与益州同级的宁州,即把"南中七郡"中的建宁、云南、永昌、兴古四郡划出来设立宁州,派鲜于婴为宁州刺史。宁州成为全国十九州之一,使云南地区成为中央王朝直接统治的一个大行政区。设宁州的目的,是企图抛开南中的大姓、夷帅不用,按照统治内地的方式来进行统治。但由于西晋王朝

---

① 刘文征:《滇志》,云南教育出版社 1991 年版,第 140-152 页。

推行民族压迫、民族歧视的政策，使西晋对宁州的统治遭到削弱。在公元282年，晋王朝不得不罢宁州之建制，仍将宁州四郡并入益州，但却设了一个军事性的统治结构——南夷校尉府，任命李毅为南夷校尉，"持节统兵镇南中，都监行事"。由于李毅处事不当，在南中独断专行，尽情搜刮，无限度地增加夷族各部的贡纳，各部献给南夷校尉府的牛、金、毡、马，"动以万计"，还要交出一样多的给各郡县官吏，造成了南中大姓反叛的事件。但李毅及各郡县官吏们仍不满足，对前来交贡纳的人加以责备，对大姓也采取压制的手段，乃至夺取大姓们的部曲。这就导致了南中阶级矛盾、民族矛盾、地方统治阶级（大姓）与中央统治阶级之间的矛盾的同时大爆发，南中社会、经济出现了发展缓慢、停滞乃至倒退现象。

公元302年，建宁郡大姓毛诜、李叡的部曲为太守杜俊所夺，朱提大姓李猛亦受太守雍约的压制，因而共同相约发起叛乱，众至数万，驱逐了太守杜俊和雍约。但叛乱很快被李毅出兵镇压，毛诜被杀。李叡逃走往依遑耶（亲家）五茶夷帅于陵承，李猛后也被李毅诱杀。平叛之后，晋王朝不思悔改，反而认为加强统治南中的时机已成熟，便重新设置宁州，并扩大了宁州的辖区，增统牂牁、越巂、朱提三郡，以南夷校尉兼宁州刺史，加强统治南中的军政势力。李毅晋升为龙骧将军，进而封为成都县侯。李毅还出尔反尔，先答应赦免李叡，将其从于陵承的保护下骗取出来后又寻机杀掉了李叡。这样于陵承愤怒之下联合毛诜、李猛的遑耶（亲家），以替李叡报仇为名煽动其他大姓和夷帅起兵反抗，受到压制的大姓、夷帅随即发动本区域人民一齐响应。反抗者到处"破坏郡县"，"围攻州城"，加上这时流民李特、李雄父子起义攻占了蜀郡，晋王朝无法支援李毅，这场战乱持续了五年之久。李毅等"力困孤城"，吃草根和老鼠肉活命，最后还是被困而死。晋朝剩下的官吏有的被杀，有的病死、饿死，晋王朝在宁州的统治陷于瘫痪。

西晋统治者对宁州的残暴统治，使宁州长期陷于战乱的局面，对社会经济的破坏很大，特别是东汉三国以来大姓集中的滇东北地区，经济文化曾一度繁荣，经过两晋时期长期的战乱，汉族屯民纷纷迁至滇中和滇西。史载李毅残暴统治时期，宁州"频年饥疫，死者十万计"，"城邑丘墟"，反映了滇东北地区的衰落景象。由于汉族屯民西入永昌，为后来洱海地区的繁荣创造了条件。

李毅死后，南中拥护西晋中央的上层大姓仍有一定的势力，一些人到洛阳上书，请求重新派遣刺史。到了公元310年，晋怀帝又设法从交州（今越南北部）派兵送王逊到南中任宁州刺史、南夷校尉，统治南中。王逊更是一个主观行事、自以为是的人，强横粗暴的程度比李毅有过之而无不及。不但王逊自己贪得无厌，而且以王逊为代表的南中统治集团更是贪污腐败、大肆搜刮人民。凡要见他的人，按规定都必先献金子为晋谒礼。他还企图用离间大姓、武力压制夷帅的办法进行统治。王逊以"不奉法度者"为由，诛南中大姓数十家。在动乱中被杀戮俘掠的人民数以千计，被掳掠的牛马也达数万头，导致"夷晋莫不惶惧"。由于遭受长期的战乱和治理无序，味县与滇中一带"仓无斗粟，众无一旅；官民虚竭，绳纪弛废"。在这样严重的情况下，王逊的做法不是安定局面与民休息，而是四处弹压，动辄杀戮。《晋书·王逊传》称王逊到任以后"专杖威刑，鞭挞殊俗（镇压习俗不同于汉族的少数民族）"，这样一来使本来就已紧张的社会矛盾与民族矛盾更趋激化。在这种情况之下，大姓、夷帅们纷纷据地自雄，发动叛乱。王逊在南中不得一刻安宁，但他不吸取教训，反而靠改益州郡为"晋宁郡"这种自欺欺人的迷信方式来挽救其统治，结果可想而知。最后在大姓、夷帅的众叛亲离、接连打击之下，王逊暴怒忿急而死。西晋对南中的统治日益削弱，直到其灭亡。

二、东晋王朝对南中的统治

西晋统治结束后,东晋王朝偏安江左,派尹奉来南中为宁州刺史,实际上其所能控制的区域却只有朱提、建宁的部分地方。公元332年,李雄再次派兵攻入南中,攻宁州,围朱提,许多大姓、夷帅纷纷投降李雄。次年,防守朱提的晋将董炳、霍彪、爨琛出降,尹奉最后也只得举州投降,东晋王朝在南中的统治便彻底崩溃。但是,一方面,李雄没有更多的力量来支配南中,故南中地区实际上仍由大姓、夷帅所控制;另一方面,成汉据有宁州之初尚能约束属下,"威禁甚肃",但统治一段时间以后也"转凌掠民",致使建宁郡民毛诜、罗屯率众反叛,杀死了太守邵攀。不久牂牁郡大姓太守谢恕反正,仍奉晋为正朔,官至抚夷中郎将、宁州刺史。南中地区仍然动荡不安,各地或为晋有,或奉成汉,大姓、夷帅之间争夺激烈,其中大姓爨氏盘踞了生产水平比较高的建宁郡等地区,势力渐长。咸和九年(公元334年),成汉分宁州置交州,以大姓霍彪为宁州刺史,建宁大姓爨琛为交州刺史,封李寿为建宁王。咸康四年(公元338年),李寿杀李雄子李期自立为帝,法度多变,导致"民多怨嗟,思乱者十室而九",南中上层大姓乘机活跃起来。次年,建宁太守孟彦率领州民绑了宁州刺史霍彪,送给晋王朝,表示南中大姓公开拥晋。不久,李寿在成都去世,其子李势继位,指派爨颜为新的宁州刺史,但不久其也向东晋王朝投降。

永和三年(公元347年),东晋大将桓温攻入成都,成汉政权首领李势投降,益州和宁州再次归于东晋。桓温的部将周抚、周楚及其家族掌握了对益州和宁州的统治权,控制这两个地区达41年之久。在周氏家族统治期间,"梁、益多寇",周仲孙任宁州刺史时,"在州贪暴,人不堪命",从这一类记载可看出周氏家族在宁州地区的统治与西晋时期的情形并无明显的区别。宁康元年(公元373年),前秦遣军进攻成都,周仲孙退守宁州,在前秦的攻击下,南中各族纷纷归附苻坚,前秦乃以姚苌为宁州刺史,建立了对宁州地区的统治。直到太元八年(公元383年),前秦在淝水之战中失败,势力范围大为收缩,东晋才再次恢复了对宁州地区的统治。总之,晋朝统治集团不断挑起民族纷争,剥削压榨南中人民,"不拿只取"的统治方式使南中离晋王朝越来越远。尤其是滇东北地区的阶级矛盾、民族矛盾愈来愈复杂、尖锐,战乱、叛乱接连发生,经济、社会发展一片萧条,居民远徙滇西,逐渐落后于滇西、滇中地区。

第三节 南北朝时期的宁州和爨氏割据

一、南北朝时期中原王朝对宁州的统治

元熙二年(公元420年),刘裕取代东晋,建立刘宋王朝。此后直到公元589年隋朝再次统一全国以前的170年间,我国南方经历了宋、齐、梁、陈4个朝代,史称"南朝"。云南宁州地区属于南朝统治范围,但实际情况却要复杂得多。公元420年南朝刘宋政权代替东晋王朝后,试图仍按传统继承东晋王朝而拥有宁州,同样从内地任命宁州刺史,并在东晋的基础上对宁州(治所在今云南曲靖)辖区作了调整。刘宋时的宁州共辖15个郡,81个县,统

治范围大致包括今云南、贵州两省。宁州的15个郡分别是：建宁郡（治今云南曲靖）、晋宁郡（治今云南晋宁县境）、牂牁郡（治今贵州瓮安一带）、平蛮郡（实即东晋的平夷郡，治今贵州毕节）、夜郎郡（治今贵州关岭一带）、朱提郡（治今云南昭通）、南广郡（治今云南盐津）、建都郡（治今石南武定）、西平郡（治今云南广南东北）、西河阳郡（治今云南大理以北）、东河阳郡（治今云南下关）、云南郡（治今云南祥云）、兴宁郡（治今云南大姚）、兴古郡（治今云南文山）、梁水郡（治今云南开远）。刘宋王朝在整个60年的统治时期内，前后共派遣了宁州刺史13人，特别是在孝武帝大明二年到大明五年的4年间，每年都有宁州刺史的派遣。这样频繁地更换大行政区的长官，反映了中央王朝与地方势力之间政治斗争的激烈。但终刘宋之世，王朝政令始终不能有效施行于南中，绝大多数从内地任命的宁州刺史均未到任，只是遥领。宁州各族之间，继东晋末年以来依旧纷争不已，实际支配南中的是孟氏、霍氏和爨氏等大姓势力。在咸康五年（公元339年），霍、孟二氏火并同归于尽后，爨氏取得了对宁州的支配地位，其地位常为中原王朝所认可，直接被袭封为宁州刺史。

公元479年，萧齐取代刘宋，形式上仍继刘宋拥有宁州，而且也同样从内地任命宁州刺史，但宁州刺史多为益州刺史兼领，未曾亲至宁州履任，爨氏豪强大族日益抗拒朝廷的命令，但还是遥奉萧齐王朝为正朔。公元502年，萧梁代萧齐，继承了南齐对宁州的统治，并曾一度对宁州的统治做出积极行动。大同三年（公元537年），梁以武陵王萧纪为益州刺史，萧纪在蜀统治17年，"南开宁州、越巂，西通资陵、吐谷浑，内修耕桑盐铁之功，外通商贾远方之利，故能殖其财用，器甲殷积"。萧纪在镇守益州时注意经营宁州，并大量收集宁州的土产，除付商贾以牟利外，还作为贡纳献至朝廷，"贡献方物，十倍前人"，朝廷因此加授萧纪开府仪同三司。此后梁朝又于公元546年派徐文盛入宁州充当刺史。《梁书·徐文盛传》记载："文盛推心抚慰，示以威德，夷、僚感之，风俗遂改。"看来，徐文盛是在团结大姓的基础上进一步搞好民族关系，以恢复对宁州地区的统治。但为时不长，仅3年左右，到了公元548年，降梁的魏将侯景反梁，徐文盛即应调赴荆州，参与平侯景之乱，走时从宁州各族中"召募得数万人"，率领返回内地。自此，梁王朝自顾不暇，终止了派遣宁州刺史。但萧梁和以后的陈朝，仍遥授爨氏大姓的首领为宁州刺史。直到隋朝初年，爨氏大姓中最后的一位宁州刺史是爨震，他对中原王朝也都是沿袭前代做法，一方面奉其为正朔，另一方面则"贡赋不入，每年奉献，不过数十匹马"而已。

此外，在南朝势力衰微之后，北朝势力也曾一度渗入宁州地区。公元553年，西魏将领尉迟回攻取成都，占有巴蜀，对宁州的爨氏进行招抚。爨氏因而接受了西魏"南宁州刺史"的职衔，不过也只是形式而已。公元557年，北周取代西魏。北周在公元562年取南宁州东北之地置恭州（今昭通、会泽一带），又于公元570年"平越巂，置西宁州"。而南宁州仍为爨氏所割据。当时任益州总管的梁睿曾向北周大丞相杨坚上书，反映宁州地区的情况。梁睿建议讨伐南宁州爨氏。但杨坚"以天下初定，恐民心不安"，没有同意梁睿的意见，并不曾"略定南宁"，南宁州仍为爨氏所割据。直到杨坚建立隋朝后，才于公元597年派史万岁讨伐爨震，削弱了爨氏之势力，爨氏"窃据"的局面方告结束。

总之，南北朝时期中原处于封建割据的分裂局面，王朝相继更迭，战乱异常频繁。宁州大姓爨氏的地方统治势力因而得到发展。南朝萧梁王朝曾终止了宁州刺史的派遣。而北朝的西魏、北周都相继任命爨氏为刺史以统治宁州。爨氏地方势力始终没有发展到能够公开打出帝王称号进行割据，借以脱离中原王朝统治的程度。

二、宁州大姓的政治经济活动与爨氏割据宁州

宁州大姓直接继承三国时期南中大姓、夷帅势力而来，是魏晋南北朝时期云南地区上层社会的代名词。除了上面提到的爨氏之外，其内部实力的演变及政治经济活动也各有差异，并不能一概而论。

大姓开始作为一种地方势力出现，是在西汉末年至东汉初年间。在整个东汉时期（公元25至220年），则是大姓势力逐渐发展的阶段；三国、两晋时期（公元220至420年），大姓势力便处于上升和巩固当中。东晋以前，南中大姓分布的区域主要是朱提郡（今昭通地区）、建宁郡（今曲靖地区）、晋宁郡（滇中地区）。另外，牂牁郡（今贵州省黄平县以西）、云南郡（今楚雄州西部至大理州）、永昌郡北部（今保山一带）、兴古郡（今文山州、红河州）的一些地方，也有部分大姓在活动。从大姓势力所支配的地域范围和人口数字来看，一般都少于夷帅们所支配的地域范围和人口数字。然而，大姓在南中各地的影响，却并不小于夷帅，夷帅的活动反而往往受大姓活动的影响和制约。与土著僰族中的奴隶主夷帅不同，大姓一般来自于落籍的汉人，虽然由于长期繁衍演化，他们实际上已是夷汉难分，但其与中原汉族祖先之间的渊源脉络还是清晰可见的。例如蜀汉时"恩信著于南土"的大姓领袖雍闿，其祖先雍齿是刘邦手下的大将。刘邦统一天下后封雍齿为汁防（今四川什邡）侯，元鼎五年（公元前112年）雍齿的后人被朝廷剥夺爵位，才迁入西南夷地区。永昌郡大姓吕凯，是前代从四川迁至不韦县（今云南保山）的吕不韦宗族的后裔，东汉时吕凯在永昌郡颇有势力，史称其"威恩内著，为郡中所服"。还有一些大姓，则是从镇守南中地区的官吏和军将演变而来。例如：蜀汉末年先后担任永昌郡太守和建宁郡太守的霍弋是南郡枝江人，此后霍氏世镇南中地区，遂演化为南中大姓，1963年在云南昭通后海子发现的东晋时期宁州大姓霍氏的墓葬，墓主人霍承嗣即与霍弋或其后人有关。见于记载的东汉时有名的南中大姓还有建宁郡李恢，李恢的姑父建伶令爨习，朱提郡朱褒、孟琰和由朱提南迁入建宁的大姓孟获等。在长期的发展过程中，南中大姓在文化和婚姻关系两方面与南中地区的当地民族渐趋融合，文化上有被当地民族逐渐"夷化"的倾向，而为了在政治经济上互相支持，大姓往往也积极与当地夷人联姻，这种汉夷之间的婚姻称为"遑耶"；而大姓之间联姻称为"自有耶"；如果大姓与夷关系至厚而又世代联姻，彼此则称"百世遑耶"。大姓若犯法获罪，则往"遑耶"或"自有耶"处藏匿；若受官府惩治，夷或为之报仇。彼此间"恩若骨肉，为其逋逃之薮"，因此常璩在《华阳国志·南中志》中认为："南人轻为祸变，恃此也。"

大姓势力是建立在对部曲进行剥削的经济基础之上的。南中大姓们的部曲，往往是原来大姓们拥有的佃户，以及战乱中被迫归附的夷族中的村社自由民。分散小农为了在战乱中求得保护，往往都会选择或主动或被迫地向豪强大族捐献土地，成为他们的依附农民，平时耕种以饷军，战时则编入行伍。而大姓们也在地方上乘机发动叛乱以扩大自己的势力，导致更多的战乱。诸葛亮平定南中后，出于巩固后方的需要，放任甚至扶持南中大姓的发展，南中一部分地方的大姓势力便更为迅速地发展和巩固了起来，常常把原来还不曾投靠的一些夷族中的村社自由民沦为他们的部曲，世世代代地束缚在土地上，所以《华阳国志·南中志》说："诸姓得世有部曲。"诸葛亮施行的这一政策，对巩固蜀汉在南中地区的统治是有成效的，但同时带来的后果，则是确认了南中大姓在政治上和经济上的特权，对大姓地方豪强势力的膨胀起到了推波助澜的作用。

两晋以来，大姓在宁州地区的政治舞台上一直相当活跃，在宁州诸郡中的重要官职被大姓世代袭任。除广泛出任宁州地区重要的官职以外，魏晋时一些大姓还率军远征交州，或被派到交州任职。为了争夺地盘和部曲，大姓之间相互的猜忌和争斗从未停止，并演变为长达数十年宁州大姓间激烈的争斗和兼并。宁州大姓之间的争斗约开始于西晋时，到东晋南朝时期，这种争夺达到了白热化的程度。经过激烈的兼并，至成帝时，原本多达数十家的宁州大姓只剩下以爨琛、孟彦、霍彪为首领的爨、孟、霍3家。在成汉统治期间，霍彪在成汉的支持下出任宁州刺史，爨琛为交州刺史，孟彦则站在了企图从成汉手中收复宁州的东晋一边，与爨、霍二氏相对立。咸康五年（公元339年），晋广州刺史邓岳率军伐蜀，孟彦乘机攻霍氏，并"执霍彪以降"。嗣后，东晋军退，成汉李寿也不甘罢休，派军追杀了孟彦。从此孟、霍两家大姓两败俱伤，一蹶不振，宁州重要的大姓仅剩下了爨氏一家。从爨琛到爨龙颜的100余年间，还经过了爨颁、爨龙骧、爨龙颜父（爨宝子同辈）等3代。不过至迟到爨宝子时，东晋与宁州地区的政治联系已经相当松弛，乃至有时音信完全断绝了，宁州地区事实上已被爨氏所统治，形成了事实上的割据局面。

爨氏究竟起于何时何地，史籍无明载。《战国策·魏策》中有爨襄其人，是见于文字记载的爨姓第一人。据《爨龙颜碑》称：爨氏先祖为帝高阳氏之后裔，食邑于爨，因以为氏。本"蝉蜕河东，逍遥中原"，其后才"迁运庸蜀，流薄南入"，迁入云南地区，逐渐成为滇东大姓。《华阳国志·南中志》云，诸葛亮南征之后，"收其俊杰，建宁爨习、朱提孟琰及获为官属，习官至领军"。爨习便成为云南爨氏家族中见于史籍的第一人，直到东晋时爨琛独步南中，才开始了爨氏家族发展的鼎盛阶段，也是其"开门节度，闭门天子"的割据称王时期。随着历史的变迁，其所辖地的夷汉各族相互融合，演变成古代云南的主要民族，泛称为爨人，也称为爨蛮。其所辖区域，称为爨地；各有势力的部族又称为爨部，有东爨、西爨之分。樊绰《蛮书》中说："西爨白蛮也，东爨乌蛮也。"爨氏统治的中心在建宁（今曲靖地区）、晋宁（滇中地区）二郡地带，其余地区仍然是通过其他民族的贵族分子们来进行统治。只是保定二年（公元562年）北周取宁州东北部的朱提郡地置恭州之后，今昭通一带才不再是爨氏控制的区域，其余包括今贵州省黄平县以西的牂牁、夜郎、平蛮等郡，云南省除澜沧江以西的原永昌郡地之外，都仍然在爨氏的控制范围之内。在爨氏统治中心的建宁、晋宁二郡内，爨氏家族中人各自拥有一片领地，就像地方的"诸侯"。他们以自命为宁州刺史的大宗为核心，通过宗族血缘的纽带相互牢固地联结在一起，共同维护爨氏的家族核心利益。除建宁、晋宁二郡区域之外，有的地方也有爨氏封建领主的势力，爨氏的大宗即通过该地的这个宗支来进行统治，如原兴古郡（今文山州、红河州中部）一带就是这样。而在当地白族封建主或其他大姓势力仍大的地区，爨氏的宁州刺史便任命这些白族封建主或其他大姓为自己的职官，实现对该地区的统治，如原牂牁郡和朱提郡内就是这样。其他民族的部落，或在白族封建主及其他大姓的领地之内，或围绕在白族封建主及大姓的领地周围，分别被白族封建主及大姓们联系了起来，共同接受宁州刺史、爨氏大宗的统治，形成以宁州爨氏为核心的、或疏或密的统治罗网。

在爨氏统治时期，宁州所控制的滇中和滇东北地区相对独立于战乱纷扰的中原，社会经济不但有所恢复，而且在某些方面还有较大的发展。至于宁州西部和南部的相当一部分地区，由于爨氏力不能及，在整个两晋南北朝时期又与内地几乎完全隔绝，缺乏积极经营，因而至唐初再次见于记载时，其经济文化的发展程度与汉代相比并无明显的变化。

第四节　民族融合与经济文化的发展

一、魏晋南北朝时期南中地区的民族交流与融合

交通是民族之间进行交流的重要条件。魏晋南北朝时期，南中通达外地的五尺道、灵关道、身毒道和交趾道，在大部分时间都保持了通畅。在诸葛亮南征以前灵关道一度被阻绝。据《三国志·蜀书·张嶷传》：南征后张嶷就任越嶲郡太守，他招降了居住于今四川汉源一带的旄牛夷，使断绝上百年的灵关道"千里肃清，复古亭驿"，到晋代仍是重要的交通路线。自滇中赴四川，还可走前代开通的五尺道。经五尺道由味县（今云南曲靖）达朱提（今云南昭通）以后，可分别经水路和陆路达僰道（今四川宜宾）。《华阳国志·南中志》说：水路有黑水（今南广河）、羊官水（今横江）两途，皆"至险难行"。陆路经牛叩头、马博颓诸坂，"亦艰阻"。途经的商贾作歌道："庲降贾子，左儋（担）七里。"以挑担七里始得换肩来形容路途的艰险。南北朝时期，宁州与内地间的联系，就主要是经过灵关道和五尺道来进行。由滇中西行，可经今云南保山（永昌）再经缅甸达印度（身毒），永昌是宁州通往身毒道路上的重要商品聚散地。蜀汉十分重视这条道路，曾在所经的澜沧江渡口建竹索吊桥，穿索石孔至唐代犹存。沿五尺道南至滇中，还可继续南下经兴古郡达交趾，再走海道进抵中原。

交通之外，文化的传播常常是以人口的流动为媒介的，这在古代社会体现得尤其明显。有记载的汉族人口进入云南始于汉武帝时，其迁徙地点以滇池地区及滇东北为重点，其他地区也有移民，迁徙原因更是多种多样。汉代时中原汉族进入云南的主要原因是政府的移民殖边政策，而且一般大都是举族而来。一个显著的例子是永昌吕氏，据孙盛《蜀世谱》记载："初，秦徙吕不韦子弟宗族于蜀汉，汉武帝时开西南夷，置郡县，徙吕氏以充之。"又据《华阳国志·南中志》所说："孝武帝时通博南山……置巂唐、不韦二县，徙南越相吕嘉子孙宗族实之，固（故）名不韦，以彰其先人恶。"可见移民的范围已达到澜沧江以西，并以吕不韦之名为县名，实带有惩罚性质。但我们从中也可看到，如果加上家属族人，被迁到云南地区的人口是很多的。除了中央王朝有组织地移民外，因躲避战乱而迁入南中的汉族移民数量也不少。《晋书·李雄载记》说，李氏时，蜀中动乱，"蜀中流散，东下江阳，南入七郡"，这里所说七郡正是宁州七郡。《资治通鉴》记载这件事说："蜀民或南入宁州，或东下荆州，城邑皆空，野无烟火。"[①] 由此可以推想，通过这种方式流入南中的人口也不会太少。另外还有一种就是被派遣到云南来作战的军士，因为离散而流落下来。他们一方面给云南带来了相对先进的文化和生产方式，另一方面在长期发展过程中，也逐渐融入了当地民族。

晋初出现南中大姓与夷族首领或夷帅之间以相互通婚方式结成的所谓"遑耶"（亲家）关系，以及中原汉族劳动人民因逃避租赋徭役而进入南中夷人地区，成为夷族首领的依附农民（部曲）的现象，这在促进各民族融合方面，都具有一定的积极作用。在三国两晋时期的南中地区，各民族间的融合，主要表现为汉族的"夷"化，即汉族人民逐步融合于夷族人民。随着民族间的逐步融合，各民族的文化也就被互相吸收。例如，汉族大姓学习"议论好譬喻物"的"夷经"，他们平常言论，也多半引用"夷经"中的话语。同时，随着汉族移民也给南

[①] 司马光：《资治通鉴》卷八十五，中华书局1956年版，第2692页。

中带来了愈来愈多的汉文化，特别是大姓利用其特殊身份为民族融合、经济文化交流起了非常重要的作用。具体来说，大姓势力在发展过程中与夷帅结成政治上的联盟，与夷民结成经济上的共同体，从而促进了这个时期的民族融合、经济文化的发展。首先，"经济共同体的形式使部分少数民族与汉移民有了共同的经济生活，'这种经济的共同性成为跨越文化差异的亲和剂。'"[①] 这种情况之下，大姓和部曲的关系更加紧密，为南中地区的民族融合奠定了基础。其次，政治、经济同盟的形式使大姓与少数民族在政治、经济上基本形成了统一利益，这就起到了改变矛盾的作用。[②] 使汉夷文化、汉移民与少数民族的交融在自然平和状态下推进，这对当时民族融合的持续推进是有一定作用的。就因为如此，滇东北地区的大姓势力发展得较为充分，少数民族与大姓关系融洽，经济文化交流频繁，汉文化在这一地区得到了较为广泛地传播。

三国两晋南北朝时期，南中地区出现了几次民族迁徙。三国时李恢迁永昌地区濮民到云南、建宁两郡界内；晋初，滇东北的汉族因战乱向西迁入包括洱海区域的永昌地区，或向南迁入滇南；齐梁之际，滇东北的彝族先民部分迁入黔西。近年在姚安县出土的咸宁四年（公元278年）太中大夫李某墓的墓砖，证明可能在魏末晋初，朱提郡大姓即有部分迁入云南郡。随着大量汉族人民融合于当地少数民族，到了隋唐之际出现了"西爨白蛮"和唐代所谓的"汉裳蛮"、"松外蛮"、"洱河蛮"等今白族的先民，他们对云南经济文化的发展起了很大作用。

二、魏晋南北朝时期南中地区的经济

魏晋南北朝时期，南中（或宁州）地区的社会经济在两汉的基础上进一步发展，同时又表现出与两汉不同的一些特点。汉代对云南进行移民屯田，主要是在滇东北和滇池地区，形式多为军屯，即驻防屯守的领军官吏把所领戍兵编组起来进行屯田生产，以筹备军食。由于领军官吏长期任职，戍兵长期不更换，他们于是成为落籍在南中的移民屯户。落籍后的领军官吏，随着屯田的稳定和发展，逐渐形成地方大姓，戍兵落籍驻屯，成为大姓的部曲。诸葛亮平定南中后实行屯田，也主要是在滇东，但却不是采取军屯的形式，而是在汉代屯田的基础上，在打击了豪强大姓并分配了其所领部曲的情况下，调整屯田组织，鼓励拥护蜀汉政权的南中大姓吸收夷人组成"夷汉部曲"，进行屯田生产。官营屯田由于扩大了劳动力的来源，提高了生产力，促使滇东屯田地区的生产得到较大发展。昭通发掘出的晋代南中大姓霍氏的墓葬，墓壁上绘有"夷汉部曲"的图景，证明大姓领有夷、汉部曲，直到东晋初年仍在实行。霍氏墓壁画所绘夷人部曲装饰，与彝族装饰很相似。部曲依附大姓，平时耕种屯田，战时编为军伍，对大姓的人身依附性很强。屯田生产中，大姓与部曲的关系，包含着某些封建生产关系的因素，在社会发展比较落后的南中地区，滇东、滇东北出现的这一新因素无疑是一个进步的社会经济因素。

中原汉族劳动人民进入云南，多半首先集中在滇东北和滇东一带，绝大部分落籍在郡县治地。这些地方通常是坝区和较平坦的丘陵地区，种植业和畜牧业原本就有较好的基础，他们带来了汉族的先进生产技术，促进了这一带地区经济文化的发展和与中原地区的联系。蜀

---

① 李晓斌：《历史上云南文化交流现象研究》，民族出版社2005年版，第17页。
② 李晓斌：《历史上云南文化交流现象研究》，民族出版社2005年版，第18页。

汉和以后一段时间，它们便成为南中发展最快的地方。建兴三年（公元225年），蜀汉在平定南中大姓和夷帅的叛乱以后，把南中的最高统治机构庲降都督从平夷县（在今贵州毕节县境）移到味县（今云南曲靖），由李恢任庲降都督，在味县率驻军屯垦，屯军退役以后仍在当地从事农业生产，因此有"屯下"之称。蜀汉在味县一带开展屯田主要是为了解决驻军的口粮，也取得了很好的效果，收成除满足军粮之外，还可以积谷贮藏。蜀汉在南中的屯田，并不仅限于味县所在的建宁郡，在一些农业有较好基础的地区，也开展了屯田，而且除军屯以外，民屯也具有较大的规模。为获得劳动力发展屯田生产，李恢任建宁太守时就曾把永昌地区的"濮民数千落"迁移到云南、建宁两郡界境，这当是把濮族劳动人民投入了屯田生产。到了晋代，云南郡"有稻田"，即见于记载。滇西洱海地区出现稻田，反映这一地区农业生产这时正在向前发展。今云南少数民族如景颇、佤等族传说，他们种田、盖房和用牛耕的方法，都是诸葛亮教给的，这个传说可能就起源于李恢移濮民从事屯田生产这一历史事实。这些措施对发展滇中一带的农业生产和加强边疆少数民族与云南腹地诸族之间的联系，也都具有积极的意义。

由于蜀汉政权的重视和积极经营，南中地区的畜牧业也有了较大的进步，尤以马匹和耕牛的饲养发展最为迅速。《三国志·蜀书·李恢传》说："南征以后，蜀汉赋出叟、濮，耕牛、战马、金银、犀革，充继军资，于时费用不乏。"《华阳国志·南中志》也说：南征后南中诸族"出其金银、丹漆、耕牛、战马，以给军国之用"。从这一类记载来看，耕牛、战马在蜀汉于南中地区征收的物资中属于大宗，由此反映出牛耕在南中农业地区已逐渐普及，南中饲养牛马不仅比较普遍，而且数量较大，成为蜀汉征收大牲畜的一个重要的来源。

入晋以后，除云南开发最早的朱提郡因连年战乱而遭到严重破坏（朱提郡此时见于统计的人口数仅为建宁郡的1/10弱[①]）以外，南中地区的种植业和畜牧业都有不同程度的继续发展。宁州地区种植的粮食作物，主要是稻谷（包括水稻和旱稻），此外还有黍、稷、麻、粱、豆、芋等各种作物。其中芋富含淀粉，对种植条件要求不高，因而得以在两晋时期的宁州地区得到广泛的种植，而且人们还培育出了一些优良的品种。在兴古（今云南砚山）等地还普遍种植甘薯。晋代《南方草木状》说，在兴古等地"民家常以二月种之，至十月，乃成卵，大者如鹅，小者如鸭。掘食，其味甜，经久得风，乃淡泊耳"。农作物的多样化和普遍种植，为生活在山区和边疆湿热地区的诸族人民解决口粮问题提供了一条有效的途径。

除粮食作物以外，宁州各地还栽种茶、麻、桑等经济作物，其中尤其值得一提的是茶。在《蛮书·云南管内物产》中说："茶出银生城界诸山，散收无采造法。"一般认为此条是关于云贵地区植茶最早的记载。东汉及晋，宁州地区诸族还种植多种水果，其中以荔枝最富经济价值也最为有名。文献记载西夷僰僮"多以荔枝为业，园植万株，收一百五十斛"。由此可知当时居住在今四川宜宾和滇东北一带的僰族已大面积种植荔枝，一园或至万株，年收成在150斛以上，种植面积和产量都很大，并形成了具有一定规模的商业化生产。当地出产的荔枝，有相当一部分可能已远销蜀地和滇中，成为汉晋时南中商业贸易的一个重要方面。

朱提郡的金属开发较早，西汉后期，长安市场上出现的朱提银，由于成色质量较好，价格高于其他地方所产银的价格。到了蜀汉时期，诸葛亮还把朱提银与汉嘉金相提并论，认为"采之不足以自食"，足见在三国时期朱提银仍在继续开采。东汉时"朱提堂琅造"的铜洗（一

[①]《晋书》卷十四《地理上》。

种盛器），在中原也很畅销。蜀汉政权曾铸值百五铢钱，铸钱所用之铜，无疑也是朱提、堂琅所产。可见在三国时期，朱提、堂琅的铜仍在开采使用。金属冶炼和手工业的持续发展，必然促进农业相应的发展。蜀汉时的朱提郡原是东汉时的犍为属国，全郡户数为八千，人口比较繁盛，其中主要是从事农业的汉族。《华阳国志》说朱提郡"大姓朱、鲁、雷、兴、仇、递高、李，亦有部曲；其民好学，滨犍为，号多士人，为宁州冠冕。"说明朱提一带不仅是南中经济文化发展较高的地区，而且大姓和部曲的阶级分化也很明显。边远地区的金属矿藏，也陆续得到开采。在滇南的贲古县（今蒙自、个旧），东汉时已出产铜、锡、银、铅，到了晋代，即有了产铁的记载。这是东汉以来，继滇池、不韦之后，云南地区出现的又一个产铁区。晋初在云南仍设有铁官令一职，为建宁郡大姓毛诜担任，说明铁仍在继续开采。由于铁的开采和铁制工具的使用，滇南地区的生产力无疑已向前大大发展了一步。晋代滇东北一带已制出了铜和镍的合金白铜。《华阳国志·南中志》说：堂琅县（今云南会泽、巧家、东川一带）"出银、铅、白铜"，这是我国有关白铜的最早记载。制造白铜主要有炼出金属镍后再制造铜镍合金，以及直接用铜镍共生矿冶炼两种方法。从今天云南会泽、巧家一带仍有铜镍共生矿的情况来看，晋代云南冶炼白铜可能是采用了后一种方法。而西方到18世纪才仿制成功，当时一些地方仍称之为"云南白铜"。

三、魏晋南北朝时期南中地区的文化

魏晋南北朝时期南中地区的文化由于文献资料的缺乏，很难窥其全貌。后人只有通过留存在刻石上的绘画和书法一睹其风采。云南在汉晋时期墓葬内出土的一些画像石和画像砖，数量不多，但有一定艺术价值。这些画像石和画像砖主要发现于昭通市昭阳区的二坪寨、白泥井、刘家海子、杨家冲、乾沟、曹家老包、鸦姑海、李家湾、洒渔河、牛头寨、省耕塘等地，其他如陆良、保山市、大理市以及昆明市等也有发现。除前章涉及为汉代的画像外，可确知为魏晋时期而又具有较高历史与文化价值的是《霍承嗣壁画》。

霍氏壁画墓是云南迄今发现的唯一一座具有确切纪年和地志的东晋壁画墓室，也是云南迄今为止考古发现的唯一一座古代壁画墓。1963年于距昭通市区约10公里处的后海子中寨发现，1965年迁至今昭通实验中学（现实验小学），1983年被公布为云南省重点文物保护单位。其壁画为研究云南古代民族史提供了极为珍贵的史料，特别是关于"南中大姓"、"霍家部曲"形象生动的写实画面，为今天保留了当时社会生活的真实情景，对研究晋朝云南的政治、经济、文化、民族关系各个方面都提供了一份难能可贵的真实可信的实物资料。[①] 墓内没有棺椁和骨殖，题记中有"魂来归墓"[②] 等字句，从而可知这是一座招魂墓。根据墓中的墨书题记，墓主人霍承嗣曾任郡太守、州刺史、南夷校尉等官职，是滇东北"南中大姓"之一。墓室上面有高达5.20米、南北长29米、东西宽24米的高大封土堆，当地居民称为"梁堆"。墓室呈正方形，边长3米，高2.20米，用砂石当建筑材料。墓顶呈覆斗形。墓室四壁砂石上抹一层厚约2厘米的石灰，壁画就绘在上面，并分别题有隶、楷、行三体的款识多处。壁画为彩绘，采用红、黄、赭、黑等颜料，画风古拙，人物形象和比例不是十分准确。壁画

[①] 邹长铭：《昭通风物志》，云南人民出版社1999年版，第69页。
[②] 李正清：《昭通史编年》，晨光出版社2009年版，第45页。

又分上下两层,中间以带形图案为界,下层图画内容多反映现实;上层多属神话。整个壁画的技巧虽然不高,但从反映的内容看,却有多方面的价值:从绘画上看,作者注意经营位置,墓主造型高大,而其他人物则有意缩小,主从关系鲜明;各种颜料历千余年而不褪色,可见配料、着色上的水平;从军事上看,夷汉部曲的形象、铠马、戈矛、弓箭的配备,均为珍贵的资料;从民族学角度来看,这幅壁画中出现的彝族发型——"天菩萨",和彝族披毡——"察尔瓦"(彝语)是目前考古资料中所见关于彝族发型服饰较早的绘画资料(公元4世纪),是研究民族服饰发展史十分珍贵的资料。此外,从墓中人物所显示的等级、尊卑关系,以及各种神话宗教图案的出现,还可以窥见晋代社会关系和意识形态的若干侧面。

值得一提的是,魏晋南北朝时期的云南文化,在某种程度上可以说是以爨文化为其主要代表的。"爨"字在云南历史上的不同时期有不同的含义和用法。东晋以前,专为姓氏之称。东晋穆帝以后,由于爨琛及其裔孙在南中称霸,爨字也被用以作为爨氏统治区域及统治下各族的泛称。中原文献中的的爨蛮,泛指爨氏统治地区的各族,其中又有东爨乌蛮和西爨白蛮之分,在宋元以后分别发展为后世的彝族与白族。广义上的"爨文化",就是指魏晋南北朝至唐玄宗天宝五年(公元746年)被南诏蒙氏所灭的四百余年间,南中大姓爨氏称霸南中,由西爨白蛮和东爨乌蛮两个不同的部族共同创造的文化总称。爨文化居于滇文化和南诏大理文化之间,在云南文化上具有承先启后的作用。西爨地区是古滇国故地,滇王墓葬和西爨王墓葬都在今晋宁县境,隋末唐初的西爨包括了洱海以东部分地区。西爨继承了滇人文化,大量吸收了先进的汉族文化,为创造以白蛮为主的南诏、大理文化奠定了基础,也为唐代时南诏建立各族贵族的联合政权创造了物质条件。爨文化的显著特征体现于极富历史信息的碑刻文化中,其中又以两爨碑——《爨宝子碑》("小爨碑")和《爨龙颜碑》("大爨碑")——为其主要代表。

《爨宝子碑》刻立于公元405年(东晋义熙元年),碑名全称为"晋故振威将军建宁太守爨府君之墓"。1778年(乾隆四十三年)出土于曲靖越州扬旗田,1852年(咸丰二年)移置曲靖城内,现存曲靖一中爨碑亭。碑主爨宝子生前并无显赫功业,去世时也年仅23岁,但他在青年时就继承了振武将军的封号和建宁郡太守的高位要职,显示了这个时期的爨氏在建宁郡强大的势力。该碑对于研究云南少数民族历史具有重要史料价值,在中国书法艺术史上更占有极重要的位置,是晋碑中的佼佼者。该碑文文体骈散结合,以骈为主,反映了六朝时期绮靡纤巧的文风;字体古拙浑厚,书法在隶楷之间,表现了隶书向楷书过渡的风格。自清代出土以来,倾倒无数书法家。康有为评小爨碑为"朴厚古茂、奇姿百出","正书古石第一"。喻怀信称此碑"书法朴茂可喜"。李慈铭跋此碑"文甚清雅,字尤遒美,波磔赖发,已开唐隶之风"。李根源说小爨碑的书法"下笔刚健如铁,姿媚如神女"。[①] 近年还有学者在论及《爨宝子碑》美学特征时,将其总结为"野"、"怪"、"蛮"三字。所谓"野",就是"无法"——"表现为将字的某一结构变形、挪移、夸大、缩小";所谓"怪",就是"无度"——"夸张某些笔画,甚至全字的形体";所谓"蛮",就是"无理"——"表现为一反传统写法。或减省笔画。"[②] 全碑文字恣意纵横,无拘无束,无愧"南碑瑰宝"的美誉。

《爨龙颜碑》刻立于公元458年(刘宋孝武帝大明二年),碑名全称为"宋故龙骧将军护

[①] 李昆声:《云南艺术史》,云南教育出版社1995年版,第151页。
[②] 陈孝宁:《试论"爨宝子碑"的美学特征》,见《爨文化论》,云南大学出版社1991年版,第302-304页。

镇蛮校尉宁州刺史邛都县侯爨使君之墓"。此碑现存于陆良薛官堡小学内。碑文共24行，每行45字，碑阴题名3段，共计904字，记载了爨龙颜一生的经历，对研究爨氏统治集团的官职、爨氏家族的衍变和云南当时的社会情况，都有参考价值。虽然它的年代较小爨碑要晚，但由于此碑形制比爨宝子碑高大，故而民间俗称其为"大爨碑"。《爨龙颜碑》在中国书法史上也享有崇高地位。自清道光年间阮元做云贵总督时于陆良发现此碑始，阮元就第一个对其予以高度评价，并亲为之作跋说："此碑文体书法皆汉晋正传。求之北地亦不可多得，乃云南第一古石。其永宝护之。总督阮元。"由云龙称此碑为"滇中第一佳石"。康有为在《广艺舟双楫·碑品》中称："（刘）宋碑则有爨龙颜，下画如昆刀刻玉，但见浑美；布势如精工画人，各有意度，当为隶楷极则。"并称此碑为"神品第一"。

《爨宝子碑》和《爨龙颜碑》两碑合称"两爨碑"，被誉为"南碑瑰宝"，不仅代表着魏晋南北朝时期云南书法的最高水准，而且也可跻身中国书法艺术的最高殿堂。[①]这也表明汉晋时期汉文化曾大量传入并保存于南中地区，它是中原与云南文化交流的见证。现在两碑都被国务院批准为我国第一批重点保护文物。

四、魏晋南北朝时期云南的社会

魏晋南北朝时期，南中地区的世居民族的发展速度在不同程度地加快，并与迁入数量较多的内地移民在较大的地域范围内相杂居，因此受到后者明显的影响，其经济活动方式、生活习惯等都发生了一定的变化，同时也保持着自己的特点，甚至反过来使汉族移民被夷化。

从汉至晋代的一些史籍，曾记载了南中地区少数民族的一些文化现象和习俗。《史记·西南夷列传》说，汉初夜郎、滇和邛都的发式为椎结，通过昭通出土的霍承嗣墓壁画中的服饰发型可见，这种风格是传承下来的。再据后来的《蛮书》卷一中所记载，滇东北东爨乌蛮"男则发髻，女则散发……男女悉披牛羊皮。"在这些画像石和文献记载之间，存有今天彝族发型——"天菩萨"和彝族披毡——"察尔瓦"（彝语）的清晰脉络。另外，云南各地发现的画像石刻画的题材，往往包括"四灵"、"日月同辉"、西王母、伏羲女娲、招魂等常见的内容，今人可从中窥见当时云南地区居民的宗教信仰状况。这其中有受内地习俗影响的内容，也有云南地方的文化特色。巫鬼教长期流行于云贵地区和川西南一带，信教众人奉大、小"鬼主"为宗教领袖。雍闿就曾假借鬼教令益州郡蛮夷缚送张裔至吴，表明雍闿非常熟悉巫鬼教的规矩，在教众中可能还具有类似于"鬼主"的地位。

到晋代时，金马碧鸡开始在南中被奉为山神，人们立祠祀之，如《华阳国志·南中志》就说：靖岭县"山有碧鸡金马，光彩倏忽，民多见之，有山神"。沿至唐代，这一关于金马碧鸡的神话传播到滇池地区，当地民众将境内二山称为金马山和碧鸡山，山上建有神祠，其相关传说一直传播至今。

魏晋南北朝时期云南的农业有长足发展，人们往往同时饲养多种家禽与家畜。据《华阳国志·蜀志》中载，在滇北与四川相连地区有石猪坪，"有石猪子母数千头。长老传言：夷昔牧猪于此，一朝猪化为石，迄今夷不敢牧于此"。从此神话可窥见当时云南畜牧业的情形，养猪仍以野外放牧为主，圈养的情况还不多，但一个猪群有大小数千头，表明其规模十分可观。

---

① 李昆声：《云南艺术史》，云南教育出版社1995年版，第155—156页。

蜀汉平定云南后,庲降都督李恢在今曲靖驻军屯垦,使农业有了较大发展,当地也逐渐成为云南的经济与文化的中心。当时云南饲养牛马比较普遍,牛马成为蜀汉征收出产的重要来源。近年在保山汪官营发掘一座蜀汉砖墓时,发现了牛、鸡、狗和粮仓的陶质模型,表明在比较偏僻的永昌郡,畜牧业与农业也有所进步,这些为发展饮食文化奠定了基础。两晋、南北朝时期,由于内地长期战乱,与云南的联系较为松弛。这一时期云南种植的粮食作物,除稻谷(包括水稻与旱稻)外,还有黍、稷、麻、粱与豆等作物。云南各地还栽种茶、麻、桑等经济作物,因粮食不足,滇南一带经常以桄榔木代粮。桄榔木是一种羽叶棕榈,其皮和树屑富含淀粉,采之"可作饼饵"。据《华阳国志·南中志》中说,当地百姓以牛乳混合桄榔面,"资以为粮",反映了云南当时特殊的饮食风俗。

第四章 南诏国时代的云南

在公元 7 至 9 世纪，中国西南民族地区以洱海和滇池为中心出现了一个由乌蛮建立的南诏国政权。它传世 13 代，历经 253 年之久，基本上与唐帝国相始终。南诏国地处西南极边，历时悠长，辖制地域广大，是唐代中国西南边疆一个强大的地方政权，其经济、文化的发展较前一时期也有了长足进步，其历史是中国古代史一个重要的组成部分，也是云南古代史在隋唐时期的象征和代表。南诏是以乌蛮蒙姓为国王，白蛮大姓为辅佐，集合境内各族（包括汉族）共同组成的统一政权，它与随后的大理政权一起，推动了云南各族经济和文化的进一步发展。

第一节 南诏的起源和建国

一、爨氏在云南地区统治的余音

南诏建国前，云南民族地区的政治局面错综复杂，各民族地方势力群雄争霸，形成"朋仇相嫌"、"喜相仇怨"的分裂局面。魏晋时期以来，被称为南中或南宁州的大姓势力和"夷帅"发展很快，他们之间的兼并也一直都很激烈，互相兼并的结果是最后只剩下爨氏集团一枝独秀。延至隋初，爨氏盘踞宁州，在几乎整个云南境内实行割据统治，只在形式上对中原王朝"奉正朔"。到公元 6 至 7 世纪的隋初，爨氏形成为两股强大的地方势力，称为"两爨蛮"，即"东爨"和"西爨"。唐末人樊绰所著的《蛮书》中说"在石城（南诏改唐郎州为石城郡，云南曲靖）、昆川（昆明市）、曲轭（马龙县）、晋宁（晋宁县）、喻献（澄江县）、安宁（安宁县）至龙和城（禄丰县）谓之西爨；在曲靖州、弥鹿川（弥勒县，竹园，路南县等地）、升麻川（寻甸县、嵩明县等地）南至步头（建水），谓之东爨"。爨氏称王于一方，势力所及的地区"延袤二千里"。"土民爨瓒窃据一方，国家（指北周）遥授刺史"，爨瓒之子爨震袭职后，更是"臣礼多亏"，顾盼自得，并不甘心服从中原王朝的调度。

爨氏的强大对统一的中原王朝造成了危害，为了打破这种割据，早在公元 6 世纪末，任益州总管的梁睿就曾两次上书北周大丞相杨坚，建议征伐爨氏豪酋势力。公元 581 年，杨坚建立了隋王朝，这时打破南中爨氏割据，改变南中地区纷争的状况已势在必行。隋文帝杨坚先后派遣韦冲为南宁州总管（治味县，今云南曲靖西），梁毗为西宁州刺史（治所在今四川省西昌市），在南中地区设置恭州（今云南省昭通市）、协州（今云南省彝良县）、昆州（今云南省昆明市附近），委任爨氏家族的代表爨翫为昆州刺史。隋朝在西南地区统治的加强，对稳定这一地区的局势起了一定的作用，但是由于隋朝派到南宁州的官吏的苛暴，引起了当地各族人民的不满,"(韦冲)起为南宁州总管,持节抚慰……冲既至南宁(州),渠帅爨震及西爨首领皆趋参谒。其兄子伯仁随冲在府,掠人之妻,士卒纵暴,边人失望"。于是以爨翫为首的地方贵族势力便借机而反抗。

隋朝为了彻底消除爨氏割据势力,于公元597年(开皇十七年)派遣史万岁率兵前往镇压爨翫的叛乱。史万岁率部经蜻蛉川(今云南大姚)、弄栋(今云南姚安北)、小勃弄、大勃弄(二地均在今云南下关东南,或为祥云、弥渡一带),进入南宁州地区。爨翫依险固守,均被史万岁击破。隋军行数百里,经过诸葛亮纪功碑,见其背刻铭文"万岁之后,胜我者过此"(《隋书·史万岁列传》)。史万岁令部下将碑倒置,继续向西挺进,渡西洱河(今云南洱海),入渠滥川(位于云南下关东北),转战千余里,破三十余部,俘两万余人,爨氏大惧,爨翫被迫再度请降,献明珠宝物,表示愿听约束,并刻石勒铭,赞颂隋朝圣德。同时,为了不随军入朝,爨翫以金宝贿赂史万岁,于是史万岁便放爨翫而还,使爨氏势力未受到致命打击。次年,爨翫复起反抗,史万岁被追究失职,削官为民。隋朝改派杨武通率兵前往镇压,俘虏了爨翫及其子爨宏达等,押解至长安。经过这两次大的军事打击,爨氏统治集团的中心人物被消灭,爨氏势力衰落,其统治区域缩小到原建宁、晋宁二郡之地,这同时也为洱海地区各部族的独立发展提供了便利条件。

但由于隋朝国祚较短,它对云南的经营并没有太深的根基,终隋之世,隋王朝都没有彻底解决包括爨氏在内的南中豪酋势力。即使到了唐朝初年,南中的大部分地区仍然是"部落支离"、"首领星碎"的局面。洱海一带六诏争相崛起,滇东的西爨白蛮和东爨乌蛮内部也很不统一;边远地区的各部更是经常互相进行掠夺性战争,这种状况严重影响了南中各族社会经济的发展和各族生产生活的安定,地区统一和社会稳定成为各族的迫切要求。

唐高祖李渊在公元618年建立唐王朝后,便立即着手对南中地区恢复隋初旧制。他首先释放了爨翫(这时已死)的儿子爨宏达,任命他为昆州刺史,并将其父的遗体归葬云南。意图利用爨氏在南中的影响"诱诸部"归附,让云南少数民族中的贵族上层归附唐朝,唐中央也在其领地范围内广设州县,任命这些地方上层为刺史、县令。唐太宗李世民即位后,以"自古皆贵中华,贱夷狄,朕独爱之如一"相标榜,在中央势力日益强大的背景下,更积极开展对西南各部族的招抚。从公元621年到649年,唐朝先后在西南民族地区设立了104个羁縻州县,郡县设置有了较大突破。为了进一步开发南中,招抚云南诸部,唐朝还把南宁州都督府移至味县,并于公元679年改交州都督府为安南都护府,与北部的戎州都督府(治今四川省宜宾市)、东北部的黔州都督府(治今四川省彭水县)相配合,从四面向南中地区推进。对滇西洱海地区,唐王朝也积极进行开拓。早在公元621年(武德四年)就在接近洱海地区的姚安一带设立云南郡,以此为据点,招诱西洱河地区六诏中的乌蛮上层归附,任命他们为羁縻州县的刺史、县令。到公元664年,唐王朝进一步改云南郡为姚州都督府,加紧对洱海诸部的控制。

虽然唐王朝在南中地区的郡县设置在实际上并未起到有效控制南中各部族的作用,但毕竟初步恢复了汉晋时期中央王朝在云南设置的郡县规模,为云南地区的统一起了重要作用。

二、南诏建国前洱海区域部族势力的演变

作为云南历史上重要地理概念的"洱海地区",其范围包括滇西以洱海为中心的周围地

带，包括大理州全部、丽江南部及楚雄州西部。洱海历史上曾有"叶榆河"、"叶榆水"、"昆弥川"、"洱河"之称。从文献记载看，"叶榆"是古地名，"昆弥"即昆明，是古代民族部落的专称。洱海之得名，说法很多，习惯中人们坚信是因为洱海"形若人耳"、"如月抱珥"，故名之为"洱海"。

在爨氏称霸滇东和隋唐两朝先后经营南中期间，滇西洱海地区的"河蛮"和"乌蛮"势力也逐渐发展壮大。汉武帝经略西南夷地区时，就开始在洱海区域设置统治机构，在其地设置了数县，两汉时期其地分别隶属益州郡、越嶲郡和永昌郡。蜀汉时期，蜀汉政权在洱海区域设云南郡，领八县。当汉、晋时期，洱海区域的社会、经济、文化发展比其他区域落后，中原王朝的统治势力也比其他区域要弱。东汉晚期以来滇池区域大姓势力发展，使得在一个相当长的时期内，中央王朝统治势力与南中大姓相互争持，更放松了对洱海区域的统治。爨氏势力后来虽已到达洱海区域，但控制得并不严密。洱海地区长时期独立经营，不受中原王朝和地方势力的压迫与剥削，所以社会经济逐渐发展起来，到北周时期已渐成富裕之地。

汉、晋时期文献记载，洱海区域的族属以昆明族为主，此后渐有其他地区的人口迁徙入内。《华阳国志·南中志》在云南郡篇说："有上方、下方夷。"《新唐书·南蛮传》说："昆明蛮，一曰昆弥，以西洱河为境，即叶榆河也。"昆明蛮"人辫首，左衽，与突厥同"。《唐会要》卷九十八也说："昆弥国者，一曰昆明，西南夷也。以爨之西洱河为界，即叶榆河也。"官方文献中将西洱河境的部族称昆明，是汉、晋以来相沿成习的称呼，将昆明蛮与北方的匈奴和突厥乱扯关系，是一种误解。① 实际上到公元6至7世纪初，滇西西洱河（洱海）周围地区居住的已多是"河蛮"和乌蛮部落了。汉朝文献中所称的"叶榆泽"，也称昆明池，后称弥河，又变作洱河，即今天的洱海。洱海之西称西洱河，洱海之东称东洱河。所谓"河蛮"，也就是洱海西洱河区的白蛮，以西洱河为地名，故将居住在这一地区的民族称西洱河蛮，省称为"河蛮"。他们有大小族群数百个，大者五六百户，小者二三百户，有数十种姓氏，其中杨、赵、李、董是豪族大姓，自称祖先为汉人。彼此间无大君长，各姓分散，不相统属，各自发展着自己的社会经济文化。

在西洱河地区除众多的分散的河蛮村社外，还有更多的乌蛮部落与河蛮相互交错聚居，特别是洱海西南地区山谷中有很多的乌蛮部落。汉、晋时期的僰族与叟、昆明族，在"西南夷"的绝大部分地方互相交错，各有自己的一片聚居区而又互相交错杂居。南北朝以后至唐朝初年间，僰族中的大部分，在吸收了迁入的汉族人口和在汉族文化的影响下，逐渐形成了"白蛮"；叟、昆明族中的大部分则互相混合而被称为"乌蛮"、"施蛮"、"顺蛮"、"和蛮"等。而在唐朝时期，"施蛮"、"顺蛮"仍然包含在"乌蛮"之内，还没有从"乌蛮"中完全分化出来。所以，唐朝前期的"乌蛮"，仍然处在分化与重新组合的过程中，并按其居住地域分为东爨"乌蛮"和西部洱海地区"乌蛮"。前者主要分布于滇黔川交界的昭通、曲靖等地，后者则是后来南诏建国的主要民族。依《资治通鉴》卷一百九十九及《新唐书·南蛮传下·两爨蛮》、《新唐书·南蛮传下·松外蛮》的记载，唐朝贞观二十二年（公元648年）以前，在西洱河地区的乌蛮，初有七十部，后互相兼并，到开元年间（公元713至741年）便只剩下六至八个较大的部落，称为"六诏"或"八诏"。

---

① 方国瑜：《唐代前期洱海区域的部族》，见《方国瑜文集》第2辑，云南教育出版社2001年版，第43页。

第四章 ▷ 南诏国时代的云南

樊绰的《蛮书》卷三中记载："六诏并乌蛮，又称八诏。"其中最著名的是六诏，关于六诏史事自《蛮书》以后有很多文献记载，《新唐书·南诏传》云："南诏，或曰鹤拓，曰龙尾，曰苴咩，曰阳剑，本哀牢夷后，乌蛮别种也。夷语王为诏。其先渠帅有六，自号六诏，曰蒙巂诏、浪穹诏、越析诏、邓赕诏、施浪诏、蒙舍诏。兵埒，不能相君……蒙舍诏在诸部南，故称南诏。"六诏具体的分布区域是：蒙巂诏，在巍山县北至漾濞江一带，故又称为漾濞诏；越析诏，又称磨些诏，由磨些族建立而得名，在今云南省宾川县宾居街一带；浪穹诏，在今云南省洱源县一带；邓赕诏，在今云南省洱源县南部的邓川一带；施浪诏，在今云南省洱源县、邓川之间；蒙舍诏，在今云南省巍山县南，位居其他五诏之南，故又称南诏，其统治者蒙氏家族是贞观初年才从永昌迁入蒙舍川的。六诏中除越析诏是由磨些（纳西）族组成的外，其余五诏皆为乌蛮，即汉晋时期的滇西巂（叟）、昆明部落繁衍而来的，他们是现代彝族的先民。

洱海地区在六诏以外，还有四个势力较弱的统治集团，他们是石桥诏（在今云南省下关市一带），以石桥城而得名；石和诏（在今云南省大理市凤仪镇一带）；白崖诏（在今弥渡县红崖盆地）；剑川诏（在今云南省剑川县）。比之于六诏，他们的势力要弱小得多。

总的来看，唐朝初年洱海区域经过长期发展演变，形成了以白蛮、乌蛮为主的一些处于部落发展阶段的民族共同体。白蛮与近代白族有族源关系，乌蛮与近代彝族有族源关系。需要说明的是，史籍所谓唐代初期洱海地区的"乌蛮"是一个泛称，它还包括了由东汉末年的摩沙发展而来的磨些蛮，以及在南诏独立之后被分化出去的施蛮、顺蛮。就社会经济发展的总体水平而言，白蛮较高，乌蛮、磨些蛮次之，他们是洱海地区早期部落斗争的主要参与者。洱海地区的白蛮、乌蛮部落，由于地处滇西，受南中大姓、夷帅战乱的影响较少，并有从滇池、滇东因逃避战祸而迁往洱海地区的汉族移民，他们直接促进了洱海各部社会政治经济的发展。如河蛮有使用汉字记音的白文，有历法，社会组织已进入以地域为单位的农村公社阶段。经济上农业较发展，农作物有稻、粟、麦等，掌握了养蚕缫丝，种麻纺织的技术，能畜养牛、马、猪、羊、鸡、犬等家畜和家禽。生产力的提高，六诏的兴起和蒙舍诏（南诏）势力的增强，这些都为南诏统一六诏，建立南诏国打下了物质基础。

三、唐蕃战争与南诏对洱海地区的统一

洱海地区众多的部族在经过长期的兼并之后，逐步形成六诏势力并存的局面。在6世纪末7世纪初时，六诏的力量大致相当，彼此互不臣服，其中只有蒙巂、越析二诏地域较大，兵力较强，蒙舍诏比之二诏稍弱。樊绰《云南志·六诏》中说："蒙舍，一诏也。居蒙舍川，在诸部落之南，故称南诏也。"自7世纪初以后，蒙舍诏有了迅速的发展，很快发展成为六诏中的最强大者。

蒙舍诏（南诏）居于巍山，而起源于哀牢。许多史志皆传说蒙舍诏第八代祖舍龙，为避仇家才从哀牢迁居蒙舍川，开始逐渐从半农半牧转入定居农业。明代蒋彬《南诏源流纪要》说："舍龙自哀牢将奴罗居蒙舍，耕于巍山之麓，数有神异。孳牧繁衍，部众日盛。"经过舍龙到细奴逻祖孙三代[①]在巍山的开发，其势力迅速增长，并以实力迫使当时蒙舍川地区的白

[①] 对舍龙和细奴逻的关系，在新旧《唐书》中有父子和祖孙两种截然不同的说法，此处据方国瑜《南诏之兴盛》考释，见《方国瑜文集》第2辑，云南教育出版社2001年版，第105-106页。

子国主"云南大将军"张乐进求屈服,不得不"举国逊之",将王位禅让给细奴逻,拥戴细奴逻为王,并将女儿嫁给细奴逻。通过表面的和平禅让与和亲方式,解决了以细奴逻为首的乌蛮部落和以张乐进求为首的白蛮(河蛮)部落之间的长期争斗,细奴逻终于成为巍山南部的最高统治者、蒙舍诏的大酋长。在吞并了张乐进求的势力后,蒙氏成功拥有了以白崖(今弥渡红岩)为中心的大片领地。次年(公元649年),细奴逻即自称奇嘉王,国号大蒙。① 蒙舍诏自细奴逻后,又历经逻盛、盛罗皮、皮罗阁几代的艰苦创业,才日渐强盛起来,并最后在唐中央王朝的支持下,走上了统一洱海并建立国家的历程。

而唐中央选择对南诏的扶持,自有其深刻的背景和动机。当唐朝中央于公元7世纪积极向洱海地区推进之时,唐朝西南边疆的局势却发生了巨大变化。位于唐朝西邻的吐蕃奴隶主势力迅速壮大起来,统一了青藏高原各部,并不断派兵进攻唐朝西境,同时又自西北南下深入到云南洱海一带,与唐朝直接争夺四川北部、西部地区,其势直逼成都。吐蕃势力的发展构成对唐朝西南边疆的威胁,因此唐与吐蕃在洱海地区不断展开激烈的争夺,战争从未停止。同时吐蕃势力南下洱海,且已经控制了洱海北部的剑川、浪穹一带的一些乌蛮部落,如果洱海其余地区再落入吐蕃之手,唐朝的西南边疆将受到更为严重的威胁。而当时洱海地区的乌蛮贵族们,则利用唐、蕃之间的矛盾,"彼不得所即叛来,此不得所即叛去","或叛或附,恍忽无常"②,往往谋求在自保的基础上进一步视机发展。由于吐蕃势力强劲,在相当长时期内,洱海地区的诸多部落中,大多数都更倾向于投向吐蕃政权。在这样严峻的形势之下,唐朝便决定从洱海各部中选择一个集团加以扶持,让其统一洱海各部,使之既能控制洱海地区的局势,又能遏制吐蕃势力的南下,减轻吐蕃对唐朝西南边境的压力。因而,扶持南诏使其打击和消除西南边疆吐蕃的势力,便成为唐中央的重要决策。

不过让唐中央在六诏之中属意南诏,则还有更深层的原因。一则是因为南诏地处六诏之南,最靠近唐朝的姚州都督府,便于唐朝对其进行控制。加之南诏在政治上一贯靠拢唐朝,"率种归附,累代如此","子弟朝不绝书,供献府无余月"。南诏第一代王细奴逻曾于永徽四年(公元653年)向高宗进贡,被唐朝封为巍州刺史,赐锦袍;细奴逻之子逻盛又于武后时向唐朝入贡,大蒙恩奖,敕鸿胪安置,赐锦袍、金带、缯彩百匹,关系极为融洽。南诏还主动为唐朝讨伐叛唐投吐蕃的浪穹、施浪、邓赕等诏,表示忠于唐王朝。此外,在洱海地区的诸多政权中,南诏发源的巍山坝子具备发展经济的优良条件,其地社会生产较之其他各诏也要高,"肥沃宜禾稻,又有大池(洱海),周迴数十里,多鱼及菱芡之属……然邑落之众,蔬菜水菱之味,则蒙舍为尤殷"③。农牧业的相对发达,是统一战争的必要物质条件。所有综合因素,促使唐朝选择南诏来完成统一洱海地区的使命。

为了达到击破吐蕃、深入洱海的目的,早在唐高宗时期,唐中央就以青蛉(今大姚)、弄栋(今姚安)两县为基础,设置姚州都督府,以此为据点统一指挥云南各部落对抗吐蕃,并对西洱河地区诸部实行羁縻统治。公元707年(唐景龙元年),唐王朝又派唐九征为姚嶲道讨击使,大败吐蕃,并拆除了吐蕃在漾濞水上的铁索桥,从而切断了吐蕃与洱海地区的交通。为了纪念这一胜利,遂立铁柱纪功。公元734—737年(开元二十二至二十五年),唐朝调动姚州都督府的兵力协助南诏进行统一洱海地区的活动。此时即位的南诏新王皮罗阁,已具备了

---

① 木芹:《南诏野史会证》,云南人民出版社1990年版,第36-42页。
② 张九龄:《敕吐蕃赞普书》,《曲江集》卷十一。
③ 向达:《蛮书校注》,中华书局1962年版,第120页。

统一洱海地区的条件，在经历一番摇摆之后，最终还是坚定地奉行了南诏一贯的亲唐政策，并多次出兵讨伐投靠吐蕃的部落。这一举动深得唐玄宗赞许，唐授皮罗阁以特进（官阶正二品），封兰登郡王。唐朝借此派御史严正诲等与南诏王皮罗阁一起策划统一各诏及各部落的战略，决定借南诏之力来驱逐吐蕃。

从公元734年（开元二十二年）至737年（开元二十五年）间，唐朝姚州都督府会同蒙舍诏军队自蒙舍川、白崖（今弥渡县红岩）一带出发，开始为时数年的洱海统一战争。皮罗阁的儿子阁罗凤与严正诲共同率兵灭了石和诏(在今大理凤仪)。皮罗阁也率兵攻下石桥诏（在今云南省下关市），乘胜夺取了太和城（今云南省大理市太和村），并击败了邓赕诏，占领了大釐城（今云南省大理市喜洲），接着在大釐城以北筑龙口城（今上关），很快控制了原西洱河河蛮各部地区。河蛮地区原先是受已归附吐蕃的"三浪"（即浪穹诏、施浪诏、邓赕诏）所管辖，"三浪"在共同的威胁面前便联合起来对付南诏。因此皮罗阁亲率南诏兵与"三浪"抗争，将"三浪"打败，"三浪"残部退守剑川。公元736年唐朝又派内给事王承训率唐兵与皮罗阁"同破剑川"，三浪"败卒多陷死于泥沙之中"，南诏将"三浪"彻底击败后，统一了"三浪"地区。同时皮罗阁还出兵越析诏，将越析诏消灭，统一了宾川地区。在南诏王皮罗阁出兵统一洱海以北四诏的时候，考虑到毗邻的蒙巂诏与南诏是近亲部落，因而采取了非军事统一的方法，示之以利，稳住对方，一直等到攻破三浪诏之后，皮罗阁才突然率兵回转，击杀了巍山坝子的蒙巂诏主照原，蒙巂诏土崩瓦解，南诏而后逐渐吸收了蒙巂诏的部众，统一了蒙巂诏。至此，南诏在唐朝的支持下，完成了统一洱海地区各部的使命。南诏的政治空间从巍山脚下延伸到了广阔的洱海坝子及周边地区。吐蕃的势力也被迫收缩到剑川、野共川（今鹤庆）一带，唐朝扼制吐蕃南下的计划取得了成功。

开元二十六年（公元738年）九月，唐中央派中使李思敬持敕书至姚州封南诏皮罗阁为云南王，特进越国公，皮罗阁的诸子也都被唐朝封为刺史。应该说明的是，唐朝册封皮罗阁为"云南王"的这个"云南"与今天我们所说的"云南"并不是一个概念，它主要还是基于三国时期曾经在洱海地区设置过的云南郡而来。唐朝封给皮罗阁的领地，正是原来云南郡的区域范围，并不包括今天的整个云南。皮罗阁被唐朝封为云南王，标志着他取得了对整个洱海地区的合法统治地位，也标志着南诏国历史的正式开始。作为政治上隶属于唐朝的地方政权，南诏的势力范围其实已经超出了洱海坝区而扩大到了东至今楚雄，西抵澜沧江东岸，北至今剑川、鹤庆一带的广大区域，成为俨然能够与东部滇池地区的爨氏相竞雄的南中新霸。

南诏国的建立是西南彝族和其他各民族社会发展的必然产物，洱海各部的统一，也具有进步的历史意义，它结束了洱海地区长时期的部落纷争，有利于洱海地区各族社会的进一步发展。就与内地汉民族的关系来说，南诏贵族被册封为云南王，是唐王朝对洱海地区加强统治的一种形式，在这种形式下，有利于内地汉族与云南少数民族间的联系，有利于共同促进经济文化的交流和发展。

四、南诏国的军政制度与对外扩张

唐朝扶植南诏统一六诏的目的，是企图借南诏的力量抵御吐蕃，以保障唐朝西南边疆的安全。但是洱海六诏的统一，南诏实力的壮大，使得南诏统治集团的信心与扩张欲望也就不可避免地膨胀起来，南诏对其邻境不断地展开大规模的战争，并由此加剧了同唐朝中央的矛盾。而南诏政权在一个时期内向外扩张的成就，是与其模仿唐王朝而又具有自身特色的一整套政治军事制度密切相关的。

南诏政权的最高政治、军事统治者是南诏王，王自称"元"，犹如中原王朝的皇帝自称"朕"一样。王位由原蒙舍诏的蒙氏贵族世袭。需要注意的是，"蒙"并非通常意义上南诏王室的姓，它实际上代表的是一个家支或家族的称呼，一般情况下并不与名字连写，而是实行父子连名制。作为南诏国的最高统治者，南诏王既掌握着最高行政权，同时也掌握着最高军事指挥权。南诏国的都城最初设在太和城（今大理县太和村），至异牟寻时迁往羊苴咩城（今云南省大理县城）。

南诏的政权机构分为中央和地方两级，其统治机构是一个军事行政的联合体，政治组织与军事组织相结合，行政上的长官往往同时又是军事首领。在中央，南诏宫廷内协助南诏王处理全国军政大事的是清平官和大军将，清平官"曰坦绰、曰布燮、曰久赞……以决国事轻重，犹唐宰相也"，每天与南诏王参议境内大事。清平官六人中推选一人为内算官，威权最重，犹如唐制之中书令，凡有文书便代南诏王判押处置。此外又设两名副内算官，辅助内算官行使权力。还有外算官两人，由清平官或大军将兼领，统率六曹，凡六曹下发的公事文书，皆由外算官与六曹出文下达执行。六曹是南诏的国务行政机构，仿效了唐朝六部的组织形式，每曹设曹长一人，曹长由清平官或大军将兼任，下设一系列办事官吏。六曹分别是：兵曹（主兵）、户曹（主户籍）、客曹（主礼宾外交），刑曹（主刑法）、工曹（主官人）、仓曹（主财政）。南诏中期以后又将六曹改为"九爽"，"爽犹言省也"，是唐朝中央官署"省"的音译。九爽与六曹相比除名称上有劝爽（士曹）、宗爽（户曹）、万爽（仓曹）、慈爽（礼宾）、引爽（外交）、幕爽（兵曹）、罚爽（刑曹）外，还增设了慈（掌管礼仪）、厥（掌管工程建设）、禾（掌管商业贸易）三爽。这是9世纪以降根据南诏社会经济的发展对统治机构所作的相应的变动。此后南诏国的一切政令都通过九爽下达和执行。

在军事系统方面，南诏武职将领称为"军将"，有大军将、军将、诏亲大军将等名目，以示名位的差别。其中，大军将是最高武职衔，数目一般为12人，官阶与清平官同列，参与南诏王的议事活动，主管军事，往往由清平官和曹长兼领，即所谓"大军将一十二人，与清平官列，每日见南诏议事，出则领要害城镇称节度，有事迹功劳尤殊者，得除授清平官"。大军将以军事任务为主，同时也兼管中央、地方行政。出领要害城镇的大军将称为某城大军将，有时也称城使和节度。值得注意的是，南诏官制虽有文武之分，但文职和武职官员的权限在实际上并不十分明显。

从南诏的地方政权机构来看，为了加强对地方的控制，南诏统治者因各地政治经济文化发展的差异和民族情况的复杂，对不同地区、不同民族采用并不一致的地方政权机构来管理。大体以洱海为中心，在全国设立了十睑、六节度、二都督。

南诏在其统治中心洱海地区设"十睑"，"夷语睑若州"，其意相当于唐王朝的"州"。十睑是：云南睑、白崖睑、品澹睑、邓川睑、蒙舍睑、大厘睑、苴咩睑、蒙秦睑、矣和睑、赵川睑。十睑的治所包括南诏都城太和城、羊苴咩城和大釐城、龙尾城、龙口城、邓川城、白崖城等重要城镇，涵盖今天的云南省祥云县、弥渡县、洱源县邓川、巍山县、大理县、漾濞和下关市凤仪等地，在南诏的疆域中虽只占极小部分，但其地位却十分重要，是南诏政治、经济、文化最发达的地区，也是南诏的发祥地和统治各民族的根据地，因此十睑地由南诏王直接管辖，作为南诏国统治的根据地。

第四章 ⇨ 南诏国时代的云南

十赕之外，南诏又在全境设六节度、二都督。六节度是：弄栋（治今云南省姚安县），永昌（治今云南省保山县），银生（治今云南省景东县），剑川（治今云南省剑川县），拓东（治今云南省昆明市），丽水（在今独龙江上游两岸）。二都督为会川都督（治今四川省会理县，辖境约相当于今天四川凉山彝族自治州）和通海都督（治今云南省通海县，辖境包括今天玉溪东部、红河州大部及文山州部分地区），分别是南诏攻掠四川和用兵安南的咽喉要道。节度和都督都是仿照唐朝都督府、节度使而来，都督有一名最高军事长官，节度则设节度使为最高长官，均由大军将兼任，由南诏王直接任命。节度和都督是军事机构和地方行政机构的合一，其长官既行使地方行政权又具有军事权，是该地区一元化的最高统治者。这种浓厚的军事色彩便于南诏国的军事征伐，是南诏国赖以存在的根本保障。[①]

为了支撑其长期的对外战争，南诏国不仅形成了一套自上而下、军政合一的军事制度，还着力打造一支强大的武装力量，南诏的文武官员和自由民都有服兵役的义务，"壮者皆为战卒，有马为骑军"，兵员虽无定数，但其总额一直随着战争规模的不断扩大而膨胀。据《蛮书》说"通计南诏兵数三万"，而公元779年（大历十四年）异牟寻与吐蕃合兵攻唐朝西川边境一战却出动了大军20万；公元863年（咸通四年）南诏进兵安南都护府时兵力也达10万之多。其军队分为三种：一是乡兵，这是南诏军事力量的基础，是村社的壮丁，平时为农，战时为兵，兵曹长定期检查训练情况，具有很强的战斗力；二是常备军，是从乡兵中选出的优秀者，因此大多能征善战，是南诏军队的核心；三是境内各民族部落武装，是从境内各被征服民族中征调来的，也是南诏军队的重要来源之一，骁勇善战，每逢战阵，必充任前驱。由这三部分组成的南诏国军队，训练有素，兵源充足，加上南诏国浓厚的尚武精神，因而表现出很强的战斗力。但由于军队出征没有正式的后勤供给，每个兵士除了携带粮米1斗5升和一些鱼干外，别无给养。统治者允许士兵通过劫掠自行补充，这就使南诏士兵给所到之地造成了很大的破坏，往往也因此而遭遇当地人民的强烈反抗，使其军事扩张难以持久，并在频繁争战之后，元气大伤，从而一步步走向政权的灭亡。

在统一洱海地区后，南诏很快就走上了向外扩张的道路，它扩张的第一个目标是滇东两爨地区。如前所述，滇东西爨白蛮和东爨乌蛮各部控制区域开发更早，经济繁盛，部落人口众多，"邑落相望"，"牛马被野"，南诏对此早有夺取之意。而天宝年间向"步头路"的经营，引发了滇东爨氏的反唐斗争，这正好为南诏夺取两爨地区提供了机会。

在驱逐吐蕃、安定西部洱海地区之后，唐朝转而经营东方爨区。为了实现对爨区的完全控制，唐朝想打开一条南北纵贯爨区的交通路线，既能把北部戎州都督府和南部安南都护府连成一线，还可以通过这条交通路线进一步加强联系西南的剑南道和南方的岭南道，其在唐中央的军事与政治规划中具有重要的意义。这条路线从岭南道的安南都护府（驻今越南河内）沿红河水道而上至"步头"（即渡头或埠头，其地在今云南省建水县南部红河岸边的阿土附近），从步头舍舟登陆北上，经剑南道爨区的安宁，北上至戎州都督府（驻今四川宜宾），因为全线以步头为南北联系的中心点，故而被称为"步头路"。公元746年，唐朝修筑了安宁城，在滇东爨区建立起统治据点，借此加紧向滇东开辟。从建水到安宁是爨氏统治的腹地，滇池又是鱼米之乡，关系爨氏生存的命脉，因而唐朝的开拓必然激怒滇东诸爨领主，引起了爨氏各部首领联合反唐。在爨归王的带领下，爨日进、爨崇道等诸爨领主以唐朝开路"赋重役繁"、"政

[①] 李昆声、祁庆富：《南诏史话》，文物出版社1985年版，第79—80页。

苛人弊"为由，举兵击杀安宁筑城使竹灵倩，捣毁了安宁城。唐中央震怒，即派中使孙希庄、都督李宓等率兵前往镇压，同时决定征调南诏兵配合行动，这就使窥伺滇东爨区已久的南诏王皮罗阁得以名正言顺地率兵东进，将势力借机渗入了爨区。居住在曲轭（今马龙）的"大鬼主"爨崇道，在李宓的反间之下杀了盘踞石城（今曲靖市）的爨归王，诸爨以此离心离德而内讧。皮罗阁利用诸爨内部不和，表面调解唐、爨矛盾，实则进一步挑起诸爨内部的纷争，爨崇道父子均被南诏所杀，皮罗阁还一举尽灭诸爨领主，占有了滇东两爨地区。

公元748年（天宝七年）皮罗阁死，其子阁罗凤继为南诏王。阁罗凤秉承皮罗阁经营爨区的意志，对东方爨区进行了更为深入的控制。他命令昆川城使杨牟利以兵相胁，迁移滇池地区的西爨白蛮约二十万户于永昌（今保山），彻底摧毁了爨氏的政治根基，从而完全控制了滇东爨区，这不仅结束了爨氏自东晋以来独步南中的历史，还将唐朝的势力也挤出了滇东，也导致了唐、诏之间战争的爆发。

第二节 南诏与唐朝之间的和战关系

一、天宝战争

南诏是在唐朝的扶植下发展起来的，因而南诏和唐朝之间有着极为微妙的关系，相互间恩怨交替，时和时战，综计南诏前后13代王253年间，有10个王被唐朝加封，友好关系算得上主流，但矛盾和战争也不断出现。战与和的选择往往又与南诏、唐朝的国力，吐蕃势力的介入和统治者双方利益的得失有着密切的关联，这一切造成了南诏和唐朝之间错综复杂的关系。

南诏统一六诏以前，它和唐王朝的关系是密切的。这种友好关系对双方都极为有利，既有利于唐朝打击吐蕃势力，又有利于南诏统一洱海地区。但到阁罗凤承袭云南王位后，南诏对滇池地区加强经营，其统一云南的趋势已经形成，则必然与唐朝在云南的利益发生矛盾，唐朝与南诏之间那种扶持与被扶持的关系也自然发生了变化。为扼制南诏不断膨胀的民族政治势力，唐朝从政治、经济等方面对南诏采取了种种压制措施，甚而积极准备对南诏用兵。当时任剑南节度使的鲜于仲通"褊急寡谋"，姚州都督、云南郡太守张虔陀又"行事狡诈"，作为代表唐朝的地方官员，此二人在唐朝和南诏的冲突中扮演了关键的角色，使南诏与唐朝中央的关系恶化。

张虔陀首先挑起南诏内部的权力之争，利用阁罗凤是皮罗阁的继子，在王位继承上企图以皮罗阁的嫡子诚节将之取代，以此打击阁罗凤。另据《南诏德化碑》记载，为了对付南诏，张虔陀还联合吐蕃，密谋471南诏。为此，他在姚州府缮甲练兵，向南诏倍征军粮，以疲惫南诏。① 如所求不遂，"虔陀遣人骂辱之，仍密奏其罪"②。尽管如此，阁罗凤还是想继续保持与唐朝交好，并把矛盾的解决寄托于唐朝中央。《南诏德化碑》说："于时驰表上陈，屡申冤枉。"公元750年（天宝九年），阁罗凤路过云南郡（姚安）谒见张虔陀，遭到张虔陀下属

---

① 《南诏德化碑》，见汪宁生《云南考古》（增订本），云南人民出版社1992年版。
② 刘昫等：《旧唐书·南诏传》。

的辱骂，还侮辱同来的阁罗凤妻女并索要财物，甚至反诬阁罗凤谋反。阁罗凤将此情表奏唐朝廷，但唐朝不予置理。此时又得知鲜于仲通率兵8万进军云南，阁罗凤在愤怒之下，先发制人出兵围攻姚州，杀了张虔陀，接着占领了唐朝在云南的32个羁縻州县，这成为后来天宝战争的导火线。阁罗凤还在后来所建的《南诏德化碑》中列举了张虔陀的6条罪状：一是勾结唐朝宿敌吐蕃，企图灭我南诏；二是想用不忠不孝的诚节继承王位，离间我南诏；三是收容爨崇道，以对付我南诏；四是凡与我罪（仇）者皆授官，凡与我善者皆遭压制，企图贬抑我南诏；五是筑城、练兵，密谋袭我南诏；六是苛捐杂税，军粮倍征，苛求无止境，企图搞垮我南诏。它表白南诏杀张虔陀并无反唐之意。

唐王朝早有遏制南诏势力扩张的意图，在阁罗凤杀死朝廷命官之后，唐朝中央更决定彻底解决南诏。天宝十年（公元751年），唐朝派剑南节度使鲜于仲通率兵8万从戎州、巂州入云南，安南都护王知进率兵由步头路入安宁讨伐南诏。阁罗凤此时仍不愿与唐朝中央公开对垒，故派使臣向进驻安宁城的唐军请求罢兵，晓以吐蕃大兵压境的利害，并暗示如果唐朝继续用兵，则将联合吐蕃共同对唐。鲜于仲通自恃兵众，屡加拒绝，并率兵进逼洱海。南诏于是攻破了安宁城。鲜于仲通率领军队直逼洱海地区，遣大将王天运从点苍山后出兵，自率大军从东南腹背夹击太和城。南诏动员洱海地区的"乌蛮"、"白蛮"共同战斗，并向吐蕃求援，合力反击。双方交战于西洱河畔，南诏军勇猛异常，战斗悲壮激烈，唐军6万陷没，王天运被杀，鲜于仲通只身逃免。第一次天宝战争以唐朝的彻底失败而告终。此后南诏归附吐蕃，公元752年，被吐蕃册封为"赞普钟南国大诏"（兄弟之国），给金印，号"东帝"。南诏于是改元为赞普钟元年，建立年号，成为了独立政权。南诏和唐朝关系断绝，唐王朝一战失去了在云南经营一百多年的成果，南诏的割据局面自此形成。

唐军全军覆没后，剑南节度使后又谋得右相位置的杨国忠，竟然掩盖鲜于仲通败绩，一面以胜利向朝廷告捷，奏请任命只身逃回的鲜于仲通为京兆尹；一面又偷偷地派兵强筑姚州城，制造姚州已经收复的假象。当姚州被阁罗凤再度攻下，唐朝守军再次全军覆没后，杨国忠"耻云南无功"，又违背人心天意，强征暴敛，酝酿更大的征南战争。天宝十三年（公元754年），唐朝"征天下兵十余万"，命李宓率领，再攻云南，是为第二次天宝战争。由于这场战争的非正义性，它遭到了人民的反对，加之当时中原人民承平日久，已经过了几十年的和平生活，"惯听梨园歌管声，不识旗枪与刀箭"，又惧怕云南"毒瘴"，因而谁也不愿白白送死。大诗人白居易借新丰折臂翁之口叙述当时人们对云南的印象说："闻道云南有泸水，椒花落时瘴烟起，大军徒涉水如汤，未过十人二三死！"因此"村南村北哭声哀，儿别爷娘夫别妻，皆云前后征蛮者，千万人行无一回。"即使杨国忠强行派人分路抓捕男丁，成批铐送征兵所，许多人也宁愿"偷将大石槌折臂"、"从兹免使征云南"！战争的非正义性、人民的反战心理与杨氏的倒行逆施，成了这场征南之战更大失败的先兆。李宓率十道兵7万人再征南诏，唐军深入到洱海太和城下，初战告捷。阁罗凤据险守城，避而不战。孤军深入的唐军水土不服，军中瘟疫蔓延，加之补给困难，不战而饿死、病死十之七八，李宓只得退兵。南诏军队乘机追杀，李宓自惭"沉江而死"，唐军全军覆没，以致"白日晦景，红尘翳天。流血成川，积尸雍水，三军溃衄，元帅沉江"①，第二次天宝战争又以唐朝的惨败告终。

两次天宝战争，唐军"先后丧师已二十余万"，军资大耗，国力大伤。公元755年（天

---

① 《南诏德化碑》，见汪宁生《云南考古》（增订本），云南人民出版社1992年版。

宝十四年）安史之乱爆发，此后唐朝日益衰落，再无力顾及南诏。南诏打败唐朝以后，则利用唐军汉人战俘中文化较高的人才，在各方面培育南诏当地民族，使南诏在文化、医学、军事、种养和冶炼、政治等方面获得较快发展，国力逐渐强大。接着南诏又与吐蕃联兵，很快夺取了唐朝的嶲州、会同（会理）、台登（泸沽）、昆明（盐源），进据清溪关（大渡河南），矛头直逼川西，对成都形成威胁，唐朝从此失去了在川西南"西抗吐蕃，南抚蛮夷"的重要据点，为南诏继续向北扩张扫清了障碍。而南诏通过不断地向永昌及其以西各族地区掠夺财物，扩张土地，实力进一步壮大，其疆域东接贵州、广西，北抵大渡河，南至越南、缅甸边界，西部与古代印度为邻，面积达到三百多万平方千米，今天的云南全省都在它的统治之下，南诏和唐朝关系完全处于敌对状况态之中。

两次天宝战争是唐朝的错误政策和边臣的昏庸无能造成的。南诏虽然利用唐王朝与吐蕃的矛盾发展实力，割据一方，但考虑到未来前途，也明智地为"归唐"留下后路。在第二次天宝战争后，阁罗凤收唐军阵亡将士的尸体，"祭而葬之"，并"立碑大书唐天宝战亡士卒之墓"（在今大理下关，即著名的"万人冢"）。事隔多年后，阁罗凤又特地在王都太和城立《南诏德化碑》，表明自己"世世奉中国"之心，记述被逼迫叛唐的苦衷，并声明"后嗣容归之。若唐使者至，可指碑澡祓吾罪也"，流露出念念不忘后世与唐朝再度和好的期望。

二、苍山会盟

唐朝和南诏关系恶化以后，南诏阁罗凤一方面受吐蕃征调役使，参与了一系列对唐朝的战争，协助吐蕃占领了唐朝边境的一些地方，掠夺了这些地区的许多人口、牲畜和财物，充实了南诏的国力，使南诏在这一时期有了较快的发展；另一方面阁罗凤又集中力量从事统一云南的活动。公元762年（宝应元年）南诏"西开寻传"，将其势力范围扩大到独龙江流域。公元763年南诏置安宁城监，向贵州、川西地区发展。公元765年（永泰元年）南诏筑拓东城，经营滇池地区，接着又向南深入，设立银生府。于是整个云南之地都被南诏所统一，南诏政权盛极一时。但南诏与吐蕃的联盟关系却很快就出现了裂痕。公元779年，阁罗凤去世，其子凤伽异已先亡，由其孙异牟寻即王位，成为南诏第六代王。是年，吐蕃、南诏合兵二十万分三路进攻四川，试图攻取成都，但却被唐将李晟的精兵打败，蕃诏联军被赶到大渡河以南。南诏伤亡惨重，元气大伤，但吐蕃仍将此役的失败迁怒于南诏，并将异牟寻由"赞普钟南国大诏"改封为"日东王"，从平等的兄弟之国下降为普通王的臣属地位。异牟寻即位时，吐蕃也未赐金印。吐蕃通过神川都督府（在今丽江市）对南诏进行政治上的监视，而且收纳培养了被南诏攻灭的浪穹、邓赕二诏的贵族残余势力，形成对南诏的政治威胁。同时，吐蕃还不断加重对南诏的军事征调和赋税、劳役剥削，夺取南诏险要地势设置城堡，勒令南诏士兵为其服兵役。吐蕃对南诏这种日趋严重的控制，使异牟寻感到难以忍受，因此转而寻求重新与唐朝和好。

在南诏归附唐朝的过程中，清平官郑回所起的作用最大。郑回是内地汉族人，原本是唐朝西泸（今西昌南）县令，被南诏俘虏后历任几代南诏王子的老师，备受尊重，累升至清平官，并在几位清平官中地位最高。史载："清平官，蛮相也，凡有六人，而国事专决于回。五人者事回甚卑谨，有过，则回挞之。"[1]郑回从政治家的长远目光出发，力劝异牟寻与唐朝重

---

[1] 司马光：《资治通鉴》卷二百三十二《唐纪》四十八。

新和好,并以唐朝民族政策的优越性对比吐蕃而分析利弊说:"中国有礼仪,少求责,非若吐蕃惏刻无极也。今弃之复归唐,无远戍劳,利莫大此。"异牟寻接受了郑回的建议,决心重新归唐,但又不敢公开对抗吐蕃,因而只在暗中谋划。

唐德宗贞元年间,唐朝鉴于南诏、吐蕃联盟的威胁,也开始注意调整边疆政策。贞元三年(公元787年),唐德宗采纳了宰相李泌的"北和回纥,南通云南,西结大食、天竺,如此则吐蕃自困,南通云南以断吐蕃之右臂"的策略,这一战略意图恰与南诏政策的调整一致。唐朝之所以要南通云南,是因为当时唐、南诏、吐蕃三者之间存在着相互交错的矛盾,诏蕃联合对唐朝有着严重的威胁,而诏蕃之间又有着尖锐的矛盾。吐蕃与南诏相比,其强悍更是唐朝的心头之患。在权衡轻重的形势下,唐朝更急需解除吐蕃的威胁,要做到这一点,必先拆散南诏与吐蕃的联盟。而南诏也要依靠唐朝的力量来对付吐蕃,这就使南诏、唐重新联合成为可能。又加之唐朝西川节度使韦皋"抚蛮有威惠",在韦皋的积极活动下诏唐重新和好得以实现。

韦皋自公元785年起任西川节度使凡21年,并兼任云南安抚使职,后因处理南诏事务有功,受封郡王。韦皋在得知异牟寻有归唐之意后,首先离间诏蕃关系,进一步激化诏蕃矛盾,使吐蕃对南诏更加不信任,致使吐蕃派兵进驻会川,索取南诏大臣子弟为质,并想废除南诏蒙氏的统治,而以施浪诏代之。异牟寻为此益加愤怒,归唐意志更坚。韦皋然后又不失时机地显示唐朝的军事实力,派兵进攻吐蕃,俘吐蕃大将乞藏遮遮,软硬兼施之下,使异牟寻最后下了归唐的决心。

公元789年(贞元五年)异牟寻遣乌蛮勿邓"大鬼主"苴梦冲等至唐西川节度使韦皋处,以示友好,这是诏唐重新和好的第一步。公元793年(贞元九年)异牟寻派遣使者各持给韦皋书信分三路赴成都:一出戎州、一出黔州、一出安南。使者各自身带绢书一封,金镂盒一具,内装绵、当归、朱砂、金,四件物品各具含义:绵为柔软之物,以示对唐朝柔服,不敢再从中生梗;当归者,应当归唐之意;朱砂色赤,表示敬献丹心;金,表示归顺之意如金石之坚。异牟寻在致韦皋的书信中诉说了受吐蕃凌辱的"四忍","四难忍",表示从此后"愿竭诚日新,归款天子"。这三路南诏使臣最后都安全到达了成都,韦皋将他们送到长安,由朝廷赐书抚慰,唐朝接受了南诏和好的请求。

公元794年(贞元十年),韦皋派使者巡官崔佐时至羊苴咩城,宣读唐朝诏书,异牟寻受命,令其子寻阁劝和清平官与崔佐时会盟于点苍山,誓文中请"天、地、水三官"为证,盟誓完毕将誓文抄写一式四份:一份进献唐朝廷,一份藏神室,一份投西洱河,一份留城内府库。誓文明确表示南诏与唐各守疆界,互不相犯,永结和好,南诏绝不阴结吐蕃与唐为敌。点苍山会盟后,异牟寻实现了他的诺言,与韦皋合兵攻破剑川三浪,向吐蕃出兵,攻占了吐蕃神川都督府之地,夺取了铁桥等十六座城池,占领了今云南剑川、鹤庆、丽江一带。异牟寻还遣其弟凑罗栋领清平官尹仇宽等二十七人入朝,献地图、铎鞘、浪人剑及吐蕃所赐印9颗。于是韦皋请求册封异牟寻为南诏王。

三、袁滋册封南诏

贞元十年(公元794年)六月至七月,唐朝派祠部郎中兼御使中丞袁滋为南诏册封史,

"赐南诏异牟寻金印银案,文曰:贞元册南诏印"①。《蛮书》记载,袁滋一行自石门(今云南盐津县豆沙关)入云南。作为政治家兼书法家的袁滋,亲自题写了册封事由,刊刻在石门关的山崖上,历经风雨,其字至今犹存,成为南诏重新归属于唐王朝的历史见证。

南诏对朝廷使臣的欢迎也极其隆重。异牟寻派清平官尹辅酋及亲信李罗札,以及曹长、同伦判官九人远道迎接,又有子弟羽仪六人沿途视事。当袁滋一行途经安宁城、曲驿(今楚雄)、云南(祥云)、白崖城(弥渡红岩)、龙尾城(下关)时皆受到当地官员、百姓、马步军队的夹道欢迎。袁滋入太和城时,异牟寻遣清平官、大军将等以金钱玉珂之良马六十匹来迎,步军、马军列队二十余里夹道欢迎。异牟寻本人则"衣金甲,披大皮虫,执双铎鞘",携子寻阁劝亲自出羊苴咩城五里迎接。还有大象十二头引道,后随马军、歌舞乐队、手持斧钺的仪仗队,场面盛况空前。贞元十年(公元794年)十月二十七日,阳苴咩城彩旗飞扬,"宣慰南诏史东向立,册立南诏史南向立,宣敕书,读册文讫……南诏及清平官以下稽颡再拜,手舞足蹈"。异牟寻言词诚恳地说:"开元、天宝中,曾祖及祖皆蒙册袭王,自此五十年。贞元皇帝洗痕录功,复赐爵命,子子孙孙永为唐臣。"并出示唐朝廷赐其父凤伽异的银平脱马头盘两个和还活着的笛工、歌女两人,表示永不违唐命。袁滋归唐时,异牟寻又派清平官尹辅酋等十七人随袁滋入朝谢天子和进献南诏土产珍宝,又令大军将王各直等督派丁夫三百人挑担食物,一直送到石门。

异牟寻结束了诏唐之间五十年之久的矛盾冲突,恢复了诏唐友好关系。从分裂到回归,南诏又回到了统一王朝的版图之内,并把少数民族与汉民族多元一体、共同发展的格局推进到一个新的阶段。贞元会盟以后,南诏与唐朝的关系变得空前亲密,异牟寻"比年献方物",与唐朝展开了频繁的交流。从第一次天宝战争南诏叛唐,至唐德宗贞元册封异牟寻,唐诏之间经过四十余年的纷争战斗,终于化干戈为玉帛,南诏重新归附唐朝,云南又重新回到统一的国家版图内,异牟寻、韦皋、袁滋、郑回等人顺应历史发展潮流,做了有益于国家统一、民族团结的好事。

同时,唐朝和南诏再次结盟后,吐蕃势力受到抑制,又一次给南诏统治者带来继续对外扩张的机会。公元795年(贞元十一年)异牟寻又麾军东向,攻下了长期被吐蕃控制的昆明城(今四川省盐源县),统辖了金沙江以北、雅砻江以西的部分地区,将其势力扩展到金沙江以北大渡河以南。南诏在北攻吐蕃之后,又调兵南下,向今西双版纳地区发展,征服了茫蛮中的茫天连、茫吐薅、茫盛恐、茫鲊、黑齿等十部及穿鼻蛮、长鬃蛮、栋峰蛮等许多部落,将其南部疆界推向女王国(今泰国北部南奔府一带)以北、陆真腊、水真腊(分别位于今老挝、柬埔寨境内)几个中南半岛古国。南诏"曾领马军到海畔,见苍波汹涌,怅然收军却回"②。至8世纪末9世纪初,南诏势力达到最强盛的时期,而此期间唐朝势力又日趋衰落,于是南诏不断发动对唐朝边境的扩张战争。公元830年,南诏权臣王嵯巅背盟毁约,起兵叛唐。南诏军很快攻入成都,并在退兵的时候,"掠子女工技数万引而南",过大渡河时被俘众人放声大哭,"赴水死者以千计"③,对当地社会经济造成极大破坏。虽然事后王嵯巅又"自陈请罪",并归还从成都掠夺的西川民四千人于唐,但衰落中的唐朝此时也不愿与南诏决裂,更无足够

---

① 司马光:《资治通鉴》卷二百三十五《唐纪》五十一。
② 向达:《蛮书校注》,中华书局1962年版,第245页。
③ 司马光:《资治通鉴》卷二百四十四《唐纪》六十。

兵力对付南诏,因而只得一方面允许南诏求和,一方面整顿西川边防。南诏和唐朝就这样在对峙中共存,表面维持和好,实则和战相兼,直到 10 世纪初先后灭亡。

四、南诏与唐朝的经济文化关系

除了政治联系与军事冲突之外,南诏与唐朝的经济文化关系也是诏唐关系的一个重要方面,这种关系主要是通过双方使臣的朝贡和回赐来进行的。异牟寻的时代(公元 778—808 年),可以说是诏唐关系最为融洽的阶段,也是相互间经济文化交流最频繁的时期。南诏将自己产品中最珍贵的铎鞘、浪剑、牛黄、生金、郁刀、琥珀、瑟瑟、毡、纺丝、象、犀角、越睒马等向唐朝入贡。唐朝则以内地的金、银、锦、缎等物品回赐,这样的交往很频繁,每一次这样的朝贡与回赐都算得上是诏唐之间的一次经济文化交流。此外,大批掌握了内地先进农业和手工业技术的汉族劳动人民也以各种方式进入南诏境内,对南诏境内各族经济文化的发展起了推动作用。

在文化上,南诏尤其重视学习汉文化,唐朝也积极将儒学传入南诏。唐西泸县令郑回被俘后,阁罗凤就以"回有儒学,更名蛮利,甚爱重之,命教凤伽异"。后"异牟寻立,又令教其子寻梦凑(寻阁劝)。回久为蛮师,凡授学,虽牟寻、梦凑,回得篲挞,故牟寻以下皆严惮之"。郑回为南诏造就了几代通晓汉族文化的统治者,其功卓越。阁罗凤等人是"不读非圣之书",而异牟寻则"颇知书(通汉文),有才智"。丰祐更是"慕中国(汉文化)不肯连父名"。至隆舜时,凡遇有唐使者至南诏,便"遣使者问客(唐使)《春秋》大义"。南诏统治者如此倾慕唐文化,带动境内形成了学习汉文化的风潮。苍山会盟后,韦皋为了维持唐朝与南诏的友好关系,曾主动表示要废除属国送子弟至京城充当人质的制度,而南诏则坚持原制,以示归唐诚心。韦皋于是在成都办了一所学校,专供南诏子弟入学。贞元后的五十余年间,南诏曾先后派遣大批青年到成都学习,"业就辄去,复以他继,如此垂五十年,不绝其来,则其为学于蜀者不啻千百"。学习的全部费用由唐朝承担,以至于后来"军府颇厌廪给"。西川节度使杜悰曾奏请减少就学人数,引起了丰祐的不满。在这些就学者中不乏白族的知识分子,《云南志略》"白人风俗"条说:"保和(丰祐年号)中遣张志成学书于唐","其俊秀者颇能书,有晋人笔意",就是一例。这些人接受了汉文化的熏陶,归来后传播了汉文化,对南诏文化的发展起了促进作用。唐朝也积极帮助南诏学习汉文化。唐朝西川节度使高骈说唐对南诏"赐书习读……传周公礼乐,习孔子之诗书"。牛丛也有"赐孔子之诗书,颁周公之礼乐,数年之后蔼有华风"的论述。实际上这就是诏唐之间的文化交流。

南诏的音乐也和唐朝音乐有过交流。凤伽异入宿卫唐,在其归国时,唐朝玄宗曾赐南诏胡部、龟兹乐二部并笛工、歌女。公元 800 年(贞元十六年)南诏也向唐朝进献过"夷中歌曲",称为"南诏奉圣乐",曾在长安宫廷演出,《新唐书·礼乐志》用大量篇幅记载这次演出。南诏与唐朝这种歌舞技艺的交流甚至影响到中南半岛上一些国家,公元 802 年(贞元十八年)骠国(缅甸)也曾派歌舞队随南诏歌舞队一起入唐,在唐长安宫廷演出。唐德宗还封骠国乐队的领队舍难陀为太仆卿,这对中缅文化的交流起了促进作用。

总之,南诏自细奴逻 649 年为王,至舜化贞 902 年亡国,共 13 个王 253 年,其间有 10 个王分别接受了唐王朝的委任和册封。虽然唐和南诏的关系时断时续,时密时疏,但云南和内地之间的联系却从未中断。中原王朝的经济文化、政治制度深刻地影响了云南的发展，同时，云南政治经济的发展也直接间接地影响到全国的社会形势，二者在相互影响下共同发展。

第三节 南诏的经济发展

一、南诏奴隶制经济的发展

由于各种原因和影响，南诏的经济在其政治发展的同时也有较快的发展，并发展到了一定的高度。南诏统治的区域广大，境内居住着众多的民族和部落，各民族和部落之间存在着极大的差异，因而其经济发展水平也是极不平衡的。这种不平衡表现在有的民族由于所处地理位置和受中原先进经济的影响而产生了封建经济的因素，如滇池、洱海地区的部分民族有封建经济的萌芽；有的边远地区或高山地区的民族则处于原始落后的阶段；有的民族又处在奴隶制经济的发展阶段。根据有关记载南诏社会经济状况的文献史料来看，南诏经济从总体来说是奴隶制经济占着主导的地位，也有悠久的历史。汉晋以来，滇池、洱海地区买卖掠夺奴隶之风一直延续，历次战争被俘的唐军生还者，多被掠卖为奴，这已经不是个别地区和个别部落的偶然现象了。

南诏的奴隶称为"佃人"，他们是南诏社会广泛使用于农业生产的劳作奴隶，大多来自于被南诏征服后实行大规模迁徙或分配的各族群众。南诏社会内部划分为奴隶主（包括国王、贵族、自由民）与奴隶、平民、部落百姓两个对立的阶级。奴隶主阶级占有全部生产资料的土地和劳动者——奴隶，奴隶主阶级统治和奴役奴隶、平民和部落百姓。在南诏统治区内，主要生产资料——土地和劳动力——奴隶归南诏王所有，即属于南诏奴隶主统治集团占有。南诏统治者在其统一六诏及其以后的扩张中，采取了残酷的以武力夺取各部落土地的手段，强迫各部族人民离开原来的居住地，使之完全丧失土地，尔后将土地收归南诏政权所有，再将这些土地划分为许多庄园，每一庄园直径大约15千米，"疆畛连延或三十里"。这就是《南诏德化碑》中所谓的"易贫成富、徙有之无"的实质。这些土地归所在地的城、镇政权官吏经营，地方官吏再派田官管理，田官又派"监守"催促强迫佃人进行劳动生产。佃人们在"监守"严密的监督下进行生产，产品"收刈已毕，蛮官（南诏田官）据佃人家口数目，支给禾稻，其余悉输官"①。农户（佃人）的劳动产品中，生产者（佃人）只能得到仅够维持最低生活的粮食，余者全部归奴隶主集团所有。

南诏的主要经济部门是农业。早在南诏始祖细奴逻时南诏人民便已"耕于巍山之麓"，其生产方式就已经从畜牧业经济为主过渡到以农业经济为主了。奴隶生产广泛使用于南诏农业，也同样普遍使用于南诏的各个经济部门。这样大规模的奴隶来源于三个方面：

一是南诏统治者以强制手段迁徙的各部族人民。南诏统治者使他们离开原来世代居住和耕种的土地，变成完全丧失生产资料的生产奴隶，这种奴隶的数量很大。据文献记载，公元746年（天宝五年）南诏占领西爨（滇池地区）后，一次就强迫迁徙二十万户白蛮于

---

① 樊绰：《蛮书》卷七。

永昌（今云南省大理州和保山地区），然后又将东爨乌蛮迁至西爨地区。公元794年（贞元十年）迁弄栋（今云南省姚安县）白蛮于永昌城。同年又迁河蛮于滇东北和拓东。还将成千上万的汉裳、施蛮、顺蛮、扑子蛮等族人民迁到滇池地区成为生产奴隶。据不完全的文献统计，南诏这种迁徙移民配隶的各族人口不少于一百万，是南诏统治集团加强其统治和解决奴隶劳动人手的一种手段。南诏将各部族互相迁徙的目的是使他们处于完全失去生产资料的境地，然后将他们重新组织在新地区的奴隶生产之中，使之成为南诏农业上的主要劳动人手。这种大规模人口迁徙还有其更深的意义。从政治上看，南诏将滇池地区的"西爨白蛮"二十万户迁到滇西，这就有利于南诏政权对两爨地区的直接统治，又将与统治者同一族属的"东爨乌蛮"移入西爨地区，从而又巩固了南诏对滇东北地区的统治。而从经济发展的角度来看，由于西爨地区先进的白蛮迁居比较落后的滇西地区，促进了滇西地区社会经济的发展，结果使云南经济文化中心由滇池地区转向洱海地区，洱海地区便成为南诏、大理政权五百年政治经济文化的中心；同时又由于滇东比较落后的乌蛮移居到滇池周围农业较发展的地区，也使滇东乌蛮从畜牧业为主的经济发展到以农业为主的经济，促进了滇东乌蛮自身社会经济的发展。

二是战争中掳掠的战俘或其他各族人民。南诏曾和唐朝进行过多次战争，尤其是在天宝年间和南诏王劝丰祐时战争更为频繁。在战争中被南诏俘虏的汉族人口数量极大，前后两次战争唐军损失军队二十万人，其中除一部分战死外，其余大部分被南诏俘虏后作为奴隶。公元756年（至德元年）南诏进兵嶲州，此次俘掠的"子女玉帛百里塞途"，"越巂再扫、台登涤除，都督见擒，兵士尽虏"，连西泸县令郑回也被俘，所虏汉族人口之多可想而知。公元829年（太和三年）起，南诏三次攻入成都，仅公元829年一次就"掠子女工技数万引而南"。公元835年（太和九年）南诏攻破弥臣国，又俘获三千人。公元858—866年南诏军队攻入广西、黔中等地，先后俘掠十万余人。

三是通过买卖而来的各族人口。买卖人口也是南诏奴隶来源之一。公元713年（开元元年）南诏攻陷姚州，姚州都督汉族判官郭仲翔被俘为奴隶后，曾先后被转卖四次，历经十年最后被其友吴保安重金赎归，吴保安在回嶲州时又从云南购买女奴隶十人。9世纪中叶，喻士珍任嶲州刺史时，就专门掳掠今凉山西部的两林、东蛮人口卖与南诏为奴隶，说明南诏及附近地区奴隶买卖之盛行。

南诏通过上述三种途径所获得奴隶的数量相当大，总计在150万～200万左右，这个数目大大超过了南诏境内自由民的人数。这些奴隶大多被用于农业生产，奴隶劳动成为南诏社会赖以存在的基础。

南诏对于自由民采取"授田制"。按规定南诏的上官（大奴隶主）授田四十双（每双合5市亩，折合200亩），上户授田三十双，中户、下户按比例递减。上官、上户得到如此多的土地，决非一家劳动力所能耕种，这些上官、上户的土地上就自然使用奴隶进行劳动生产。正因为此，奴隶主们往往积极支持南诏王进行对外掠夺战争，其目的是为了得到奴隶，以补充奴隶劳动的不足。

南诏的手工业也同农业一样，大量使用奴隶劳动。南诏将奴隶组织在纺织手工业中，奴隶们织的丝绫锦绢，工艺甚精，但产品全部归奴隶主所有，"蛮（奴隶）及家口悉不许为衣服"，只给奴隶少许极粗糙的残次品为衣，勉强抵御严寒。公元829年（太和三年）从成都掠来的数万工匠和"巧儿及女工"，给南诏带来了内地先进的生产技术，也被配置于奴隶手工业劳动之中，使云南纺织技术大为提高，欧阳修在《新唐书》的《南诏传》中说："南诏自是工文织，与中国埒。"

南诏的采矿业中也广泛使用奴隶劳动，南诏将成批掠来的各族人民和罪犯隶配丽水（独龙江）淘金，而"配丽水淘金"已经是一种上升到法律层面的普遍做法，所谓"河赕蛮法，男女犯罪多送丽水淘金"，所得的产品"纳官十分之七八，其余许归私。如不输官，许递相告"。南诏在水利建设和城市建筑施工中同样大量使用奴隶劳动。南诏修建苍山高河水利灌溉系统、昆明金汁河、银汁河等水利工程时大都用奴隶充当劳动力。使用奴隶修筑的大釐城、羊苴咩城、太和城、云南城、拓东城、永昌城等，都是"方回数里"，"间阎栉比"，地当要冲，人口众多。佛教寺、塔的修建也大量使用奴隶劳动。著名的大理三塔，昆明东西寺塔，留传至今，成为奴隶劳动的见证。更有甚者是南诏统治者为满足其腐化生活的需要修建了许多富丽堂皇的宫殿，如著名的南诏五华楼，这些宫廷建筑无不浸透着奴隶们的血和泪。事实说明奴隶劳动已成为南诏社会生产的基础，南诏境内繁荣的经济及灿烂的文化，完全是奴隶们辛勤劳动的结果。

二、南诏农业、手工业和商业

在广泛吸收各地精华的基础上，南诏的农业、手工业生产都达到了相当高的水平。南诏"土地肥沃，宜稻禾"，农业上粮食作物品种繁多，有稻、麦、豆、麻、黍、稷等，五谷品种齐全，既有北方作物麦、黍、稷，又有南方传统作物稻，豆类作物也有种植。南诏农作物的种植技术较高，水田每年一熟，且实行复种，"从八月获稻，至十一月十二月之交，粳田稻种大麦，三月四月即熟。收大麦后还种粳稻"。南诏境内水稻种植相当普遍，还拥有良好的灌溉设施。有的用自然泉水灌溉，有的则用人工水库——"陂池"内的水灌溉。耕作方法，采用"二牛三夫"耕作法，"每耕田用三尺犁，格长丈余。两牛相去七八尺，一佃人前牵牛，一佃人持按犁辕，一佃人秉禾"。《南诏图传》中的"二牛抬杠"图栩栩如生地描绘了这种耕作法，它延至明、清两代而不衰，甚至在近现代乃至今天的云南还可见到这种古老的耕作方法。对于南诏的农耕技术，《蛮书》曾作过较高的评价："蛮治山田，殊为精好。"这是对南诏农耕技术的总概括，也可见南诏有很高的梯田水平。

南诏的园艺种植也很发达。《蛮书》卷九说："南俗务田农菜圃。"《南诏德化碑》还专门提到"园林之业"。据各种文献的记载，南诏菜蔬类有"葱、韭、蒜、箐"等，水果有桃、梅、李、柰、荔枝、槟榔、诃黎勒、椰子、柑橘、甘蔗、橙、柚、梨、杏等。

南诏的畜牧业也是"六畜兴旺"。据《西洱河风土记》载："畜则有牛、马、猪、羊、鸡、犬。"《蛮书》亦说："畜产有猪、羊、猫、犬、骡、驴、豹、兔、鹅、鸭，诸山及人家悉有之。"南诏所产之马当时已闻名全国，日行数百里的"越赕骢"被称为"神驹"。所饲养的马或在野外放养，或修建马厩，采用槽枥喂养，一槽有马数百匹。南诏还饲养鹿，"西洱河诸山皆有鹿。龙尾城东北息龙山南诏养鹿处，要则取之"。养骡也是南诏畜牧业的一部分，云南有骡，也似乎从南诏国开始的。

南诏还有柘蚕养殖和茶树种植业。南诏不养桑蚕而养柘蚕，"蛮地无桑，悉养柘"，"食蚕以柘"，村邑人家所种柘林多者数顷，柘林树干高数丈，初蚕在二月出，三月中出茧，所抽之丝织锦绢极为精致。南诏的纺织业以丝织品为主。柘蚕抽丝，精者纺丝绫，亦用之织锦和绢，其纺丝染色后成为上服。所织之锦，纹理密致有奇采。刺绣技艺同样达到相当水平，南诏王、清平官的礼服上皆刺有锦绣。南诏纺织业在太和三年（公元829年）以后技术有了显著提高，其原因是南诏将这些有技术的汉族工匠与南诏手工业者组织在一起进行生产，汉族工匠传授了先进的纺织刺绣技术，促进了南诏纺织技术水平的提高，南诏不仅已能织过去不能织的绫罗产品，而且其纺织技术水平也已和内地一样了。南诏纺织业中还有木棉织品，南诏的银生和丽水两节度各族人民收集娑罗树子（木棉树），破壳取其中白如柳絮的纤维纺为丝，织成方幅，男女都用以做衣服，称为笼段或娑罗笼段，这种木棉织品是在汉晋时期桐华布的基础上发展而来的。南诏的茶叶生产主要在银生城界诸山，即南诏银生节度之地（今云南省景东至西双版纳地区）南诏统治者所饮之茶全部产自银生，这就是后来闻名中外的普洱茶。

南诏手工业生产水平也较高。南诏手工业以金属的冶炼和铸造著称，其青铜技术可追溯到相当于中原商朝的剑川海门口时期。在丰富的矿产和前人冶金技术的基础上，南诏国有了比较发达的金属冶炼业。丽水（独龙江）、长傍、藤充（腾冲）出金，所产片金大者重达1斛至2斛，小者也有三五两。会同川（今四川省会理东）产银，诺睒川（今四川省黎溪县境内）出锡。南诏的金银制造业已有一定的规模，统治者、贵族使用的器皿、装饰品、妇女的首饰、高级官吏佩带的锦带，大多为金银制品，还有用黄金铸成的纯金佛像，重者可达一千多克。南诏的冶铜业很兴旺，所炼之铜大多用于制作佛像和铜钟。丰祐时在重修崇圣寺三塔时就曾用四万余斤铜铸造佛像一万余尊。崇圣寺有建极（世隆年号）十二年（公元871年）铸造的铜钟，按徐霞客在其《游记》中所记载，其直径丈余，厚一尺，钟声可传八十里。铸造这样的巨钟工艺要求很高，需要有规模较大的手工冶铸作坊和一定数量的工匠，这口钟大约是官营作坊或大奴隶主作坊的产品。南诏的冶铁技术很高，南诏军队大部分进攻性武器皆为铁制品或钢制品，最著名的有铎鞘、郁刀、南诏剑等。铎鞘出自丽水，形状像"刀乾残刃"，柄部饰金，其锋利是"所指无不洞"，铎鞘尤受南诏王的器重，每次征战南诏王都必佩铎鞘。铎鞘分为6种：禄婆摩求、亏云孚、铎抂、铎摩那、同铎、朱苛。郁刀是仅次于铎鞘的兵器，有其绝妙的锻造秘方，人们只知道在打造时要用毒药、虫、鱼之类，淬以白马血，经十数年乃成。刀刃有剧毒，人肌肤中之立死。南诏剑，是贵族和平民时刻不离身的武器，造剑之法是"锻生铁，取进汁，如是者数次，烹炼之"，显然是炼铁成钢的钢制品。剑成，即以犀角装饰，嵌以金丝。最锋利的南诏剑产于三浪诏故地，故称浪剑。南诏制造枪、矛、甲胄、弓箭等技术也较高。南诏枪、箭多用斑竹制造，斑竹产于蒙舍诏白崖山谷之中，实心，圆而紧密，柔细，弹性好，具有轻便结实的特点。此外，南诏冶铁技术水平还可以从南诏时所建金沙江铁索桥和"南诏铁柱"的铸造反映出来。现存弥渡县蔡庄铁柱庙内的"南诏铁柱"，高3.30米，圆周长1.05米，铸于南诏王世隆建极十三年（公元872年），由于铁柱太高，无法一次铸成，便分5次铸造，然后再连接在一起，可见其焊接技术之高。

南诏的煮盐业十分发达，盐的品种很多，安宁、泸南（今云南大姚、姚安一带）、昆明城（今四川省盐源县）、剑川、丽水、银生城（今云南省景谷县）南部都有盐井。安宁郎井盐尤为著名，所产之盐洁白味美，只准南诏王一家食用。煮盐之法和内地一样。由于盐井众多，南诏还设官管理盐业事务，制定了煮盐、销售的法令，"蛮法煮盐，咸有法令。颗盐每颗约一两二两，有交易即以颗计之"。

随着农业和手工业这两大生产部门的发展，用于交换的商品的增加，使南诏的贸易开始活跃，在南诏后期还专门设置"禾爽"管理贸易。南诏在国内主要是与四川、广西、西藏等地开展贸易，在国外主要是与东南亚乃至远及波斯、大秦进行商品交易。南诏通往国外的商业交通线有四条：第一条是经银生城（景谷）到昆仑（缅甸南部），再到阇婆（今爪哇）、勃泥（今印度尼西亚加里曼丹）等地；第二条是自拓东经晋宁、通海、龙武、古涌步到交趾（今越南）；第三条是由永昌城（今云南省保山市）过怒江到诸葛亮城（今云南省龙陵县境怒江坝），再往南经乐城（今云南省芒市）入骠国（今缅甸），向西至印度；第四条是由诸葛亮城往西经腾冲、弥城（今云南省莲山西北）到丽水城渡丽水至安西城（今缅甸孟拱），再渡弥诺江（亲敦江）到印度。南诏还出现了许多大商业城镇，主要有羊苴咩城、大釐城、拓东城（今云南省昆明市）、永昌城、铁桥城（今云南省丽江塔城）、银生城。交换的商品有腾冲、丽水所产的生金，永昌的琥珀、麝香，丽水、长傍、银生的食盐，银生城诸山所产的茶以及金齿、茫蛮等地所产的荔枝、槟榔、诃黎勒、波罗蜜、青木香、藤、孟滩竹、野桑木及各种畜产品。大釐城是南诏境内的贸易中心，铁桥城是与吐蕃交换畜产品的地方，拓东是与贵州、广西和交趾往来贸易的通道，银生城和永昌城是与东南亚等进行海外贸易的货物集散地。在这些商业城镇中有许多本地商人和内地、海外的商人进行贸易，甚至有内地商人到南诏边境丽水节度（今云南省德宏、腾冲及其以西地）等地经商而留恋不归者。但真正意义上的商品经济并不发达，南诏国内交易基本不用货币，也不发行货币，虽在南诏文物中也偶尔发现唐朝发行的货币如开元通宝，但却很少用于流通。交易时人们多以黄金或者缯帛、贝等作为等价物进行交换。

第四节 南诏的文化艺术

一、白 文

南诏时代云南地区的文化艺术在学习中原地区文化的基础上，结出了有自己民族特点的灿烂成果。文字是代表一个民族发展水平的重要指标之一。南诏文字受汉文字的影响很深，在南诏官方文书中皆使用汉字。唐武后圣历元年（公元698年）所立的安宁《王仁求碑》的碑刻文字皆用武则天颁行的字体，同时还运用了唐代民间流行的俗字体，如冈（崗）等，这也是目前所知南诏习用汉字的最早物证。后出的《南诏德化碑》则通碑全是唐代汉字，且辞藻华丽，颇具唐风。在佛教传入南诏后，汉字的使用更为普遍，著名的《南诏中兴二年国史画》是反映南诏历史的国史画卷，秘藏王宫内仅供王室成员观看，画卷的款式、题记皆采用汉字，画卷外的补充说明文字卷也用汉字，说明南诏国从国主到上层贵族一般都能看懂和使用汉字。

除汉字以外，南诏还通行另一种文字——"白文"，也叫"白蛮语"，又称老白文、古白文、方块白文或僰文，是白族在历史上仿照汉字创制的一种民族文字，是一种十分典型的汉字系民族文字。白文形成于南诏、延续于大理国时期，至今已有一千年的历史，它的出现是南诏社会文化发展的必然结果。南诏中后期（公元9到10世纪），单凭假借汉字来书写白语，已经不能满足社会生产、生活的需要,人们于是开始通过增减汉字笔画或仿照汉字造字法重新造字的方法来书写白语。这种新造的字,历史上叫做"新奇字",白族民间则称之为"白字",明代杨慎称之为"僰文"。自造字的出现,标志着白文形成了自己的造字方法和内在的读写规律,走上了相对独立的发展道路。在今天的白族民间,白文仍在流传使用,作为汉文化和民族文化交流的重要成果,白文有其特有的发展规律。一般认为,白文就是用汉字记白蛮语音的文字,或将汉字笔画作部分增减而成的表意记音文字。"白蛮语"于南诏创始时,与"乌蛮语"是近亲语言,不同的是,"白蛮语"在形成的过程中,吸收和借鉴了汉语的一些成分,故《蛮书》卷八说:"言语音,白蛮最正,蒙舍蛮次之,诸部落不如也。但名物或与汉不同,及四声讹重。"白文的发展和造字方法,一般经历"直接用汉字表示白语的音义"、"增减汉字笔画造白字"、"省略汉字一部分造字"以及后期大量"利用汉字自造白字"几个时间上前后相连的阶段,其基本方法有类于日文的片假名。

白文所用词汇,有些部分在近代的白族中保持着,有些部分在彝语或纳西语中可见,另有些部分则为近代白、彝、纳西语所共有。白文不仅为南诏统治集团内部使用,还大量应用于民间日常生活中,最多则用在有字砖瓦上,在云南大理地区许多古城遗址中都出土了刻有这种白文的有字瓦,如有字瓦上的"官诺",汉意为"官制的",又如"买诺",汉意为"购买的"。历史上白文虽然一直没有发展成为统一的多民族文字,但仍有一些历史文献如白文佛经流传至今。自南诏到明代 400 多年的时间里,白文还是得到了一定的发展,不仅白族民间掌握白文者很多,统治阶级也经常使用白文。从文献材料看,它不仅被用于书写各种碑刻铭文,也被用来书写一些历史著作。佛教禅宗传入大理以后,佛教徒也广泛利用白文阐释佛经,宣讲教义。还有用白文(僰文)写成的《白(僰)古通记》,在白族历史文化研究中具有重要的地位。这些情况都说明白文的流传使用是较为普及的。不过白文形成以后,虽然一直在白族民间使用,但由于自身的局限,加上历代统治阶级和受过良好教育的知识阶层都以汉文为官方标准文字,日益认为无须在汉文之外另造新字,故而对白文不予重视,未对其进行规范、推广的工作,因此,白文一直没有能发展成为全民族通用的文字,在南诏以后的大理及元、明、清各代由于进一步受到汉文化的影响,白文就使用得更少了。

二、南诏的宗教信仰

南诏是一个多民族组成的政权,在其统治的初期,其宗教信仰尚处在"万物有灵"的图腾崇拜时期。人们崇拜与大自然有联系的东西,如天、地、日、月、山、水、树木、谷物、野兽等。常璩在《华阳国志·南中志》中说"夷中有桀黠能言议屈服种人者,谓之耆老,便为主。议论好譬喻物,谓之夷经"。《南中志》又说:"其俗征巫鬼、好诅盟、投石结草"。因而崇拜"巫鬼"也是当时原始宗教的一大特点。这种崇巫之风俗到南诏初期仍很炽盛,考诸史籍,乌蛮部落首领称"鬼主"者甚多,各部落的宗教和政治首领合而为一,统称为"鬼主",大小"鬼主"都是各大小部落的统治者。最小的"鬼主"可统辖百余户人家,但大小"鬼主"之间却没有高低之分,他们互不统属。在南诏统一后,佛教信仰逐渐兴盛,而原始的巫鬼教则衰落下去,但也并没有就此消失,而是发展成大理一带至今奉行的"本主"崇拜,它是古代社神的转化,其神祇多达 60 余种,或与原始的图腾有关,如白马、白骆驼等;或显示自然神崇拜，如苍山神、洱海神等；或为民间传颂的英雄和著名人物，如细奴逻、郑回、李宓等。其发源一般都有悠久历史，虽然在流传中掺杂了佛、道教的影响，但一直保持着自身的特点。直至南诏中后期，巫鬼教在洱海地区彻底衰落，但仍然在乌蛮部落中继续流行，历史上"鬼主"的宗教职能也逐渐被彝族的"毕摩"和东巴教的"东巴"所取代。

公元8世纪下半期以后，佛教通过吐蕃、中原北地等几条路线先后传到南诏，在与南诏固有的宗教诸如巫、道之属进行了持续五六十年之久的斗争后，逐渐取得统治集团的崇信，大约至劝丰祐统治时，成为南诏国最盛行的国教。在南诏流传的佛教体系中，以印度密教的传播历史最为悠久、形态最完整、内容最丰富、特点最显著，也最盛行。从劝丰祐开始，印度密教盛行，并渗透进南诏政治、文化各个领域，影响至大。印度密教之所以能够获得如此显赫的地位，主要原因在于它的教义及它能够灵活地适应南诏国统治者的需要。比如神祇的地方化，南诏的印度密教造像融合了彝、白民族的土、本主神祇，使祖先神和地域神跻身于印度密教诸神行列。如著名的剑川石窟里就有南诏王造像，也有不少印度密教僧侣造像。这些造像鲜明地表现了南诏国内的彝、白、汉等民族原始宗教神祇的佛教化。同时，印度密教也使自己的主神地方化和民族化，完成了外来神在云南安家落户的过程，使印度密教神更贴近世俗群众，更深入生活，能获得更多人的信奉。正因为如此，印度密教在南诏晚期逐渐成为国教，也是从南诏后期到大理国近500年间最主要的宗教。自劝丰祐时起，佛教达到鼎盛时期，这一时期统治者大建寺庙，铸造佛像。劝龙晟曾用三千两黄金铸佛3尊，送佛顶寺，并建造大量佛寺，南诏的许多寺塔和佛像都在这时兴建或重建。如崇圣寺千寻塔，规模宏大，有佛像11 400尊，屋890间，耗铜40 590斤，大塔16层，费时8年完成。到隆舜时修建了大寺800座，叫做兰若，小寺3 000座，叫做伽兰。① 时人描述说："洱水与苍山，佛教之齐鲁"；"大理一邑，僧寺之多，几冠南省"，以至于达到"无山不寺，无寺不僧"的地步。言语或有夸张，但南诏佛教之盛行完全可想而知，以至于佛教"遍于云南境中，家知户到，皆以敬佛为首务"②。隆舜不仅自己用黄金大铸阿嵯耶观音、文殊、普贤像，让王室成员俱皈依佛教，而且还"劝民每家供奉佛像一堂，诵念经典，手拈素珠，口念佛号"，"劝民每岁正、五、九月持斋，禁宰牲口"。佛教已完全成为南诏上自统治集团下至普通民众共同的精神支柱了。

同时，由于密教在南诏社会的重要地位，在南诏政治体系中，僧为官、官为僧的现象就变得非常自然而普遍。一方面，自南诏晚期开始，密教僧侣就开始参与统治阶级的政治、军事、经济的决策和管理，并占据显赫的地位，集宗教、政治权力于一身，他们常被封为"国师"、"军师"，直接进入南诏国统治集团内，成为一个新的社会阶层——释儒。另一方面，南诏国的官员，上至清平官，下至一般官吏，也多从佛教僧人中选择，而且由王室授予各种尊号，如"无量神功国师"、"神功济世护国国师"、"神通妙化卫国真人"等，显示出他们对国家政治的巨大影响力。

总之，佛教对南诏乃至以后云南历史的影响不应被忽略，印度佛教文化对洱海地区白族先民的影响，甚至可能还要比汉文化的影响深刻得多。应该说，印度佛教文化是南诏、大理文化的重要内容之一，它渗透到了整个南诏国的文化、艺术中。

---

① 尤中：《僰古通纪浅述校注》，云南人民出版社1989年版，第79页。
② 詹全友：《南诏大理国文化》，四川人民出版社2002年版，第229-238页。

三、南诏的文学艺术

南诏的文学以诗歌和散文著称。南诏时期由于与内地联系的增多,加之汉族移民不断进入南诏境内,汉族文学在南诏得到广泛传播,因此南诏时期有纪录的洱海民族文学,大都受内地文学的影响,表现出唐代文学的风采。南诏王及其子孙大多习汉文,读儒家之书。阁罗凤自己就"不读非圣之书","尝读儒书"。唐西泸县令郑回被阁罗凤"甚爱重之",令教子弟,从阁罗凤之子凤迦异开始的几代王子,都以郑回为师学习儒学,知礼乐,有文化。南诏还遣送子弟及贵族大臣到成都就学,前后延续50年,就学者多达上千人。这些就学于成都的子弟将汉文化带回了南诏,大大丰富了南诏的文学艺术,涌现出许多诗人和文人,南诏不少的诗文流传到唐朝内地,有的还被收录到《全唐诗》、《全唐文》中,比如仅在《全唐诗》第732卷就收录有四位南诏诗人的诗歌。

南诏散文的造诣也较高。其优秀佳作有唐大中初年南诏质问唐为何减少就学成都子弟人数的呈词,其中的"一人有庆,方当万国而来朝;四海为家,岂计十人之有费",很是精彩,就连唐朝官员阅读后都有"开缄捧读,词藻斐然"的感叹。南诏国的长篇散文,以《南诏德化碑》碑文为代表作。碑文作者为清平官郑回,全文洋洋洒洒数千言,虽然采用的是以叙事为主的碑传文体,但由于作者具有深厚扎实的文学修养和非常高超的语言驾驭能力,所以在写作手法上和文字表达方式上并不是简单地平铺直述,而是波浪式地层层推进,娓娓道来,将激越的感情深蕴于叙事之中,融叙事、说理和抒情为一体,除注重以情动人外,还善于以雄健的气势感染人,因而富有极高的文学性,达到了堪与唐宋内地文章名家的上乘佳作相比肩的文学高度。

南诏有许多著名的诗人和文人,有记载者多为国王或清平官等上层人物。南诏王寻阁劝就是著名诗人之一,他的《星回节游避风台》一诗得到千古流传,其诗云:"避风善阐台,极目见藤越,悲哉古与今,依然烟与月;自我居震旦(南诏王),翊卫类夔契,伊昔今皇远,艰难仰忠烈;不觉岁云暮,感极星回节,元昶同一心,子孙堪贻厥。"这首诗虽然夹杂了不少诗人的本民族语,如谓"天子"为"震旦",谓"朕"为"元",谓"卿"曰"昶",因而具有鲜明的民族特色,但就艺术性而言,其紧紧扣住岁末登台,起兴感怀,情景交融,时空变换,一气呵成,语言流畅,感情真挚,反映出作者驾驭汉文功力之深。清平官段义宗的诗歌也广为流传,例如《题大慈寺芍药》中的名句"繁影夜铺方丈月,异香朝散讲筵风"和《题三学经楼》中的"玉排拂道珊瑚殿,金错危栏翡翠楼"都是佳作。还有世隆时的清平官董成的《怀乡》诗:"泸北行人绝,云南信未还。庭前花不扫,门外柳谁攀。坐久消银烛,愁多减玉颜。悬心秋月夜,万里照关山。"作者通过即景生情,情景相生,把客居异乡、心怀故国的情怀,表现得真切而又深邃,全诗被收录于《全唐诗》中。此外,清平官赵叔达和杨奇鲲的诗的意境都很深远,充分反映出南诏诗歌的高水平。

四、南诏的绘画、雕刻与建筑

南诏的视觉艺术不管是绘画还是雕刻与建筑,都达到了相当的高度。其绘画艺术集中体现在《南诏中兴国史画卷》之中,此画成于舜化贞中兴二年(唐昭宗光化二年,公元899年),

画卷以佛教故事为题材，内容杂糅了南诏历史和神话传说的片断，恰如一本大型连环画，将从巍山起因、祭铁柱到中兴二年的史实、神话及佛教传入的故事以图文并茂的方式——呈现，既是一幅绘画艺术珍品，又是研究南诏历史的重要文物，被誉为"南诏瑰宝"。

剑川石钟山石窟是南诏石刻艺术的精品，分布在距剑川县城 25 公里石宝山的石钟寺、沙登村、狮子关 3 个地点，共有 17 窟，造像 139 尊，碑碣 5 通，造像题记和其他题记 44 则。造像内容：一是佛教题材，有如来佛、观音、天王、大力士等；二是世俗题材，如南诏王、清平官、僧人等。石窟艺术风格既受到内地敦煌、云岗、龙门石刻的影响，也能见到藏族、南亚文化风格的影子，同时还具有南诏自己独特的风格，是南诏文化与汉族、藏族、南亚文化交流的结晶。其中最为著名的有《阁罗凤议政图》、《异牟寻坐朝图》、《达摩像》、《八大明王像》、《阿央白》等，是研究南诏政治制度、宗教信仰、建筑和服饰的珍贵实物资料。①

南诏建筑水平则以佛教寺塔和宫殿建筑艺术水平最高。在开元至天宝年间，南诏国力充裕，故其建筑也表现得宏伟精巧，最具代表性的当数崇圣寺三塔。此塔建于唐开元年间。寺基方 3.5 公里，有塔 3 座，房屋 890 间，佛像 11 400 尊。大塔（又称千寻塔）有 16 层，高 69.13 米，是中国层数最多的古塔，也是中国古代最高的塔。崇圣寺和三塔在劝丰祐时曾重修，据记载重修的三塔，大塔 16 层，高 61.6 米，旁二塔各高 24.3 米，用工 778 141 个，花费金银布帛、绫罗锦缎价值合金 43 054 斤，历时 8 年才竣工。三塔的造型受唐内地建筑艺术的影响，形似唐代西安的小雁塔，但又不失南诏建筑的特点，是内地和南诏各族建筑艺术相结合的结晶。千寻塔不仅规模宏大，且具有良好的抗震设计。明代正德年间（公元 1515 年）大理地震，千寻塔"折裂如破竹"，但十多天后又自行弥合。1925 年大理再次发生强烈地震，城内房舍十室九塌，而千寻塔却依旧安然无恙，充分显示了南诏各族人民高超的建筑水平。

南诏的宫殿建筑华丽壮观。羊苴咩城（今云南省大理县城）南诏王大衙门建筑技术最高。宫殿楼高 6.7 米，楼前广场 1 平方千米，南北城门相对，从楼下行 300 步方到第二重门。王宫内的大厅采用无梁殿式工艺，房屋密如蛛网，却看不到一根柱子，这需要较高的技术和科学的计算方法。复杂的建筑反映了南诏建筑水平之高，而类似建筑在南诏还有不少，如太和城"巷陌皆垒石为主，高丈余，连延数里不断"；大釐城（今云南省大理县喜洲）居民众多，是南诏王的避暑之地；还有南诏王会见西南夷十六国君长之地的"五华楼"，楼广 1.7 千米，高 33.4 米，上可容纳万人，其规模更为宏大。

五、南诏的音乐舞蹈

南诏时期的音乐舞蹈丰富多彩，尤以南诏的宫廷音乐为最。宫廷音乐是在云南少数民族音乐的基础上吸收内地和东南亚音乐而形成的。东南亚的"骠国乐"首先传入南诏，而后由南诏传入唐朝的长安。南诏宫廷中还流行中原王朝所赐的"龟兹乐"。南诏音乐蔚为大观，正是因其对各族文化精华兼收并蓄的缘故。天宝战争之后，南诏为了与唐王朝重新修好，把白族宫廷乐师张洪纲创作的"夷中歌曲"原曲改编加工整理成大型乐舞《南诏奉圣乐》送到成都，经剑南节度使韦皋进一步修改后再送到唐朝首都长安敬献演出的。舞蹈演员穿南诏服装，

---

① 李昆声：《云南艺术史》，云南教育出版社 2001 年版，第 192 页。

戴黑色头囊，系金腰带，数十人执羽毛起舞，并组成"南诏奉圣乐"几个字。参加演奏的乐队十分壮观，乐器有30多种，演奏人员共196人，分为"龟兹部"、"大鼓部"、"胡部"、"军乐部"，整个场面气氛热烈，气势恢宏，获得极大成功。当朝天子唐德宗在观看了这次演出后，让宫中的专职音乐舞蹈人员认真学习，"以授太常工人，自是殿庭宴则立奏，宫中则坐奏"，作为宫廷中的保留节目经常演出，被列为唐朝十四部乐曲之一，"是南诏乐舞对中原文化的影响和贡献"①。南诏的乐曲还有由云南民歌加工而成的"天南滇越俗歌"，以及见于记载的"盖罗缝"、"赞普子"、"菩萨蛮"等乐曲。南诏为乐曲伴奏的乐器有筝、箜篌、五弦、琵琶、笙、笛、拍板、筚篥、铙、铎、钲和铜鼓等。

南诏民间也广泛流传着许多"俗歌"、"俗舞"，最为普遍的是"踏歌"（打歌），以笙、笛等乐器伴舞，这就是桂馥《滇游续笔》所说的 "夷俗，男女相会，一人吹笛，一人吹芦笙，数十人环，踏地而歌"的踏歌。每逢收获、婚嫁或节庆，人们少则数十人，多则数百上千人，围着一堆堆熊熊的烈火，以四周沉寂肃穆的青山和深邃神秘的天幕为背景，合着芦笙、短笛、月琴和树叶吹奏的音乐节拍，男女手拉手，围成圆圈，逆时针方向踏足而歌，通宵达旦，兴尽方休。它遍及云南，只是各族各地的叫法不同而已，有"打歌"、"左脚舞"、"踏歌"、"跳芦笙"等名称，很受民间男女青年的欢迎。1986年，美国国际民间艺术组织还曾把这种民间自娱性的歌舞列为最受欢迎的"全球十大民间舞蹈"之一。

第五节　南诏居民的社会生活

一、南诏的社会控制

如前所述，南诏的社会控制实行的是一种军政合一的体制。从中央的清平官、大军将到地方的城使和节度，其官制虽有文武之分，但文职和武职官员的权限在实际上并无明显区别。军也管民事，文也兼军职。其法律则带有浓厚的习惯法特点。据《通典》所载："其被人杀者，丧主以麻结发，而黑其面。衣裳不缉，唯服内不废婚嫁，娶妻不避同姓。其俗有盗窃杀人淫秽之事，首长即立一长木，为击鼓警众，共会其下。强盗者众共杀之。若贼家富强，但烧其屋宅，夺其田业而已。"对盗贼可以用私刑处死，也可有别种选择。另据《新唐书·南诏传》说："盗者倍九而偿赃。奸淫则强族输金银请和而弃其妻。处女、孀妇不坐。凡相杀必报，力不能则其部助攻之。祭祀，杀牛马，亲联毕会，助以牛酒，多至数百人。"这种记载与《通典》相比较，在习惯法规则上有不同之处：第一，对偷盗的人不是"共杀之"，而是"倍九而偿赃"，这两种方法应该可以选择其一，可以用财产刑代替身体刑；第二，对奸淫者的处罚可以"输金银请和"，但要"弃其妻"，存在着刑事案件中的和解结案；第三，血族复仇是合法的，可以公开进行，有时规模很大，可"多至数百人"。

作为一个已具备国家形态的政权组织，南诏国有较为系统的中央和地方政权组织机构，地方还存在各种各样的民间机构和组织，其规范形式多样，性质也不一样，具有较为明显的规

---

① 李昆声：《云南艺术史》，云南教育出版社2001年版，第250页。

范多元的特征。健全而成熟的社会组织体系与规则多元使南诏可根据实际需要组合成固定的或不固定的多种社会控制模式。根据社会控制手段和目的的不同,南诏的社会控制模式存在积极控制与消极控制两种模式。虽然有程度不同的交叉,但总体而言,通过官方组织系统,利用国家实在法或官方法和其他官方规范所进行的控制为消极控制,其惩戒功能较为突出,通过民间组织系统利用大量的习惯法或非官方法及其他民间规范所进行的社会控制为积极控制模式,其预防和教化功能更为明显,二者相辅相成。当然,在南诏国延续的近250年时间里,社会发展变化也很大,其早、中、晚期在社会政治、经济、文化方面均有较大差异,其控制模式也绝非一成不变。①

二、南诏的饮食习俗

饮食是人类生存和繁衍的首要物质基础,是社会生活的重要内容。南诏时代的云南,食物的品种和农作物的种植都得到了一定程度的扩展。水稻的种植已越出了滇池和洱海两大农业区,主要品种为粳稻。粳稻是一种黏性不大的稻米,现云南俗称"饭米",《蛮书》记为"粳稻"。南诏又实行稻麦复种制,八月稻熟,到十一月至十二月之交,就在稻田中种大麦,第二年的三四月成熟。小麦的具体食用方法是将小麦磨成粉状炊食。五谷的广泛种植奠定了南诏饮食文化的基础,再辅以葱、韭、蒜、瓜、豆、箐等菜蔬,以及马、牛、猪、羊、鸡、犬、骡、鹅、鸭、兔、驴等动物肉类食品,共同构成了南诏民众的饮食文化结构。至于各类可食性动物,"南诏诸山及人家悉有之,但食之与中土稍异。蛮不待煮熟,皆半生而食之"。南诏还有一种广为人爱又颇具特色的食俗,"土俗以为上味"的"鹅阙",它的具体制作方法,《蛮书》卷八记为:"取生鹅治如脍法,方寸切之,和生胡瓜及椒椴啗之",又《新唐书·南诏传》也说:"脍鱼寸,以胡瓜椒椴和之,号鹅阙"。也就是把动物鲜肉切成块,拌以各种佐料进行腌制,在云南昔日的饮食文化中占有相当重要的地位,以致在南诏以后的各个时期还流行这种风俗,在后来李京《云南志略》、《马可·波罗行记》、《大明一统志》、《景泰云南图经志书》、《万历云南通志》等众多史书中都有详尽的记载。

因为气候类型的多样性,使得南诏的热带、亚热带、温带、寒温带类型的各种水果品种都异常丰富。见于史籍的有柑橘、甘蔗、橙、柚、葡萄、李、梅、杏、荔枝、槟榔、椰子等数十种。其中,以产于大釐城"其味甚酸"的柑橘,"大如汉城甜瓜,引蔓如萝卜,十一月十二月熟。皮如莲房,子处割之,色微红、如甜瓜,香可食"的波罗密果,"子大皮薄如藤纸,味绝于洛中"的石榴,"大如扁螺、两隔,味如胡桃"的蔓胡桃最为有名。丰富的果木资源对南诏各民族来说,已经不局限于水果的意义,人们"饥则求食,饱则弃之",它们也是人们直接的食物来源。

饮酒是云南各民族人民日常生活的重要内容。云南于南诏时,就以大麦、小麦为原料,进行简单地酿酒。据樊绰《蛮书》卷七云:"大麦多以为麨。以稻米为麹者,酒味酸败。"由此看来,南诏酿酒之术并不高明,但饮酒之风却甚为炽烈。《蛮书》卷八中描述说:"每饮酒欲阑,即起前席奉觞相劝。有性所不能者,乃至起前席扼腕的颡,或挽或推,情礼之中,以此为重"。《新唐书·南诏传》也说:"吹瓢笙,笙四管。酒至客前,以笙推盏劝釂。"上述两

---

① 罗家云:《南诏国的习惯法与社会控制研究》,《思想战线》2007年第5期,第123页。

处文献所记的是南诏乌蛮与白蛮贵族的饮酒风习，他们奏乐助兴，不醉不散，至今在彝、白两族中仍可见到。①

南诏的烹茶习俗也吸收和继承了汉民族的饮食文化。《蛮书》卷七载："茶出银生城界诸山，散收无采造法。蒙舍蛮以椒姜桂和烹而饮之。"《蛮书》记载的蒙舍蛮的饮茶方式，其实是长期流行于汉族地区的烹饮方式，一般是将茶的鲜叶作羹饮，与喝菜汤差不多。直到公元758年前后《茶经》问世后，陆羽才对将茶与葱、姜、枣、橘皮等配料放在一起煮饮的烹茶方法表示了极大反对。由此可见，南诏的烹茶方式，基本上是学习了内地汉族的习惯，只不过是配料上有某些变化而已。今天大理地区作为民族饮食文化象征的白族"三道茶"，其源实在南诏，也是云南少数民族与汉族之间文化联系紧密的最好体现。②

三、南诏的服饰

据考古发现，距今三千年前洱海地区的白族先民已经掌握了纺织技术。剑川海门口、大理苍山、宾川白羊村等新石器时代遗址，都曾分别出土了石质纺轮，骨质或角质针具，证明纺织物在那时已经问世，白族先民也开始有了简单的服饰。到了南诏时期，史载南诏人"工文织"，洱海地区的丝纺织业已大量出现，含纹纳花的丝织品大增。大凡华贵的衣服，都要用精丝织成的丝、锦、绢缝制而成。南诏王、清平宫的服饰皆用锦绣，外缀虎皮，异常鲜艳。唐代的《南诏中兴二年画卷》对王族和官员的服饰，作了详细的描述。《南诏德化碑》碑阴载南诏用"二色绫袍"做功臣赏赐品。绫是以精丝纺成，纹理望之如冰凌的高档丝织品。"贵者以绫锦为裙襦"，《南诏德化碑》碑阴罗列获赏官员数十人，得紫袍者居多，得锦袍者仅五人，由此看来，织锦并以此为服饰原料，在南诏各民族生活中并不普遍，是更高地位的象征。

南诏纺织业的发展，为染绣提供了良好的基础。除王者达官外，平民衣饰花色亦多。为了使服饰更加美丽，人们除了在衣服上制作刺绣图案，达到美化服饰的目的外，在公元800年南诏向大唐朝廷献演的大型歌舞《南诏奉圣乐》中，南诏工匠还以其他方式来表现服饰美。在这场大型歌舞中，演员们穿南诏民族服饰，衣裙、鞋帽上有彩色鸟兽草木花纹，连乐器也作了种种装饰。发达的染绘业中逐渐了形成从低级向高级、从简单向复杂演进的"八彩"艺术。可以说南诏时期白族织染刺绣、工艺美术方面的造型设计水平之高，在我国南方是少见的。它将织、染、绘、绣融为一体，是唐代白族地区纺织业和服饰艺术蓬勃向前发展的显著标志，对研究当时的白族服饰艺术，提供了有力的证据。南诏及后来的大理国时期，白族上层服制、服式的基本形式相对固定下来，相应地，百姓服饰质量也有所提高，出现了刺绣的服饰，绢类面料虽没官家华贵，仍不失质粗形美之感，总的来说，这一时期的服饰有一个显著特点：注重色调与装饰彩染和刺绣较普遍。服饰的类型反映了当时人们的审美观、社会习俗、文化情趣及生产力发展水平，构成了白族的"服装文化"。这一文化对以后元、明、清的白族服饰的演变一直起着很大的影响作用。

就南诏这个多民族组成的复合体社会来说，不同的民族心理、审美情趣和经济发展水平，

---

① 管彦波：《对南诏社会生活史的研究》，《中南民族学院学报》（哲学社会科学版）1992年第1期，第65-70页。
② 谷跃娟：《南诏史概要》，云南大学出版社2007年版，第218-219页。

表现为不同的衣着风格。《新唐书》和《蛮书》中记载：白蛮妇女，以白缯为衣，长不过膝；乌蛮，男女悉披牛羊皮，妇人以黑缯为衣，其长曳地。此外诸如河蛮等民族，其服饰都各有特色。大体来看，各族在不同程度地吸收中原汉族服饰特点的基础上，都因地制宜地保留了若干本族特点。比如跣足的习惯，就是南诏境内许多民族的流行风俗，即使是南诏开国之祖细奴逻也不例外，这就与南诏多雨和便于水田劳作存在一定的关系。乌蛮的披毡，其实是畜牧民族的遗风，方便人们从事游猎、畜牧等经济活动，既适应特定的经济水平又可直接服务于经济本身。至于南诏各民族服饰中的头饰，那更是异彩纷呈、千姿百态。南诏各民族在其社会生活中对头部各种器官——眼、耳、鼻、眉、齿等，都精心地加以装扮和修饰的一系列观念和行为，直接影响了今日的白族妇女。

四、南诏的民居

建筑是凝固的音乐，建筑文化往往体现着一个时代、一个民族一定的审美价值取向。南诏的宫廷与寺塔建筑已在前面叙述，这里所要提及的仅是南诏的民居建筑，它不仅与一个民族的社会经济发展有关，而且还与民族的思想观念、宗教信仰、风俗习惯等密切相关。南诏的民居建筑文化由于受历史文化、宗教信仰、社会环境等方面的影响，在满足一定实用性的基础上，也体现了南诏人一定的生活价值观、审美理想及艺术情趣，可以说是南诏物质生活和精神生活的生动写照。

南诏白蛮的房屋建筑形式，表现出既保持了地方民族风格，又汲取了当时内地汉族风格的特点。《蛮书》卷八即说："凡人家所居，皆依傍四山，上栋下宇，悉与汉同，惟东西南北不取周正耳。别置仓舍，有栏槛，脚高数丈，云避田鼠也，上阁如车盖状。"参照其他文献，可见当时南诏民居的屋室形制、居住生态背景和建筑结构："依傍四山"，注意建筑与环境的联系，把民居与外部自然沟通交融于一体，又可借四山之突兀防风御寒；"上栋下宇"，与中原传统建筑相似，同样也是对自然环境适应性较强的一种建筑，其具体形制是房屋上面有脊檩，并配之下面的屋檐，唯一不同的是南诏民居常常根据地势的起伏而发生变化，尚未采用正规、工整的原则构建，故东西南北不够周正。此外，南诏人还在房屋四周置仓舍，树立高数丈的栏杆，主修如车顶棚的屋盖，并以之作为正房的偏屋，这有如今天部分彝族、哈尼族民居的土掌房。

南诏民居还有一个特点是在建房取材方面，广泛采用石头为主的建筑材料。据记载，南诏的民居建筑往往是"巷陌皆垒石为之，高丈余，连延数里不断……"这是因为大理石头多，其民居大都就地取材，石头不仅被用于打基础、砌墙壁，也被用于门窗头的横梁。这种用材的特征沿袭下来并得到大大发展，大理民间至今有"大理有三宝，石头砌墙墙不倒"的俗语，指的就是这一特点。而且其民居十分看重门楼的雕刻、绘画，即使简陋的民房，也讲究一个华丽的门楼，这些精美的门楼图案常给游人留下深刻印象。

五、南诏的节庆

南诏节庆主要有盛会客、星回节和驱傩。盛会客是在每年农历十一月一日，家家户户需于户外插设桃荝,以除不祥,同时备酒宰肉,亲戚乡邻互相邀宴,作乐庆贺三日。星回节是在农历十二月十六日,君臣游乐并赋诗唱和。这些都在《蛮书》卷八中有详细记载:所谓"每年十一月一日盛会客,造酒醴、杀牛、羊,亲族邻里,更相宴乐,三月内作乐相庆,惟务追欢。户外必设桃荝,如岁旦然。改年即用建寅之月,其余节日,粗与汉同,唯不知有寒食、清明耳"。其中,南诏最为隆重和热闹的节庆活动,还要数每年农历六月二十四日的"驱禳"。元李京《云南志略》记载:"六月二十四日,通夕以竿缚火炬照天,小儿各持松明火相烧为戏,谓之驱禳。"这种活动其实就是今天的火把节,之所以选在农历六月二十四日,据说与火烧松明楼的传说有关。现代解释的所谓"驱禳",就是人们通过对火的崇拜,以祈求风调雨顺、无害无灾。每年火把节,人们各持松明火把相烧为戏,称为"驱禳",它至今还流行在彝族等少数民族之中,也受到其他民族越来越多群众的欢迎。

南诏节庆内容丰富多样,受宗教尤其是印度密教的影响最大,带有鲜明的密教色彩。如在初一、十五要行斋戒,以"念佛会"、"莲慈会"等组织形式,立坛从事各种宗教活动。男会首也称"掌坛"或"师主",女会首又称"经母",男教徒自称"信士"或"善男",女教徒自称"善士"或"善女",相互则称师兄弟姐妹。宗教活动称"做会",除有传统的弥勒会、观音会、释迦会、地藏会等外,还有村社本主会和禳灾祈福、追荐超度亡灵等活动。替人"做会"要收取一定报酬。至今白族地区随处可见的梵文碑刻、火葬墓群都是印度密教的历史遗存。白族民间还保存着相当数量的印度密教乐舞和以佛教故事为题材的口头文学。如印度密教乐舞流行于白族聚居的云南剑川、洱源等县,现存《散花》、《散灯》、《剑舞》、《鹿鹤同春》,常在规模较大的佛教庙会上表演。此外,正月初九的"上九会",二月初八的"春醮会",二月十八的"观音会",三月二十八日的"地藏王会",六月和九月有"朝斗会",七月十五的"盂兰盆会"等,都与佛教有关,也都会吸引大量虔诚的善男信女参加。值得一提的是"三月街",在每年农历三月十五至二十一日的7天时间内,大理白族人民都要在古城西门外,点苍山中和峰下空旷的场地上举行盛大的民族民间交易会,俗称为"三月街",又称为"观音市"。《云南通志》载:"自唐永徽年间至今,朝代累更,此市不变"。据此,大理三月街应有1300多年的历史了。电影《五朵金花》对其盛况作了充分的展现,它既是隆重的物资交流会,也是民族的狂欢节。

六、南诏的丧葬习俗

在佛教传入以前,南诏的丧葬制度实行棺葬,葬时死者的尸体骨骸是得到保存的。棺葬析材质有铜棺、石棺和木棺的区别。祥云出土的大波那铜棺,经放射性碳素的测定是公元前465±75年,为我国历史上的战国时期。经调查和研究,大理地区的石棺墓年代,上限应为战国时期,下限为西汉早期。丧葬习俗方面,居住于坝区的白蛮已普遍吸收了汉族墓葬的方式,《蛮书》卷八说:"西爨及白蛮死后,三日内埋殡,依汉法为墓,稍富室广栽杉松"。而蒙舍及诸乌蛮"不墓葬,凡死后三日焚尸,其余灰烬,掩以土壤,唯收两耳,南诏家则贮以金瓶,又重以银为函盛之,深藏别室,四时将出祭之,其余家或铜瓶、铁瓶盛耳藏之也"。此时的乌蛮虽然实行火葬,但这种方法更多地出自于民族习惯。随着佛教密宗阿叱力教在南诏的深入,风气大变,除怒江地区占白族总人口不到1.5%的白族支系勒墨人外,历史上白蛮人住过的地方都风行佛教密宗式火葬，就是已经采用火葬之法的乌蛮，也有实质性的变化，即其火葬的葬仪更加宗教化和严格化。[1]

从葬法来说，人死之后，其亲属即请密宗僧人阿吒力来主持法式，念经，经三日或择吉日火化。在所居住地的山坡或旷野有公共的火化场。大理感通寺后至今还有一个石架，村人称之为火葬架，可能就是火化场地的遗存。火化后的骨灰装入特制的饰有莲花、12生肖、五方佛等的火葬罐内。值得注意的是化不尽的骨殖，贴以金箔，再经由阿吒力用朱笔或墨笔或金、银粉在上书梵文文字，称之为紫金骨，装入各种式样的火葬罐内。从大理地区保存下来的火葬墓看到，随着死者身份的不同，火葬罐的材质也不同。普通百姓也就是一个陶土烧制的罐子，贵族的墓葬中是一些精致的火葬罐。随葬品一般有贝币、铜钱、手镯等，罐埋于村寨后的家族墓地；上立墓幢，有梵汉两种文字，即便是普通百姓在实行火葬后，也还是有一个墓碑的。汉文书死者姓名生平，梵文为陀罗尼经咒。相隔7日后请阿吒力僧作斋，一七、二七至五七斋毕。令人感到意外的是，数百年来，人们却没能找到南诏君王的墓碑和陵寝。传说南诏王的火葬罐为金瓶，《蛮书》上记载在火葬了以后，南诏王的双耳被割下放在金瓶里面，藏进密室，适时取出祭之。至于葬在何处，这个秘密只有继位的南诏王才知道。为了不让后人发现这个金瓶所在的密洞，继位的南诏王会首先派第一批人把金瓶储存埋好，之后接着派第二批人把知道这个洞穴所在地的前一批人杀掉。从此，埋葬南诏王的地点就永远是个谜了。

随着密宗在大理的衰落，加之明、清两朝禁止火葬，白族地区从明嘉靖年间起开始复兴棺葬。尤其是《大清律例·仪律》，从法律角度明确规定禁止火葬，对违犯者实行从"杖一百"、"杖一百流三千里"直到斩首示众的各种刑罚，大理白族地区密宗式火葬才逐渐消失。

第六节　南诏国的灭亡

一、南诏穷兵黩武的扩张政策

南诏后期的一百年内，基本上维持了一种穷兵黩武的过度扩张政策。在与唐王朝苍山会盟及袁滋册封以后，短暂的和平很快就被战争所取代。公元816年（元和十一年）南诏出兵攻唐安南都护府（今越南北部）边境。公元822年（长庆二年）南诏又派兵攻入黔中，将其势力向贵州境内发展。太和三年（公元829年），南诏权臣王嵯巅背盟毁约，再次起兵叛唐，南诏军很快攻入成都外城，掳掠成千上万能工巧匠和无数金银财宝而回。次年南诏虽然遣使入朝谢罪，想与唐廷继续保持臣属关系，但时战时和的现象却并未改变。

大中十三年（公元859年），南诏王丰祐卒，子世隆（酋龙）继位，因其名犯太宗、玄宗之讳，同样刚即位的唐懿宗缺乏远见，竟不加册封，南诏故王也不行吊祭之例，极大地伤害了南诏的感情，因礼仪之争而导致了唐与南诏关系的破裂。世隆自称皇帝，国号大礼，改元建极，不再使用唐朝历法、奉唐正朔。公元860年以后，南诏向唐朝边境的军事扩张更为

---

[1] 李东红：《白族佛教密宗阿吒力教派研究》，云南民族出版社2000年版，第147-148页。

频繁,《新唐书·南诏传》载:"咸通以来,蛮(南诏)始叛命,再入安南、邕管,一(疑为三)破黔州,四盗西川"。咸通元年(公元860年)十二月,安南当地土蛮引南诏兵3万余人攻陷交趾(今越南河内),杀掳15万人而还。此后一直到公元874年,南诏曾两次进兵安南都护府和邕管(今广西壮族自治区西部),与唐军在这些地区进行了数次交锋,这些地区的一部分或长或短时间内成为南诏的统治范围。在其东北方向,公元859年,南诏攻破播州(治今贵州遵义);公元873年,再寇黔州(驻今四川彭水),黔中经略使秦匡谋兵少不能敌,弃城而去。在北方,南诏则对唐军展开对川西的争夺。咸通二年(公元861年),南诏入寇巂州,逗留数月而返。咸通六年(公元865年),南诏又攻巂州,两林"鬼主"倒戈,开门降南诏。巂州失守,迫使唐朝不能不放弃全部巂州之地,西川即以大渡河与南诏分界。

南诏经过皮罗阁到世隆期间的不断扩张,至最强盛时的疆域已是"东距爨,东南属交趾(今越南北部),西摩伽陀(今印度),西北与吐蕃接,南女王(今泰国北部南奔府),西南骠(今缅甸中部),北抵益州(大渡河以南),东北黔巫"。南诏已成为唐朝西南边境强大的政权。但数百年来频繁的战争也是南诏国力所不能承担的。《资治通鉴》评价说:"南诏酋龙嗣位以来,为边患殆二十年,中国为之虚耗,而其国中亦疲弊。"在这场战争中,双方均付出了巨大的代价。唐朝固然因连年战争的破坏而引发了王仙芝、黄巢起义,并最终倾覆,南诏同样也蒙受了巨大的灾难。国内社会生产遭到严重损失,也给南诏军队造成大批伤亡。在咸通十一年(公元870年)的一次战争中,南诏军队就损失5 000多人。至世隆时期,南诏国出现兵源恐慌,不到15岁的男子都被驱赶到战场上。在主要劳动力都投入战场后,国内农业生产就只好由妇女维持,经济随之陷入凋敝,高昂的战争成本转过来又导致国内"帑藏不给,横敛于民,上下俱困"。① 一遇天灾人祸,更是雪上加霜。9世纪末,南诏发生三年大旱,百姓以草根树皮充饥,成批流亡。这些正如《新唐书·南诏传》所说,南诏因"兵出无宁岁,诸国更仇怨,国耗虚,屡覆众。蜀之役,男子十五岁以下悉发,妇耕以饷军"。二十余年的战争使南诏不断发展的势头被阻断,社会经济遭到了极大的破坏,国力衰退。加之战争后期南诏屡战屡败,咸通七年(公元860年),南诏军在安南被唐击败,被全部驱逐出安南;乾符二年(公元875年)南诏入侵西川,围攻成都,又被唐天平节度使高骈在大渡河击败,酋长被擒数十人,高骈修复了邛崃关和大渡河诸城栅,派兵戍守,南诏自此不敢再扰西川。财源、兵源的枯竭加上战败的震慑,南诏政权蕴藏着严重的统治危机。

二、南诏统治集团的穷奢极侈

在南诏政治经济危机不断加深的时候,异牟寻以后南诏统治集团的腐朽却日甚一日。异牟寻的孙子劝龙晟"淫肆不道,上下怨疾"。历代南诏统治者的生活都十分豪华奢侈。不仅南诏王拥有众多妻妾,就连高级贵族清平官、大军将也往往"有妻妾数十人"。南诏王室拥有大量金银财宝,连食用器具都是金银制品。南诏王穿的是普通百姓禁用的绫罗绸缎,出行更是前呼后拥,前有象队引导,后有马队、伎乐队、仪仗队跟随。除了太和城、羊苴咩城那些富丽堂皇的宫殿外,南诏王还为自己另建了不少的行宫和避暑宫。寻阁劝(公元808年在位)以鄯阐为东都,筑拓东城,把昆明开辟成王室的又一寻欢作乐的场所。而隆舜继位后,索性长

---

① 胡蔚:《南诏野史》,见木芹《南诏野史会证》,云南人民出版社1990年版,第167页。

住鄯阐，不理朝政。即使是财力困乏的南诏末年，这种穷奢极侈的生活也从未停止。劝丰祐时期（公元824至859年）南诏动用大量财力、人力、物力修建起著名的"五华楼"，方圆五里，高达百尺，楼上可容纳万人。如此巨大的工程，耗费民间财物之巨大可想而知。①

自佛教风靡后，南诏统治阶级中又多了一个腐朽的寄生集团。公元9世纪中叶以后，随着南诏各种社会矛盾恶化，威胁到南诏王室的统治地位，密宗阿吒力教就乘势与南诏王室产生了紧密的联系，并在南诏形成鼎盛之势。一方面，危机中的南诏王室需要利用阿吒力教来宣扬"君权神授"，巩固自己的统治，通过控制民众的精神信仰从而达到控制各族群众；另一方面，在权力生存中变质的僧侣也需要借助南诏王室的扶持，为自己谋取利益。阿吒力教的僧侣多被奉为"国师"，其足迹所到之处，广修寺塔，耗费大量的钱财和劳动力，给民众增添了沉重的负担。世隆时代，更是投入了大量的人力物力于佛事活动之中，曾建大寺800，小寺3 000，使佛寺遍及云南境中。而隆舜尤喜铸观音像，不仅"以兼金铸阿嵯耶观音"，又"以黄金八百两铸文殊、普贤二像，敬于崇圣寺"，还"用金铸观音一百八像，散诸里巷，俾各敬之"。②至于劝丰祐统治时期动用大量民力修建崇圣寺千寻塔，供佛11 000多尊，构屋890间，耗铜40 000余斤，更是工程浩大，劳民伤财。南诏境内寺庙林立，已然成为名副其实的"佛国"。南诏统治者乞灵于佛教，却对南诏的社会经济起到了极大的破坏作用，反而加深了统治危机。

三、南诏政局的动荡和南诏国的灭亡

南诏异牟寻时期（公元778至808年），由于统治区域范围的基本固定，并摆脱了唐朝和吐蕃对南诏内部事务的干涉，与唐朝也能保持密切友好的交往，南诏的内外政治、经济局势都相当稳定。因此，异牟寻时期是南诏发展到高峰的时代。但南诏并没有能跳出盛极而衰的规律，一系列的政治社会矛盾逐渐变得严峻，而统治集团内部的矛盾斗争也尖锐激化，导致南诏政局动荡，一片风雨飘摇。

元和三年（公元808年），异牟寻去世，其子寻阁劝继立，一年后也死去。子劝龙晟继位，由于"淫肆不道"，引起"上下怨疾"。元和十一年（公元816年），劝龙晟被权臣弄栋节度使王嵯巅杀死，王嵯巅立其弟劝利晟为王，从此独揽南诏大权。王嵯巅为人顽固凶残，拥有对南诏王的废立之权，权势高踞国王之上，自己也得到了王室蒙氏的姓氏，还被封为"大容"，意为国王的兄长。他一边连续挑起对唐朝的战争，一边又掌控几代幼主。劝利晟在位七年去世，他扶持劝丰祐继位；公元859年劝丰祐去世，他又继续扶植还是个少年的世隆继承王位，自己做了摄政王。王嵯巅的专断和发动战争激起的矛盾，招致众人的嫉恨。白蛮大军将段宗牓声讨其弑君之罪，设计除掉了把持朝纲历50年的王嵯巅。但蒙氏统治集团内部的争夺却并未停息。世隆时，对于"亲戚异己者皆斩"，乌蛮王室成员自相屠杀，互为猜忌。为了保住王座，南诏王不得不更多地寻求白蛮贵族的支持。段宗牓后，白蛮贵族在南诏决策中的地位越来越重要。杜元忠做清平官时，唐朝西川节度使牛丛致书南诏国，但不发给南诏王而是直接投书于杜元忠门下。世隆时，"国事颛决于大臣"，国事取决于白蛮贵族，南诏王已经

---

① 李昆声、祁庆富：《南诏史话》，文物出版社1983年版，第146页。
② 尤中：《僰古通纪浅述校注》，云南人民出版社1989年版，第82页。

有名无实。公元875年,隆舜继位,"自号大封民",所谓"封民",即"白民"或"白人"之意,说明白蛮贵族的影响和实力都有进一步的上升。

在众多白蛮贵族中,郑氏的地位日益突出。自郑回在南诏为清平官开始,郑氏一直为南诏望族,权势日重。到隆舜时期,以郑回七世孙郑买嗣为首的一派白蛮政治势力,成为左右南诏王室的重要力量。《僰古通纪浅述》载:"郑回后裔有郑买嗣者,自浪穹河头获一龙珠献王。王喜,以买嗣为健士。"[①] 隆舜长期巡幸东京(今昆明),"国事多委郑买嗣摄"。在激烈的权力斗争中,隆舜已经感到难以自保。他先是颓废地"酖于酒色",后来索性跑到东京鄯阐一去不归,实际上都是出于消极逃避的心理,但最终还是被郑买嗣密令杨登弑杀于东京。此后,政权在实际上便为以郑买嗣为首的白蛮贵族赵隆眉、杨奇鲲、段义宗等所操纵。再到舜化贞为南诏国王时(公元897至902年),"以郑买嗣为国老,权归买嗣,主幼,只作俑人而已"[②],白蛮贵族在洱海地区的政治影响已发展到足以操纵一切的地步。舜化贞在即位5年后于唐昭宗天复二年(公元902年)突然死亡,郑买嗣便害死舜化贞的幼子,公开发动政变,起兵杀蒙氏贵族八百多人于五华楼下,篡夺了王位,自立为大长和国国主。到此,自细奴逻建立大蒙起,传13世,历250余年的南诏正式宣告灭亡。

---

① 尤中:《僰古通纪浅述校注》,云南人民出版社1989年版,第83页。
② 尤中:《僰古通纪浅述校注》,云南人民出版社1989年版,第88页。

第五章 大理国时代的云南

自五代十国始到南宋为元所灭的372年间，中国处于分裂和局部统一的时期。与这一时期大致相当，在今天云南包括部分川西南地区，先后经历了大长和国、大天兴国、大义宁国三个政权的短暂震荡，最后由通海节度使段思平起兵并创建了延续300余年的大理政权。大理政权共传22世，享国317年，与南诏并为西南地区存在时间最长、影响最大的地方政权，在很多方面可以说是南诏的继承者，对西南及其周边地区乃至全国都产生了深远的影响。

第一节 大理国的建立

一、后南诏时代洱海地区政局的动荡（公元902至937年）

9世纪末至10世纪初，在云南地区盛极一时的南诏政权由兴盛逐渐趋向衰落。在社会经济危机日益加深的情况下，统治集团内部的矛盾也表现得更加突出，直至南诏政权的最终崩溃。此后至大理国建立之前的36年中，原来南诏统治的疆域范围之内，在政治上表现为分崩离析而不能完全统一，强族林立，白族封建主郑氏、杨氏、赵氏、董氏、高氏、段氏六姓，皆有地有民有兵，一举一动都干系政局。他们在洱海地区展开对政权的争夺，洱海地区先后出现了3个小王朝。

最先出现的是郑氏"大长和"。白族封建主郑买嗣，本是唐朝西泸县令，"郑回之后，世为蒙氏清平"。作为南诏的宰相，郑买嗣执掌国柄，于公元902年发动政变，杀死了南诏皇室的最后一个国王舜化真，并杀戮蒙氏亲族800余人，夺取了南诏政权，改国号曰大长和，建立了大长和国封建政权。大长和国政权历经郑买嗣（8年）、郑仁旻（16年）、郑隆亶（2年）3世，建国共26年，除了表现为简单的政权易主之外，并没有使南诏后期旧有的社会矛盾得到缓和。而郑仁旻又趁五代十国之乱世，在公元914年举兵犯蜀，结果被"王建发兵大破之，俘斩数万级，溺死数万人"，大败而归。数万各族群众遭到无辜的牺牲，这更激起了各族人民的愤怒和反抗，加上他"躁怒，常杀人"，是以人心丧尽。

公元927年，权臣剑川节度使杨干贞利用人民的不满情绪起兵入朝，杀了第三任国王郑隆亶，屠郑氏，灭了大长和国。杨干贞担心支持郑氏的势力不服，故没有立即拥号自立，而是扶持清平官赵善政为帝，改国号曰大天兴，建立了大天兴国政权（公元928至929年）。但很快赵善政和杨干贞的矛盾扩大，"善政待干贞，恩礼寖衰，凡干贞所有请乞，辄不许"。握有兵权的杨干贞"恃功怨望，遂赂结诸臣，废善政而自立"，短命的大天兴国仅存10月而亡。

杨干贞改国号曰大义宁，建立大义宁国（公元929至937年）。他在位8年。暴虐无道，引起了各族人民的不满，"贪暴特甚，中外咸怨"。公元937年，通海节度使段思平自东方起兵讨之，驱逐了杨干贞，大义宁国遂灭。

自南诏灭亡到大理建立之间短短的36年之内，国号三易，郑、赵、杨三姓如走马灯一样交相更替。从郑买嗣、赵善政、杨干贞到段思平，都是南诏末年以来与乌蛮奴隶主不同的白蛮贵族。他们在联合推翻了南诏政权之后，以其中一个家族的代表为国王，其余家族中的代表人物充当大臣，共同掌握政权。而政权之所以在他们中间频繁转手，显然是白蛮封建主们在寻找发展和巩固政权的方法和道路，试图使南诏末期分裂了的疆域再统一起来。但世家大族分立共长，三姓政权在篡权夺位后都由于没有足够的实力控制局面而很快夭折。① 从经济社会的原因来看，南诏奴隶制政权灭亡之后，洱海地区的奴隶主们的残余势力不可能立即消灭。南诏时期遗留下来的社会问题，诸如奴隶主与奴隶之间的矛盾，封建主、村社农民与奴隶主之间的矛盾，被统治的各民族与主体民族白蛮之间的矛盾等，都未曾得到相对彻底地解决。而封建制度的进一步发展和巩固，正需要封建主们采取各种措施来加以扶持。被统治的各民族与新执政的"白蛮"封建主之间的关系，也必须进行调整。从郑买嗣到杨干贞，都没有很好地解决上述各种矛盾和问题，因而，他们的政权便不能稳固，能够统治的区域范围也受到很大的局限。后来段思平得国，废除杨氏苛政，宽减赋税，西南离乱三十余载至是乃得以粗安。大理段氏由是得滇地人望，国脉绵延三百余载。

二、段思平酝酿起兵

南诏国灭亡以后，如何使激化的各种社会矛盾得到缓和与解决，使日益膨胀的各姓政治势力得到平衡与利用，恢复以洱海为核心的云南地区的和平成为摆在大长和、大天兴、大义宁3个短命王朝面前的难题。这个难题的延续也为段思平提供了崛起的空间。

由于大理国史籍在明朝建国时被傅友德大军焚毁，不可详考。段氏之先起于何地已有说为西北武威或天水之汉人，又有说为滇地土著，莫衷一是。诸本《南诏野史》引《哀牢夷传》称其为云南土著："哀牢山下有妇名奴波息，生十女，九隆兄弟娶之，立为十姓，段姓即为其中之一。"但这一记载更多像是神话传说而不可信。大理国皇帝则自认为是汉人的遗裔，并因此坚持大力推行汉族文化，同时也与当地白蛮大户联姻。大多数学者倾向于认为段氏始祖是汉人，段氏源于姬姓，据《新唐书·宰相世系表》说："段氏，姬姓，郑武公少子共叔段，其孙以王父名为姓，世居武威。"这段源自家谱的材料可能说明，为了与其他诸姓势力抗衡，大理时期段氏有意将家世追到先秦，以此证明自己王于滇中的合理性，但其是否具有真实性则需要审慎对待。而清朝道光年间的《云南通志》上又说："段思平者，其先武威姑臧人，汉太尉段颖之后，云南段氏由姑臧而来"。清朝张澍在《姓氏寻源》中说："云南蛮段氏，魏末段延没蛮，代为酋帅。裔孙凭入朝，拜云南刺史，本出武威。"意思是段延陷在了云南，成为这里少数民族的头领。而段氏始祖段延则是出自武威的地道汉人，是共叔段子孙西迁武威后的后裔。武威段氏，即在甘肃的武威郡姑臧或是天水。两汉以后，姑臧段氏"子孙散处"，其中一支或南下云南，大理国后期曾改洱海以南诸赕为天水郡、改善巨郡为成纪镇（为天水郡所

---

① 方国瑜主编：《云南地方史讲义》（中），云南广播电视大学出版社1993年版，第185-192页。

辖县），揭示了云南段氏与西北段氏的特殊关系，也反映出了大理段氏对其祖籍西北的心理认同。而在云南经历世代居住后，段氏与当地民族融合，其民族属性已经是地道的白蛮大姓了。

段氏作为白蛮大姓，在隋朝时即已世居于洱海周围，南诏时期是贵族世家。唐玄宗天宝年间，唐兵进逼南诏王畿，南诏王阁罗凤派遣儿子凤伽异带领大军将段俭魏迎战于西洱河，大败唐兵。于是，段俭魏由南诏大军将升迁为清平官（相当于唐的宰相），赐名忠国，并被推崇为开国元勋。大理太和村至今尚存的《南诏德化碑》的碑阴题刻有南诏官员名姓，其中的第一人段忠国就是段俭魏："段忠国，清平官大军将大金告身赏锦袍金带。"据《新唐书》记载，段家世世是南诏的重臣，担任清平官、大军将、军将等职，南诏设置通海节度使，多由段氏所主。据统计，段氏在南诏担任清平官的有名者5人，大军将7人，入唐使6人；刻在《南诏德化碑》上的段氏功臣就有10人。段氏家族的这种渊源是段思平起兵的重要实力资本。

杨干贞执政期间，段思平任通海节度使。杨干贞暴虐无道，引起了各族人民的不满，受到各方面力量反抗的时候，段思平在通海地区发展自己的势力，并与东爨乌蛮三十七部的贵族之间改善关系，得到了三十七部贵族们的拥护，显示他能够解决南诏时期遗留下的民族问题的才能；洱海地区的白蛮实力集团在对杨干贞的行为表示不满之后，以董伽罗为首的董氏家族集团和以高方为首的高氏家族集团，都先后派人到通海招段思平回洱海地区从事布置推翻杨干贞的活动。于是，段思平便出而联合一切反杨干贞的力量，积极从事推翻杨干贞政权的准备活动。为了得到洱海地区反杨干贞的村社农民的武装供自己使用，也为了得到尚未解放的部分奴隶的支持，段思平提出了许多有益于社会进步的政策。据《南诏源流纪要》中说，他对洱海地区的村社农民们许下诺言，在自己取得政权之后，减去村社农民们负担的田粮之半，免除他们三年的徭役；对尚未释放的奴隶则答应建国以后释放他们；对南诏时期被置于集体奴隶地位的各民族，则是先免除了东方乌蛮三十七部的徭役，解除他们的集体奴隶地位，并以此为范例，吸引其他各族的支持。《南诏野史》说，段思平在高方遣人招引下，化装为猎人至品甸（今祥云）波大村，住宿于农民家，其家有戟，"是夜风起，戟忽洞革出"，段思平乃得此"神戟"，这反映出段思平收集了洱海地区反杨干贞的农民武装。《南诏源流纪要》说，段思平至洱海地区活动，受到杨氏的搜捕，于是段思平便"投下关牧奴藏"，这说明段思平得到了尚未被释放的奴隶支持。《南诏野史》说，段思平建立大理国时，"赦国中凡有罪无子孙者"，这些"有罪无子孙者"正是奴隶。

段思平还提前为自己起兵大造舆论。杨鼎《南诏通记》有"（段思平）既长，凡牧牛、牧马、鸡鸣、犬吠等处皆云：段思平将为王"的记载。（倪本）《南诏野史》则载"思平放牧山中，闻为王之谶"。寂裕《白国因由》载"人言段思平要得天下，牧牛放马处、砍柴伐木处、打碓磨面处、会客闲谈处全曰：段思平要得天下"。这样一来，段思平在发动反杨干贞的军事行动之前，把洱海地区各方面反杨干贞的力量都团结到了自己方面来，为公开推翻杨干贞政权做好了准备。

三、大理国的建立

杨干贞建大义宁国不足两年即被其弟杨诏所篡。段思平密谋推翻大义宁政权的消息传来，杨诏大怒，派兵四处搜求段思平。段思平一边暂时隐匿，一边暗中联络董氏、高氏，并遣人前往滇东说服三十七部，与三十七部在石城（今云南曲靖）会盟，相约西进会师蒙舍（今云南巍山）。在一切准备就绪后，段思平以董伽罗为军师，在蒙舍集兵举事，祭旗进兵，众十余万，鼓行北上。在后晋天福二年（公元937年）十二月二十一日，段思平率领各部军队到达洱海地区，开始了对杨氏政权的讨伐活动。段思平的军队如期至品甸（今祥云），与洱海地区起义的村社农民、奴隶武装配合起来；高氏、董氏等家族的封建主们则在杨干贞朝中为内应。杨诏的军队很快被打垮，段思平的军队进入了羊苴咩城（今大理城）。杨诏兵败，率其亲属退走永昌（今云南保山）。段思平遣兵追击，至万箭树，杨诏走投无路，遂自缢而死，亲属都被俘虏。杨诏死后，段思平挥兵直逼都城。退位闲居都城的杨干贞闻杨诏兵败，弃城而逃，也被段思平军所擒，大义宁政权宣告结束。后晋天福二年（公元937年），段思平即位，国号大理，建元文德，仍以羊苴咩城为国都。

在段思平建立大理国之前，"大理"一词还没有见诸有关洱海区域的史籍记载。司马迁的《史记》称洱海附近一带为"叶榆"。公元前109年，汉武帝在这里设置了云南（今祥云）、叶榆（今大理、洱源）、邪龙（今巍山）、比苏（今云龙）4县，隶属益州郡；在南诏统治时期，这个区域也一直无"大理"之称。这种文献记载上的缺乏导致长期以来人们对"大理"释名的诸多推测和臆断。《南诏野史》里传说，"大理"这个国名的来历是因为段思平在进攻杨干贞的军队时，找不到渡口过河，"是日，有披缨浣纱妇，指渡处曰：'人从我江尾，马从三沙矣，尔国名大理'"。一个似乎是神的"披缨浣纱妇"（民间暗指观世音菩萨）指给段思平率军过河的道路，并且叫段思平把新国家命名为"大理"。抛开神话的成分，学者们多倾向于认为"大理"与南诏后期曾用过的"大礼"有承袭关系。据《新唐书·南诏传》载：酋龙（又称世隆，南诏第十二代国王）立，"遂僭称皇帝，建元建极，自号大礼国"。南宋范成大《桂海虞衡志》云："大理国与唐史礼、理字异。"据《元史·地理志》记载："至异牟寻又迁于喜郡史城，又徙居羊苴咩城，即今府治，改号大礼国。"于是，该种说法认为大理的得名可能与此有关。也有学者认为，"大理国"的"大"字是限制词，和"大长和国"、"大天兴国"、"大义宁国"的"大"字同义。其着眼点在于政治改革，有积极推行"礼治"，大治大理，达到强国安民目之含义。所谓"大理"就是要采取措施，重新调理各方面关系的意思。段思平建立政权之后，"更易制度，损除苛令"，明代蒋彬《南诏源流纪要》的记载也可以作证明：段思平"将举兵……遂励众云：尔等协力，我得国必报之，减尔税粮半，宽尔徭役三载……遂有蒙氏国，改号大理"。建国之后，段思平实践了自己的诺言："赦国中凡有罪无子孙者"，"免东方三十七部蛮徭役"。由此可以了解段思平的政治抱负，也可见他改国号曰"大理"，就是要大大调理各方面的关系，以适应生产力的发展。"理"与"治"同义，"大理"即是"大治"的意思。① 从此，"大理"一词便被沿袭成为以洱海为中心的白族地区的专有地名。

段思平所建立的大理国，其疆域基本上涵盖了原南诏的版图。据《元史·地理志》记载：大理国"东至普安路之横山（今贵州省的镇宁县），西至缅地之江头城（今缅甸实阶区东北的杰沙克钦邦），凡三千九百里而远；南至临安路之鹿沧江（今越南莱川省境内黑河两岸的傣族地区），北至罗罗斯之大渡河（今四川省西昌地区），凡四千里而近"。此疆域范围大致与南诏

---

① 林超民先生认为，"大理"与"大厘"、"大利"、"大礼"等一样，都是少数民族语言的译音用汉字记录下来时用的同音字，不能用汉语的意思去强作解说，把大理解释为大治，是望文生训，难以令人信服。参见林超民：《大理由来质疑》，载《云南地名集刊》1981年第3期。

国全盛时的境界相当，比现在云南省的辖境要大得多，它的政治中心在洱海一带，疆域大概是现在的云南省、贵州省、四川省西南部、缅甸北部地区，以及老挝与越南的少数地区。《元史新编·地理志》称其西北接印度、西南邻缅甸。由此可知，大理国强盛时期的西部边界与南诏后期丽水节度的边界大致相同，即：北部与吐蕃接，界线大约与今缅甸北部和西藏之间的边界相同，大致沿着现今云南与西藏、云南与四川的分界至四川木里北上九龙，最后由石棉与宋黎州边界相接；西北接印度，界线与今那加山区一带的印缅边界相当；西南边界则大约在今缅甸境内钦敦江上游往东南至杰沙、八莫一带。因此，我们谈到的历史上的大理，就远远不是现在洱海周围的大理地区。大理国的建立也结束了南诏灭亡以后政权频繁更替的局面，为云贵高原社会经济的进一步发展创造了条件。

第二节 大理国的政治经济制度

一、大理建国初期巩固政权的措施

段思平建立大理国后，为了避免重蹈大长和、大天兴、大义宁3个王朝短命而亡的覆辙，巩固新政权，首先，他一方面"尽逐杨氏邪臣"，铲除大义宁国的旧臣，并区别对待，"罪大者明正罚爽，表暴贞良"①，乃至杨干贞也仅只废其为僧而不予杀戮，这对于稳定杨氏集团与大义宁旧臣无疑具有极大的作用；另一方面则对支持他的各种政治势力大加封赏，如封高氏的高方为"岳侯"，除其家族原有的领地外，还赐给其成纪（今永胜）、巨桥（今昆阳）为其世袭领地；封董氏的董伽罗为相国，除其家族原有的领地外，更赐予兰州（今兰坪）为其世袭领地，其余洱海地区白族封建主的领地也有所扩大。这使得白族封建主在政治上、经济上的地位更加稳固。各种势力的稳定，使大理政权的稳定也就有了必要的前提。

其次，加恩东方乌蛮三十七部，改善民族关系。在推翻大义宁政权的过程中，东方乌蛮三十七部的加盟起到重要作用。正如《滇史》中所载："思平之得国，其成功实赖东方诸蛮。故即加恩三十七部蛮，颁赐宝印，大行封赏。"如封乌蛮（今彝族）首领阿而为罗婺部长（今武定、禄劝）；封"些么徒"（属彝族）首领于河阳（今澄江）等。此外，段思平即位以后还对东方乌蛮三十七部施行特殊的恩惠政策，"免东方三十七蛮部徭役"②，"皆颁赐宝贝，大行封赏，故东方终段氏未尝加兵"。这既表现了段思平对支持他的各族势力的厚待，又表现出对支持他的各族势力的召唤，"于是远近归心，诸彝君长，各来贡献"③。同时，对于在南诏社会里处于集体奴隶身份的其他被统治的各民族、各部落，段思平以"东方乌蛮三十七部"为范例，解除了他们集体奴隶的地位，免除奴隶性质的徭役。这样，段思平逐渐稳定了滇东及广大被统治的各民族、各部落地区。

再次，废除杨氏苛刑峻令。大义宁政权统治时期，为了摆脱危机，杨氏颁布了一系列的

---

① 诸葛元声：《滇史》卷七。
② 胡蔚：《南诏野史》。
③ 诸葛元声：《滇史》卷七。

苛刑峻令。但这些苛刑峻令不但没有使杨氏统治摆脱危机,反而使社会矛盾更趋尖锐,上下咸怨。段思平即位后,对杨氏的苛政进行了全面改革,"更易制度,损除苛令"①,"赦国中凡有罪无子孙者"②,"于是远近归心,咸奉约束"③。

复次,普遍实行减税宽役,缓和阶级矛盾。大理国对于"凡有罪无子孙者"的奴隶,则一律"赦免"。而对于洱海地区的村社农民,则如蒋彬《南诏源流纪要》所载:"尔等协力,我得国必报之,减尔税粮半,宽尔徭役三载。"即减轻赋税一半,宽免徭役三年,这对社会稳定与生产的发展产生了很大的作用。

最后,大力推崇佛教在内的各种宗教,抚慰人心。为提高段氏的威信,稳定政局,段思平即位后还大力推崇各种宗教。《三圣庙碑记》称段思平即位后在喜洲建灵会寺,追封其母为"天应景星懿慈圣母",尊母为神,后重建三灵庙。段思平在起事的过程中曾得到秀山神示,故其即位以后,对秀山神也另眼相看。《南诏野史》称其"祠秀山神",诸葛元声《滇史》卷七则称"思平感通秀山神之灵异,乃封秀山神为英列侯,高大祠宇以之,至今为民祈祷之所"。同时,段思平又在众多宗教中着力推崇佛教。《南诏野史》称:"帝好佛,岁岁建寺,铸佛万尊。"大力推崇各种宗教的结果,不仅使大理政权罩上了一层神圣的外衣,而且对于弱化敌对势力,缓和社会矛盾具有积极的意义。

二、大理国的政治制度

由于大理政权基本上是承继南诏政权而来,中间除了几个短暂的政权更替之外,没有分裂割据的局面出现,故其前期的政治制度大体上是与南诏一脉相承。至高氏称帝及还政段氏以后,大理国的政治制度发生了很大的变化,中央政权开始萎缩,而以高氏为代表的地方势力逐步膨胀,中央政权的控制区域呈现日益缩小的趋势。

大理国的政治制度在因袭南诏旧制的基础上,也时而有部分调整和发展。与南诏后期一样,大理国主自称皇帝,也称骠信,并有谥号或庙号。中央政权机构的设置:大理国主之下设清平官,有坦绰、布燮、久赞、彦贲等不同称呼,其中彦贲为大理所增设,不见于南诏官制。从《南诏野史》的记载来看,大理国时期的最高行政长官自始至终均称"相国",与文物考古材料中每以"相国公"称高氏相互印证。然而,李京《云南志略》却称:"相国曰布燮。""布燮"在南诏为清平官之职,地位同于宰辅。④清平官下的官制初期为"六曹",后期改为"三托"和"九爽"。不管是"六曹"还是"三托"和"九爽"的设置,都深受中原影响。六曹,即兵曹、户曹、客曹、法曹、士曹和仓曹,基本是沿袭唐朝地方官制。后期改六曹为三托、九爽。三托是:乞托,主马;禄托,主牛;巨托,主仓。九爽是:幕爽,主兵;琮爽,主户籍;慈爽,主礼;罚爽,主刑;劝爽,主官人;厥爽,主工作;万爽,主财用;引爽,主客;禾爽,主商贾。每三爽有一督爽管辖。其相称为清平官,决国事轻重,有大军将与王共同决策大政。在正式的职官之外,对朝廷重臣则加授以"国老"、"太保"之类的荣誉头衔,等

---

① 诸葛元声:《滇史》卷七。
② 胡蔚:《南诏野史》。
③ 诸葛元声:《滇史》卷七。
④ 也有学者认为,"布燮"是一种地位高于相国的虚职,用来表示官位和俸禄的高低,本身不是实际职务。参见段玉明:《大理国史》,云南民族出版社 2003 年版,第 124 页。

而下之的大臣又另有一套赠号封爵制度。从现有的材料看，大理国的爵位主要有公、侯二等，且子孙可世袭。

地方军政制度：大理国前期的行政区划与南诏基本上相同，即仿唐制，建置府、郡、州、县，以及节度和都督等，在此广大区域内设首府（大理地区），二都督（会川、通海），六节度（弄栋、银生、永昌、丽水、拓东、剑川）；二都督有时也称节度，因而共为八个，所以有"云南八国"之称。大理国后期废除了节度和都督的军事辖区，对其他建制略作了调整，曾设置八府、四郡、四镇。八府是大理首府以外的鄯阐（今昆明）、威楚（今楚雄）、统矢即弄栋（今姚安）、会川（今会理）、建昌（今西昌）、腾越（今腾冲）、谋统（今鹤庆）、永昌（今保山）；四郡是东川（今会泽）、石城（今曲靖）、河阳（今澄江）、秀山（今通海）；四镇是西北的成纪镇（今永胜）、西南的蒙合镇（今巍山）、西部的镇西镇（今盈江）、东部的最宁镇（今开远）。后理国时期，分封高氏子孙于八府，世袭驻守；四郡的统治者有高氏，亦有他姓。另有景昽地方即今西双版纳，由大理国王赐与当地傣族上层帕雅真"虎头金印，令为一方之主"。将大理国的地方行政制度前后比较来看，区别是很明显的。前期的行政区划仍然带有相当浓厚的军事色彩，基本上保持了南诏后期以军设政的政区划分特点。这种带有军事色彩的政区划分，是与大理国前期境内各族社会发展的普遍状况相适应的。大理国后期，行政区划有了根本性的改变，废除了南诏以来以军事统治为主的节度、都督制，而代之以政治统治为主的府、郡制，在确实具有军事意义的地区则专门设置军事重镇以为防御。后期这种在府、州之下又有郡、县之设的两级行政区划设置，主要是以经济状况与地区特点作为依据，也应有对宋朝地方行政机构设置的模仿成分。

为了巩固新兴的封建制，段思平还将段氏族人分封于"关津要隘"和"富沃之区"，替大理国王直接进行搜括和对各领主进行监视。被封的大、小农奴主，在其封地内，享有"世官世禄、管土管民"的特权。为了扩大地盘，他们还经常兼并其他民族或部落的土地。在占有土地之后，有的领主把农奴们赶到别的地方去，有的则把农奴变为自己的耕农，再以田赋、地租、劳役、贡纳等各种手段，剥削和压榨他们。这些自耕农被固定在土地上，跟领主之间存在着人身依附关系。这些大大小小的领主，设有许多私庄，大理国王的私庄名为"皇城"。私庄可继承，如武定、鹤庆、泸水、禄劝等地方的领主私庄，一直保留到新中国成立前夕。

与中原王朝一样，大理国也开科取士。《南诏野史·大理总管段实传》载："段氏有国，亦开科取士，所取悉僧道读儒书者。"说明与中原王朝的科举不同，大理国的科举悉取僧道，实际上是一种僧举和道举。郭松年《大理行记》也说："师僧有妻子，然往往读儒书。段氏而上国家者，设科选士，皆出此辈。"正是因其"所取悉僧道读儒书者"，所以科举考试的内容或也以儒书、佛经为主，后世学者因而对此颇有微词。

三、大理国的经济制度

大理国仍是一个多民族集合体的国家，各民族之间经济文化发展不平衡的现象仍然存在。在大理国不同的民族地区，不存在共同的经济生活。然而，大理国主体民族白族中的封建领主经济，却对整个国家起着支配的作用，影响着其他被统治民族的经济生活。这里所说的大理国的土地制度，实际上主要是指当时白族社会中的土地制度。

在白族的封建社会中,生产资料的主要部分是土地。从形式上看,大理国与南诏一样,土地属于国有(段氏国王所有),大理国王以最高土地所有者的身份把土地分给诸侯,诸侯又把土地分给属下,由此形成封建等级制度。诸侯在得到国王所封给的领地后,通过"朝贡"的形式向国王交纳实物贡纳,并从其领地内的人民中征调一定的徭役为国王服务。《南诏野史》记载,鄯阐府的高氏诸侯经常向段氏国王"入贡",并提供兵役供国王使用。诸侯们在其领地内,则是"管土管民"的世袭统治者,他们又将自己的领地划分为若干个小区域,分派他们的臣仆去进行管理,使其成为地方基层的世袭小领主。《大理国佛弟子议事布燮袁豆光敬造佛顶尊圣宝幢记》乃大理国鄯阐府高氏诸侯的臣仆袁豆光为纪念其主高氏诸侯而作。该文中有"君臣一德,州国心只"、"尊卑相承,上下相继"、"后嗣踵土,化及本钟"等语。说明在鄯阐府高氏诸侯的领地内,是以高氏诸侯为地方的最高统治者,他们在鄯阐府地区也是按土地世袭占有的等级而"尊卑相承,上下相继"地联系起来的。

在被分割成片的小区域范围的领地内,显然依旧保持着原来的村社组织,统治阶级通过原来的村社土地公有(此时已为国王和诸侯所窃夺)的形式,把小块份地交给农民使用,使他们按连环保的组织形式集体负责,对封建主提供劳役和实物地租。这样一来,便在土地的最高所有权属于国王,基层则保留农村土地公有的躯壳的基础上,把国王和诸侯乃至地方的大小封建领主,按照土地制度的等级结构联结了起来,同时也把农奴束缚在了土地上,建立起一套完整的封建领主制的经济制度。

大理政权按照等级结构形成的封建土地所有制和对广大农奴的奴役剥削,是大理政权赖以存在的基础。农奴在通过村社分得小块份地使用的情况下,成为封建社会中的直接生产者。他们之中有一部分是南诏末期以来被释放的奴隶,而大部分则是原来的村社农民。广大的农奴由最下层的小领主直接统治,他们在得到小块份地后,率领家人在土地上从事农业生产,而封建领主则向他们征收劳役和实物地租。农奴们除了提供给封建主们部分实物地租和劳役之后,可以较自由地支配其余的产品和劳动时间。而劳役时间则"是一个可变量,只要他有了新的需要,只要他的生产物的市场扩大了,只要他对于他的劳动力这一部分的支配权有了更大的把握,这个量就会在他的经验的进行中跟着发展。这些事会刺激他去提高劳动力的紧张程度"[①],使生产物的数量增多起来。所以,大理国建立以后,白族中各个生产部门的生产水平,较之南诏时期显著地提高,社会经济比南诏有了显著地发展。

综合来看,段思平建立大理国后,在军政制度、阶级关系、民族关系及宗教等方面采取的措施,不仅得到了白族大姓的支持,且在一定程度上得到了人民的支持,使新兴的大理政权逐步站稳了脚跟,并能巩固和长期延续下去。大理国把南诏末期以来分裂了的各民族、各部落重新统一了起来,形式上仍然是一个多民族集合体国家。但这个多民族集合体国家与南诏多民族集合体国家有所不同:白族封建主是这个多民族集合体国家的统治者,白族仍然是这个国家的主体民族。段氏国王是这个国家的最高统治者,有布燮等大臣辅佐国王治理全国。白族封建主各有领地,以作为封建统治的主要基础;被统治的各民族则任其内部原有的政治经济结构保持不变,内部自治,外部隶属于所在的府或郡。但在建立大理国后,为了封赏帮助自己登位的功臣,段思平分封诸侯,如前所述,"封高方为岳侯,分治成纪、巨桥等地"。各诸侯都有世袭领地,在领地内,诸侯是最高统治者,其下也各有家臣效忠。这些做法也为段家后世的衰亡埋下了祸根。

---

① 马克思:《资本论》第三卷,人民出版社1975年版,第1036页。

第三节 大理国与宋朝中央的关系

一、大理国与北宋的关系

公元937年大理国建立时，中土正逢五代十国的乱世，公元960年宋朝建立。公元962年，宋朝大将王全斌平定四川的后蜀政权，统一了四川，解除了云南与内地之间的交通障碍。公元968年，大理政权即命建昌城（今西昌）的官吏致书宋朝廷表示祝贺，并要求通好，主动与宋朝取得联系。此时宋朝北方未定，无力顾及西南，此事也就没了下文。宋太宗时，大理要求内附，宋朝册封大理国王为"云南八国都王"。公元982年，宋太宗诏黎州"造大船于大渡河，以济西南蛮之朝贡者"，即命令黎州官吏在大渡河上造船，以便大理国入贡；公元994年宋朝封大理段氏为"检校太保、归德大将军、依归忠顺王"；公元995年辛怡显出使云南，著有《至道云南录》。在以后的六七十年间，大理都曾先后派遣其所属的邛部、两林川的首领，由西川向宋朝进贡。这种进贡，既表示政治上的臣服，也是大理国与宋朝的官方贸易。这样，大理国与宋朝之间的政治、经济、文化联系就开始进行。随即展开的则是民间的交往。在北宋时期，双方人民在黎州进行商业交往，互通商品有无。

由于客观条件的限制，宋朝廷对大理国始终存有戒心。在古代封建王朝中，宋朝的政治经济力量是比较弱的，它始终未完成过去传统的中国疆域的统一，不能与汉、唐相比拟。宋朝一建立，北方和西北便为辽和西夏所割据，且两个大的势力，先后都给宋朝以大的威胁。所以，对西南地区的大理政权，宋朝廷也就存有戒心，害怕它们随着势力的强大对宋朝造成威胁。宋朝廷认为"大理即唐之南诏"，对大理国即存有严重的偏见。宋朝廷错误地总结了唐朝灭亡的历史教训。在北宋前期编的《新唐书》里即说："丧牛于易，有国者知戒西北之虞，而不知祸生于无备；唐亡于黄巢，而祸基于桂林。"事实上，庞勋领导的桂林兵变是唐朝政治腐朽的产物，与南诏对内地的侵扰没什么必然联系。但是在这里，宋朝明显是影射：北方和西北的辽和西夏应防备，而西南的大理也要谨防。据史料记载：当王全斌平定后蜀政权之后，欲因兵威平定大理政权，将地图呈给赵匡胤定夺。赵匡胤有鉴于唐时用兵南诏的惨败，用玉斧（一种文具）在地图上一划，以大渡河为界，说"此外非吾有也"，大理国得以保全。这就是有名的"宋挥玉斧"。就当时的形势来看，赵匡胤并非不想扩张，而是客观环境制约着他的野心。正如木芹先生所说："宋未尝欲绝云南，唯宋王朝积弱，无力完成全国大一统的局面。加之其战略重心放在北方，即所谓'北有大敌，不暇远略'，其势力没有也不能越过大渡河。"把"宋挥玉斧"解释为"从此放弃大渡河以西的国土"的误解对后世影响深远，最明显的例子是元代修的《宋史》把《大理国传》列入"外国传"中，而且记述不得要领，通篇只不过560多字。不管宋太祖玉斧划界的传说是否真实，宋朝军队平蜀以后没有继续南下大理则是事实。

就大理国而言，却从未向宋朝发动任何军事侵扰。为了自身的经济、文化得到进一步发展，大理国并不满足于一般的入贡，而是要求与宋建立政治上的藩属关系。因为正常的经济文化交流，一定要有正式的政治关系的建立来作为保证。作为小国，大理极力和宋朝修好，屡次遣使请求宋朝加封为藩属，也就是甘愿做宋朝的属国，但宋朝一直不愿意答应。从公元

989年第一次要求加封起，大理国的数次要求，都被北宋政府婉言谢绝，一直到公元1115年（宋徽宗政和五年），上距公元989年大理国请求加封的126年后，经过大理历代君王的不懈努力，宋朝终于同意加封大理为藩属。此时的大理国第16王段和誉（又名段正严）是个有所作为的君主，段和誉明白与宋朝建立友好关系是立国之本，所以特别重视加强与宋朝的联系，他在位时大理和宋朝的往来最多，从北宋一直延续到南宋。北宋政和六年（公元1116年）段和誉派遣李紫琮、李伯祥为正副使，向宋廷贡马三百匹，献麝香、牛黄、细毡、碧玕山等物，还派幻戏乐人（魔术师）到宋朝表演。由于交通不便，段和誉派的使臣到宋京开封进贡称臣已经是政和七年（公元1117年）了。大理国的使臣在开封深得宋徽宗的礼遇。宋朝封段和誉为"金紫光禄大夫、检校司空、云南节度使、上柱国、大理国王"，大理国与北宋之间的藩属关系就正式建立起来，大理奉宋朝正朔，使用宋朝历法，设立了专管天文历法的机构和官员，大理与宋朝的联系增多了。即使在北宋亡于金之后，段和誉仍旧痴心不改地继续向南宋朝廷进贡，并且要求进一步加强藩属关系。

但由于宋王朝对大理国根深蒂固的戒心，在一定程度上影响了大理国与宋朝之间关系的进一步发展，后来只因急于抵抗来自西北和北方游牧民族的军事进攻，宋朝迫于需要战马（南渡后，宋朝所需战马，更直接仰赖于大理国），才于公元1133年在广西邕州横山寨（今广西田东县）设置"买马提举司"，专门负责向大理国购买战马，直至南宋灭亡。

二、大理国与南宋的关系

公元1127年，宋政权为金所迫而南移，开始了偏安江南的南宋时期。南宋的君臣惶惶于自己的统治地位难以稳固，也就把更多的目光投向近在肘腋的大理国。当时，"唐亡于黄巢，而祸基于桂林""艺祖划大渡河为界，历百五十年，无西南边患"的思想和言论支配着南宋君臣们的行动。但是，由于南宋偏安江南，与东北、北方、西北各地的联系受到阻碍，江南一带缺少的物资，便不能不从大理获取。尤其是南宋与北方的金国以及后来的蒙古抗衡时缺少马匹，不得不主要依靠大理。所以，整个南宋时期，大理国与宋朝的边境贸易虽仍兴盛，但政治往来却远不如北宋时期，以至于后来兴起的蒙古铁骑可以对两国各个击破。横山寨的马市交易，比之北宋时在黎州边境的交易更加频繁，规模更大。南宋建炎四年（公元1130年）以后，宋朝年年向大理购买战马。此后，从宋高宗绍兴元年至以后的50年间，大理一直与南宋在邕州横山寨交易。高宗绍兴三年（1133年），宋朝廷在邕州横山寨设置买马提举司，置市马场，买马逐年增多，由500匹到2 400匹，后增至每年3 500匹。罗殿、特磨、自杞等部（在贵州、广西、云南边界地方）也到大理西边买马，转手卖到横山寨。如公元1136年5月，大理国派人到邕州卖马1 000余匹，随行的有6 000余人。还携带去大批大理国的土特产品麝香、胡羊、长鸣鸡、披毡、云南刀和各种药材出卖，购回锦缯及诸多的汉文书籍。

民间往来贸易也多，大理刀、细毡、犀皮甲、麝香、牛黄、长鸣鸡等货物都卖到了内地。大理宝刀又称"云南刀"，吹毛即断，最受欢迎。大理刀的锻造工艺当和东南亚马来刀（古代世界最锋利的三种刀，大马士革刀、马来刀、日本刀）的锻造工艺有相近之处。公元1173年，大理商人到广西横山寨售马，购回《文选五臣注》、《五经广注》、《春秋后语》、《三史加注》、《本草》、《五藏论》、《大般若十六会序》、《初学记》等一大批汉文书籍。大理与宋朝的经济文化交流，繁荣了两地的经济文化，特别是大批汉文书籍流入云南地区，促进了云南地区诸民族文化的发展。

与北宋时期一样，南宋统治者认为经济上的正常交往必须以稳定的政治关系作为保障。公元1136年（南宋高宗绍兴六年），大理国王段和誉派遣使臣从今广西西部的邕州向南宋入贡，要求加强公元1117年建立的关系。当时使臣入贡的贡品除马匹外，还有驯象，是用以表示对南宋臣服的。但宋高宗却只收下贡品中的马匹，同时按值给了酬谢，拒绝收驯象，这就表明不愿意继续公元1117年所建立的政治关系。目光短浅的南宋朝廷一直对大理国存有偏见和戒心，在政治上不愿意与大理国建立密切的关系，但在经济交往中却不得不依赖大理国。南宋统治者就是这样以不得已的态度与大理国发生商业上的交往，政治上则主观地尽量隔绝，其结果，不仅大大地妨碍了双方的经济文化交流，而且还产生了对南宋极为不利的政治恶果：不是大理国去进攻南宋，而是在一定程度上南宋自己把自己孤立了起来，这有利于新兴的蒙古贵族势力消灭南宋政权。公元1253年，蒙古贵族灭了大理国，便开始实现之前确立的"斡腹之举"的策略，对南宋形成南北包抄、腹背夹击。南宋君臣无退据之地，最后被蒙古兵赶到海边，在无路可逃的情况下，大臣陆秀夫只好背着南宋最后一个小皇帝赵昺跳海自杀，南宋也就灭亡了。

综上可知，为了自身的经济文化发展，在大理国统治的三百多年间，大理自始至终奉宋朝正朔如一，并未自外于中国。在这三百多年间，地方土长与宋朝的关系虽然稀疏，但云南各族人民与内地的关系依然密切。宋朝在云南的势力虽然退缩了，但大理各族人民在与中原的经济文化交流中，促进了云南社会经济向前发展。大理政权是西南少数民族在祖国土地上建立起来的政权，与祖国是不可分割的整体。封建史家把大理视为"殊域""化外"，甚至称为"外国"，这是从封建的王统本位出发而歪曲历史。事实上，大理与宋朝一直有经济、文化、政治、军事联系，是中国历史不可分割的重要篇章。大理段氏统治云南三百余年与祖国历史发展的联系，以元朝初年郭松年所作《大理行记》的概述最得其要，也最切合历史事实：

> 宋兴，北有大敌，不暇远略，相与使传往来，通于中国。故其官、室、楼、观、语言、书数，以至冠婚丧祭之礼、干戈战阵之法，虽不能尽善尽美，其规模、服色、动作、云为，略本于汉。自今观之，犹有故国之遗风焉。

这一概说，简要而确切地说明了西南边疆的大理与内地的密切关系。这种全方位的交往，缩小了两地的文化差异，为元代的统一创造了条件。两宋时期云南的社会经济、思想文化、政治制度，在与中原的紧密联系中，随着历史的车轮而前进，并为元初建立云南行省，设置路、府、州、县奠定了基础。不过还应当指出，两宋虽是汉唐中央王朝和汉文化直接的继承者，但如果简单地把宋朝看做当时并存的辽、宋、夏、金、大理等诸王朝中的正统，把少数民族政权与宋朝的关系等同于边疆少数民族与祖国内地的关系，显然也不确切。因为中华民族的发展史，是多民族之间相互竞争和交融中发展的历史，民族之间的不平等，相互之间的斗争乃至民族战争，是中华民族关系的重要内容。因此，讳言两宋时期对大理政权的歧视与疏远，以及宋朝与大理政权之间关系明显的松弛，完全没有必要。而承认上述史实的存在，可以使我们对大理（包括此前的南诏）等地方政权应有的历史地位，以及统一多民族国家形成的复杂的历史过程，获得更为正确和清楚的认识。

第四节　大理国的经济状况

一、大理国农业生产的发展

在大理国统治的三百余年间，基本停止了南诏那种大规模的对外征战，即使后半期各地有一些割据与纷争，但与此时期的中国北部及黄河流域相比较，大理国地区遭受战乱破坏的程度比较轻微，社会大致保持了相对的安定。在这样的情况下，由于统治者的经营和各族人民辛勤的劳动，大理国地区的社会经济在南诏的基础上又有所进步。

大理国的社会农业生产较南诏时有较大发展。农业生产发展的突出表现是水利灌溉面积的扩大和耕地面积的增多。白族地区兴修了不少水利工程。例如今祥云的段家坝，就是段思平时期修筑的水利工程。其他如神庄江（在今大理凤仪）、赤水江（在今弥渡）、青湖（在今祥云）等水利工程，也都先后修筑起来。元初郭松年到大理，见到云南（今祥云）青湖的"灌溉之利达于云南之野"；白崖（今称弥渡红崖）地区"居民辏集，禾麻蔽野"，赵川甸（大理凤仪）有"神庄江贯于其中，溉田千顷，以故百姓富庶，少旱虐之灾"①。由于水利工程的兴修，可耕地面积扩大了，耕作条件也得到了改进。在平坝区的水田得到大量开发之后，进而扩大到山地的开垦。《桂海虞衡志》说："大理地广人庶，器械精良。"在大理国腹心地区，农业生产发展水平最为引人注目的数姚州一带。宋朝峨眉进士杨佐到大理买马，路过统矢府（今姚州）时，看到不少人在开挖山地，而且从统矢府至洱海边沿一带，农业生产的情况已和四川资中、荣县一带相差无几。

在大理国时期，山区和边疆地区的农业生产也有了较大的进步。刘秉忠于大理国后期随蒙古军征大理，他写诗记录经丽江进击大理沿途的见闻，其中一首云："鳞层作屋倚岩阿，是岁秋成粳稻多。远障屏横开户墉，细泉磴引上坡陀。"另一首《过鹤州》说："绿水徊环浇万垅。"鹤州即今云南鹤庆。从诗中所言来看，大理国时丽江至大理一带诸族引水浇灌山间梯田已随处可见，而且经营十分细致。《云南志略·诸夷风俗》也说：白蛮居住地区"多水田，谓五亩为一双。山水明秀，亚于江南，麻、麦、蔬、果颇同中国"。又说乌撒路（今贵州威宁）一带"诸夷多水田，谓五亩为一双"；居云南南部的金齿百夷妇女"尽力农事，勤苦不辍。及产，方得少暇"。乌撒地区和金齿百夷地区前代均较落后，以所述来看，宋代农业生产有了很大的进步。

大理国时期经济作物的种植和利用方面，除了继续种植南诏以来的各种麻、蔬之外，果、桑两种异军突起，特别引人注目，在大理国的社会经济中已经占有相当重要的地位。有些少数民族还栽培出了自己独特的经济作物，诸如红椒、荔枝等。如居于滇东北、川南地区的土僚蛮"山田薄少，刀耕火种。所收稻谷，悬于竹棚之下，日旋捣而食"，"常以采荔枝、贩茶为业"。在金齿百夷地区，交易多为五日一集，"以毡、布、茶、盐互相贸易"②。其中还值得一提的是植茶业的兴盛和中药材的发展。两宋向西南、西北诸蛮购买马匹，往往以茶叶作为偿付马值货物的大宗。但宋朝与大理国商人交易马匹，则是以金、白金、棉布和食盐来支

---

① 郭松年：《大理行记》。
② 李京：《云南志略·诸夷风俗》。

付，并未见付与茶叶的记载，表明大理国辖地所生产的茶，已能满足本地区消费的需要。此外，大理国地区种植的茶叶，还通过民间贸易的渠道输入内地。在一些地区，种茶与贩茶还成为当地百姓一项重要的生计。大理国加工和使用的药材，种类较前代有所增加。人们经常使用的药物有紫檀、沉水香、甘草、石决明、井泉石、蜜陀僧、香蛤、海蛤、麝香和牛黄。这些药物见录于宋朝的医书，而且还注明效用和产地，可知这些药物不仅在大理国广泛使用，而且还通过民间贸易的渠道输入内地并广为使用，表明云南及其附近地区药物的采集、加工业，在前代的基础上又达到一个新的水平。

二、大理国的畜牧业

由于独特的地理环境，自古至今畜牧业一直在云贵高原各族的社会经济中占有重要地位。大理国的畜牧业也颇为发达，其中发展最快的是马、牛、羊等大牲畜的饲养。畜产品的用途较前代更为广泛，加工水平也有所提高。由文献记载来看，大理国各地饲养马、牛、羊相当普遍。据《南诏野史·后理国》载：宋大观三年（公元1109年）各地诸侯进贡，"犀象万计，牛马遍点苍"。可见各地饲养牛马之盛。当时出产的马闻名于内地。从北宋时期开始，每年都有数千匹马经贵州被转贩到广西，出售给宋朝。大理国辖地所产的马匹，不仅数量多，质量亦高。云南出产的山地马，"涉峻奔泉，如履平地"，但体格较小，补充战马则不堪使用。据《桂海虞衡志·志兽》载：大理"地连西戎，马生尤蕃。大理马，为西南蕃之最"。《宋史》亦言："大理连西戎，故多马，虽互市于广南，其实犹西马也。每择其良赴三衙，余以付江上诸军。"宋朝购买大理马时，马匹的高度是衡量其质量的一项重要的标准。宋朝规定马匹"须四尺二寸已上乃市之，其直为银四十两。每高一寸增银十两，有至六七十两者"。又据知情的当地民族说：大理国最善之马，可日行500里，在产地已值黄金20两，"第官价已定，不能致此"①。

宋代云南地区养羊也极为普遍，诸族均喜披毡，乌蛮等民族还喜披羊皮，这也是云南地区大量养羊的佐证。另据《云南志略·诸夷风俗》载：金齿百夷地区"少马多羊"。末些蛮"多羊、马及麝香、名铁"。土僚蛮"猪、羊同室而居"。乌撒路"节气如上都，宜牧养，出名马、牛羊"。由于畜牧业发达，祭祀和宴会时各族常大量宰杀牛羊，在一些地区甚至成为时尚。据《云南志略·诸夷风俗》载：乌蛮"祭祀时，亲戚毕至，宰杀牛羊动以千数，少者不下数百"。末些蛮"有力者尊敬官长，每岁冬月宰杀牛羊，竞相邀客，请无虚日；一客不至，则为深耻"。

在大量饲养大牲畜的实践中，云南各民族还总结出了一些行之有效的饲养方法。大理国马匹至横山寨"涉地数千里，瘠甚"。赶马人就采用一些特殊的方法来帮助它复膘："缚其四足拽扑之，啖盐二斤许，纵之，旬月自肥矣。"这是西南地区少数民族一项重要的创造。为瘠马补充食盐以致强壮的方法，还传入了宋朝军队中并广为使用，以致"（宋军）押马亦有法焉。其法买盐留以自随，每日晚以盐数两啖之，自然水草调而无疾，此求全纲之法也"②。这一喂盐使马复膘的饲养方法，直至元代在云南等地还在使用。近代云南乃至川西南地区的马帮，仍以喂盐作为驮马防病和保健的重要方法。

---

① 《宋史》卷一百九十八《兵志十二·马政》。
② 《岭外代答》卷五《马纲》。

三、大理国的手工业

大理国的手工业很兴盛。冶金方面的冶铁业水平甚高，炼铁技术在南诏时期的基础上有了更进一步的发展，某些部门的水平甚至超过了当时宋朝内地的汉族地区。如制造出的"大理刀"，为南方各族人民所珍视，甚得内地汉族的欢迎，成为大批输入宋朝内地的商品之一。南宋范成大的《桂海虞衡志》说："云南刀，即大理所作，铁黑青沉沉不铅。"宋人周去非的《岭外代答》又说："今世所谓吹毛透风，乃大理刀之类也。盖大理有丽水，故能制良刀也。"冶铜技术也比南诏时期有所提高，技术纯熟，工艺精巧。自段思平以后，白族贵族们都不断役使农奴冶铸铜佛像，这些铜佛像的造型十分精致。今存大理的铜佛像显示了冶铜规模的宏大和造型艺术的高超。据《南诏野史》中载：段思平建大理国后，"岁岁建寺，铸佛万尊"。《大理行记》也说：洱海地区"沿山寺宇极多，不可殚记"。大理政权因佛教兴盛，遂于各地广建寺院。建寺时铸造的铜佛、铜钟数量极大。永胜县觉斯楼现存一座大理国铸造的大钟，钟高6尺，直径5尺，重达万斤，可知大理国已能浇铸上万斤的大铜钟。①

丝和棉的纺织在个体农奴家庭中普遍存在，而技术则达到相当精湛的水平。苏轼曾经在淯井监（今四川长宁县北部）买到一件白族织造的弓衣，上面的花纹织成梅圣俞的《春雪》诗句（见欧阳修《六一诗话》），苏轼把它作为传家之宝。制造披毡也属于纺织手工业中比较发达的一个部门。《桂海虞衡志》说："蛮毡出西南诸蕃，以大理为最。蛮人昼披夜卧，无贵贱，人有一番。"《岭外代答》又说："毡上有核桃纹，长大而轻者为妙，大理国所产也。"

大理国的制甲、髹漆、雕镶等手工业也很发达。《桂海虞衡志》称赞大理国商人运到内地去的用象皮制作的甲胄最好，形式精巧，质"坚厚如铁"，《岭外代答》更说："苟试之以弓矢，将不可彻，铁甲殆不及也。"这种甲是用象皮做成的，甲缝间缀以"小白贝累累"，甲上涂以黄、红、黑漆，甲的护项则用"金片卷圈成之"。从制甲上便表现了髹漆、雕镶等技术的综合发展。雕刻的漆器，图案精细，玲珑剔透，直至明代还被人们视为珍宝，被誉为"宋剔"。元、明两代的宫廷漆匠，很多是从云南大理国征召去的，有"滇工布满内府"的美称。②这些高级漆匠的技艺，都是从大理国时期继承和发展下来的。大理国曾向宋朝廷进贡"金装碧玕山"③，便是把大理石精雕之后，再加以镶金点缀而成，表现了白族中雕镶技术的高度发展。此外，彩漆器皿、马鞭鞍辔等也颇为有名。

四、大理国的商业和交通

农业、畜牧业和手工业的发展，促进了商业的发达和繁荣。在白族中有不少专业和半专业的商人，经常成群结队地到宋朝边境去要求互市。大理的对外贸易相当发达，交通四通八达，"东至戎州（今四川宜宾），西至身毒国（印度），东南至交趾（今越南北方），东北至成都，北至大雪山，南至海上"。与中原贸易有西川道、邕州道两条道路，北宋时期主要走西川道，即自羊苴咩城（今大理）出发，经统矢府（驻今姚安）、会川府（驻今会理）、建昌府（驻

---

① 夏光南：《云南科学技术史》，云南科技出版社1992年版，第62页。
② 《经世大典·叙录·诸工匠》。
③ 《宋史·大理国传》；《玉海》卷一百五十四。

今西昌）北上至大渡河畔的黎州（驻今四川汉源）边境；南宋时期则主要走邕州道，即自羊苴咩城向东至鄯阐府（今昆明），然后或东北上至石城（今曲靖），再折东南，经自杞（今罗平、兴义）入邕州边境，或者直接由鄯阐城往东南，经最宁府入邕州边境的特磨道（今广南），东向至横山寨（今广西东县）。这两个交易场所中，邕州道的互市榷场最为繁荣。当时大理商人输往内地的商品有马、羊、鸡等畜禽和刀、毡、甲胄、鞍辔、漆器等手工业品，以及麝香、牛黄等药物，从内地输入的则有汉文书籍、缯帛、瓷器、沉香木、甘草等药材和手工业品。内地先进的科学文化传入云南，对各族人民文化水平的提高起了促进作用。

大理与缅甸、越南、马来西亚、印度等国家都有贸易往来。公元1074年（宋神宗熙宁七年），杨佐入大理买马，在云南驿前见到一块里堠碑，其上刻着通往外地去的道里途程，都很详细。① 这说明有商人经常前往这些地方。此外，公元1136年（绍兴六年），宋朝派到大理国去买马的使臣谭昂归来，同时也从大理国带回了蒲甘国（在今缅甸中部）要求通商的使臣摩可菩、俄托桑等一行。②《南诏野史》也记录了蒲甘、崑崙、波斯等国经常向大理国"入贡"（官方商品交易）。又大理国以贝为通行货币，但云南并不产贝，作为通行货币的贝是大理国的商人在与中印半岛上的国家进行商业交换的过程中获取的。

随着商业的发展，大理、鄯阐（今昆明）、威楚、永昌等城市出现了，其中鄯阐成为内外联系的枢纽，元代统一云南并建立行省后，即以之为省会。

第五节 大理国统治集团的内部斗争及王朝衰落

一、杨氏叛乱

公元944年，大理国的缔造者段思平去世，时年51岁。段思平在位6年即死，然而却为段氏奠定了22世之基业。段思平死后，其子段思英继立。段思英是个极其荒淫昏庸之人，"淫戏无度"，结果在位1年就被其叔段思良与相国董迦罗废除，段思良自立为帝。"子不肖，叔来教"，《滇史》称："思平一子思英不肖，心欲废之，左右诸臣谏阻。及将死，谓弟思良曰：吾子非承大业，尔宜善继吾绪。思良泣受命。"从此以后，大理国的王位继承上思平、思良两支系更替争夺，埋下了激烈的权力争斗的伏线。段思英被废为僧后，在大理崇圣寺修行。段思英是被废为僧的首位国王，他的被废与段思良即位是大理国初期的一次典型的夺宫之变，反映出统治集团内部各种势力的争斗相当激烈。

段思良自立为帝后6年去世，子段思聪立。段思聪时期，迅速膨胀起来的高氏已经取代董氏，成为朝政大权的实际控制者。之后，段素廉、段素隆、段素贞诸朝均以高氏为相，高氏成为当时最有实力的政治集团。段思良之后，大位在其子孙中传了7代（思聪、素顺、素英、素廉、素隆、素贞、素兴），将近百年。其间杨高两氏激烈角逐于朝堂。至段素兴时，他

---

① 李焘：《续资治通鉴长编》卷二百六十七熙宁八年引《云南买马记》。
② 见《宋会要稿》第183册。又《玉海》卷一百五十四亦载绍兴六年七月二十七蒲甘道使随大理国使臣入贡。

年幼无能,"性好游狎",又好大喜功,听任群小,"素兴在位,荒淫日甚",国人不满,而段思平的玄孙段思廉却颇有人望。是时,高氏为相国,遂与诸大臣废素兴而立思廉。段氏之位又从思良系转回段思平子孙一系,段氏之位就像南宋高宗以后帝位又还给了宋太祖赵匡胤一系的子孙一样。段思廉继位后,高氏如昔日之董氏,因为有拥立之功,一举凌驾于诸姓之上。在原来南诏国的六族大姓中,郑氏早已为杨干贞所屠,董氏在段思良时为相国,且行废立有功,所以当时国中董氏较强。董氏奉密教(阿吒力教)僧人为大理国师,后来密教势衰,董氏也随之衰落。昔日曾有国数月的赵氏,也衰落下去。除去王族段氏,只有高氏和大义宁国旧主杨氏势力较强。滇池地区的高氏家族,洱海地区的杨氏家族,发展成了大理国东、西部的两大霸主,高、杨两家成为大理国最有势力的诸侯。

到了 11 世纪中期以后,占据西部洱海地区的杨家已经发展到开始和段氏王族争夺政治权力的程度。公元 1063 年,杨允贤公开叛乱,想排挤段氏王族在洱海地区的势力。当时大理国王段思廉在诸侯据地自雄、王室力量极大削弱的情况下,已无足够的力量来平定杨允贤的叛乱,无奈只好请岳侯高智升出兵才镇压了杨允贤的叛乱。高智升借平定叛乱之机,扩大自己的势力范围。高氏的领地最初只是巨桥(昆阳),平定杨允贤叛乱后,高智升即把鄯阐周围地带的土地兼并过来。之后,大理国王段思廉只好顺水推舟晋封高智升为鄯阐侯,实际上是承认了高氏在滇池地区已经扩大的领地为世袭领地,并且还忍痛把国王直辖领地的一部分(白崖、茹甸,均在今弥渡县)"赐"给高智升。结果,国王的实际力量进一步削弱,进一步加剧了段氏统治的危机,而高氏势力益盛。后段廉义继位,高智升渐渐攫取了全部权柄。

二、高氏篡权与"大中"国的出现

杨允贤虽被打败,但是杨氏实力仍存,杨家的势力依然在洱海地区发展。结果到了公元 1080 年,杨义贞又发动政变,杀掉国君段廉义自立为君,号"广安皇帝"。杨义贞的篡权,引起了整个大理国局势的混乱。杨氏家族的复出,危及到其他被封诸侯的地位,于是,鄯阐侯高智升又联合东方乌蛮三十七部贵族的兵力,由儿子高升泰率领,发动对杨义贞的讨伐,灭了杨义贞,拥立段廉义的侄子段寿辉为国王,自任布燮,以儿子高升泰为鄯阐侯。杨氏家族的力量被打垮后,其家族在洱海地区的势力受到了限制,高智升趁机把势力从滇东伸入到滇西的洱海地区。高智升表面上拥立段氏为王,实际上"挟天子以令诸侯",自任布燮,坐镇洱海,把东部的滇池地区,交给儿子高升泰经管。高氏遂成为云南东、西部地区势力最强大的一支诸侯,他还遍封其子孙于"八府、四郡",除边远地区和三十七部外,他几乎全部控制了大理国政权的辖区。段思廉即位之初,高氏势力已经近于一枝独秀,再通过两次平定杨氏之乱,高氏就已经成为大理国统治集团中无与匹敌的势力了。故诸葛元声《滇史》卷八称:"高氏世执政柄,威令尽出其手。智升元封威楚,至是子又封鄯阐,于是河东诸郡皆入高氏。"与此相反,势力最大的杨氏势力在遭到两次沉重打击后,难以东山再起,其他如李氏、王氏、袁氏、苏氏各姓势力又还没有发展到能与高氏势力相抗衡的地步,大理国统治集团内部力量的平衡彻底被打破,大理国的重要官员,也几为高氏豪门垄断,故号称"一门之盛,半于大理",自此高氏父子在大理国权倾朝野。大理段氏从此沦为高氏傀儡,直至大理亡国。

高氏,是汉人后裔,在高氏一支家谱中,记载高氏是三国时候刘备的一个小将流落云南后，传下来的。高氏为白蛮大姓之一，在南诏国时期已是地位显赫的望族，有好几代人历任南诏的劝爽、慈爽等部门的要职，有的是清平官坦绰。段思平创立王业时，曾依靠过白蛮大姓势力，其中最得力的支持者之一，就有高方。得国后，段思平封高方为岳侯，分治成纪（今永胜）。此后，高氏势力日渐膨胀，尤其是平定杨氏两次叛乱之后，终于得专国柄。岳侯高智升，是高方的后裔。高升泰还很小的时候，高智升已经在传播一些"此子大贵"、"有异象"的瞎话，显然已经开始在为高氏篡位预造舆论。

在公元1094年高氏大功告成之前，高智升、高升泰父子就俨然是曹操、曹丕父子的气派，使段寿辉和他的继任段正明都因害怕而先后避位做了和尚。段寿辉于公元1080年即位后，竟因疑惧高氏，常心神恍惚，忐忑不安。该年，"日月交晦，星辰昼见"，段寿辉更以为"天变"，故在位仅1年，就出家为僧，禅位给堂弟、段思廉之孙段正明。段正明时，高升泰为相，其弟高升祥为缮阐侯。高升泰权柄自擅。到公元1094年，高升泰在大理导演了一出魏文、晋武篡权的闹剧。《南诏野史》载："日月交晦，星辰昼见（天变），正明为君不振，人心归高氏，群臣请立鄯阐侯高升泰。"于是，高升泰便在"群臣请立"之下废弃大理国王段正明自立为王，改国号为"大中"，改元上治。段正明不得不禅让为僧。大理建国已经158年，段家递传14主，以段正明禅位为僧而暂告中断。高氏也终于由后台跃上前台，正式取代了段氏的统治地位。自段思平建国，大理政权就可谓是一个各种贵族势力共同参与的联合政权。六族大姓中，唯有高氏渐渐坐大，终于篡夺了段氏江山。

三、段氏恢复王位与"后理国"建立

高升泰篡权，改国号为"大中"，遭到除高氏以外的其他白族封建领主和诸部贵族的反对，尤其是靠近高氏领地鄯阐的东方乌蛮三十七部的强烈反对，他们根本不接受高氏"大中国"的支配。在国内各方势力的制约下，高升泰在位两年即郁郁病死。公元1096年，高升泰临终前嘱咐其子高泰明还位于段氏："我之立国，以段氏之弱。我死，必以国仍还段氏。慎勿背我。"于是高升泰死后，高泰明遵照遗嘱，将王位还给段氏，拥立段正明之弟段正淳为国王，自己为相，段氏王位失而复得，仍号"大理"，历史上又称为"后理国"。

高升泰作为篡位的权臣，居然把手中的帝王宝座还给了旧主，这在中土是难以想象的事情。然而，这却是云南历史上的事实。究其原委，自然是因为段氏仍得人心且颇有力量，高氏并不能完全控制局面的缘故。高升泰在时，固然可以镇服，但他一死，子孙就未必如意。因此，比起中土那些到死不悟最后祸延子孙的权臣来，高升泰还真算得上是通明之人了。他这一着，表面上是失了江山，实际上是把江山攥得更牢了。段氏虽然复位，但依旧大权旁落，实权仍操纵在高氏手中。高氏依然世居相国，世袭布燮，被封为"中国公"，赏罚政令皆出其门。高氏还竭力发展自家势力，通过分封及分派职官给子弟，占据了大片土地。地方上大理划有八府，全部由高氏子孙世守，形成高家集权统治。这种局面一直延续到大理国灭亡。《南诏野史》载："段正淳中兴，即以高泰明为相国，传至国终而后已。"在后理国的150余年中，段氏虽为国君，却基本上有名无实，一切朝政大权仍控制在高氏一门手中，有鉴于此，国人均称高氏为"高国主"。外国来使，先见相国，后见国王段氏，如缅甸、波斯等国进贡，也是先见"高国主"，然后朝见皇帝段氏。段氏仅有虚位，地位如同日本幕府时期的天皇。

当然，说大理国后期的政治是高氏一门的政治，并不意味着大理政权的性质已经发生改变。在形式上，段氏还是王国的主人。高氏一门可以世代为相，但在他之上，帝王身份的段氏无论有无实际意义，其所出的话却终归是圣旨；高氏一门虽可以拥土自重，分地而治，而在名义上，这些封地却都应该是属于段氏所有，段氏有权在任何地方悠游寻乐，建立行宫；即使所谓"州国"，也都不外属国的性质，它的所谓"君主"的继袭在形式上也都必须得到段氏的认可，高祥明以鄯阐民户送段正淳确然就是这种袭职必需的仪式之一。所以，不管大理国后期的政治如何打上高氏的印记，古今史家却并不因此改变对大理国后期政权属性的看法。

四、各部贵族分裂纷争，大理政权四分五裂

当高氏等白族封建领主频频进行割据称霸时，其他民族的部落贵族，也纷纷效尤。在东方，三十七部的贵族，一方面各自盘踞自己的区域，另一方面又互相兼并，对别部发动战争，夺取城池和土地。后乌蛮三十七部中的"于矢部"统一了贵州南部地区，建立"罗殿国"；"些么徒"部统一了滇池东南地区，建立"自杞国"。

在大渡河南、金沙江北的各部中，邛部（今四川省西昌市）力量逐渐强大，也据地自雄，并不断攻劫其他部落，"闭其境以专利"，自称"山前山后百蛮都鬼主"；同时，金沙江上游两岸么些族的各族贵族也各自盘踞一小块区域，不接受大理国王的统治。西部的金齿百夷中，则有勐卯等四大部落，他们之间除了战争兼并外，时而也联合起来，推举其中一个部落酋长为盟主。但区域性分裂纷争的现象也很明显。南部的金齿百夷各部落中，则是景兰贵族叭真兼并了周围各部落，于公元1180年自称"景咙金殿国主"，并支配了同族大中各部落。大理国王段兴智不得不承认其势力，并制发"虎头金印"，命其为"一方之主"。

以上情况说明，大理国后期，段氏国王已失去了实际的统治权力，高氏等各封建主到处割据。把持国政的高氏也日渐腐朽，勇于内斗而疏于治国，大理国也因为高家子孙互相争权而搞得国势疲敝。段氏王子的王位继承之争，也受到高氏子弟内部纷争的左右，比如段和誉晚年"因诸子内争外叛，遂禅位为僧"，其子段正兴之立就是依靠高量成的支持。后理国从段正淳到段兴智亡于蒙古，共传8世，历157年。与大理国前期相比，大理国后期的各代帝王大多在位很长。如果按照中原王朝的逻辑来看，帝王临朝时间的长短一般是与其文治武功成正比的。而大理国后期不然，它的各代帝王尽管临朝时间大多不短，却多不是治化隆治的缘故。恰恰相反，这些帝王基本上是无绩可述，在高氏垄断一切政绩的情况下，大理国后期的各代帝王已经成为一种徒有虚名的摆设。只要不危及高氏的统治，他们在位长短是没有什么实际意义的。也正因为此，大理国后期各代帝王往往醉心于佛教，并有4位或3位帝王禅位为僧。这种极端情形固然可以看做大理国后期佛教盛行的后果，但究其实质，更应该看做大理国后期段氏统治危机的后果，禅位为僧不过是帝王们政治失意后的一种消极逃避而已。公元1108年，段正淳禅位为僧，其子正严立；段正严又名段和誉（即金庸笔下的段誉），勤于政事，在位时间长达39年，年老禅位为僧；子段正兴立，不久也禅位为僧；子段智兴（即金庸笔下的一灯）立，段智兴在位28年，死后其子段智廉立，但在位4年即驾崩，王位传给其弟段智祥，段智祥后也禅位为僧，传位于其子段祥兴。

此外，各族、各部贵族之间纷争不已。后理时期大理国内形成了所谓"酋领星碎，相为雄长；干戈日寻，民坠涂炭"的四分五裂的局面。各领地之间的闭关自守，使一些部落首领在所属领地内得以长期保持落后、野蛮的剥削形式，延缓了社会经济发展，这种局面，一直延续到公元1253年忽必烈亲率十万蒙古兵"革囊渡江"，生擒大理末代帝王段兴智之后，大理国最终灭亡。从大理国的开国皇帝段思平到末代皇帝段兴智，大理国前后历经317年（公元937—1254年），共22位皇帝。

第六节 大理国的文化

一、文字和文学作品

大理国的文化主要指主体民族白族的文化。白族文化既反映了以白族为主体的云南各兄弟民族与汉族之间的亲密关系，又表现为以汉族为主体的中国文化的一个组成部分。大理文化处于南诏与元朝之间的承上启下阶段。白族与汉族之间文化上的联系很密切。公元1115年以后，大理与内地的贸易十分频繁，而且文化交往亦大增，官方、民间都有交流。

大理国受汉族文化的影响很深，今存大理国时期的许多碑刻，如大理《赵氏墓碑》、姚府《兴宝寺德化碑》、《大理段氏与三十七部盟誓碑》等，全是用汉文撰写的。碑文措词生动，镌刻细腻，堪称碑刻之上乘。文中奇字连篇，兼夹部分少数民族语言，说明其文有着较浓的地方文学特色。许多清平官诗画兼通，极有文采。如白族杨奇鲲写的诗可与汉族名家诗句媲美，诗句有："风里浪花吹又白，雨中岚色洗还清。江鸥聚处窗前见，林猿啼时枕上听，此际自然无限趣，王程不敢再留停。"隽永可诵。

宋乾道九年（公元1163年）大理人李观音得、董六斤黑、张般若师等，"率以三字为名，凡二十三人"到横山卖马，《桂海虞衡志》上记载了他们购物回去的情况，需要《文选五臣注》、《五经广注》、《春秋后语》、《三史加注》、《都大本草广注》、《五藏论》、《大般若十六会序》，以及《初学记》、《张孟押韵》、《切韵玉篇》、《集圣历》、《百家书》各类；并需瓷器、琉璃壶和"紫檀、甘草、石决明、并泉石、密陀缯、香蛤、海蛤"等药物。他们在给当地官府的文书中附有诗句说："言音未会意相和，远隔江山万里多"，另一文书上还说："古文有曰：察实者不留声，观行者不识词，知己之人，幸逢相接，言音未同，情虑相契。"万里江山的阻隔，语言口音的差异，并不能妨碍各族人民之间在思想感情上的交流。这些卖马人文化如此，可见当时大理文化的一斑。这也说明大理各族人民与汉族人民在文化上的亲密感是非常深厚的。

继南诏之后，大理国的白族仍直接使用汉文，一般知识分子都能读汉文书籍，并能用汉文写作。大理国内流传的汉文书籍，不仅数量多，种类也多，其中包括了经、史、子、集、医药、历算等社会科学和自然科学方面的书籍。甚至有些在汉族内地已失传了的书籍，却在大理国的白族中保存着。元明时期吴莱写的《读唐太宗帝范》一文说："唐太宗《帝范》一卷十有二篇，太宗尝手撰以教太子。五代丧乱，书有录而遂缺。暨今上征云南僰夷（白族），始出以献,而旧十有二篇始复完。"①此书即在大理国的白族中保存下来,后为元朝所得。大理国时期的白族中既普遍使用汉文书籍,自然习用汉文。所以,白族中的很多文学作品,其所使用的文字、作品的形式等,都与汉族的文学作品相同。如《兴宝寺德化铭并序》、《护法明公德运碑》等即是用汉文写的。诗歌则除了仍然继续流行唐代以来的五言、七言诗外,形成了民族特色的"转韵诗"(又名"章三韵")。这种诗一章分十联,每联包括七、七、七、五断句的诗两首,每联共52个字,韵脚押在每联的最后一个字上,一章共3个韵。此即近代白族中一直保留下来的《大本曲》的形式。它是当时白族吸收汉族诗歌形式而结合本民族情况的一种创造。今引明朝白族学者杨濮鬸《山花碑》的一首为例:

苍洱境铿瓤不饱　　（韵）七字
造化工迹不阿物　　（韵）七字
南北金锁把天关　　（句）七字
镇青龙白虎　　　　（韵）五字

除了直接使用汉文之外,白文在大理国时期也有发展。白文在借用汉字的基础上增加了一些表现白族语言的字,字形仍同汉字。今存《石城会盟碑》和《张胜温画卷》上面的文字,即属于白文。据石钟健《大理喜洲访碑记》云:

（一）白文流行的时间,大概在大理总管的后期,到明景泰年间正是最盛行的时期。（二）白文初创时期,当在段氏后理国,最晚当在段氏总管的初期。（三）借用汉字记载民家口语的书法最初或由读《汉书》没有读通的人发明的,后来成为社会上一般人普遍使用的文字,愈来愈通行。（四）第一次叙民家人历史的《白史》,也是用了这种文字写成的,《白史》的写成时期,当在段氏后理。

在已经发现的大量南诏大理国经卷中,经文旁边常常用汉字注有白语读音,说明大理汉文佛经往往用白语念诵,至今大理仍有人能用白语念诵汉文经卷。可见,除了汉字汉读之外,大理国时期民间还存在汉字白读的情况,尽管是否存在文字意义上的"白文"仍旧是一个有争论的话题。

二、史　学

南诏时史学尚在萌芽,在白族和滇西的彝族中,除了一些关于自己祖先历史的口头传说(后被编入《南诏野史》等书)之外,《南诏图卷》是以连环画的形式来描绘历史,图上的说明文字用汉文。到大理国时期,在吸收汉族文化的基础上,史学已经开始发展起来。大理国也如同汉族内地的封建王朝一样,设有专门记述统治阶级事迹的机构,写下来的史学作品也称为"国史",这种国史是用汉文写作的。《兴宝寺德化铭并序》说:"有公子高逾城光者,曾祖相国明公高泰明、祖定远将军高明清,已备国史。"即高泰明、高明清的事迹,已写入大理国官修的国史之中。

除了用汉文写的国史外,还有用白文写成的历史作品《白古通》,该书于元明时期还在流传,清代时失传。元代张道宗写的《记古滇说集》,便是依据《白古通》写成的。又明代杨慎(杨升庵)在其所著的《滇载记》中说:

---

① 吴莱:《渊颖吴先生文集》卷十。

余婴罪投窜，求蒙（南诏）、段（大理国）之故于图经而不得也。问其籍于旧家，有《白古通玄峰年运志》，其书僰文，义问众教，稍为删正，令其可读。其所载者，盖尽此类。

如此，则杨慎的《滇载记》就是把《白古通》删正之而成。即杨慎把从汉文角度阅读不通的部分删掉，保留了纯汉文的部分，这就使《白古通》成了《滇载记》。所以，从《记古滇说集》、《滇载记》等书中可以看出：《白古通》是大理国时期除官方写作的"国史"以外的另一种历史作品，是私人采集了白族民间传说和当时发生的事件所写出的南诏、大理史，同时也追述了南诏以前的白族历史，因此名之为《白古通》，此即白族古代通史。明代以后的《南诏野史》等书，则是依据《白古通》体例，用汉文继续写成的。

与《白古通》相与争辉的《纪古滇说集》是云南历史上另一部较为重要的古代史书。该书作者的事迹无法详考，或为宋人张道宗。从全书来看，南诏以前备极详细，分条专述，至于大理则仅略略数语，言极概括，给人以虎头蛇尾的感觉。其内容按方国瑜先生所说："大都神话传说，史事甚少。"考虑到它是一部古人所写的古史，也难以过多苛责。

《大理图志》为大理国时所修地志之书，此书虽已亡佚，但据方国瑜先生考证，元时所修《混一方舆胜览》与《元史·地理志》中的云南部分，所载沿革即多出自此书。从中可知，大理国时的地志编纂更重当代，同时特别注意前期和后期因政局的变化而引起的政区设置的变化。此外，大理国时纂录家谱的风气也极兴盛，但属名公豪族，多有家乘。这些家谱的部分内容，我们今天尚可从明清以后续修的一些家谱中见其端倪。

三、大理国的建筑

大理国时期的建筑在城池兴建方面取得了很大的成就，但令人遗憾的是，这些城池如同其他大理国时期的实用建筑一样，或已被毁，或已改建，后人无法考证其具体的技术成就。与此形成鲜明对照的是，兴建于大理国时期的佛塔保存至今的为数不少，且成就极高，如大理崇圣寺南北塔、祥云水目塔、洱源旧州东塔、洱源火焰山塔、景洪曼飞龙塔等都堪为代表。这个时期兴建的佛塔，多以青砖为建筑材料，而建筑风格以密檐式为主。一般造型是塔身的上下较收小而中部较大，外表轮廓曲线鲜明。塔身形状分为方形和八角形两种，基座多为双层，一般没有地宫。建筑技术虽不复杂，造型却特别清俊秀美。

大理崇圣寺千寻塔兴建以后，至大理国时，人们又在千寻塔南北两侧各建一座八方形密檐式空心砖塔。两塔形制一样，均为10级，高42.2米。塔身除第1级以外，逐渐收缩至顶部，每级檐面出伸较短，无出挑，上面装饰人物、莲花和卐字图案。从第2级开始塔身外壁每面开1券龛，每龛置1尊佛像。塔身表面涂一层白色泥皮，塔顶有铜制葫芦、伞形铜铃等。

祥云水目塔位于祥云马街水目山上，塔呈方形，15级，密檐式，高16米。塔基为双基座，下基座为方形，用石料砌成；上基座为八方形须弥座，用砖砌成。塔身四面每面有一龛。塔檐为三层方砖叠涩出挑而成，出檐结构及外形与千寻塔相似。

洱源旧州东塔位于洱源旧城东面，高30米，方形密檐式，实心，11级。塔基座为双基座，上层为正方形，边长5.7米。洱源火焰山塔位于洱源三营乡北1千米的东山山顶，高10米，八角形密檐式，实心，7级。造型与崇圣寺南北塔极为相似。此塔已于1996年倒塌，废墟内发现了一批大理国时期的珍贵文物。

景洪曼飞龙塔位于景洪大勐龙乡曼飞龙村后山,由1座大塔和8座小塔组成。基座圆形,高3.9米,上面砌出8角,内含8个佛龛,龛上装饰莲花。8角上分建8座小塔,高9.1米,呈8瓣莲花形。主塔位于8塔之中,高16.29米,直刺蓝天。整个塔群犹如群笋破土,故又称"笋塔"。在正南向龛下的原生岩石上,有一人踝印迹,传为释迦牟尼的足迹,因而兴建此塔。据傣文经典记载,曼飞龙塔始建于傣历565年(公元1204年),相传是由3个印度僧人设计,又由勐龙头人和高僧祜巴南批等人主持建造的。在西双版纳地区,曼龙飞塔是一座历史悠久、规模宏大雄伟的宗教建筑,不但在国内信仰南传上座部佛教的各族人民群众中有很大的影响,而且在缅甸、老挝、泰国的小乘佛教的信徒中也有深远的影响,每年均有成百上千的信徒不远千里前来朝拜,虔诚地敬献礼物,表达对佛祖的崇拜和敬仰。其设计造型特异,有明显的东南亚建筑风格,几乎影响了这一地区后来的整个佛塔建筑。

大理国的佛塔一般塔基入土很深,塔壁宽厚规整,塔体空心,砖块烧制严格认真,大部分古塔抗御了近千年来几次强烈的地震,至今仍保存完好。在大理等地发现的南诏大理国时期的有字瓦,也大都厚大质坚。从这些情况来看,大理国的建筑技术已经达到了很高的水平。

四、大理国的雕刻和书画艺术

大理时期白族中的雕刻、绘画技术,也是在南诏的基础上进一步发展。剑川县石宝山遗留下来的石窟浮雕中的一部分就是于大理时期雕刻而成的。今昆明古幢公园内的石幢浮雕,是大理国时石雕的仅存硕果,其《造幢说》是研究大理历史的宝贵资料。石幢高两丈余,七层八面,下宽上窄,呈八角锥形。石幢上雕刻有寺宇楼阁和众多的佛像、蟠龙等物。寺宇楼阁玲珑剔透,人物形象栩栩如生。石雕共有大小神佛两百多尊,最大的天王像高达1米多,最小的座像不足3厘米,神情姿态各不相同,面部表情严肃而不呆滞,衣冠服饰细致逼真,比例匀称,造型优美,刀痕遒劲,极备精巧,可谓滇中古代艺术的极品。与同时期汉族内地的同样作品相较,其表情生动逼真,造型优美,确乎毫不逊色,可谓西南地区古代艺术之珍品,日本人把它称为中国古代"绝无而仅有之杰作"。

集中体现大理国宗教特色和艺术水平的是佛教画《张胜温画卷》(亦简称《大理画卷》)。此画卷又名《张胜温绘大理国梵像画》,为盛德五年(公元1180年)大理国画工张胜温所绘。张胜温是大理国白族宫廷画师,虽然史籍记载生平不详,但从画中可以看出他熟悉宫廷礼仪、佛教掌故等,见过大理国王段智兴以及其与友邦交往的盛大场面,所以所画人物形象生动,场面逼真精细,技艺高超,栩栩如生。清朝阮元的《石渠随笔》中载有《大理国佛像》和《天龙八部图》两个画卷,疑与《张胜温画卷》是同画异名。盛德是大理国第18代皇帝段智兴的年号,段智兴又号利贞,故画卷开始的题记有"利贞皇帝膘信画"的字样。画卷为纸本,彩色施粉,细笔精绘,全长1 635.5厘米,宽30.4厘米。全卷共分三段,计134开(画的单元,因画卷在流传过程中曾被改装为折页,每一折页为一开),绘像628个,极为壮观。画卷的第一部分"蛮王礼佛图",绘出了大理国王段智兴威严的仪仗和随行人员,是研究大理国社会历史、典章制度的珍贵实物资料。第二部分"法界源流图",绘出了释迦牟尼佛和佛、菩萨、梵天等像,面貌各不相同,体现了"天龙八部"的特征,再现了"佛本身的故事"。第三部分"十六国大众图",绘应真八部、天竺(印度)十六国王,是白族和国内少数民族及我国与东南亚、南亚、西亚各国进行贸易和文化交流的历史见证。画卷的大部分反映佛教内容,尤其是佛教中的密宗因素更多。画卷背景还逼真地描绘了苍山雪峰及大理山茶花等风物。《张胜温画卷》具有极高的艺术价值:"卷中诸像,相好庄严,傅色涂金,并极精彩"(清高宗乾隆跋),"笔笔工细生动,金碧灿烂,光彩夺目,天南瑰宝也",这充分展示了大理国时期艺术水平的高超。《张胜温画卷》是我国古代美术史上的瑰宝,与著名的《清明上河图》一起被称为"南北双娇",是我国的国宝级文物,现收藏于台北"故宫博物院"。

大理国时期的书法推崇二王,多有晋意。故李京《云南志略》称:"保和中,遗张志成学书于唐。故云南尊王羲之,不知尊孔孟。"大理国时期的书法作品保存至今的主要有碑刻与写经两类,都不是刻意而为的书法作品。就其书体而言,大多属于当时流行的写经体,结构严谨,用笔挺拔犀利,"深受欧、柳楷法的影响"。个别碑刻则于写经体外别树一帜,体现出大理国时书法风格的多样性。其中,《三十七部会盟碑》体兼行楷,运笔流畅,叶昌炽《语石》赞其"精采飞动",《蜗寄庐随笔》则称之"大类李北海";《护法明公德运碑》敦厚遒劲,笔意放纵,近于颜真卿、苏东坡;《兴宝寺德化铭》笔法竣整瘦劲,富有欧阳询、虞世南笔意,被一些学者视为"大理国碑的精品"[①];《高兴兰若碑》与《大理国故高姬墓铭》章法绵密,行笔姿意,洒脱之中别有厚朴之气[②]。

第七节 大理国居民的社会生活

一、佛教在大理国社会生活中的渗透

大理国社会生活的一个显著特征在于佛教对各个领域的渗透。自南诏国末期以来,当时王室、贵族莫不以佛教为皈依,统治者均以僧人为国师,遍建寺塔,广铸佛像,佛教在云南的影响已不可等闲视之。到大理建国时,为了使大理政权罩上一层神圣的外衣,并且弱化敌对势力、缓和社会矛盾,段思平即位以后就极力推崇佛教,开国君主如此提倡及推崇,大理国时期佛教比南诏国时期更加兴盛,举国信佛,寺庙之多不可胜数,学校设于寺庙内,儒释结合,因此大理国有"佛国"和"妙香国"之称。

据《南诏野史》记载,段思平是虔诚的佛教徒,"好佛,岁岁建寺,铸佛万尊";段义廉被杨义贞杀害的前三年还在国内举办盛大的"八龙王"佛会;段智兴虽未出家,但最信佛教,"智兴奉佛,建兴宝寺,君相皆笃信佛教,延僧入内,朝夕焚咒,不理国事",他在位期间修了60座寺院;其子段智廉,派人到宋朝求得大藏经1 465部,放置在都城五华楼。大理国22个国王竟有9王(也有说8人或10人)禅去王位而皈依佛法为僧。虽然关于具体人数史料各异,但这种现象在中国历史上是罕见的。据倪辂本《南诏野史》载,除第2代王段思英被废为僧外,还有第8代段素隆、第11代段思廉、第15代段正淳、第16代段正严、第17代段正兴(段易长)等5人逊位为僧。胡蔚本《南诏野史》则增载第9代段素贞、第14代段正明、

---
① 顾峰:《云南碑刻与书法》,云南人民出版社1984年版,第90—96页。
② 段玉明:《大理国史》,云南民族出版社2004年版,第378页。

第 20 代段智祥逊位为僧，共 9 人。《滇考》、《滇云历年传》又增载第 13 代段寿辉。今人台湾柏杨的《中国帝王皇后亲王公主世系表》所载与胡蔚本同；徐嘉瑞《大理古代文化史稿》接近《滇考》所列，而少段素贞与段智祥；金庸《天龙八部·释名》列"圣德帝、孝德帝、保定帝、宣仁帝、正廉帝（疑为正康之误）、神宗帝"6 人，均以谥号表示，他们是段素贞、段思廉、段正明、段正严（又名段和誉）、段正兴（又名段易长）、段智祥。尽管史料记载不完全一致，但大理国皇帝竞相禅位为僧是不争的事实。当然，大理数位国王之所以先后放弃王位，并不都是崇信佛教的结果，其更多的原因，还是在宫廷的权力之争中，因失败而被迫出家。

除了大理国国王禅位为僧外，白族封建主的子弟，也多有出家当和尚的。因而，僧侣成了白族封建统治集团中的一部分。在大理国，儒家的教条与佛教的教义几乎融而为一。儒生无不崇奉佛法，佛教的师僧也都诵读儒书，有所谓"释儒"（亦称"儒释"）之称。大理国的封建官吏，便是由"师僧"、"释儒"充当。他们在杂读佛经和儒书后，也如同内地的封建儒生一样，可参加大理国的科举考试，进而入朝为官。其政权和宗教虽不能说是完全合一，但界限几尽于无。佛教有利于封建主们对人民进行麻痹，儒家思想则能维护封建统治，所以大理国亦儒亦释的僧侣集团，在直接帮助白族封建主们进行统治方面起着很大的作用。

由于佛教盛行，大理国时期的佛寺在实际上起着学校的作用。大理国的白族僧侣，称为"师僧"，在佛寺中教孩子们读佛经和儒书。郭松年《大理行记》说："师僧有妻子，然往往读儒书。"李京《云南志略》则说："师僧教童子，多读佛书，少知《六经》者。"两者皆为元朝初年之人，他们见到的是大理国时期遗留下来的现象，但一说"读儒书"，一说"多读佛书，少知《六经》者"，盖每个人只见其一面，实际上是既读佛经，亦读儒书。

佛教渗透到白族的文化生活中的又一表现，在于白族姓名的命名方式。百姓均姓下双名并列，其中之一为俗名，另一则取自佛号或法号，加入了"观音"、"般若"等佛号，如李观音得、高观音明、张般若师等。另外还有以妙音、易长、天王、般若、延寿、伽罗、大日等为号者。如高妙音护、段易长顺、杨天王长、段易长兴、赵般若宗、段延寿姐、董伽罗尤、李大日贤等，都无不与崇佛风尚有关。文学作品中往往也杂引佛经成语和典故。一切雕刻、绘画艺术也莫不成为佛学的奴婢。《新纂云南通志》说："滇之佛教，传闻于汉晋，兴隆于唐宋，昌于元，盛于明，而衰落于清。"大理号称"妙香古国"，南诏时崇圣寺称"佛都"。前人曾以"洱水与苍山，佛教之齐鲁"、"伽蓝殿阁三千堂，蓝若宫室八百谷（处）"来描绘大理佛教之盛况。南诏大理国流行的佛教主要是密宗，史称"滇密"，其僧人称阿阇黎（梵文音译，意为上师、规范师等），因此又称阿阇黎（阿吒力）教。元朝西台御史郭松年于大理国灭亡后30 年，即至元二十一年（公元 1284 年）到大理，以亲见亲闻写了一篇《大理行记》，对大理佛教盛况作了精要的记述："此邦之人，西去天竺为近，其俗多尚浮屠法，家无贫富，皆有佛堂。人不以老壮，手不释数珠。一岁之间，斋戒几半，绝不茹荤饮酒，至斋毕乃止。沿山寺宇极多，不可殚记。……凡诸寺宇，皆有得道居之。得道者，非师僧之比也。师僧有妻子，然往往读儒书。段氏而上，国家者设科选士，皆出此辈。"这是现存记录大理佛教最可靠的第一手资料，寥寥数语，已十分准确地概括了当时佛教的盛况。

宗教信仰除佛教外，区域性的地方神"本主"的信仰也仍然得到保存。大理国时期的白族称"本主"为"帝"，它是"镇此方之灵佑"的地方神，此乃自给自足的地方自然经济反映在人们思想意识中的产物。

二、大理国的饮食习惯

大理国在南诏的基础上建立,白族先民是其主体民族,在其长达300余年的历史上,洱海、滇池等地区的农业,继续向精耕细作的方向发展。《大理行纪》中说:洱海点苍山终年积雪,官府引点苍山雪水泻下导入水渠,"功利布散,皆可灌溉"。元代马可·波罗言:滇池多蓄大鱼,"诸类皆有,盖世界最良之鱼也"。大理、滇中一带遍布水田,山间多有引泉水灌溉的梯田,"山水明秀,亚于江南;麻、麦、蔬、果颇同中国"。丰富的出产是民众饮食内容和饮食风格的基础。大理国居民的饮食习俗有相当部分与南诏时期一脉相承,并有一定程度的变化与发展。南诏、大理国都擅长以各种禽类、鱼类、畜类、蔬菜为原料制作菜肴,以各类粮食、水果制作酒类。人们还大量饲养鹿等野生动物,取其角、肉供药用及食用。大理国的厨师,已熟练地掌握了一些高难度的烹饪方法。大理以稻米、小麦和蚕豆为主食和辅食,嗜食拌以香料的生肉和螺蛳,以烤小猪和各种野味待客,喜饮茶、酒。

除了作为主体民族的白族居民外,大理国境内其他各少数民族地区的饮食文化各有差异。其中,茶和酒是当时人们日常生活不可缺少的饮料,采茶、饮茶已较常见。大理国时期人们饮的茶,主要来源于今景东、景谷以南,大抵在西双版纳州境内。《续资治通鉴》中说:南宋时随贩马商人至泸州交易的大理国诸族,带去的货物中就有茶叶。居滇东北一带的土僚蛮,"常以采荔枝、贩茶为业"。在南部傣族地区,五日或十日一集,届时"以毡、布、茶、盐互相贸易"。人们喝茶时还常"以椒、姜、桂和烹而饮之"。这种饮法,我国唐代以前就有,因为古代本草家认为,茶味甘苦微寒,而椒、姜、桂等俱热性,和烹而饮,可以去寒。在今天西南山区某些少数民族中,也还保留着这种饮茶的古风,称"擂茶"。当时养羊也极为普遍,据《云南志略·诸夷风俗》:傣族地区"少马多羊",纳西族地区"多羊、马及麝香、名铁"。由于畜牧业发达,祭祀和宴会时山区民族均大量宰杀牛羊,在一些地区甚至成为时尚。如彝族地区祭祀时,亲戚毕至,"宰杀牛羊动以千数,少者不下数百"。纳西族凡有家产者,"每岁冬月宰杀牛羊,竞相邀客,请无虚日;一客不至,则为深耻"。这种浓厚的好客习俗至今在很多民族中均有留传。

三、大理国的服饰

大理国时期境内各民族的服饰文化,虽然程度不等地受到内地汉族以及其他民族的影响,但都有着自己民族和地方的特点。从有关文字记载来看,洱海地区的乌蛮和白蛮的衣服形式,与南诏时期相较大体相同,即男子基本上"其俗略与汉同",女子则穿短衣、裙子。同时,不同人群之间的服饰也严格地存在着阶级差别:"蛮王并清平官礼衣悉服锦绣",而女子"贵者以绫锦为裙襦",至于一般人则以无色的粗绢为衣裳。[①] 同时,各民族的男女服饰,也如同南诏国时期一样,有着许多自身的特点。男女仍然保持着披毡的习惯:"蛮毡出西南诸蕃,以大理者为最。蛮人昼披夜卧,无贵贱,人有一番。""西南蛮地产绵羊,国宜多毡毳,自蛮王而下,至小蛮无一不披毡者,但蛮王中锦衫披毡,小蛮祖裼披毡尔。……昼则披,夜则卧,雨晴寒暑未始离身。"[②] 这样的服饰文化在元朝以后仍然继续。其发饰则男的"椎髻",女的

---

① 欧阳修:《新唐书》卷二百二十二上《南蛮上·南诏传上》。
② 周去非:《岭外代答》卷六《毡》。

"以青纱分编，绕首盘系，裹以攒，顶黑巾，耳金镯，象牙缠臂"，她们一般"不施脂粉，酥泽其发"。① 也就是说妇女不施脂粉，但以油泽其发用青纱盘系，裹以攒顶黑巾，并流行戴金耳环臂套象牙箍，着细绣方幅围腰，"以半身细毡为上服"。男女还多戴覆以黑毡的竹编斗笠，遇客或相见时无拜跪礼节，只需取下斗笠即算为礼。大部分地区的白蛮崇尚白色，嫁女以陪赠纯白色的羊皮为荣。男子一般习惯跣足。乌蛮除了一样"男女无贵贱皆披毡，跣足"之外，不同于白蛮之处在于崇尚黑色，妇女以黑缯为衣，其长曳地。

除了见诸文字的记载之外，大理国居民的服饰还可从现存的有关文物得以证实。如从石钟山石窟造像以及大理国《张胜温画卷》中可见，其世俗人像部分中，既有着装"略与汉同"的人物形象，也有披毡、椎髻、戴两角外翘的头囊（帽子）、佩金佉苴（金腰带）及披波罗皮（老虎皮）的人物形象出现。这些不仅给人们留下了生动的实物资料，而且也证明在大理国时期，基本上还在继续延用南诏时期一些有特点的服饰，《张胜温画卷》弥补了大理国时期这方面文字记录的不足。②

四、大理国的节庆

大理国时期主体民族的节日与南诏有所承袭。如南诏时每年夏历十一月一日有盛会客。届时，家家户户备甜酒、宰牛羊，于户外设桃茹，以除不祥，亲戚乡里之间，互相宴乐，作乐庆贺3天，尽兴而罢，类似内地汉族的春节。又如南诏时期还有每年夏历十二月十六日的星回节，取《礼记》"季冬之月，星回于天"之义。是日，君臣游乐并赋诗唱和。盛会客和星回节，在大理国时期仍然存在。但星回节可能在时间上有所变更。元初《云南志略·诸夷风俗·白人风俗》云："腊月二十四祀祖，如中州古塚之礼。"这里说的夏历十二月二十四日祀祖，大概就是由南诏十二月十六日星回节改变而来。然而，南诏和大理国时期在主体民族民间普遍流行，并在今西南彝语支等各族中盛行的节日，还是当推一年一度夏历六月二十四或二十五日的火把节。有关火把节的记载，首见于元初《云南志略·诸夷风俗·白人风俗》："六月二十四日，通夕以竿缚火炬照天，小儿各持松明火相烧为戏，谓之驱禳。"其后有关记载中的具体情节虽然不尽相同，但燃烧火把之事则是一致的。有关火把节的渊源说法很多，故事委婉动听但实则多显牵强。从人类学角度来看，可能与人们对火的原始崇拜有关。因为从远古以来，火不仅给人们带来了无穷无尽的好处，同时也给人们造成了巨大的威胁，因而人们很自然地对它产生了崇敬之情。

由于大理国时期主体民族与内地汉族关系密切，汉族的一些节日也为他们所接受，所以《云南志》卷八中说："其余节日，粗与汉同，唯不知有寒食清明耳。"这也是民族之间交往的必然结果。

五、大理国的丧葬习俗

大理国主体民族的丧葬习俗一如南诏后期，实行火葬法。在唐代南诏国中期以前，一些

---

① 李京：《云南志略·诸夷风俗·白人风俗》。
② 邵献书：《南诏国和大理国》，吉林教育出版社1990年版，第220-221页。

受内地汉族影响较深的白蛮，曾经实行土葬。从现在的白语词汇来看，土葬棺墓的各部分名称，如棺材、含口、墓圹、碑心、帽券、海底板等，都不是白族本民族的称谓，可知棺椁土葬是汉化的结果。但在一定时期内，当地白蛮仍保持着我国过去和后来一些少数民族所特有的捡骨二次葬的习俗。这种习俗，也与宗教信仰有关。当时的人们认为血肉是属于人世间的，应待其腐朽后，才能作正式的最后埋葬，此时死者才能进入另一个鬼魂世界。南诏中后期以降，火葬渐渐盛行。《僰古通纪浅述》记述了梵僧教化僰人实行火葬法的神话。"保和年中，赞陀崛多独坐，有乌鸦向国师鸣三。师自知母归于西天，哭泣。令妻亦哭。妻曰：不见棺尸不下泪，我何泣焉。师遣四方鬼王，伺其弟出母丧于陀林，昏而不知之际，偷取母尸自西天到家。妻乃信而哭泣。葬于弘圭山，依九节茶毗之法，请六师开六道，往往诸佛光明天，取阿皮罗下火，用金箔贴骨为紫金骨。自此僰人效之，但遇亲丧，悉化丧之，谓此也。"这个故事虽荒诞不经，但透露出白族的火葬习俗与佛教影响之间的关系。其实之所以形成这种火葬习俗，除与宗教信仰有一定的关系外，主要还与这些民族随牧畜迁徙，无一定居处的经济生活有关。及至以后，虽然洱海地区的乌蛮、白蛮已主要从事定居的农业经济，但一则受内地汉族影响较少，再则因习俗的惯性，故其传统的火葬习俗得以保存。这种全面实行火葬的习俗，上起南诏，下迄元、明，历经数百年未变。一般说来，白族的火葬墓，均立石幢石碑，刻梵文经咒、佛像、莲座，以追荐死者，祈祷冥福。也有的刻汉字，为造幢记。大理国时期的火葬墓幢，迄今发现者，有昆明古幢公园石幢，上镌慈齐大师段进全撰的《大理圀议事布燮袁豆光敬造佛顶尊胜造幢记》，凡 540 余字，立于公元 12 世纪；四川西昌三坡出土的火葬墓，碑立于盛德二年，因知为公元 1177 年；大理喜洲弘圭山出土的《大理圀彦贲赵明兴为亡母造尊胜墓幢》，段智兴元亨十一年（公元 1195 年）立石；楚雄出土的《大理圀高升福墓志》，段智祥仁寿四年（公元 1230 年）立石；未署时间的有大理五华楼出土的《大理圀故高姬墓铭》（《杨俊升碑》）等。

在丧葬习俗上，大理国的火葬与南诏时期的火葬还是略有区别的。后者人死则焚其尸，仅留两耳贮于金或铜铁瓶中以为纪念，其余部分骨灰盛入器具下葬；而大理国时期人死遂焚其尸，若酋长死则以豹皮裹尸而焚，密葬其骨于山，"非骨肉莫知其处"。葬毕则盗取邻近贵人之头以祭，祭祀时亲戚毕至，"宰杀牛羊动以千数，少者不下数百"，场面非常讲究。

第六章 元朝时期的云南

元朝对全国的统一,结束了中国500多年的民族纷争和血战,也结束了云南自南诏、大理以来相对独立的地位,使各族人民有可能在比较安定的社会环境中生息和发展社会生产,这是具有历史意义的进步。在这一时期,元王朝对云南地区进行了积极的经营,引入内地统治方式进行施治,正式建立云南行省,广泛开展屯田,其开发云南取得了明显的效果。元朝时期的云南地方,在全国政治经济生活中所具有的重要地位,远远超过了以往的任何朝代,云南行省的边疆色彩被空前地淡化。但同时,由于蒙元统治者对各民族人民进行严重的压迫和剥削,又不善于调整阶级关系与民族关系,元朝的统治由兴盛很快走向衰败,在经历世祖忽必烈统治的30余年间和以后一段不太长的繁荣时期后,随即走向衰败。

第一节 蒙古对大理国的征服

一、"斡腹攻宋"战略的谋划与实施

公元13世纪初,金和南宋对立,整个中国陷入四分五裂的状态之中。而云南的大理国的白族封建主们与其他各部贵族之间也纷争不已。这时,蒙古势力兴起于北方草原。公元1206年,成吉思汗统一了蒙古草原各部落,随即展开了向蒙古草原以外各地区的征服活动。公元1209年,降畏兀儿(今西北维吾尔族)。公元1227年,灭西夏(在今宁夏和甘肃西北)。然后引兵南下关陕,败金兵。公元1234年灭金之后,灭南宋就提到蒙古贵族们的军事日程上来了。在蒙宋战争中,随着蒙古"斡腹攻宋"战略的发展,大理逐渐成为蒙古军事征服的对象。

公元1234年正月,南宋与蒙古联合攻陷蔡州城,金朝灭亡。5月,窝阔台汗宣布对南宋"躬行天讨"[①]。在对宋战争中,为了避开长江天堑,善于"绕道避难,以迂为直"的蒙古军队采取战略迂回,出奇兵绕道西南,与自北方南下的另一支蒙古军队相配合,两面夹攻南宋,此即为所谓的"斡腹之举"战略。公元1235年,窝阔台汗遣兵进攻南宋的荆襄与四川地区,拉开了大举攻宋的序幕。蒙古军队试图突破夔门,顺流进击南宋的长江中下游地区,但是进攻遭到南宋军民顽强的抵抗,被迫撤退。[②] 突破夔门,顺流而下攻宋企图的受挫,促使蒙古

[①]《元史》卷二《太宗本纪》。
[②]《宋史》卷四百一十二《孟珙传》。

考虑实施更大范围的迂回战略。公元1238年冬，蒙古军入蜀，在攻陷成都后，"直抵碉门、黎、雅、木波国界"①。蒙古军此次行动的目的是为了越大渡河，南下大理，"斡腹攻宋"。南宋朝廷在次年收到四川安抚使陈隆之的报告："鞑贼欲由大渡河直破大理国，斡腹入寇。"②这说明蒙古已经开始谋求"迂回大理，斡腹攻宋"。公元1243年初，播州安抚使杨文提醒刚刚入蜀的四川安抚使余玠，"近年西蕃部落为贼所诱，（蒙古）势必绕雪外以图云南，以吞并蛮部，阐我邕广，窥我沅靖，则后户斡腹为患。"与此同时，在蒙古接连进攻夔门以后，南宋也加强了四川的防务建设，先后派孟琪、余玠入蜀主持防务。尤其是余玠在公元1243年入川后，很快就扭转了南宋在四川战场被动挨打的局面，蒙古对四川的多次进攻都无功而返。③在四川正面战场受挫于南宋，这促使蒙古加快实施"迂回大理，斡腹攻宋"的步伐。

1244年，蒙古"初不经四川地分，且举甲辰直至大理之九和镇"。蒙古军自云南以北过灵关至九禾（今丽江九河），大理国王段祥兴遣将高禾迎击，高禾战死，蒙古军亦退去。九禾之战的发生实则是蒙古统治者派军侦察大理国的情况，探索进攻大理的行军道路，为以后的长途奔袭进行准备而进行的。九禾之战以后，南宋朝野频繁收到蒙古欲由大理"斡腹入寇"的警报。公元1245年，有传闻蒙古"取道蕃部、径取南诏"、"有斡腹之谋，欲借路云南，图我南鄙"；公元1247年，蒙古"舍九和熟路而取青羌……失利于西莫光诸蕃"。公元1248年冬，南宋方面又获悉蒙古由"吐蕃境内，相近南诏"。面对纷然而至的蒙古南下大理、"斡腹入寇"的传闻，南宋主政者却对蒙古会大规模进攻大理表示怀疑，认为"马力所及，容或有之，然谓大势远来，其谋恐未至此"④。但实际上，经过至公元1238年以来的多次试探，蒙古经藏彝走廊南下进攻大理，"斡腹攻宋"的条件已经具备，只是当时蒙古国内政混乱，无暇大规模对宋用兵而已。蒙哥在公元1251年即汗位后，采取果断措施，结束了蒙古自公元1242年以来"法度不一，内外离心"⑤的混乱局面，随即着手大举攻宋。

二、"元跨革囊"征服大理国

公元1253年，蒙哥汗终于决定先攻取大理国，掠取其兵力与物力后对南宋进行"斡腹"夹击。是年，蒙哥汗命弟忽必烈率十万骑兵远征大理国，以大将兀良合台总督军事。忽必烈率师经临洮至忒刺，遣三使招降大理国，但被大理国统治者杀害。忽必烈率领军队从北方南下，到今四川松潘即兵分三路：东路由抄合、也只烈率领，从宜宾进入滇东北，再西向入大理城；中路由忽必烈亲率，南下经今川西，过大渡河，西向渡金沙江，入丽江东部，南下攻大理城；西路由兀良合台率领，南下至今中甸，再入丽江而向大理城进攻。9月，中路兵到达今丽江东部的金沙江畔，大理国宰相高泰祥守金沙江西岸，"太弟（忽必烈）令革囊以济"，至大理国都城，"东西道兵亦至"，高泰祥乘危逃走，后被蒙古军捕杀。公元1254年，兀良合台率兵攻下了押赤城（今昆明），并收降了段兴智。忽必烈则在征服大理之后不久，加封兀良合台为大元帅，使之镇守云南，"攻诸夷之未附者"，本人则率领一部分部队班师北归。蒙古

---

① 胡聘之：《山右石刻丛编》卷二十四《梁秉均碑》。
② 李鸣复：《乞言为广西之备疏》，参见傅增湘：《宋代蜀文辑存》卷八十二。
③ 《宋史》卷一十六《余玠传》。
④ 李曾伯：《可斋杂稿》卷一七《帅广条陈五事奏》。
⑤ 《元史》卷二《定宗本纪》。

军的这一次远征,结束了大理国后期"酋领星碎,相为长雄,干戈日寻,民遂涂炭"的分裂割据局面。

大理国王段兴智降附后,与其叔父段福入觐漠北,诏赐金符。以后段兴智又献地图请悉平诸部,并奏治民立赋之法。宪宗大喜,赐兴智名"摩诃罗嵯"(意为大王),授统诸蛮爨白等部之权,导兀良合台军讨平诸地之未附者。此后,段兴智、段实兄弟完全投入蒙古贵族们的怀抱里,不仅为蒙古帝国征服和统治云南各民族效力,而且为蒙古进攻南宋竭尽其所能。自段兴智和段实之后,大理王族段氏便在整个元朝统治期间,一直世袭充当"大理总管",成为蒙古贵族们统治云南的最好帮手。

宪宗九年(公元1259年),兀良合台应宪宗之约,率蒙古骑兵三千人和云南爨僰军一万人,攻破广西横山寨并乘胜击逐,连下贵州(今广西贵县)、象州、静江府(今广西桂林)和辰州(今湖南沅陵)、沅州(今湖南芷江),直抵潭州(今湖南长沙)城下。时忽必烈已渡江至鄂州(今湖北武昌),兀良合台遂率兵抵鄂州与大军会合。兀良合台这一次出击,大体上实现了原来"斡腹之举"的战略设想。中统二年(公元1261年),随兀良合台攻宋内地的爨僰军被遣回云南,世祖诏云:"嘉汝等远自云南,导从选锋,转战千里,直波鄂诸,以达于此,勤已至矣。今者俾尔各还本土以遂耿性,优赐各有差。"①这支爨僰军在返滇途中有一部分在湖南桑植定居,此即桑植地区现有数万白族人口的来历。

第二节　元朝在云南的行政设置

一、蒙元统治者眼中的云南

云南地区战略位置之重要与民风之淳朴,给忽必烈留下了深刻的印象。并且,由于云南为忽必烈亲手所平定,因此,忽必烈经常流露出对云南的眷恋之情,对云南尤为看重。元人虞集说:"世祖皇帝之集大统也,实先自远外始,故亲服云南而郡县之,镇之以亲王,使重臣治其事,自人民、军旅、赋役、狱讼、缮修、政令之属,莫不总焉,独不得承制署置属吏耳。"②忽必烈登汗位后,感到云南诸蛮"变乱不常",自己"抚恤之心虽切,而下民之志未安",为了稳定在云南的统治,他亲自挑选了镇将的人选。至元四年(公元1267年),忽必烈封第五子忽哥赤为云南王出镇大理、鄯阐、茶罕章、赤秃哥儿、金齿等处,并面谕之:"大理朕手定,深爱其土风,向非历数在躬,将于彼分器焉。汝往,其善抚吏民。"③忽哥赤赴滇后四年,发生了云南都元帅宝合丁与行六部尚书阔阔带合谋毒死忽哥赤的严重事件。忽必烈思虑再三,决定在云南建立行省,并于至元十一年(公元1274年)把抚治云南的重任交给深受宠信的重臣赛典赤·赡思丁。他对赛典赤说:"云南朕尝亲临,比因委任失宜,使远人不安,欲选谨厚者抚治之,无如卿者。"除此之外,据近人统计,镇守云南的将官《元史》中有传者

---

① 《元史》卷一百二十一《速不台传》附《兀良合台传》。
② 虞集:《道园学古录》卷五《送文子方之云南序》。
③ 屠寄:《蒙兀儿史记》卷七十六《忽哥赤传》。

计100人,其中蒙古人31人,色目人32人,汉人及其他民族37人。仕宦云南的官吏在《元史》中共有79传100人之多,占《元史》列传的1/7,"当日元人重视西南,力征经营,可想见矣"。

除去忽必烈的影响外,后来的蒙元统治者们仍然对云南给予了高度的重视。这是因为:

首先,蒙元统治者较之中原汉族政权而言,其"夷狄"观念淡漠。由于蒙元统治者属于少数民族,前代汉族统治者中多见的"华夷有别"、"内华夏、外夷狄"等封建正统观念,对蒙元统治者来说是很模糊的。在他们眼里,中原汉地与云南少数民族地区是一样的,都是被他们征服的土地,并没有什么区别。因此,元朝很少将云南地区看做边疆,将云南少数民族视为"夷狄"。边疆少数民族的首领只要归附,元朝通常都授予一定的官职,并将其纳入国家官吏的系统较为放心地使用。

其次,以成吉思汗为首的蒙古贵族自认为他们的对外扩展受到神的核准与保护,其边界之外的国家被认为是正在形成的蒙古帝国的组成部分。这种观念对蒙元历代统治者的影响根深蒂固。他们对进行征讨战争、沟通与他国的联系,以及通过交换和贡纳获得远方的食品及珍稀之物深感兴趣。所以,元朝多次发动对外战争,并重视发展国内和通达国外的交通,都有其思想根源。在云南,蒙元统治者数次南下攻打安南(今越南北部)和占城(今越南南部),出兵倾覆了位于今缅甸北部的蒲甘王朝,并控制了沿伊洛瓦底江南下安达曼海的通道。至元二十九年(公元1292年)又进攻爪哇,并与印度、真腊(今柬埔寨)、暹国(今泰国)等国建立了频繁往来的外交关系。这种密切交往,在客观上加强了双方的接触与联系,有利于元朝对外经济和文化的交流;云南作为元朝的西南门户,同时也得到了加强并有较大的发展。

最后,云南地区人口的数量已有很大增加,经济发展与资源开发利用的程度也大为提高。据程文海撰《元世祖平云南碑》:至元十一年(公元1274年)置云南行省时有人口128万余户,以每户4人计算,至元年间(公元1263—1294年)云南地区人口大概有三四百万。同时,云南地区的农业生产水平有很大提高,冶金业也得到进一步发展。据《元史·食货志》所载,云南每岁的纳粮数为全国第6位;金课、银课、铜课等则均占全国首位,铁课亦占前列(据天历元年全国岁课之数),远远超出了其他行省缴纳的数额。① 可以说,元朝廷在云南各地所征收的租赋或税赋的额度是非常巨大的。因此,在云南地区发展经济与开发资源的客观前景,对蒙元统治者来说也是非常具有吸引力的。

由于以上原因,位于西南边疆的云南,其边疆地区的色彩因人为的原因而显得淡薄。在蒙元统治者看来,云南地区与内地相比并无很大的区别;进一步来说,云南地区不仅是提供赋税物资的来源,也是进攻邻邦的基地和扩大与外界联系的门户。因此,在这种统治思想的支配下,蒙元政府对云南进行了全面的经营。

二、元初设置万户府

蒙古军占领大理后继续平定各地。兀良合台分兵攻鄯阐城(在今昆明市区),"城际滇池,三面皆水,既险且坚",蒙古军使用火炮才攻破了鄯阐城。兀良合台随后平定乌蛮三十七部,收特磨道溪洞三十六,罗氏鬼国、缅中诸蛮亦相继纳款。以后兀良合台出兵乌蒙赴沪江,攻

---

① 《元史》卷九十四《食货二·岁课》。

秃老蛮三城，夺宋兵船 200 艘于马湖江，"遂通道于嘉定、重庆"。至此，蒙古军"平大理五城八府四郡，泊乌白等蛮三十七部"，"兵威所加，无不款附"。宪宗七年（公元 1257 年），兀良合台"以云南平遣使献捷于朝"，元朝遂以兀良合台为大元帅，还镇大理。①

所谓"八府四郡和三十七部"是大理国原有的区划设置，"五城"则是蒙古军对云南及其附近地区五个区域的称呼。"五城"即大理、鄯阐、察罕章、赤秃哥儿、金齿。其中"大理"，又称哈剌章，在今大理、保山至楚雄一带；"鄯阐"，又称押赤，指今昆明、曲靖和玉溪等地；"茶罕章"辖今丽江、迪庆地区；"赤秃哥儿"指贵阳以西的贵州西部；"金齿"包括今德宏、临沧地区和缅甸东北部的一部分。在兀良合台征服大理五城区域以后，元朝陆续在这些地方设置了一些统治机构，设大元帅府进行军事统治，并派遣宗王率重兵戍守。赤秃哥儿、金齿、茶罕章比较落后，元朝初年在这三个地区的统治尚未能深入，只有在哈剌章和押赤两个区域建立了万户、千户、百户，递相统辖，共设十九万户，又把这十九万户合并为五个总管府，在总管府以下都是各地区部族首领政权，相当于后来的土官、土司，由大元帅委派达鲁花赤来监督，元朝的统治势力逐步巩固。关于十九万户府和总管府的建立，略记于下：

大理总管府 相当于今大理、楚雄、保山地区。管辖大理上万户府、大理下万户府、威楚万户府。

大理上万户府 宪宗六年（公元 1256 年）立，原为段氏国王直辖领地，在今大理。下辖太和上、中、下三千户所，原均为段氏国王领地，在今大理；德源千户所，原为段氏国王直辖领地，在今洱源县南部之邓川；浪穹千户所，原为段氏国王直辖领地，在今洱源；谋统二千户所，原为高氏封建主领地，在今鹤庆；义督千户所，原为段氏国王直辖领地，在今剑川；蒙舍千户所，原为段氏国王直辖领地，在今巍山；永平千户所，原为高氏封建主领地，在今永平县；永昌二千户所，原为高氏封建主领地，在今保山；腾冲千户所，原为高氏封建主领地，在今腾冲。

大理下万户府 宪宗六年（公元 1256 年）立，原为段氏国王直辖领地，在今大理。辖赵赕千户所，原为段氏国王直辖领地，在今大理凤仪乡和弥渡县；品甸千户所，原为段氏国王直辖领地，在今祥云；统矢千户所，原为高氏封建主领地，在今姚安；大姚堡千户所，原为高氏封建主领地，在今大姚。后并大理上、下万户府地为大理路。

威楚万户府 宪宗六年（公元 1256 年）立，原为高氏封建主领地，在今楚雄。辖威楚千户所，原为高氏封建主领地，在今楚雄；牟州千户所，原为高氏封建主领地内的些莫徒部落之地，在今牟定；黄蓬窜百户所，原为高氏封建主领地内的些莫徒部落之地，在今牟定县境内；欠舍千户所，原为高氏封建主领地，在今南华；石鼓百户所，原为高氏封建主领地，在今南华县境内；摩刍千户所，原为高氏封建主领地内的"乌蛮"部落之地，在今双柏；磎嘉千户所，原为高氏封建主领地内的部落之地，今双柏县西南部之鄂嘉；路赕千户所，原为高氏封建主领地，今广通镇。

按，开南（今景东）、威远（今景谷）的金齿、百夷（傣族）、斡泥（哈尼）、扑子（布朗）、罗罗的氏族和部落皆隶威楚万户府，后以此设威楚路。

鄯阐总管府 相当于今昆明市及寻甸县、宜良县、易门县等地。管辖鄯阐万户府、阳城堡万户府、巨桥万户府、嵩明万户府。

---

① 《元史》卷一百二十一《速不公传》附《兀良合台传》。

鄯阐万户府 宪宗五年（公元 1255 年）立，原为高氏封建主领地，在今昆明。辖昆明二千户所，原为高氏封建主领地，在今昆明；黎灢千户所，原为高氏封建主领地，在今富民。后为中庆路。

阳城堡万户府 宪宗七年（公元 1257 年）立，原为阳城堡部之地。今晋宁县晋城。下辖呈贡千户所，原为些莫徒部落地，今呈贡；安宁千户所，原为孙氏、袁氏、高氏封建主领地，今安宁。后为晋宁州，属中庆路。

巨桥万户府 宪宗时立，原为高氏封建主领地，今晋宁县昆阳。辖澺门千户所，原为高氏封建主领地，今易门。后为昆阳州，属中庆路。

嵩明万户府 宪宗六年（公元 1256 年）立，原为嵩明部之地，今嵩明。辖杨林千户所，原为"杂蛮枳氏、车氏、斗氏、么氏四种所居之地"，今嵩明县杨林；邵甸千户所，原为"车蛮、斗蛮旧地"，今嵩明县西南部之白邑村；太池千户所，原为"乌蛮"罗氏之地，今宜良。后为嵩明州，属中庆路。

北路总管府 相当于今武定、禄劝、寻甸、东川等地。管辖罗婺万户府、仁地万户府、于矢万户府、閟畔万户府。虽设万户府，但统治势力并未深入。

罗婺万户府 原罗婆部之地，今武定。

仁地万户府 原仁地部之地，今寻甸。

于矢万户府 原于矢部之地，今贵州省盘县、普安。

閟畔万户府 原閟畔部之地，今会泽、巧家、东川。

中路总管府 相当于今曲靖、玉溪地区。管辖磨弥万户府、落蒙万户府、罗伽万户府。

磨弥万户府 宪宗六年（公元 1256 年）立，原磨弥部之地，今宣威、沾益、富源。辖石城千户，原磨弥部之地，今曲靖；普磨千户所，原普磨部之地，今曲靖南部之越州镇；马龙千户所，原纳垢部之地，今马龙；易龙百户所，原为纳垢部易陬氏族之地，今寻甸县南部与马龙县交界处之易隆。后以磨弥万户为曲靖路。

落蒙万户府 宪宗时立，原为落蒙部之地，今路南。辖落温千户所，原为落温部之地，今陆良；师宗千户所，原师宗部之地，今师宗；弥勒千户所，原弥勒部之地，今弥勒。

罗伽万户府 宪宗六年（公元 1256 年）立，原罗伽部之地，今澄江。辖罗伽千户所，原罗伽部之地，今澄江；强宗千户所，原强宗部之地，今澄江北部之阳宗；江川千户所，原步雄部弄景氏族之地，今江川；温富千户所，原步雄部之地，或为休制部，今玉溪；普舍千户所，原为强宗部普舍氏族之地，今玉溪北城；研和百户所，原强宗部龙插氏族之地，今玉溪研和镇。后以此地设徼江路。

南路总管府 相当于今红河地区。辖阿㥄万户府、宁部万户府、阿迷万户府、元江万户府、落恐万户府。

阿㥄万户府 宪宗七年（公元 1257 年）立，原阿㥄部之地，今通海、建水、石屏。辖建水千户所，原阿㥄部之地，今建水；目则千户所，原阿㥄部之地，今蒙自；通海千户所，原阿㥄部之地，今通海。后为临安路。

宁部万户府 宪宗四年（公元 1254 年）立，原宁部之地，今华宁。辖嶍峨千户所，原嶍峨部和阿㥄部阿次氏族之地，今峨山。

阿迷万户府 元初立，原阿迷部之地，今开远。辖纳楼茶甸千户所，原纳楼部之地，今建水县南部之官厅；维摩千户所，原维摩部之地，今砚山县北部和邱北县。后隶临安路。

元江万户府 宪宗四年（公元1254年）立，原阿僰、马笼、步日等部之地，今元江、新平、墨江、普洱、思茅。辖马笼部千户所，原马笼部之地，今新平县；他郎部千户所，原他郎部之地，今墨江。后以此设元江路。

落恐万户府 宪宗六年（公元1256年）立，原落恐部之地，今红河县。辖溪处副万户府，原溪处部之地，在今红河县境内。为大理国三十七部南境，以哈尼族为主要居民，元初统治势力未能深入。

总之，元初在云南地区实行军事统治，其具体办法是：蒙古贵族们把自己的基层组织形式与被征服的白族和彝族地区的情况结合起来，使白族、彝族中的大部落贵族成为万户长，小部落贵族和氏族头目则成为千户、百户长，分作十九万户府。原来的大理国国王段兴智兄弟作为总管，"领大理、威楚、统矢、会川、建昌、腾越等城，自各万户以下，皆受其节制"。蒙古军官们则充当大元帅、都元帅，统领蒙古军队驻守监督。同时，还根据蒙古"兀鲁思"的分封传统将宗王分封到云南代表皇室进行统治，他们以"云南王"或"梁王"的名义，总其权。由此，元朝在云南自上而下地建立起了一套行之有效的军事统治系统，加强了统治势力，为后来设云南行省，辖路、府、州、县奠定了基础。

三、赛典赤与云南行省的建立

自从平定云南之后，蒙古统治者虽然进行了初步整顿，并推行了一些治理的措施，但是云南及其附近地区仍然长期战火不息，政局亦不稳定。忽必烈平定大理时，曾命"（姚）枢裂帛为旗，书止杀之令"，禁止杀害当地人民。但兀良合台征伐各地时仍肆行杀戮。此后在兀良合台和段实统治云南的20余年间，由于蒙、段统治集团对各族人民的野蛮杀戮和严刑厚敛，云南的阶级矛盾、民族矛盾十分尖锐，反抗此起彼伏。忽必烈当时已登汗位，对此十分忧虑。他感到云南"诸蛮变乱不常云南政局长期不稳"，自己"抚恤之心虽切，而下民之志未安"，因此"非重臣镇服不可"。公元1267年，忽必烈封第五子忽哥赤为云南王。忽哥赤临行前忽必烈面谕之，诏他到云南后"善抚吏民"，稳定政局。忽哥赤赴滇后四年，即发生了都元帅宝合丁和行六部尚书阔阔带毒死忽哥赤的严重事件。忽哥赤被害使忽必烈深感震动，鉴于情况严重，他决定在云南建立行省，并于至元十年（公元1273年）把抚治云南的重任交给了大臣赛典赤·赡思丁。

赛典赤·赡思丁（1211—1279），元回回人，一名乌马儿。赛典赤，阿拉伯语贵族之意。他是西域不花刺人，"早遇太祖，功闻五朝"，在成吉思汗、窝阔台、贵由、蒙哥、忽必烈执政时期均被重用。在赴云南前的40余年间，赛典赤主要在主持地方军政，也曾任职中央，其间他熟悉了封建王朝的统治方法并积累了丰富的政治经验。公元1273年，世祖召赛典赤嘱之曰："云南胜地，极在遐荒。自朕亲临，率兵归附，迄今役属二十余年，抚恤之心虽切，而下民之志未定。今欲得人，以革其弊。"赛典赤受命后即访求知云南地理者，画其山川城郭、驿舍军屯、夷险远近为图以进。世祖大悦，遂拜赛典赤为平章政事，命他到云南建立行省。其时宗王脱忽鲁镇守云南，惑于左右之言，以为赛典赤至必夺其权，乃具甲兵为备。赛典赤遣子纳速刺丁至王所说明情况，打消了脱忽鲁的顾虑，"由是政令一听赛典赤所为"。[①]

---

① 《元史》卷一百二十五《赛典赤·赡思丁传》。

至元十一年（公元 1274 年）赛典赤来到云南，他"下车风动神行，询父老诸生安国便民之要"，了解到云南"役重税繁，民苦无极"是政局动荡不安的主要原因。有鉴于此，赛典赤先建立行省并集中权力于行省。同年，赛典赤以段实为大理总管，明升暗降收回其统辖万户以下官吏的权力，并限其权限于大理一隅。次年又奏准世祖："云南诸夷未附者尚多，今拟宣慰司兼行元帅府事，并听行省节制。"乃把宣慰司和元帅府置于行省统属之下，减少了军事长官对行省事务的干预。同时，赛典赤又奏准在万户府、千户所和百户所的基础上设置路、府、州、县，以行省统辖下的行政机构取代军事组织进行管理，革除了军管民政这一长期以来的弊政，也削弱了云南的地方势力。至元十三年（公元 1276 年），赛典赤"以所改云南郡县上闻"，完成了对地方政权机构的改革，使云南成为全国的 11 个行省之一。赛典赤还是一位著名的"清官"。他比较注意人民的疾苦，居官廉正。他在云南任职 6 年，于至元十六年（公元 1279）卒于任上，享年 69 岁。死后被追赠"咸阳王"，谥"忠惠"。赛典赤对云南行省机构的设置具体情况如下：

建置路、府、州、县 至元十一年（公元 1274）建立行省后，在原万户府、千户所的基础上设置了路、府、州、县。按照元朝的规定，行省以下设路，路领州县或府。《元史·地理四》说云南行省共设"路三十七，府二，属府三，属州五十四，属县四十七，其余甸、寨、军民等府不在此数。此外尚有马站七十四处，水站四处"。事实上见于记载的路不止此数，有：中庆路，驻今云南昆明，为行省治地；威楚路，驻今云南楚雄；武定路，驻今云南武定；广南西路，驻今云南广南；建昌路，驻今四川西昌；德昌路，驻今四川德昌以南；会川路，驻今会理以南；曲靖路，驻今云南曲靖；普安路，驻今贵州普安以西；普定路，驻今贵州安顺；乌蒙路，驻今云南昭通；乌撒路，驻今贵州威宁；芒部路，驻今云南镇雄；东川路，驻今云南会泽；澄江路，驻今云南澄江；临安路，驻今云南通海；斡泥路，驻今云南红河县思陀；广西路，驻今云南泸西；元江路，驻今云南元江；彻里路，驻今云南景洪；孟隆路，驻今缅甸景栋以东；木朵路，亦驻景栋以东；丽江路，驻今云南丽江；大理路，驻今云南大理；鹤庆路，驻今云南鹤庆；姚安路，驻今云南姚安；柔远路，驻今云南保山西南潞江坝；茫施路，驻今云南潞西；镇康路，驻今云南永德东北；镇西路，驻今云南盈江；平缅路，驻今云南陇川；麓川路，驻今云南瑞丽；孟定路，驻今云南耿马以西；谋粘路，驻今云南耿马东北；蒙光路，驻今缅甸孟拱；云远路，驻今缅甸莫宁；木邦路，驻今缅甸腊戍以北；孟怜路，驻今云南瑞丽以西；蒙莱路，在孟怜路以西；太公路，驻今缅甸拉因公；木连路，驻今云南孟连。

设立宣慰司 在边疆地区，元朝在行省之下还设置了宣慰司，其职责是"掌军民之务，分道以总郡县"，"有边陲军旅之事，则兼都元帅府"，即负责行省与郡县之间的沟通，因注重镇守和征讨而带有明显的军事机构性质。在宣慰司以下，边远地区又设立招讨司、安抚司和宣抚司。元朝在云南行省设置了以下宣慰司[①]：曲靖宣慰司，驻今云南曲靖；乌撒乌蒙宣慰司，驻今贵州威宁；罗罗斯宣慰司，驻今四川西昌；大理金齿宣慰司，驻今云南保山；临安广西元江宣慰司，驻今云南建水；八百宣慰司，驻今泰国清迈；银沙罗甸宣慰司，治今云南澜沧以北；蒙庆宣慰司，驻今泰国昌盛；邦牙宣慰司，驻今缅甸阿瓦；威楚开南宣慰司，驻今云南楚雄。云南行省下辖的宣抚司有：丽江路宣抚司，驻今云南丽江；广南西路宣抚司，驻今云南广南。但一些宣慰司和宣抚司也有置废不常的情形。

[①] 《元史》卷六十一《地理四》，《元史》卷九十一《百官七》。

实行"土官"制 元朝在云南还实行土官制度，广泛任命当地少数民族首领为所在地路、府、州、县的长官，借助他们来进行统治。任命的土官准许世袭，同时也规定土官如同流官一样必须遣纳人质。由于云南行省地处边疆、交通不便，元朝廷又规定行省可自行任命级别较低的官吏，州县一级的官吏亦可自主择用，但任命六品以上官吏须报中央并由元廷遣吏督查。应予指出，在广泛任用土官的同时，元朝在行省以下官府也参用蒙古人和色目人为官，甚至因任职年久也可以世袭。例如：蒙古人别儿怯不花，属燕只吉歹棘氏，"世为八番宣抚司长官"，英宗遂授以八番宣抚司达鲁花赤。别儿怯不花既至，洞民感悦，有累岁不服者亦喜曰："吾故贤帅子孙也，其敢违命。"①另外，还有一些来自白蛮等民族的土官，在长期的仕宦生涯中增长了才干，经常被调换任职，事实上已成为流官，这在前代是不多见的。如中庆路人王惠，先任威楚屯田大使，至元二十五年（公元1288年）后改任定远县、禄劝州、沾益州、马龙州等州县的县簿、判官，大德四年（公元1300年）为中庆路昆明县尹，后又任路南州、永昌州、石平州、宜良县、为美县要职，在任颇多惠政。

综上所述，云南行省建立后，一切军政事务，都由平章政事统一管理，听从元朝中央的指挥调度。此外，忽必烈仍派遣皇族中的人来担任云南王或梁王，他们代表皇帝在云南进行统治，可以干预和监督行省的一切，而行省却无权干预他们。在行省之下，在一定数量的路、府、州、县范围内，分设宣慰司都元帅府，长官多由蒙古贵族军官担任，边疆地区则由少数民族中的上层贵族担任，职责是"掌军民之务，分道以总郡县，行省有政令，则布于下，郡县有请则达于上"。这样，在多民族而且情况比较复杂的云南，元朝也能像在内地汉族地区一样，建立起一套比较完备的行政组织机构，保证了元朝封建中央集权统治权力的贯彻执行。

云南行省的建立，结束了南诏、大理地方政权统治500余年的局面；云南与内地建立了从未有过的密切的政治联系，这是云南历史上一个重要的变化。云南行省的建置，也为加强云南与内地的经济、文化交流，创造了十分有利的条件。赛典赤所采取的政策，使蒙古统治者统治云南的方式也有重要的改变。行省建立以后的二三十年，是云南地区社会比较安定、经济比较繁荣的时期。赛典赤把省治设在中庆（今昆明市），使中庆获得了迅速的发展，不久便超过大理而成为全省政治和经济的中心。自元以后，历代云南的省治皆设于昆明。

云南行省的统治范围，根据《元史》的记载："东至普安路之横山（今贵州普安、盘县一带），西至缅地之江头城（今缅甸杰沙），凡三千九百里而远；南至临安路之鹿沧江（今越南莱州之黑河），北至罗罗斯之大渡河，凡四千里而近。"可见云南行省统治的范围，包括了今云南全省、贵州省的西部、四川省的西南部以及今缅甸的北部、越南的西南部、老挝和泰国的北部，其统治区域之大，超过了元以前诸朝与地方政权所置的政区。

第三节 元朝统治云南的政策措施

云南行省建立后，赛典赤在开发云南方面做了大量的工作，其施政方针见李元阳的《云南通志·卷一五·艺文志》记载："省徭役，招散亡，恤鳏寡，兴儒教，备水旱灾，礼教贤士，

---

① 《元史》卷一百四十《别儿怯不花传》。

削去冗官，建屯田，制楮币，设路食以徒劳民，薄征税以广行旅。"而李京的《云南志略》也载："均赋役，兴水利，置屯田，擢廉能，黜污滥，明赏罚，恤孤贫。"从这些记载来看，赛典赤主要是在政治、经济、文化、民族关系等方面采取了一些相应的措施。

一、大力鼓励农民垦荒种地及兴修水利

针对当时云南闭关自守、农业生产落后的状况，赛典赤大力提倡和鼓励农民垦荒种地，力图使云南出现"野无荒闲、人皆力耕"，"较民蚕桑，滇以富饶"的局面。他还给农民提供种地的耕牛、种子、耒耜、蓑笠等，到收获时，仅仅收取很轻的赋税。另外，还针对农民交租路途遥远的不利条件，因地制宜地"宜马则入马，宜牛则入牛，并与粮值相当。不产牛马，入以银"。这就是"粮折牛马、粮折银"的租税征收办法。

为了农业生产的需要，蒙元统治者对水利十分看重。如元贞元年（公元1295年），成宗"诏以农桑水利谕中外"。云南行省的农业有了长足的进步，与行省重视兴修水利有很大的关系。中庆城外有广500余里的滇池，其特点是"源广末狭，有似倒流"。元朝初年，滇池因年久失修经常泛滥，成为滇池地区的一大祸害。赛典赤至云南后，经详细调查制定了治理滇池的方案。工程动工于至元十三年（公元1276年），历时3年完工。上段工程由赛典赤亲自主持，下段工程由张立道、忽辛负责。赛典赤以滇池上游的盘龙江为重点，沿河疏浚后在上游修筑了松华坝，"以时启闭，缺则放水，治则索蓄之"。又沿滇池上游的另一条河流金汁河修建了小坝等八闸。张立道和忽辛率领丁夫2000人疏通滇池下游唯一的泄水口海口河，复修了石龙坝，又挖开海口至安宁一带的螺壳等险滩，使滇池水位大幅度下降。这次治理初步解决了滇池的夏季水患问题，并获得了大面积的农田，修建了滇池地区一批重要的水利设施，有利于上游农田的灌溉和滇池水位的调节，为滇池地区农业的发展创造了有利的条件。在云南其他地区，行省也维修和兴建了不少水利工程。据《元一统志·通安州》载：在今丽江地区的通安州，有山泉"下注成溪，灌溉民田万顷"。在姚安府各族官民修建了13处陂堰，其中在府治西南有大石等6处，在府西有当陂院，在府北有地角等5处。位于楚雄府治以东的梁王坝，则是梁王主持修建的大型陂塘。

二、开展军、民屯

自西汉以来，历代封建王朝在军事征服云南之后，随即实行屯兵戍守，以稳定和巩固对云南的统治。为解决军食给养，它们又组织戍守士兵开垦田地，就地屯种，从事农业生产以求自给，或者募民屯垦以供军食，这种屯种养兵的措施，史称为"屯田"。

早在蒙古兵征服大理之后，即在云南的一部分地区开展屯田活动，这在一定程度上打破了原来区域间的闭关自守，改变了这些地区政治、经济上的落后状态。不过，元朝在云南比较大规模的开展屯田，还是在赛典赤前来建立行省时，区域则主要在靠内"制兵屯旅"的各路、府、州、县设治的据点上，也就是白、彝族地区的一部分点上。赛典赤在云南组织的屯田活动分为民屯和军屯两种和两个阶段。

民屯主要从至元十一年（公元1274年）到至元十六年（公元1279年）的一段时期。之

所以首先设立民屯是因为这时元朝正忙于与南宋作战，军事上需从各地抽调大量兵力，而这时蒙古兵在云南的人数已不多。据《元史》记载，在进攻云南时蒙古军队人数是十万，由于蒙古兵进攻云南时遭到各族人民的顽强抵抗，后蒙古军队虽平定了云南，但"不久仅存二万人"。公元1258年，兀良合台从云南北上进攻南宋时，只能从云南带走三千蒙古兵。为充实兵力，他不得不签发云南爨僰士兵一万多人。可见，此时即使还有部分蒙古兵留在云南，其人数也必然是很少的，所以不可能用蒙古兵进行屯田。因此，赛典赤在云南进行屯田时，就只能采取民屯的形式。

民屯户主要来自白族人民中，主要来源有两个：一部分是所谓的"漏籍户"。这是由于大理国后期，白族封建诸侯间割据纷争，其中也夹杂着农民的反抗，结果使部分农民摆脱了封建主的支配，或到处流离，或躲避在山隅水洼，开荒自存；再有是在蒙古军占领云南的初期，兀良合台镇守云南时，不断地清理户口和田土，不断地加重云南各族人民的租赋和徭役，这就迫使各族人民不断逃籍隐籍，设法规避，元朝将这些人称为"漏籍户"。所以在至元十二年（公元1275年），云南行省下令在中庆等路清查漏籍户，被立民屯，共清理出漏籍户11 777户之多，这样，便在至元十二年、十五年（公元1278年）两年先后在今滇中昆明、楚雄、澄江，滇东曲靖、寻甸，滇南临安（今建水），滇西永昌（今保山），滇西北鹤庆等地，共设立民屯8处。除鹤庆路外，其他7处都是为清理出的漏籍户设置的。民屯户的第二个来源则是在籍编民，是行省官吏从白族封建主们的领地内划出一部分民户作为编民进行屯耕。民屯户从此成了比较自由的小农，由行省官吏直接向他们征收赋税，不再依附于本民族的封建领主。

民屯田土来源有二：一是屯户的"自备己业田"，一是"官给田"，包括没官田和无主荒地。民屯户有己业田，这反映了至迟在大理政权末期，云南靠内地区的耕地已逐渐为农民所私有，土地个体所有制已基本确立。而后者，则是由于赛典赤在至元十二年置立民屯时，云南经历了蒙古军进攻大理及舍利畏领导的各族人民大起义等历时二十余年的战乱，必然有不少的有己业田的农户弃田逃散，而为蒙古宗王、贵族及各地豪民所隐占，他们不仅隐占了在籍编民，且也隐占了在籍之田，夺取了承担政府赋税徭役的大量编户及其田产，进行直接的役使和剥削。在进行屯田时，这些编户及其田业由云南行中书省从隐占者手中重新清理出来，以设立民屯的形式，编为民户，缴纳屯租，纳入统一的国家田赋系统。对民屯户来说，可摆脱隐占者对之无限度的役使和剥削；而对元朝政府来说，征收屯租可扩大国家田赋的收入，对双方都有利。据明朝张洪在永乐四年（公元1406年）出使缅甸时路经云南记下的130年前赛典赤立民屯，与屯户议定屯租的情况可知（见张洪的《南夷书》）：按亩输米二斗（输稻粒五斗）计算，赛典赤在云南设立民屯，从蒙古宗王、贵族及各地豪民手中夺回了稻粒共计113 118石，作为元朝在云南地区征收租赋的一部分。《元史·食货志·税粮》载有"天下岁入税粮"，云南行省为277 719石。元朝在云南征收的民屯租赋，约为全省税粮总数的40.7%，是一项相当大的赋税收入。

云南置立军屯据《元史》记载，是从至元二十一年（公元1283年）开始的，而大规模地开展则是在至元二十六年（公元1289年）以后。据史书记载，云南在置立民屯之后置立军屯，是为了解决戍守军队粮饷不足的问题。元代云南行省所辖军屯，据《元史·兵志》记载，共有11处：大理军屯、鹤庆路、武定路、威楚路、中庆路、曲靖路、临安路、梁千户翼军屯（初于乌蒙屯田，后迁于新兴州，今玉溪）、乌蒙等处军屯、乌撒路、罗罗斯宣慰司兼管军万户府军屯。鹤庆路、威楚路、中庆路、曲靖路、临安路、罗罗斯宣慰司兼管军万户府军屯既立民屯，又立军屯，武定路、乌蒙路和乌撒路等处则只立军屯。

元朝云南的军屯户并不是在蒙古军中抽调的。上述大理、中庆等7处军屯的屯户全都是从爨僰军中签发，"爨僰军"原是大理国时期从云南各族中（以白、彝族为主）抽调而组成的大理国军队。除兀良合台北上进攻宋朝抽调走一万多爨僰军以外，云南行省在清理爨僰军籍时还清理出爨僰军屯户共计3 217户，其主要分布于滇中和滇西，这反映出这一带是爨僰军屯田的主要地区。云南行省的军屯户除爨僰军户外，还有畏兀儿（回族）和汉军（南宋降军）军屯户。这些畏兀儿军是随蒙古军征大理时来到云南的。汉军则是从内地发到云南镇戍巡逻的，被称为"新附汉军"。据史书记载，云南行省于至元三十一年（公元1294年）及延祐三年（公元1316年）两次在乌蒙屯田，最后设立的军屯，都不再签发爨僰军，而是调发畏兀儿军和新附汉军。计迁于新兴州（今玉溪）屯田的汉军700人，屯田于乌蒙的畏兀儿军和新附汉军5 000人，共计5 700人，当是没有家室的军伍。

军屯的田土来源，也同民屯的田土来源一样，有军户己业田和官给田。军屯每亩征收屯租若干，史无记载，若按上述民屯户每亩征收稻粒五斗计算，爨僰军、畏兀儿军和新附汉军屯租合计，全省屯租共征收92 716石，这个数字约为全省税粮总数277 719石的33.4%，约为民屯屯租总数113 118石的82%，因而军屯屯租无疑也是一项相当大的租赋收入。

云南行省在各地开设的屯田中，以乌蒙、中庆、大理、威楚、曲靖、临安等处的规模最大，其中乌蒙等处屯田总管府辖下军屯达125 000亩，相当于全省屯田数的1/3强。中庆、大理、威楚、临安等地为传统农业地区，在这些区域开展屯田势所必然。但乌蒙、乌撒、罗罗斯等滇东、川西南地区的屯田也占有相当大的比重，在这一带大兴屯田是有其原因的。自行省建立并以中庆为省治，尤其是这一区域有多条重要驿道经过，使以上地区的地位日显重要，而其世居民族又叛服不常，元朝遂在有农田遗迹的情况下于上述地区广置屯田，既加强了镇戍，同时也加快了滇东多山地区的开发。据《元史·兵三》载：延祐三年之所以立乌蒙军屯，缘于云南行省言："乌蒙乃云南咽喉之地，别无屯戍军马，其地广阔，土脉膏腴，皆有古昔屯田之迹，乞发畏吾儿及新附汉军屯田镇遏。"屯田既置，其地的农业生产获得迅速发展，内地先进的经济文化因素亦随之传入。元人说：滇东山区少数民族屡叛，"议者请据其腹心而制之"，遂于乌蒙立宣抚司并开屯田。初时吏士或亡或叛终莫能定，延祐五年（公元1318年）元朝以行省官兼领其事，命刘元亨主持屯田，于是"尽其水土之利，公有余而足以用众，私均赡而不敢自私，又通其医药、市易、祷祠、游观之用，几不异于中州"，不到3年，屯田地区"翕然不可动之势成矣"①。其所述情形在东部多山地区具有一定的代表性。由于元朝的积极经营，云南行省东部多山地区和西部、南部边疆的农业有了长足的进步，延祐年间，乌蒙、乌撒一带屯田地区出现了"府中储积多如山，陂池种鱼无旷干，几闻春碓响林际，仍为窳蔬流圃间"的兴旺景象。②

据《元史·兵志》载，有元一代的屯田，意在取法汉魏以来的制度，屯田守边，寓兵于农以资军饷，从而建立一支强有力的军队，借军事力量以巩固其对全国的统治。而元朝统治云南地区的基本策略是：置立屯田以资军饷是手段，"制兵屯田旅以控扼蛮夷腹心之地"则是目的，即通过屯田以达到巩固元王朝在云南的统治，但是客观上的效果却是进步的。首先，

---

① 虞集：《福建总管刘侯墓碑》，见虞集：《道园学古录》卷十三。
② 陈旅：《题蒙泉吏隐图》，见陈旅：《安雅堂集》卷三。

它打破了大理国后期白族诸侯割据纷争的局势；其次，使内地的先进生产技术得以在云南大量传播；最后，它促成了当时云南省境内部分地区封建地主经济的产生。云南行省的官吏们则从中汲取经济力量，对各族封建领主、奴隶主乃至原始部落地区进行有效的控制，并从军民屯户据点出发，不断扩大行省对各小区域内的政治经济影响。

但是，虽然元代屯田意在取法汉魏以来传统的古制，以符合所谓的"养兵息民之要道"，元朝在云南的屯田，实际上已成为征收租赋的一个手段，失去了传统的寓兵于农的屯田制度的实质。《明实录》载："元末土田，多为僧道及豪右隐占。"这当是元代云南屯田衰落的主要原因。到了明代，云南屯田才出现颇为壮观的规模，成为一个较为完备的制度。

三、设置驿传，打开交通线

元朝为了能够在全国各地"通达边情，布宣号令"，便在全国设置驿传，即在一定路程距离的点上设站赤。所谓"站赤"，为"国朝驿传之名也"，始创于太宗窝阔台时期（公元1234年），凡蒙古势力所及之地，无不设有驿站，"凡站，陆则以马、以牛或以驴，或以引车；水则以舟"。元代在云南建立站赤的最早记录为至元五年（公元1268年），在大理、鄯阐（今昆明）等处"宣慰都元帅宝合丁设立站赤"。实际上，宪宗三年（公元1253年），随着蒙古兵征伐大理的步伐，云南站赤的建设便已开始了，之后，站赤的数量逐渐增多，在至元年间进一步完善起来。根据《经世大典·站赤》载："云南诸路行中书省所立站赤七十八处。马站七十四处，马千二百四十五匹，牛三十头。水站四处，船二十四只。"并列出具体站赤名称。整个交通网络以中庆（今昆明）为中心，主要包括以下主要通道：

入藏驿道 此道由大理国时期的大雪山道发展而来。大理国时为联系成都与吐蕃的主要交通线。元宪宗二年（公元1252年）蒙哥汗命弟忽必烈绕道川西进攻云南大理政权以及之后忽必烈北返都是沿此道而行的。据《经世大典·站赤》载，至元七年（公元1270年），大理、金齿等处宣慰司在辖区内立站，"茶罕章（今丽江）分到站户五百户。于以西番小当当（今德钦）地起立马站毕"。这是蒙古统治者最先着手整治的云南驿道之一。其走向从中庆出发，过大理、丽江，沿滇西北澜沧江河谷进入西藏，再向东可转至四川。属于这条道路的站赤，在《经世大典·站赤》中记载的有：中庆路4站：中庆、安宁、路品（今安宁禄脿）、禄丰；威楚路5站：舍资、路甸（今广通）、威楚（今楚雄）、禄葛（今楚雄吕合）、砂桥；大理路8站：普棚、云南（今云南驿）、建宁、河尾关（今大理下关）、大理、邓川、观音山（今鹤庆西南120里）、剑川；丽江路3站：刺八（今丽江石鼓）、立吉庄（今丽江桥头沟）、义都（今剑川县北），凡20站。

入川驿道 又分为建都道、乌蒙道和乌撒道三线，分别叙述如下：

（1）建都道：即汉之灵关道，唐宋之清溪关道。自古以来便是由四川通往云南的要道之一，由中庆经建都（今四川西昌）到达成都。《经世大典·站赤》载："至元十九年（公元1282年）二月二十一日，脱铁木儿刺真等奏：自鸭池地经过塔儿八合你，其道可以立站。奉旨准。都省钦依，移咨云南、四川行省钦依施行。"又"至元二十二年（公元1285年）十一月六日，刺牙奏：在先赴云南有二道，事不急者由水站；急者取道建都。今一切使臣皆往建都道"。可见，此道从至元十九年建立驿站后，很快就成为重要的交通线路。《经世大典·站赤》上记载的主要驿站有：中庆路2站：中庆、利浪（今富民）；武定路9站：和曲（今武定县）、鞍山（今武定插甸）、虚仁（今武定虚仁）、环州、姜（今元谋姜驿）、黎溪（今四川会理县西南）、会川（今四川会理）、大龙（今四川会理寨坡营北）、明夷（今西昌米易）；罗罗斯宣慰司6站：定昌府法山（不获考）、建昌府泸州（今四川泸县）、泸沽（今西昌泸沽镇）、邛部（今四川越西）、西番（不获考）、大渡河（今康定大渡河），凡17站。

（2）乌蒙道：即由秦五尺道、汉南夷道、唐宋石门道发展而来，是为水陆两用道。走向自中庆经乌蒙（今昭通）达叙州（今宜宾）。《元史·爱鲁传》说："至元十三年（公元1276年），诏开乌蒙道，师师至玉连（今筠连）等州，所过城寨未附者尽击下之，水陆皆置驿传。"又《经世大典·站赤》载："至元十五年（公元1278年）五月六日，中书平章政事哈伯等奏：中庆路至乌蒙赛典赤所管之地，立讫九站，乌蒙北五站不得立。乌蒙土官称：使我属赛典赤，则可立站。臣等议差人谕塔里木罕，能主张立站则立之，不能则委赛典赤领其地以立站。又乌蒙北至叙州，若造船立讫水站，则陆路七八日程，顺水一日可到，佚立讫，来由水路者，使由陆路为便。并奉圣旨准。"《经世大典·站赤》上记载的主要驿站有：中庆路3站：中庆、嵩明府杨林、仁德府矣龙（今寻甸）；曲靖路4站：蒙古都（马龙西南）、马龙、不鲁吉（今沾溢松林）、火忽都（今沾溢炎方）；乌撒路2站：乌撒（今东川）、阿都（今宣威阿都）；乌蒙路5站：乌蒙纳吉（今昭通市）、雪山（今昭通市北洒渔乡）、合者剌（不获考）、罗佐剌（不获考）、叶梢坝（今昭通盐津老鸦滩），凡14站。

其中，叶梢坝站为水陆两用站。由此站向北可行水路，经庆符路到叙州，途经4站：叶梢坝、华铁、盐井、滩头。《经世大典·站赤》载："至元二十八年三月，云南行省言：本省差官历视得中庆路由必畔（今曲靖会泽）至乌蒙纳吉站路且平近，可设七站，预为措置定位。外土僚蛮道通乌蒙路地面，华帖、盐井、必撒、老雅乙抹（即滩头），分立陆路四站。又接连叙州管下庆符县合立陆路一站，便捷多矣。"由此可知，至元二十八年（公元1291年）以后，蒙元统治者对乌蒙道又进行了改善。从中庆出发，由嵩明府杨林站分路，北上过东川路的阔畔站，到达乌蒙，较之往西经乌撒绕道近了很多。且从乌蒙经庆符到叙州，形成水陆两用通道。该道从而迅速成为云南通往四川的重要通道，并且乌蒙水道一直都成为元朝运送辎重货物，进出云南的主要路线。

（3）乌撒道：此道从中庆出发，与乌蒙道相同，行至乌撒即分道而行。西北到乌蒙，东北则为新辟之路：从乌撒过茫部（今昭通镇雄）进入四川泸州，再向西北前行，可至成都或向东北到达重庆。《经世大典·站赤》载："至元三十年四月十三日，中书平章政事不忽木，参知政事暗都剌等奏：云南行省言：自哈剌章建都之地来者，一从本处驿道，一自秃僚蛮境。二者皆烟瘴远险，惟乌撒、茫部有一经道近可千余里，既无瘴毒，又皆坦途。往者，为其民植茶三百里，且有凶顽为乱，故不知之，今已安静，请攻设站赤。臣等议谓便益之事，宜从其请。奉旨若曰：斯言至矣，其从之。"但是，在《经世大典·站赤》中，这条道路的具体站赤名称却没有相关的记录，只能从以上文字间尚可看出其踪影。

入黔驿道 亦称普安道。此道由中庆经普安达贵州黄平。元朝以前没有这条道路的记载，应该是元朝首次开通了这条道路并设置了驿传，也是元朝在西南地区交通建设方面取得的一项突出成就，影响极为深远。据《经世大典·站赤》载，此道始建于"至元二十七年四月，四川行省备右丞耶律秃满答儿言：窃见乌蒙迤北土僚，水道险恶，覆坏船只。黎、雅站道烟瘴生发，所过使臣坚难，人马死损。本省南接云南所管普安路见立马站，东建辰、沅、靖州站赤。已尝令总把孟皋，直抵云南、湖广两省地界。相视得普安路迤东罗殿，贵州葛龙俱系归附蛮夷，隶属四川省管下。可以安立四站，接连湖广省所辖新添地面，安立一站。至黄平、镇远、通辰、沅、靖州，常行站道，以达江陵路，观其山势少通，道径平稳，又系出马去处，比之黎、雅、乌蒙驿路捷近二千余里"。由此可见，普安道的走向是经普安、普定过贵州达镇远，由此分为水路或陆路继续北上，从而接通辰州以东的湖广大道。《经世大典·站赤》上记载的主要驿站有：中庆路 3 站：中庆、嵩明府杨林、仁德府矣龙；曲靖路 3 站：蒙古都、马龙、不鲁吉；普安路 1 站：塔剌迷（今曲靖富源县）；凡七站。很明显，如此重要的一条交通要道，绝不仅只七站而已，《经世大典·站赤》中的有关记载当有漏失之处。而所记"南梦站"与"磨溪站"两处，应为随后开发的普安道支路站驿。

入桂驿道 即"邕州道"。公元 1259 年，蒙古大将兀良合台率领大军从云南出发经过邕州（今广西南宁）攻打潭州，与忽必烈在鄂州（今湖北武汉）会合，采用"斡腹之举"围攻南宋，走的就是这条道路。但这路的进一步开发，设置驿站大约是在至元十三年（公元 1276 年）以后。此道有两种走法：一种是从中庆经陆凉（今曲靖陆良）、师宗至邕州道，再南下转西至广南达南宁；另一种是从中庆经建水至邕州道，继而转西入广南达南宁。这两种走法都是在大理国时期开辟的到广西卖马的"卖马道"的基础上发展而来的。它发展以后，迅速成为一条交通干线。主要驿站有：第一种走法：中庆路 2 站：中庆、晋宁；澄江路 1 站：江川县；临安路 5 站：临海（今云南通海）、建州（今云南建水）、娘甸（不获考）、矣马洞（今开远东 60 里）、落捉（今开远东 120 里）；广西路 1 站：茶起（不获考）。第二种走法：中庆路 2 站：中庆、晋宁；澄江路 1 站：澄江；曲靖路 1 站：陆凉（今曲靖陆良）；广西路 5 站：豆温（今曲靖师宗豆温乡）、吉双（今广西吉双乡）、必勒龙（今红河弥勒）、马者龙（今文山邱北北）、茶起，凡 16 站。这两种走法均在维摩州（今云南邱北）的茶起站（疑为广南县西部一地）会合后，继续向西经广南到达南宁。

入缅驿道 也称为"金齿道"，其前身是著名的"蜀—身毒道"。几经发展之后，仍然是当时云南通往缅甸等国的主要干线。《经世大典·站赤》上没有记载具体的设计驿站时间，但保留有元朝与缅国往来的部分记录。"至元二十四年四月二十五日，尚书省定拟禀给司久馆使臣分例，令通政院、兵部一同分拣起数，行移合属，依例支给。……缅人马马撒等五人；缅人撒蛮答速等一百四十人"。又至元"二十五年二月，尚书省奏：陕西行省言：所属道通哈剌章、缅国、亦奚不薛之地，诸王、公主、驸马、使臣经过频数"。"元贞元年正月二十日，丞相完泽等奏：去年缅国上言：其边界百姓渐入金齿国者甚多，乞还其民，愿言九站，先皇帝圣旨从其请……"。从这些记录看，这条道路上不仅很早就建立起了驿传，成为云南、缅国联系的枢纽，而且一直在不断完善着，元朝和缅甸的双边关系亦因之日趋紧密。《经世大典·站赤》上记载的主要驿站名仅记到腾冲府，显然是不完备的。其中，由中庆路到大理路路段的驿站与大雪山道相同，由大理继续向西过大理路 6 站：样备（今云南漾濞）、打牛坪（今永平县东北 5 千米）、永平、沙磨和（今永昌县东北 60 千米）、永昌府、腾冲府。即到金齿与缅国的边界地带，继而可进入缅国。

入安南道 这条路基本上沿袭唐—安南—天竺道南段发展而来。从中庆经晋宁、江川、通海、建水到达蒙自八甸站，凡 6 站，《经世大典·站赤》中均有记载，由蒙自继续南下至大罗城（今越南河内）的站赤就没有了。公元 1257 年，兀良合台率军进攻安南走的就是这条道路，且在至元十二年（公元 1275 年），元朝敕安南"以旧制籍户，设达鲁花赤、签军、立站、输租、岁贡等事"。可见，元代对这条道路的管理是很早的，并且很重视。次年，元朝又于舍咨（今蒙自以东）设安南道防送军千户，以保护这条驿道的畅通。

入车里道 由云南腹地至车里（今景洪）有两条道路。一条是从今大理或楚雄经景东、镇沅、普洱、思茅到达景洪，另一条是从今昆明南下经建水、元江、思茅至景洪。前者是唐代开通的旧道，而后者拓建于元代。至元二十一年（公元1284年），元将步鲁合答率军征罗必甸（今元江），进而续征八百媳妇国（在今秦国北部清远一带）直至车里。他们所走的道路就是经建水、元江、普洱、小橄榄坝到达车里。至正初年（公元1341年），车里路总管寒赛即治理此道并设置了驿传。《经世大典·站赤》中没有这条路的具体走向，但是仍有此道的踪迹可循。"至元二十三年四月四日，中书省奏准事理：一、奥鲁赤出使交趾（今云南景谷）……"大德"五年十二月，湖广行省备播州宣慰司言：近摘拔湘、川驿前赴琅洞重、万麻峡等站，供应军事走递，征八百媳妇……本省亦为播州经值供亿军马，征讨八百媳妇、宋隆济，使臣频数札付本处宣抚司……""至元二十九年十一月初十日，湖广咨八番罗甸宣慰司呈：见管地面相接云南、交趾、奚洞诸国，正系冲要驿路，相离本省往复七千余里，但遇使臣频并……"

正是这种四通八达的云南站赤系统，奠定了云南的交通格局，使元代云南地区与中央政府保持了密切的联系，前代多次出现的地方割据局面宣告结束。它客观上增强了边疆与内地的政治、经济、文化联系，加大了边疆少数民族对祖国的向心力，对维护国家的统一具有积极的意义。同时，也凸显了云南本身在地理上所处的重要战略地位，即元代云南东及东北面可影响接邻的湖广、四川地区，向南面可控制交趾，向西及西南面可作为经略缅甸等地的基地，北则可以拒扼吐蕃地区，稳定了云南，即有助于稳定周围上述这些地区，这也是蒙元统治者如此重视云南的原因之一。

四、鼓励商业贸易

交通线路的发达，同样也为云南地区的商业发展起到了极大的刺激作用。因为在驿道上往来的，不只是国家使节，一切蒙古、色目、汉族商人也都通过驿道往来于各地，进行商品的贩运活动。元朝重视农业和交通，同时也不抑商，因而元代国内外的贸易都相当发达。元朝平定大理国以后，在其旧地先后推行了一些有利于商业贸易的措施。例如：至元十一年（公元1274年），以忙古带率新旧军1万余人戍建都，立建都宁远都护府，兼领互市监。① 云南行省建立后，对发展商业贸易十分重视，《赛平章德政碑》说：平章政事赛典赤"薄征税以广行旅"并"兴市井"，又"轻抽收以广商贾"。云南地区有交易以贝代钱的传统，所使用的海贝俗呼为"吧"，以1吧为庄，4庄为手，4手为苗，5苗为索，诸族开初不习惯使用元朝发行的交钞。赛典赤了解到这一情况后，乃奏准于朝，"许仍其俗"。赛典赤采取的措施不仅便利了云南诸族，而且一定程度上避免了大量使用交钞以后出现的严重通货膨胀。从有关记载来看，元代云南行省地区是交钞、金银和海贝通用，元廷还多次颁令禁止外地海贝流入云南流通，有效地制止了伪币的泛滥。

由于朝廷和行省对商贸活动持提倡和鼓励的态度，云南行省地区的商业贸易相当活跃。

---

① 《元史》卷八《世祖五》。

马可·波罗说押赤城（今昆明）"大而名贵，商工甚众"。在云南行省的商贸活动中，以金银和马匹的交易为大宗，大理地区出产良马，"躯大而美，贩售印度"。而且盛行金银、马匹贸易的地区并不限于行省腹地，建都、金齿、秃落蛮（在今云南昭通、会泽一带）等地也多见这样的交易。《马可·波罗行纪》说：金齿州其境周围 5 月程之地无银矿，因此金 1 两可值银 5 两，"商人携多银至此易金而获大利"。在麓川地区有一重要处所昔为一大市集，每星期开市 3 次，因当地产金甚饶，附近之人皆定期赴市以金易银，金 1 两可易银 5 两，于是"各地商人携银来此易金，而获大利"。秃落蛮地区亦产金甚饶，但仍通用海贝进行交易。

云南行省地区商业贸易兴盛的又一表现，是集市在各地普遍兴起，而且交易的商品比较丰富。《元一统志》说：建昌路富产金珠，谷粟丰盈民足衣食，"牛羊盐马毡布通商货殖"。《云南志略·诸夷风俗》言：在大理地区白蛮称市集为"街子"，"午前聚集，抵暮而罢"，海贝是主要的交易中介物。在金齿百夷地区，交易多为 5 日 1 集，各族以毡、布、茶及盐互相贸易，当地的市集还形成了"旦则妇人为市，日中男子为市"的特点。居今云南东南地区的和泥蛮，前代经济的发展比较落后，但元代已"家有积贝"，通常以 120 索海贝为 1 窖，"藏之地中"。老人将死或嘱其子曰："我平日积若干，汝可取几处，余者勿动，我来生用之。"反映出和泥蛮已具有一定的商品经济意识。地处偏僻山区的川南一带的土僚蛮，虽然是"山田薄少，刀耕火种"，但"常以采荔枝、贩茶为业"，也参加了某些商业贸易活动，这些情形在前代都不多见。

五、建立学校，提倡儒学

云南在文化方面与内地的联系由来已久，从南诏、大理以来，吸收内地汉族文化就更为深入。当然，这只是云南白族吸收汉族文化较多，其知识分子习诵汉文书籍，其他各民族尚未如此。并且文化带有明显的地方色彩：大理国知识分子尊崇王羲之，而"不知尊孔、孟"。元朝在云南各地立文庙塑孔子像，当地少数民族颇感新鲜，称之为"汉佛"。总的来说，云南境内当地各少数民族文化还相对落后一些。

元朝建立云南行省之后，在各地积极开办学校传播封建文化，这也是元朝全面经营云南等地的一个重要方面。元朝于各处行省的治地设置儒学提举司，以统辖诸路、府、州、县学校，并负责考校呈进的著述文字。至元十年（公元 1273 年），赛典赤于中庆、大理两地设儒学提举，"令王荣午、赵子元充其职"。至元二十八年（公元 1291 年），乃在云南诸路遍设学校，其教官从蜀士中选充。这对进一步提高以白族为主的各民族文化，改变其生活习俗，使之与汉族文化进一步接近，起了积极的作用。《元史·赛典赤传》即说："云南俗无礼仪，男女往往自相配偶，亲死则火之，不为丧祭……子弟不知读书。赛典赤教之拜跪之节，婚姻行媒，死者为之棺椁奠祭……创建孔子庙、明伦堂，购经史，受学田，由是文风渐兴。"赛典赤死后，其子忽辛在中庆已建学校的基础上，于"诸郡邑遍立庙学"，并择饱学之士担任教官，于是"文风大兴"[①]。延祐元年（公元 1314 年），元朝又正式设立了云南行省儒学提举司。在内地封建文化潜移默化的影响下，云南等地的文化与之逐渐合流，时人形容说："北人鳞集，爨僰循礼，渐有承平之风，是以达官君子绍述成轨，乘阳内地，请给经籍，虽穷边蛮僚之乡，咸建庠序

---

① 《元史》卷九十一《百官七》。

矣。"① 云南诸族还参加科举考试，并有一些人取得名次。据记载：全国选乡试合格者 300 人赴会试，在此 300 人内蒙古人中有云南 1 人；色目人中有云南 2 人；汉人中有云南 2 人。总之，通过建孔子庙，置学舍，习诵儒书，使儒家思想在白、彝等民族地区传播，帮助了元朝对云南各民族的统治，客观上对于云南各族文化水平的提高也起了促进作用。据史书记载：数十年以后，云南的文化就逐渐"与中州无异"。

当然，元朝在有条件建立学校的一部分少数民族地区如此做，也并不是真正为了提高这部分少数民族的文化，而是为了巩固元朝在云南各少数民族地区的统治。《创建中庆路大成庙碑记》即说："赛典赤行云南中书省事，治中庆路。……暇日，集僚佐而言曰：'夷俗资性悍戾，瞀不畏义，求所以渐摩化其心者，其惟学乎！'乃捐体金，市地于城中之北偏以兴学校。"同时，更任命郝天挺为"风教官"，在西到大理、永昌，东至乌蒙（今昭通）的各路、府、州、县内有条件的一部分地方建孔子庙，置学舍，通过习诵儒书而"正三纲，明五论，教跪拜"。儒家思想在云南境内一部分少数民族（主要是白族和少部分彝族）地区的传播，帮助了元朝对云南各少数民族的统治。

第四节 云南各统治势力之间的关系

自忽必烈南征后，云南的政治设施重繁，颇形复杂。约而言之，蒙元时期云南统治结构中主要有三种势力。这三种势力包括：出镇宗王、行省及大理总管段氏。宗王乃是蒙古统治者因循旧例"命宗王将兵镇边徼襟喉之地"，作为蒙古皇室代表出镇各地。镇守云南的宗王称为"云南王"或"梁王"。云南王为元朝四等王，有统兵作战的指挥权，在某些情形下亦可干预行省事务；梁王为一等王，地位通常较云南王高，掌握重兵，有监督、干预行省事务和指挥用兵的极大权力。出镇云南的蒙古宗王和以蒙古人、色目人为长官的云南行省即构成了蒙元政权的主体，而作为土官土司代表的段氏总管是元朝统治云南地区的重要支柱，也自有其特殊的重要地位。

纵观元代云南历史，三种势力的统治基本贯穿了整个朝代。宗王、行省、段氏三者之间的关系错综复杂，互为消长，随着全国局势的推衍进而发生一系列的变化。因此，要想对元代的云南有一个更为立体的认识，就不能忽略这三种势力之间关系的演变过程。

一、宗王临镇，都元帅专权，段氏辅治时期

这一时期在宪宗三年到至元十年（公元 1253—1273 年）期间。忽必烈平定大理之后曾留"九王"共镇云南，其中中统二年（公元 1261 年）受封的建昌王不花居于其他"八王"之上。《元史·安南传》载：兀良合台因安南国王纳款入质事宜，曾"言于"诸王不花，并得到不花的有关指示。② 除此一条外，不花在云南行使其他权力的迹象不获可察，似乎其实际权

---

① 王彦：《中庆路重修泮官记》，参见（景泰）《云南图经志书》卷八。
② 宋濂：《元史》卷二百零九《安南传》。

力并不完整。宪宗八年（公元1258年）以后，"九王"先后奉旨离开了云南。而《元史》未言"九王"留镇之事，唯见"留大将兀良合台带戍守，以刘时中为宣抚使，与段氏同安辑大理"①。兀良合台系名将速不台之子，宪宗潜邸怯薛出身，很受蒙廷器重。《史集》说，在征云南战事中，宪宗蒙哥曾命令忽必烈等诸王听命于兀良合台。足见兀良合台至少在军事上拥有最高统帅权。而后，兀良合台授银印，加大元帅，镇大理5年，还奏请改变云南的地方官府建置。由此看来，兀良合台在云南的权力，并不仅限于军事，而是军、民兼领的。兀良合台奉旨率兵入湖广后，这种权力传袭给了其继任者。宝合丁大理等三十七部宣慰"都元帅"似乎就是与兀良合台之"大元帅"一脉相承的。史称：宝合丁"专制岁久，有窃据之志"，他长期把持云南军政，故能在云南王忽哥赤出镇时，收买行六部尚书兼云南王傅阔阔带等人，合谋害死忽哥赤。宝合丁得逞后，"据王座"、"索王印"，当地蒙古军却未发生骚乱，甚至连查处忽哥赤案件的朝廷钦差博罗欢等，都因担心他发动兵变，而暂受其贿以安其心。这些事实，足以说明忽哥赤封藩之际，都元帅宝合丁是大权在握的，基本控制了云南的局势。

此时的段氏因受蒙元统治者的倚重而得以与之"同安辑大理"。段氏对蒙元政权也确实给予了大力支持，不仅表现为政治上的拥戴，更表现为军事上的支援：一是协助蒙古军讨平境内未降诸部，二是镇压各族人民起义，三是参与攻降安南的战役，四是参与讨宋之兵事等。在这段时期里，虽然段氏既要听命于宗王，又要受制于都元帅，但由于蒙古军忙于战事，征服云南不久，北方民族和南方民族语言、经济生活、心理素质等方面的差异等原因，使蒙元统治者难以立即对云南境内的少数民族进行直接统治，因此对段氏利用、依靠的程度可以想见是很大的。而忽哥赤事件以后，都元帅宝合丁等伏诛，"王府北返"，行六部官员柴祯等皆感"无所事事"。②尽管至元八年（公元1271年）十一月元朝廷又派阿鲁忒儿抚治大理，但史书未载此人到大理后的任何政绩。因此，忽哥赤被毒杀之后的段氏则应该是统治大理乃至云南的实权派。

二、宗王与行省分治，段氏受限偏安一隅时期

这一时期从至元十一年到天历二年（公元1274—1329年）期间。至元初，由于在云南的蒙元统治者多"委任失宜"，忽必烈遂至至元十一年，正式设置了云南行省。《元史·赛典赤瞻思丁传》："至元十一年，帝谓赛典赤曰：'云南朕尝亲临，比因委任失宜，使远人不安，欲选谨厚者抚治之，无如卿者。'赛典赤拜命，退朝，即访求知云南地理者，画其山川城郭，驿舍军屯，夷险远近为图以进。帝大悦，遂拜平章政事，行省云南。"③这时的云南行省与原来设置的行六部不同，它已和诸王王府系统分离，成为元廷派往云南的最高权力机构。行省官员是受天子任命的封疆大吏，不是宗王的佐贰私臣，因此，赛典赤到任后并未亲谒宗王，而是遣子纳速剌丁前往宗王府禀白。但是，在宗王临镇的情况下，行省官员也未敢专擅，慑于成吉思汗家庭成员共权的旧俗，他们必须与宗王搞好关系，才能顺利开展工作。作为首任平章政事的赛典赤很得体地解决了这个难题。此后，大权归于行省，而出镇的宗王对行省仍

---

① 宋濂：《元史》卷四《世祖一》。
② 王恽：《秋涧集》卷八十六《乞尚书柴祯北还事状》。
③ 宋濂：《元史》卷一百二十五《赛典赤·瞻思丁传》。

· 155 ·

有监督和对大政的最后决定权，但权力划分并不明确。因此这段时期的宗王与行省之间仍时有明争暗斗的事情发生，这多在赛典赤过世之后。朝廷对其二者的态度则是：或支持宗王制约行省，又或支持行省而贬抑宗王，以此来维持二者之间的平衡，进而保证朝廷对云南地方局势的控制。

云南行省建立后，为加紧对云南各少数民族上层的控制，使之纳入行省管辖范围之内，行省对云南少数民族上层的主要代表人物段氏采取了一系列措施，削弱和限制其权力。《元史·信苴日传》载："中统二年，世祖命段实领大理、鄯阐、威楚、统失、会川、建昌、腾越等城。"① 而到赛典赤受命之初，就奉命统合剌章、鸭赤、赤科、金齿、茶罕章诸蛮。由此可以看出，原来由段实所领的各城，现在几乎都置于以赛典赤为首的行省的直接管辖之下，而段实仅被任命为大理路总管一职，主管大理一路政务以保证蒙元政权的政策法令在此地贯彻执行，其权力被限制在了一隅之内，段氏偶或在大理以外有所举措，都必须事先请示行省。但是，云南行中书省臣曾言："云南土官病故，子侄兄弟袭之，无则妻承夫职。远方蛮夷，犷远难制，必任土人，可以集事"。② 说明蒙元统治者仍然需要继续拉拢段氏，使其为之所用。如：至元十一年（公元1274年），信苴日因为平定舍利畏起义有功，"行省以闻，复赐金一锭及金织纹衣。"③ 又至元十八年（公元1281年），信苴日与其子阿庆复入觐，帝嘉其忠勤，进大理威楚金齿等处宣慰使，都元帅，留阿庆宿卫东宫。及陛辞，复拜为云南诸路行中书省参知政事。可见，蒙元统治者对大理段氏进行限制的同时，又给以一定的政治、军事等职权，使之继续为蒙元政权效忠，以求稳定地方、巩固边疆。

三、宗王渐行专制，行省唯命是从，段氏与之相争的时期

这一时期从至顺元年到明洪武十四年（公元1330—1381年）期间。元朝统治阶级内部从英宗朝开始的为争夺皇位的连年厮杀，动摇了元朝的统治，使之日趋衰落。这自然也影响到了云南。发生在云南的天历镇兵之变以及之后相继爆发的乌撒、罗罗蛮、思可法之叛还有红巾军的进入，更使云南陷入连年交兵、灾伤饥馑相仍的困境之中。因此元廷对云南管辖也就无能为力了。据史料记载，从仁宗时起，派到云南做官的人也和派到广海、甘肃等边远地区的人一样，都不愿去，元朝廷只好规定到这些地方任职的人官加一等，予以鼓励。然而，即便是到云南出任的官吏也多半为贪残之辈，有作为的不多。尽管到洪武十四年（公元1381年）中庆失守之时，云南行省平章、右丞、左丞、参政等仍比较齐全，并且依然是"治事理民、总揽庶务"的。④ 但是，他们与宗王之间的关系已发生了较大改变。平章段功等官多由梁王奏授，副枢密使燕贴木"受梁王厚恩"⑤，估计也是由梁王擢用的；还有诸如重修庙学、寺院，任命主持，增置学田等事，行省官均"禀命梁王"，不敢擅作主张。而更有甚者，平章段功还被梁王擅自杀害。⑥ 可见，行省官与宗王之间已不存在分权而治和相互监督的关

---

① 宋濂：《元史》卷一百六十六《信苴日传》。
② 宋濂：《元史》卷二十六《仁宗三》。
③ 宋濂：《元史》卷一百六十六《信苴日传》。
④ 木律杰：《重修五华寺记》，《新纂云南通志》卷九十四《金石考十四》。
⑤ 《元史》卷二十五《仁宗二》。
⑥ 冯苏：《滇考·十一总管》，《中国方志丛书》第104号，台湾成文出版社1967年版，第256页。

系,而是行省在宗王的号令之下行使具体的军政权力。

而段氏则在天历兵变中"不附逆,亦不助王师"①,趁机暗中扩充实力,坐大一方。于是有了"梁王与段氏分域构隙",并发展到兵争。虽然,其间争斗迫于形势有所缓和,有合力征讨思可法及剿灭红巾军二事,但由于经过 30 多年的经营,段氏此时已拥有一支战斗力很强的部队,连梁王也要仰仗他来救难。至正二十三年(公元 1363 年),明玉珍率红巾军自川入滇并攻破中庆城,梁王和行省官吏出逃至威楚,无奈乃乞援于当时的大理总管段功。段功率军东行打败红巾军,以后又于回蹬关大破之,明玉珍率军退回重庆。梁王返回中庆,曲意奉之,以自己的女儿阿盖下嫁给段功,奏授之为云南平章,从此段功威镇西南。但是梁段之间的矛盾并没有从根本上解决,梁王对段功依然存有戒心,"虽阳德之,心实忌之"②。段功娶阿盖之后,乃留昆明不归大理。其正室高氏赋词一首,表面上看来是表达无偶的寂寞与哀怨,实则表示出对段功处于险风恶浪中的担心。《滇云历年传》卷五说:"功在鄯阐,夫人高氏寄之词曰:风卷残云,九霄冉冉逐。龙池无偶,水纹一片绿。寂寞倚屏帏,春雨纷纷促。蜀锦半床间,鸳鸯独自宿。珊瑚枕冷,泪湿迷离目。……盼归来,只恐乐极悲生,冤鬼哭。"段功得高氏信后,"遂辞归"。未几,至正二十六年(公元 1366 年),段功因思念阿盖而不听劝阻,又从大理回到中庆。有人私下向梁王进谗言说:"平章此来,有吞金马咽碧鸡之心。"这正中梁王大忌,因而命阿盖以孔雀胆害之。阿盖不肯,并说与段功,段功不信。之后,梁王以请段功到东寺演梵为名,设伏于通济桥杀之。段功死后,其子段宝自称行省平章于大理,梁王遣军 7 次进攻都被段宝打败。后在大理土官杨宝的调解下,双方关系有所改善。但双方裂痕已深,互不往来,这一状况一直持续到明军平定云南的前夕。

洪武元年(公元 1368 年),明军攻入大都,元顺帝等逃回草原。但梁王仍固守云南,"岁遣使至塞外达元帝行在,执臣节如故"。明太祖数遣使劝梁王降,使者均遭杀害。洪武十四年(公元 1381 年),明军经普定进攻曲靖,击溃达里麻率领的元朝守军,攻入云南。梁王驱全家赴滇池自尽③,元朝在云南及其附近地区的统治宣告结束。第二年,明军平定大理俘虏了段明,段氏大理总管的历史亦宣告结束。

第五节 云南各阶层的反元斗争

一、各民族的反元斗争

元代云南行省地区发生过多次诸族的起义,首要原因是蒙元统治者对人民进行残酷的压迫和剥削,人民被迫起来反抗。《元史》多少透露了一些上述方面的情况。例如:至元二十年(公元 1283 年),元朝廷禁云南管课官于常额外多取余钱,"禁云南权势多取债息,仍禁没人

---

① 屠寄:《蒙兀儿史记》卷五十二《段实传》。
② 《元史》卷二十五,《仁宗二》。
③ 《明史》卷一百二十四《把匝剌瓦尔密传》。

口为奴及黥其面者"。至元二十一年（公元1284年），云南诸路按察司官陛辞，世祖诏谕之曰："卿至彼，当宣明朕意，勿求货财，名成则货财随之，询财则必失其名，而性命亦不可保矣。"至元二十二年（公元1285年），云南行省臣脱帖木儿奏言十余事，其中的"免通赋、征侵隐、罢转运、赋豪户、除重税、增骚马"等都与人民的疾苦有关。元人说：自刘深率兵征八百媳妇国，闻八番罗氏鬼国之人，"向为征西之军扰害，捐弃生业，相继逃叛，怨深入于骨髓，皆欲得其肉而分食之"①。云南各地官府的将吏还乘征收赋税之机，对人民大肆进行搜刮。《元史·刘正传》说："云南之民岁输金银，近中庆城邑者诡称逃亡，甸寨远者官吏率兵往征。""征收金银之数十必加二，而折阅之数又如之，送迎馈赠之数亦如纳官之数"。而"金齿干崖民赂使者之金，常如所征赋之数"。可见加倍勒索的情况在各地是相当普遍的。元人虞集正确指出了统治者对人民进行欺压和搜刮，是云南诸族起而反抗的根本原因。他说：云南各地官吏"多檄幸器名，亡治术，亡惠安遐荒之心；禽兽其人，而渔食之，亡以宣布德泽称旨意。甚者启事造衅，以毒害贼杀其人。其人故暴悍，素不知教，冤愤窃发，势则使然"②。

各族人民反抗元朝封建统治的斗争，自元世祖至元年间一直持续到元朝灭亡，始终不曾停息过。下面仅叙述规模较大的几次反抗斗争。

1. 舍利畏起义

至元元年（公元1264年），白蛮僧人舍利畏率领威楚、统矢、鄯阐及滇东三十七部诸蛮反抗元朝的统治，众至30万人，起义军攻下统矢城（今云南姚安）并包围了鄯阐城（在今昆明市）。大理总管段实率兵进讨，败起义军于威楚宝满裔，随后攻破统矢城。不久，舍利畏遣10万起义军进攻大理，世祖诏都元帅也先与段实率兵讨之。官军在安宁击败舍利畏军，攻下鄯阐、威楚、新兴、石城等城，舍利畏避入山菁。至元十一年（公元1274年），舍利畏再次起义，段实遣刺客诡称商旅，乘舍利畏接见时刺杀了这位起义领袖。蒙、段军队大举进攻，起义遂告失败。③

2. 宋隆济、蛇节起义

大德四年（公元1300年），云南行省左丞刘深建言出兵征八百媳妇国（在今泰国北部清迈一带），丞相完泽又鼓动成宗铁穆耳说："江南之地尽世祖所取，陛下不兴此役，则无功可见于后世。"成宗遂"用兵意甚坚，故无敢谏者"。大德五年（公元1301年）元朝廷立征八百媳妇国万户府，遣刘深等率两万人征八百媳妇国，并发四川、云南囚徒从军。刘深率兵经顺元（今贵州贵阳）入云南，"民疲于馈饷"，刘深便威胁顺元土官宋隆济和水西彝族女首领蛇节，征派粮饷夫役，勒索金3 000两、马3 000匹。顺元路的各族不堪忍受蒙古贵族的掠夺和苛扰，便推土官宋隆济为首，"众遂叛"。大德六年（公元1302年），"宋隆济屡攻围贵州（今贵阳）不解，（刘）深等粮尽，道梗不通，遂引兵还。隆济复率众邀之，辎重遗弃，士卒死殆尽"。同年三月，"乌撒（今威宁）、乌蒙（今昭通）、东川（今会泽、巧家、东川）、芒部（今镇雄）及武定、威楚（今楚雄）、普安诸蛮，因蛇节之乱，皆以供输烦劳为辞，乘衅起兵，攻

---

① 《元史》卷十二至卷十三《世祖纪》。
② 王礼：《麟原后集》卷十。
③ 《元史》卷一百六十六《信苴日传》，又见《南诏野史·段实传》。

掠州县，焚烧堡砦"①。罗罗斯宣慰司地区（今四川凉山州）、广西路（今师宗、弥勒、泸西）、临安路（今红河州、文山州）等地的彝、白、哈尼等族亦起而响应。刘深率领的两万蒙古兵，被蛇节军"困于穷谷，首尾不能相救"，歼灭得"存者十不一二"；乌撒、乌蒙的一部分彝族，南下攻行省首府昆明，一部分联合东川、马湖（今雷波）的同族北上攻建昌（今西昌），直逼邛部（今越西）、雅州（今雅安）的蒙古军驻防区。但是，反抗者们的各个部分，一直是各自为战，没有统一联合起来，只分别在各个地区与蒙古兵进行拉锯式的消耗战。因而，元朝廷一面对反抗者们进行分化诱降，一面集中力量，打击水西、顺元路一带反抗的主力。元朝廷派刘国杰率四川、湖广军，分道自东北南下；也速得儿统陕西军自西北下；梁王自中庆路（今昆明）提兵北上，三路夹攻水西、顺元、乌撒、乌蒙等地的反抗者。在这种形势下，顺元路的一部分土官动摇投降，反抗者内部出现分化从而削弱了力量，终于被镇压下去。大德七年（公元1303年），宋隆济被叛徒出卖后被杀，蛇节亦被俘遇害。此次为征八百媳妇国而引起的云南各民族的反抗，延续了3年之久。反抗虽然被镇压下去了，但也迫使元成宗不得不放弃征八国媳妇国的打算。后来泰定年间八百媳妇国主动"请官守"隶属于云南，那是通过彻里路金齿百夷土官和平招降的结果，并非军事上强力征服的结果。

3. 公元1310年至1350年间较大的区域性反抗

反对远征八百媳妇国的反抗斗争被镇压下去之后，元朝在云南的统治者们在加紧阶级剥削的同时，更进一步采取粗暴的手段，加强民族压迫。其结果，更加深了阶级矛盾和民族矛盾，反抗斗争便此起彼伏地在各地区、各民族中不断发生。

（1）广南西路一带侬人（壮族）的反抗。延祐七年（1320年），广南西路一带的侬人和山僚（壮族）以韦郎达为首，起兵反抗，众至万余。韦郎达在反抗中自称皇帝，不再接受云南行省的统治。

（2）永宁州（今宁蒗）么些族的反抗。与广南西路韦郎达起兵反抗的同时，丽江路永宁州的么些族首领和俄，亦起兵反元，占领了附近的世津（今丽江西北世甸）、浪渠（今属宁蒗）等州的一些地方，杀死了当地的一部分官吏。

（3）西南部金齿百夷的反抗。《元史·顺帝本纪》说："至正二年十二月丙辰，赐云南行省参知政事不老三珠虎符，以兵讨死可伐。……六年六月丁巳，诏以云南贼死可伐盗据一方，侵夺路甸，命亦秃浑为云南行省平章政事讨之。秋七月丁亥，降诏招谕死可伐。"按，"死可伐"即思可法。思可法乃麓川路（今云南瑞丽）土官，于至正二年（公元1342年）发动当地"百夷"（傣族）起来进行反抗，到至正六年（公元1346年）的5年之间，占据了邻近的平缅路（今陇川县）等地，元朝廷命令亦秃浑率兵前往镇压而遭到失败，最后不得不"降诏招谕"，想通过政治上的招降以求缓和。而当时西南部金齿宣抚司地区（今德宏州）的大部分地方，已为思可法所控制。

到至正十年（公元1350年）前后，云南各民族地区的反元斗争，已经遍及各地，把元朝云南行省官吏们所可能直接有效控制的区域，压缩到了只局限于中庆路和滇东的一部分地方了。

---

① 倪蜕：《滇云历年传》卷五。

二、天历镇兵之变

除了云南各民族的反元斗争贯穿有元一代外,镇守云南的元朝将官和军队也不时发动反事。天历二年(公元1329年)发生的"镇兵之变",是元朝中叶云南地区的一次较大的叛乱。兵变由跟随梁王王禅拥护上都一派的蒙古诸王秃坚等人在兵败之后逃回云南所发动,实际上是泰定帝逝世以后两都争位战争的余波。

天历二年(公元1329年)三月,秃坚与答失不花等集众5万,准备杀云南行省丞相也儿吉尼,起兵自立。也儿吉尼逃往八番。十一月,文宗即诏命豫王阿剌忒纳失里镇云南。① 至顺元年(公元1330年)正月,云南诸王秃坚与万户伯忽、阿禾等正式起兵反叛,攻陷中庆路。二月,攻陷仁德府,至马龙州,进攻晋宁州。秃坚自立为云南王,以伯忽为丞相,立城栅,焚仓库。随后,乌撒(今贵州威宁)土官禄余、罗罗斯(今四川西昌)土官撒加伯及乌蒙(今云南昭通)、东川(今云南会泽)、茫部(今云南镇雄)、益良(今云南彝良)、澄江、河西(今云南通海)诸地少数民族首领也起兵响应。② 云南的这次叛乱在西南地区引起极大的震动,严重威胁了文宗的统治,他连续下诏调动了四川、重庆、江浙、河南、江西、湖广、陕西等数省兵十余万,命镇西武靖王搠思班等由四川、豫王阿剌忒纳失里等由八番率军进讨。次年(1331年)二月,禄余降,反叛最终被镇压。"各遣使来报捷,云南始平。镇西武靖王搠思班等驻中庆,复行省事","豫王阿剌忒纳失里等至当当驿,安辑其人民"。这一次叛乱使战争地区的各族人民如堕水火。当时就有人感慨"天历建元以来,云南久安之境,乃以弗率闻。"③ 后来的史学家也说:"云南安静将五十载,变起仓卒,人心危惧。"④ 但其影响至深且远。直到顺帝元统二年(公元1334年),中书省臣还上言说:"云南大理、中庆诸路,囊因脱肩(秃坚)、败狐(伯忽)反叛,民多失业,加以灾伤民饥,请发钞十万锭,差官赈恤。"

天历兵变虽被敉平,但云南的局势并没有完全稳定下来。领兵平叛的镇西武靖王搠思班就认为:"蒙古军及哈剌章、罗罗斯诸种人叛者,或诛或降,虽已略定,其余党逃窜山谷,不能必其不反侧,今请留荆王也速也不干及诸王锁南等各领所部屯驻一二岁,以示威重。"⑤ 可以说天历镇兵之变是云南乃至全国的一件大事,是在元朝日趋衰乱的形势下,云南阶级矛盾、民族矛盾、统治阶级内部矛盾的总爆发,也是元朝在云南的统治趋向没落,出现动乱不稳的转折点。

三、红巾军入云南

元顺帝至正十一年(公元1351年),在全中国范围之内,以汉族农民为主的红巾军,掀起了全面反元斗争的大浪潮。云南行省境内的各民族,也同时普遍地发起了反抗,与内地汉族的红巾军起义相呼应。及至至正十七年(公元1357年),红巾军的一支在明玉珍的领导下

---

① 《元史》卷三十三《文宗二》。
② 《元史》卷三十四《文宗三》。
③ 虞集:《道园学古录》卷十《题萧从道平云南诗卷后》。
④ 诸葛元声:《滇史》卷九(旧抄本)。
⑤ 《元史》卷三十五《文宗四》。

占领了四川。至正二十四年（公元1364年），明玉珍即派遣部将万胜、邹兴率领一部分红巾军，分路自叙州（今宜宾）和建昌（今西昌）进攻云南。这两支红巾军一进云南境，乌撒（今威宁）、建昌等地反元的彝族人民，就立即附从参加了红巾军的队伍，红巾军的声势不断壮大，迅速地攻下了中庆路，梁王及行省官吏逃至威楚（今云南楚雄）。

万胜入据中庆城，遣使四出招降。明玉珍在得到万胜的报捷表后，为了彻底推翻元朝在云南的统治，便也亲自率领一部分红巾军入云南，配合先入部队，一直向西追击梁王。进入云南的红巾军向滇西继续进攻，不仅将推翻元朝在云南的统治，而且也将危及到以段功为代表的大理白族封建领主们的存亡。所以当梁王乞援于大理总管段功时，本来与梁王长期处于对立状态的段功又转过来支持梁王，调集大理白族的地方武装，向红巾军反扑。《滇云历年传》卷五说，段功"乃进兵吕阁（今南华），败红巾于关滩江，杀获千计。红巾收合余蚖再战，杀段氏骁将铁万户。……红巾屯古山寺，（段）功令人焚寺，红巾军乱，死者大半。又追至回磴关（今广通），大败之。"段功的军队打败红巾军，并率兵追至七星关（今贵州毕节）[①]，迫使明玉珍的红巾军退回到四川。

在段功镇压了云南的红巾军之后，梁王向元廷保奏其为云南行省平章政事，并妻之以女，段功乃长留昆明，不归大理。但这并没有改变梁王对段功的疑忌，段功最终还是死于梁王之手。段功被杀，导致云南的蒙古贵族集团与大理白族统治集团之间的关系完全决裂。蒙古贵族众叛亲离，整个云南都在反元斗争浪潮的冲击之下，陷入混乱之中，造成了民族之间的区域割据。而蒙元统治集团在云南的统治，被孤立在中庆路一片及其他的一些狭小区域里苟延残喘，直到被明王朝的大军最后灭亡。

第六节　元朝时期云南居民的文化与社会生活

一、元朝云南的文学

如前节所述，由于自赛典赤以来蒙元统治者在云南大力提倡儒学和文化教育，这对云南地区的文化产生了重大影响。云南除了在科举等方面缩小了与中原地区的差距之外，在学术与文学方面也产生了许多重要的学者、作家和作品。

元代云南诸路儒学提举昆明人王升，著有文集若干卷，其作品《滇池赋》对滇池风光作了生动贴切的描写，他形容滇池边昆明码头"千艘蚁聚于云津，万舶蜂屯于城垠，致川陆之百物，富昆明之民众"的句子，长期以来为人们称引乐道。

元末梁王之女蒙古阿盖公主在丈夫大理总管段功遇害后，以汉、蒙语相杂写就挽诗："吾家住在雁门深，一片闲云到滇海；心悬明月照青天，青天不语今三载。欲随明月到苍山，误我一生踏里彩；吐哩吐哩段阿奴，施宗施秀同奴歹。云片波潾不见人，押不芦花颜色改；肉屏独坐细思量，西山铁立霜潇洒。"这首诗混杂汉、蒙、白语而写成，语义仅靠汉语难以明了，简单解释来看，诗中的"踏里彩"，是蒙语锦被名；"吐哩吐哩"是可惜之意；"奴歹"是指施宗

[①] 屠寄：《蒙兀儿史记》卷一百一十《信苴日传》，又见《南诏野史·大理总管》。

施秀同段功一样不幸，惨遭杀害；"押不芦花"是传说中北方一种能够起死回生的草药的名称；"阿奴"是阿盖对丈夫段功的爱称，今白族话中还有"阿龙"，"阿凤"的称呼；"肉屏"为骆驼背，"铁立"为松林。全诗凄清婉转，深切动人，富于民族特色，一定程度上反映了蒙、白两族的文学水平和汉文化影响的痕迹。郭沫若后来据此创作了著名话剧《孔雀胆》，传诵一时。

外来文士郭松年的《大理行记》，详细记载了大理一带的山川民俗，既有重要的史料价值，也是情文并茂的游记散文。河间人李京宦滇期间所作《云南志略》，成为元代云南最早的志书，其文学价值亦堪称道。他创作的有关云南的诗篇为后世所传诵，其中《过金沙江》、《雪山歌》、《初到滇池》、《滇池九日》、《过七星关》等篇尤称佳作，有诗集《鸠巢漫稿》传世。大理白族首领段福、大理总管段功及其原配夫人高氏，中庆路总管公孙辅和支渭兴，以及宣慰使都元帅述律杰、行省参知政事李源道、大理儒学提举赵子元、翰林院臣程文海等人，也留下了不少以云南为题材的优秀诗文。

二、元朝云南的宗教信仰

元朝时期，除了居住在山区和半山区的世居民族中还流行传统的原始宗教之外，在云南坝区以农业为主的各民族居民中流行较广的宗教，主要是佛教、道教、伊斯兰教和基督教。

云南佛教的特点是教派复杂。从西南部传入云南的主要是上座部佛教（又称小乘佛教），从北部传入云南腹地的是以禅宗等教派为主的大乘佛教，大理白族地区流行带藏族密宗色彩的阿吒力教，滇西北与西藏相邻的地区则普遍信仰藏传佛教。元王朝建立以后，仍大力推崇佛教。元世祖忽必烈十分推崇藏传佛教，封其首领八思巴为"国师"，云南梁王也随之尊八思巴的弟子为"梁王师"①，其教徒分布各地，地位至尊。不过由于云南已经统一于大中华的版图内，因而内地禅宗得以在云南迅速发展，云南王忽哥赤及赛典赤、也先卜花等行省官员，在昆明地区先后兴修五华、大胜、筇竹、大德、圆通、罗汉和华亭诸寺，致使出现高僧辈出的盛况，著名者如住持筇竹寺的雄辩、号称"禅宗第一师"的玄鉴以及大休、定林、崇照、慧喜、海印和月智诸人，他们为禅宗在云南的广泛传播作出了不小的努力。如元代雄辩大师赴中原学习禅宗25年，回滇后在昆明筇竹寺阐教，并以彝族、白族语言说法；玄鉴、普通等僧人也到浙江天目山长期参禅后回滇弘法。元王朝对密宗、禅宗和其他佛教流派一视同仁，都采取保护的态度。由于禅宗势力逐渐强大，一些阿吒力佛教徒都改信了禅宗。

道教在唐代以前即已传入云南，元朝时期道教在云南仍有流传，但势力远不足以同佛教抗衡，著名道观有铁峰庵、龙泉观等。此时，本土道教与世界三大宗教同时存在，并能够和睦相处，成为云南文化史上的一大盛景。蒙古统治者占领云南后，伊斯兰教随之传播入滇。元朝云南行省平章政事赛典赤，在昆明等地首建清真寺。据天启年间编纂的《滇志·祠祀志》中说，清真寺"一在（云南府）崇正门内，一在崇正门外，俱元平章赛典赤建，各郡县间有之"。基督教的传播目前已不可考，但元代云南已有属于天主教系统而被称为"也里可温"或聂思脱里派教徒的记载，《马可·波罗游记》中就有关于云南基督教的记载。

此外，云南当地民族中的原始宗教并未消失，它顽强地生存于世居民族聚居的地区。著名者如白族的本主崇拜，纳西族的东巴教和彝族的毕摩教等。"本主"为村寨祀奉社神的总称，

----

① 《新纂云南通志》卷一百零四《宗教考》。

有历史人物、自然神灵、佛道神仙等；本主崇拜的特征是多神并立，活动场所固定，无系统的教义和专业神职人员。东巴教信仰多神，崇拜自然，相信万物有灵，巫师被称为"东巴"，有用象形文字写成的"东巴经"。毕摩教也称"巫鬼教"，崇拜神灵、祖先和鬼魂。以"毕摩"为祭师主持宗教活动。

三、元朝云南居民的社会生活

云南自古就是一个多民族杂居的省份，元代云南除了原居的少数民族如白蛮、罗罗、金齿百夷、么些、斡泥等民族之外，又随着蒙元统治的建立，而迁入了蒙古、回回等多个民族。他们的生活习俗各有传承，又相互影响，呈现出多姿多彩的人文景观。

元代白蛮生产发展水平较高，其文明程度在云南各少数民族中也为最高。《云南志略·诸夷风俗》中记："男女首戴'次工'，制如中原渔人之蒲笠，差大；编竹为之，覆以黑毡。……男子披毡，椎髻。妇人不施脂粉，酥泽其发，以青纱分编绕首盘系，裹以攒顶黑巾；耳金环，象牙缠臂；衣绣方幅，以半身细毡为上服。"在饮食方面则喜食生食，猪牛鸡鱼皆做成生肉酱，"和以蒜泥而食"。白蛮多信佛，"家无贫富，皆有佛堂，旦夕击鼓恭礼，少长手不释念珠。一岁之中，斋戒几半"。其人知"尊王羲之，不知尊孔孟"，元朝政府在云南各地立文庙，当地人视孔子为"汉佛"。白蛮的主要节日有"三月街"的迎神赛会活动，还有六月二十四日的"火把节"。据李京所说，"六月二十四日，通夕以高竿缚火炬照天，小儿各持松明火，相烧为戏，谓之驱禳"。每年腊月二十四日，还要祀祖，"如中州上冢之礼"。白蛮，特别是年轻人，在婚姻方面较为自由。"处子孀妇，出入无禁。少年子弟，号曰妙子。暮夜游行，或吹芦笙，或作歌曲，声韵之中，皆寄情意。"笙歌相会，情意相合，私相配偶。这表现了当时白蛮的婚俗受对偶婚制的影响较大。

彝族内部支系繁多，名称和习俗也不尽相同，元代彝族多称为罗罗。居住于平坝地区的罗罗，主要从事以种植稻谷为主的农业生产，居住于山地的罗罗多种植玉米、马铃薯和荞类，并大量畜养马、羊等大牲畜。彝族饮食最具特色的是"砣砣肉"，即割大块畜肉以大锅烹食之。在装束方面，元代罗罗"男子椎髻，摘去须髯，或髡其发"，"妇人披发，衣布衣，贵者锦缘，贱者披羊皮"。罗罗人富有原始的勇敢精神，《云南志略·诸夷风俗》中记，他们"以轻死为勇……遇战斗，视死如归"。罗罗人多信巫鬼，名为"大奚婆"的男巫，兼有巫和医的身份，有的还是酋长左右的决策者，"以鸡骨占吉凶，酋长左右斯须不可缺，事无巨细皆决之"。在婚姻方面，元代罗罗的婚姻习俗为多妻制，男子住在母家，男女双方除夜晚同宿外，其余时间多不生活在一起，"夫妇之礼，昼不相见，夜同寝，子生十岁不得见其父，妻妾不相妒忌"。"嫁娶尚舅家，无可匹者，方许别娶"①。人死后火葬，酋长以豹皮或羊皮裹尸而焚，葬其骨于山；处于社会底层的白彝则缚以火麻，焚于山野而弃其灰。人死之后均要享受家属的隆重祭祀。

金齿百夷是今天傣族的先民，元代时他们已有较为发达的农业生产，外来因素更刺激了生产和商业的发展。部落与村社之间不断发生掠取金银和奴隶的战争。战胜者将战俘首级置于楼下，军士手持兵器，绕之而舞。"杀鸡祭之，使巫祝之曰：尔酋长人民，速来归我。"马

---

① 《云南志略·诸夷风俗》。

可·波罗也说:"其俗,男子尽武士,除战争游猎养鸟之外,不作他事。"其族尚无文字,"刻木为约"。爱美和喜欢装饰,是这一民族的文化特征之一。男子也用赤白土傅面,采缯束发,衣赤黑衣,着绣履,以至李京说他们极似内地的戏剧演员。其女子"去眉睫,不施脂粉,发分两髻,衣文锦衣,连缀珂贝为饰"。女子是主要的生产者,"尽力农事,勤苦不辍,及产方得少暇"。马可·波罗对此也说:"一切工作,皆由妇女为主,辅以战争所获的俘奴而已。"他们的婚姻比白蛮和罗罗受对偶婚制的影响似乎还要更大些。"嫁娶不分宗族……不重处女。"

  元代的末些(即之前的"么些")蛮是今天纳西族的先民,生产不算发达。如《云南志略》所述,其生活"俗甚俭约,饮食疏薄","贫家盐外,不知别味"。在衣着方面,也较粗劣。"妇人披毡,皂衣,跣足,凤环高髻;女子剪发齐眉,以毛绳为裙。"其人尚武好斗,"善战喜猎……少不如意,鸣钲鼓相仇杀"。在这些械斗中,"两家妇人中间和解之,乃罢"。妇女具有调解纠纷的能力,这说明在这些部落中还存在着原始社会母系氏族制度的影响,妇女在氏族部落中有较高威信而受到应有的尊重。

第七章 明朝时期的云南

明朝继承了元朝大一统的局面，统治时间长达 277 年，是中国历史上又一个重要的封建王朝。在治理云南边疆方面，朱元璋继承了汉唐"守在四夷"的治边思想，对云南地区进行积极经营，其总的策略是任命沐英及其后人世代镇守云南，并在云南设置"三司"及其下属统治机构，与广泛分布的军队组织形式都司卫所互为表里，再利用广泛推行的土司制度，对云南地区进行严密的统治。但总的来看，明朝放弃了元朝以边疆为基地对外积极扩展的做法，反对使用武力对外扩张。在明朝的统治下，云南在我国边疆发展史上继续占有重要的地位。

第一节 明朝军队平定云南

一、明初对云南的抚战政策

至正二十八年（公元 1368 年），元政权在红巾军农民大起义的打击下土崩瓦解，元顺帝北逃塞外，结束了元朝在中国的统治。明王朝建立之初，云南从滇中（中庆路）到滇东（曲靖）的一部分仍为蒙古贵族梁王把匝剌瓦尔密拥兵割据，云南的其他地方则被以大理段氏为代表的各族贵族分子盘踞，处于四分五裂的状态。梁王仍岁遣使经西蕃绕出塞外，"达元帝（元顺帝）行在，执臣节如故"①，仍沿用北元"宣光"、"天元"等年号。《滇云历年传》卷六中记载："洪武三年（公元 1370 年），故元顺帝殂于应昌，太子立，遣使来索饷。史，元太子立于漠北，遣侍郎脱脱来滇索饷，且约连兵恢复"。蒙古贵族企图以云南作为根据地，恢复元朝的统治。

明王朝建立初期，朱元璋忙于巩固政权，一时无力顾及云南。明朝军队平定四川以后，朱元璋认为"云南僻险，不欲用兵"，想通过和平手段招降梁王以统一云南，所以于公元 1369 年到 1375 年曾前后 5 次派遣使臣到云南劝降。但梁王认为："汉闭昆明，命使莫达。唐勤远略，只以自毙。天兵虽多，恐无所用。"②故非但不投降，反而将明朝派来的使臣杀掉。朱元璋在政治招降的办法失败后，又考虑到云南有元朝梁王的军队二十几万，如果其与王保保的西北军，元太尉纳哈出的东北军遥相呼应，两相夹击，将威胁大明的统治，因而下定决心采取军事进攻以达到平定云南的目的。

---

① 《明史》卷一百二十四《把匝剌瓦尔密传》。
② 倪蜕：《滇云历年传》卷六。

到公元 1381 年（洪武十四年），内地的统治秩序基本稳定之后，朱元璋便决定派兵平定云南。在出兵之前，朱元璋对云南的历史、地理等情况做了详细的了解，制订了周密的进军计划，向傅友德等人面授机宜。进军云南的明朝军队准备兵分两路，一路由郭英、陈恒等率领偏师 5 万，"从永宁（今叙永）先遣骁将别率一军以向乌撒"①，即从永宁南下乌蒙，牵制乌蒙、芒部、东川等地的罗罗土官及其军队；另一路由傅友德为统帅，蓝玉、沐英为副帅，率领 30 万大军，自湖南进入贵州，再由普定（安顺）进入云南，然后三将军以一人提兵向乌撒，接应永宁之师，进兵云南东部。朱元璋断定蒙古兵必定在曲靖（云南之喉咙）抗击明军，故向几位统兵主将指明应"审察形势，出奇制胜"，以"大军直捣云南（今昆明），彼此牵制，使疲于奔命，破之必矣。云南既下，宜分兵径趋大理，先声已振，势将瓦解，其余部落，可遣人招谕，不烦兵而下也"。由于朱元璋这一进军策略，与当时的云南地方情况是符合的，因而明朝军队能在云南靠内地区取得军事上的迅速顺利。

二、进军云南靠内地区

明洪武十四年（公元 1381 年）9 月，朱元璋派名将颖川侯傅友德为征南将军，永昌侯蓝玉、西平侯沐英为副将，统兵 30 万向云贵进发。大军到达湖广后，傅友德即派都督郭英等率兵 5 万经四川永宁（今叙永）南下乌撒（今贵州威宁），而傅友德自己则亲率大军由湘西向贵州、云南进军。12 月，征南将军傅友德所率东路明军攻克普安，于 12 月中旬进抵曲靖，与故元梁王部展开激战。时梁王部将达里麻率精兵十余万人驻守曲靖。明军到达曲靖以前，傅友德接受副将军沐英出其不意、直捣曲靖的建议，率军乘大雾四塞，倍道疾趋，师至白石江，不久雾霁，达里麻见大军压境，仓皇失措。傅友德再次按照沐英的建议，布阵于河岸，摆出渡河架势，将对方精锐牵制于对岸，而沐英则另遣数千人从下游潜渡，出其背后，鸣金树旗，急攻其阵，元军大乱。傅友德即挥师进战，大败元军，活捉达里麻，俘获万余人，明军遂占领曲靖。曲靖为云南东部门户，水陆交通要道，曲靖战役明军得占该城，就扼住了云南的咽喉，为最终平定云南奠定了基础。占领曲靖后，傅友德分兵两路，一路由他率领北上乌撒，接应郭英部；另一路由蓝玉、沐英率领，直趋昆明。在郭英部与傅友德部的共同夹击下，明军很快便击败了乌撒的元军和土酋的军队，进一步取得了乌撒战役的胜利。随后，东川（今会泽、巧家、东川）、乌蒙（今昭通）、芒部（今镇雄）各部土司皆不战而降。傅友德从团结当地的彝族各土官的目的出发，劝令他们维持好社会秩序，并分拨一部分军队驻守乌撒、乌蒙各处交通要隘，然后南下昆明与大军会师。

明洪武十五年（公元 1382 年）正月，蓝玉、沐英部到达昆明东郊金马山，梁王率其家属及亲信驴儿达德等逃到晋宁，后投滇池自杀（或谓自缢而死）。右丞观音保投降，滇中各地也纷纷归降。傅友德到达昆明后决定明军再次兵分两路，继续扩大战果，一路南下临安，分道攻占各州县，当地的彝族、哈尼族等土官立即归附；一路由蓝玉、沐英率领西向大理，令大理段氏投降，段氏不从，明军于是兵分三路攻之，一举攻占了大理。

从洪武十四年（公元 1381 年）十二月开始到次年年初，明军相继攻下曲靖、乌撒、乌蒙、中庆、临安和大理，澜沧江以东的靠内地区都被平定。

---

① 《明史纪事本末》卷十二《太祖平滇》。

三、平定土司叛乱和招降边疆各民族

明朝军队虽然平定了云南靠内地区,但是统治并不稳固,仍然有些土官一有机会便令发动叛乱。洪武十五年(公元1382年)六至九月间,乌撒、乌蒙、东川、芒部等地的土官发动叛乱,沐英从仁德府(今寻甸)出兵平定了叛乱。接着又有土官杨苴纠集20万之众在昆明发动叛乱,沐英又从乌撒率兵急回,平定了杨苴之乱。

为了巩固在云南的统治,明军在永宁(今叙永)以南的乌撒、乌蒙和黔西到曲靖的要害地方建卫所,驻军队,并出动人力修整了自黔西通向曲靖的驿道,保证了其与内地的交通联系,这使得云南靠内地区的社会秩序基本稳定下来。

公元1382年,边疆的麓川(今德宏)、缅甸(今缅甸中部)、车里(今西双版纳)、八百媳妇国(今泰国北部)归附明朝。明朝越过澜沧江建立了金齿卫(在今保山市)。

由于麓川路(今瑞丽)的土司思伦法及周围的其他贵族分子不断发展势力,明朝在公元1397年为了有效地制止麓川地方贵族的割据纷争,派沐春为征南大将军率领军队直入麓川,仍立思伦法为麓川宣慰使,但缩小了他的领地范围,只让他管理瑞丽到陇川的地区,其他地方则分设孟养(今缅甸克钦邦)、木邦(今缅甸北部掸邦)、孟定(今耿马)三土府,直属云南布政使司。另设潞江(今保山西潞江坝)、干崖(今盈江)、大侯(今云县)、湾甸(今昌宁县西南)四长官司,隶属于金齿卫。这样,思氏的力量受到削弱,云南边疆地区才逐渐安定和巩固下来。接着,老挝(今老挝北部)、孟艮(今缅甸掸邦景栋地区)以及今缅甸境内的各部贵族,也都纷纷遣使入贡。

到公元1406年(永乐四年)前后,包括今天缅甸的几乎全部,泰国北部,老挝北部的各族贵族,都接受了明朝土司的职务,归云南三司管辖。截至公元1424年(永乐二十二年),边疆以傣族为主的各民族地区,全部纳入了明朝版图,云南全省最终稳定下来。

第二节 明朝在云南的主要统治措施

明朝统一云南之后,在元朝统治的基础上,针对云南地方的情况,采取了一系列统治措施,把云南与全国统一局面联系起来。

一、设置三司

明朝在元朝的基础上对地方政权机构作了调整,为了防止造成割据,强化中央集权,便把元朝时期的行中书省改设为三司。这三司是:承宣布政使司,掌一省之行政,凡民政、财政均为其职权范围,下级政权机构为府、州、县,递相统属,设左右布政使各一人,下属机构从员若干;都指挥使司,司一省之军政,管理各卫所军队的操练和屯田,设都指挥使司一人,都指挥同知二人;提刑按察使司,掌一省之刑名按劾之事,即司法和检查工作,随时可派副使往各府、州、县分道巡察,设按察使一人,副使佥事无定员。三司的职权不同,地位

不相上下，一省大事，共同会案处理。明朝廷中央都察院派出都御史、副都御史、佥都御史等至各省巡抚，地位在三司之上。其巡抚期间，有权代表朝廷处理一省的各种事件。一年差满，即回京报告，如此以加强封建中央对地方的集权统治。

以上这种情况在当时全国各省范围内都是如此，云南也不例外。明军在平定云南腹地后，即于公元1382年（洪武十五年）设置云南承宣布政使司，建立基层的府、州、县归其统领；同年也设置了云南都指挥使司，领各府、州、县的卫所军屯；提刑按察使司则最初由布政使司兼理，到公元1397年才单独设立。在设置三司的同时，朱元璋更封沐英为西平侯，镇守云南。后成化年间（公元1465—1487年），明朝又设巡抚在云南三司之上，总决一省政务，代表朝廷在地方执行集权统治。

三司和后来巡抚在云南的设置，体现了云南与内地各省在政治上的一致性，明朝封建中央集权统治权力在云南有所加强。

二、土司制度的建立和健全

明王朝在云南设置三司之后，云南各民族地区经济、文化发展不平衡的现象仍然存在。这就迫使中央在云南在政治上不能不采取与汉族内地各省有所不同的措施，这就是土司制度。土司制度是汉朝以来羁縻政策、元代土官制等的发展和完善。它是中国封建王朝在部分少数民族地区分封各族首领世袭官职，以统治当地人民的一种制度，是封建中央王朝对边疆民族地区施行羁縻政策的继续和完善。它以各地原有民族、部族为基础，设立名目，任命土长、土官，授予少数民族、部族的首领印符，使其充当地方各级政权机构的长官。当地民族的头领在一定的地域范围内，世袭官职，世守其土，统治其民，对中央王朝负担规定的贡赋和征发。也就是说，土司制度是利用当地少数民族中的贵族分子沿袭充任地方政权机构中的长官，以便于依据地方经济情况"额以赋役"，并使之在政治上听从封建中央的"驱调"。这种制度本身是在大民族封建中央的民族政策指导下形成的，是大民族封建中央民族政策的体现，可以说它是一种封建主义的民族政策。这种政策从表面上看是沿袭使用当地少数民族中的贵族分子充当地方政权中的长官，实际上是在保留各少数民族内部的生产方式不变的基础上进行贡纳的征收，并从形式上保证政治上的统一。

明朝在平定云南之后，在历代封建王朝对云南经营的基础上，把中央王朝在云南的统治势力大大向前发展了一步。但是，由于云南绝大部分地方，各少数民族的社会经济、文化发展水平与内地汉族仍有差别，少数民族中的贵族分子在本民族中的统治势力仍很牢固，在当时的条件下，既不可能改变少数民族内部的生产方式，也就不可能把地方的贵族分子的统治取消，故明朝不得不任命各少数民族中的贵族分子充当土司，以免引起民族纷争，从而达到对少数民族进行统治的目的。据《明史·土司传》的记载统计，在云南设立的土司主要有：宣慰司7个，宣抚司4个，安抚司1个，长官司（御夷、蛮夷长官司）15个，府26个，州4个，共57个；设武职土司宣慰、宣抚、招讨、安抚、长官司等官员（宣慰司以下诸土司）中云南共有52人，文职土司（府、州、县）官员（土知府以下诸官员）中云南共有151人。

明代之所以在云南设置许多"名目淆杂"的土司，是因为当地的社会基础是封建制和奴隶制并存，这是云南各少数民族的政治、经济发展不平衡所导致。如滇池地区封建地主经济有所发展，但农奴制经济（领主经济）在云南绝大部分地方仍占统治地位，特别是乌撒、乌蒙、东川、茫部等地区，奴隶制残余仍占较大的比重，至于边远的山区则仍保留着原始经济因素。鉴于这种情况，明王朝在云南实行土司制度时采取了"三江之外宜土不宜流，三江之内宜流不宜土"的方针（三江为：澜沧江、怒江、金沙江）。即在云南腹地以建立一般政权机构的府、州、县为主，设置土知府、土知州、土知县等，而在边远地区（边疆）则基本上建立宣慰司、宣抚司、安抚司、长官司等。同时，实行"土流兼治"、"府卫参设"的措施，以加强封建中央对云南的统治。

所谓土流兼治，即根据云南各地区不同的政治、经济情况，在各级政权机构中只设流官，或土流并设，或只设土官。所谓流官，即是央派出直接进行统治的官吏，有一定的任职期限。所谓土官，就是中央任命当地的贵族分子或有威信的人为官吏，经过中央王朝批准，可以世袭，通过他们来进行统治。这种土流兼治的办法，使两者相互制约，正是明代封建地主阶级联合少数民族农奴主、奴隶主统治各族人民的一种地方政权组织形式，是明代土司制度的一项实质性的措施。所谓府卫参设，就是以地方军事指挥机构的"卫"与地方行政机构中的"府"配合设置，也就是以军事支持政治的所谓"文武相维"。明初在设置府的地方都设立过卫，一时不能设府但又需要实行一段军事管制的地方，则设立"军民指挥使司"，实行府卫结合，统领下属州县、卫所，其不仅统领国家在当地的驻军，而且兼领"土兵"（土司兵），即把土军纳入国家军制之内，这对削弱土司武装，巩固封建中央集权制起着重要的作用。

明代为限制土司势力的发展，还制定了一些管理土司的法规条例，这也可以作为土司制度的主要内容，归纳起来有以下几条：第一，土司首先得承认是朝廷委派于地方的官吏，服从驱调，履行各种规定的义务，然后他在本民族地区的统治才能合法。第二，土司与朝廷由内地直接派来的流官不同，职位可以世袭，但父死子继时，仍须得朝廷的认可，形式上也如流官的任免一样。朝廷或云南三司对土官有考核、升降、迁调和罢免之权。如土司不守朝廷的法度，也将如同流官一样被革职。第三，土司按照本民族地方的具体情况向人民征收各种负担，以其中一部分金银和谷物通过云南三司向封建中央上交。第四，土司拥有的地方武装"土兵"，必须服从云南都司和明朝廷的调遣使用，不得自行调兵越境。以上各条有关土司职权和义务的规定，对于保证贯彻明代具有中央集权性质的土司制度起着一定的积极作用。

明朝的土司制度与元朝时期比较有程度上的区别。元朝虽已任命各族中的贵族分子为土官，但却没有一套完整的制度，各土官在地方上的权力仍很大，云南行省的官吏们很难使他们"奔走唯命"。而明朝的土司制度，从形式上把少数民族中的地方政权直接纳入王朝政权组织系统，规定有一套比较完整的制度。这套制度是在保证封建中央统治的前提下，允许土司在自己辖区内按照本民族的情况来处理各种事务。在土官势力仍然像汪洋大海的云南全境内，明朝通过土司制度的建立和健全，把民族情况复杂的云南进一步牢固地统一了起来。所以说，明王朝通过土司制度的建立和健全，把过去历代王朝所不可能有效地控制起来的多民族的广大地区都有效地控制了起来，推动了当地封建制度的发展，促进了各民族文化的发展。当然，由于当时历史条件的局限，明王朝封建中央对于当时的土司仍然难以实行有效的控制，因而边远地区的土司还是"叛服不一"，以致部分土司地区最终脱离了云南。

三、明中叶以后云南腹地的改土归流

所谓"改土归流",就是废除世袭的土官,改派定期轮换的流官,也就是废除原来由各族贵族分子担任的土官职位,改由中央王朝直接派汉族官吏为流官。从政治上讲,改土归流的目的是为了中央王朝对边疆地区的直接统治,即意味着中央集权在归流地区的最终实现;从社会经济上讲,意味着在归流地区的封建领主经济为封建地主经济所取代;从文化上讲,在改流地区办起儒学,并在此基础上推行科举制度。这一系列的变化是一次重大变革。明中叶以后在云南腹地实行改土归流,说明这些地区社会经济水平与内地汉族趋于一致。社会经济的变化必然会引起上层建筑的变革,改土归流的条件逐渐成熟。

随着明代云南地方经济、文化的发展,特别是屯田、移民和商业的深入边疆,封建地主经济在越来越多的地区发展起来,土司所代表的旧的生产关系逐步衰败。土司的没落和农奴制经济的崩溃,使废除土司制度已成为一种历史潮流。明王朝对云南境内的统治日益深入,这就使得明王朝要求直接控制这些地区。明王朝为了达到此目的,便使用"强力"改变少数民族地区的生产关系,实行改土归流。于是,明王朝便在条件成熟的地区逐步采取了改土归流的措施。正如马克思在《政治经济学批判·序言》中所说的那样:"随着经济基础的变更,于是全部庞大的上层建筑中也就会或迟或速地发生变革。"明中叶以后云南腹地经济较发达地区的改土归流正是如此。

改土归流最初发生在鹤庆白族高氏土知府的领地内(公元1443年)。继鹤庆之后改流的有:公元1477年寻甸土知府彝族安氏;公元1481年广西彝族土知府(驻今泸西);公元1567年武定土知府彝族凤氏;公元1599年顺宁土知府(驻今凤庆)布朗族猛氏。其余土州及土州以下的小土司同时前后被改流的也不少。

改土归流是顺乎历史潮流而动的一大变革,具有进步的意义。它使地方政权更为划一,有利于明朝封建中央的集权统治,对于云南部分地区由封建地主经济取代封建领主经济起到了促进作用;明中叶以后的改土归流,为清代的改土归流,开辟了道路,积累了经验,奠定了基础,这是不可抹杀的历史功绩。不过,明王朝在云南实行改土归流的地区,主要是条件许可的地区,即社会经济和民族情况发展较好的地区,其余的大部分地方还不可能实行改土归流,土司在这些地方的统治权力依然存在。如明朝中央也曾在条件没具备的地方进行改土归流。公元1533年(嘉靖三十二年)明朝即对元江百夷地区进行改土归流,但是流官还不可能在当地执行统治,故不得不在万历十三年(公元1585年)复设土官。当改土归流的浪潮正在继续向纵深发展的时候,明王朝的统治却趋于衰落,明朝改土归流的任务就留给了后来的清朝去继续完成。

四、明代在云南的屯田活动

汉晋以来,中原王朝为巩固在云南的统治,曾大量迁移汉族人口到云南与各少数民族相杂居,以促进民族间的交流融合。明朝继元朝之后继续把云南统一起来,随之进行大规模的移民殖边。明朝通过各种形式,把大量的汉族人口迁移到云南各府、州、县进行屯田垦殖。同时,明朝30万大军远征云南,也需要耗费大量的粮草,而云南"元末田土多为僧道用豪右隐占……于岁用有所不足"，当时元朝统治者留下的粮食仅仅182 000石，远远不能满足数十万明朝军队的粮草需求。为了解燃眉之急，朱元璋甚至命令从当地民族头人那里强征粮食，以补军粮之所需。然而这并非长远之计。明洪武十九年（公元1368年），为了解决镇守军队的粮食需求，留守云南的征南右将军沐英奏请实行军屯。得到朝廷批准后，沐英便开始在云南实施屯田活动。

明朝对云南进行移民垦殖主要通过军屯、民屯、商屯三种形式来进行。

首先是军屯。明朝建立以后，对元朝时期的兵制进行了改革。明朝初期拥有270余万庞大的军队，每年要耗费3 000万石以上的粮食，这在明王朝的全年财政收入中占很大的比重，单靠财政收入，是无法很好地解决庞大军队的给养问题的。明王朝认真总结历代的屯田经验并加以改善，建立了一套"兵自为食"的卫所屯田制度，在各地推行。这一套卫所屯田制度，就是建立"军籍"制，即把军队中的一部分人划出来作为世袭的"军户"，分配屯驻于全国各地，负责镇守各地和保卫边疆。其办法是"度要害系一郡者设所，连郡者设卫，大率五千六百人为卫，千一百二十人为所，百十二为百户所，所设总旗二，小旗十，大小连比以成军"。明代卫所屯田制度规定：凡为军户，必须结婚，并偕同家属、小孩一起屯田戍守于指定的地方，不准随意流动，也不准逃离。军户如若死绝，则必须从其原籍另调其家族中的人前来充抵。军户若私逃，就要按照军册到原籍勾回，勾捕不到正身，则亲戚都要受连累。明初，洪武十四年（公元1363年）随傅友德、蓝玉、沐英入云南的军队，后来大部分就留守在了云南。到洪武十七年（公元1366年），朱元璋又令把这些留成的军属全部送到云南。明洪武十四年至永乐年间，明统治者曾大批地征调军队、组织民力，在云南各地大力开展屯田。明朝先后在云南建立了20卫、3御18所，总共133千户所，军队共159 600人，也就是159 600户。以每户平均3口计算，人口即达到50万左右（一说33万左右）。其屯田规模之大，远非元朝的军民屯田所能比拟。大量的汉族军户屯田戍守于云南，就此安家落户，对于开发云南，联系当地的兄弟民族，制止兄弟民族中的贵族分子因兼并而造成分裂割据，起了很大的作用。这些隶属于云南都司的军户，分布在东北自乌撒卫（今威宁），西南到金齿卫（在今保山）交通线上，星罗棋布，就地开始屯田戍守，即使发生任何变动，也不敢随意离开原来戍守的地方，他们就此落籍定居下来了。这种兵制施行于过去以少数民族占多数的云南，实际上起到了移民殖边的作用。

明王朝在实施军屯的同时，还广泛地发展民屯。《明史·食货志》中说："屯田之制，曰：军屯、民屯、商屯，其制：移民就宽乡，或招募或罪徙者为民屯，皆领之有司，而军屯则领之卫所。"看来，民屯是军屯的一种补充形式。朱元璋极力鼓励人民开垦荒地，作为自己的业田，并规定"永不取科"，这对民屯的发展起了促进作用。早在1384年，明统治者就"移中土大姓以实云南"，把内地的汉族富家大姓移至云南居住；1387年又规定湖广常德、辰州二府"民三丁以上者出一丁，往屯云南"；"（沐）英还镇（公元1389年），携江南江西人民二百五十余万入滇，给予籽种、资金，区别地亩，分别于临安、曲靖……各郡县……（沐）春镇滇七年（公元1392—1398年）……再移南京人民三十万（入云南）"。通过以上材料分析，通过民屯方式移入云南的汉族人口，不会较以军屯方式移入的少。移入的民屯户和军屯户一齐在云南靠内的各府、州、县屯垦，所起到的作用与军屯户基本相同，只是民屯户不承担直接的军事任务。

商屯实行得很早。洪武十五年（公元1364年），因为"兵食不继"，傅友德曾提出以"盐商中纳"作为解决军食的一个办法。朱元璋采纳了傅友德的建议，"命户部令商人往云南中纳盐粮以给之"。当时云南的昭通、曲靖、昆明、玉溪、红河、楚雄、大理、保山、德宏等地区都先后实行过"开中"。"开中之法"即为了补充卫所军队食用，先由商人缴纳一定量的粮食，然后由布政司和都司发给凭证——盐引（领取和贩卖盐的凭证。洪武时盐引一大引400斤，一小引200斤），于产盐地照价支给食盐，使盐商们得以贩卖牟利。当时在云南的盐商除少数是边疆本地的奴隶主及商人外，绝大多数是内地的客商。这些客商要就地买粮换取食盐极不划算，因为云南农业生产落后，粮食产量低，价格高，所换盐引无几，如果从内地产盐区运粮食来换，长途运送，运价昂贵，获利也不大。于是客商便改变方式，以少量投资招募内地的贫困户到云南开垦荒地，这样，商人以较低的投资用于商屯上，种出的粮食换取盐引，获取高额的厚利，这类屯种的土地就是商屯。内地商人招募汉族佃户前来云南屯田，人数虽未见详确的记录，但有部分汉族人口以商屯形式进入云南则是肯定的。商屯户比军屯户和民屯户的数量少，但却也如同军屯户和民屯户一样，多落籍定居于云南，成为当时汉族移民中的一部分。由于商屯带有经商的性质，随着商品经济的发展，货币的广泛使用，"开中"由原来缴纳粮食、谷物，变成用银钞来代替，商屯逐渐解体，50年后，明王朝宣布废除"开中"之制。不过商屯在云南的开展，还是促进了云南商品经济的发展，盛产银矿的云南，冶铁业也由此兴盛。如果把云南地方志的记载与《天工开物》的记载相比较，可以看出这个时期云南的工农业生产技术已经基本上达到了全国的平均水平。矿冶业的发展，特别是银、铜的冶炼，为金属货币的广泛使用和流通提供了物质条件。它从社会经济内部加速了封建农奴制的解体，促进了封建地主经济的发展。

明王朝在云南实施屯田，促进了当时云南社会经济的发展。由于云南大多数地方还处于农奴制和奴隶制经济形态，生产落后，人们只能维持简单的再生产。明王朝的封建中央集权，对土司的权力有所限制和削弱，从而为明王朝在土司领地内实行屯田创造了条件，为云南封建经济的发展扫清了道路。屯田制在云南的推行，招来了几十万汉族劳动人民，他们把先进的生产经验和耕作技术带到云南，使云南地区的耕作方法有了提高；同时，内地农作物的优良品种也在云南得到传播，内地的先进工具也在云南制造并广泛使用。屯田制的实施，还使云南的水利灌溉工程得到兴建和整修。如昆明南坝闸工程的兴建，使"田不病于旱涝"；滇池海口整修疏通，使其周围土地避免了"每岁秋麦，雨积水溢，田庐且没"的洪患；其他如石屏异龙池引水工程，保山九龙池灌溉系统等，绝大部分都是汉族屯户和当地少数民族与"州卫军民相兼疏浚"的。他们的田地"畛畔相入，盈亏互察"，"军民俱利"，"夷汉利之"，从而促进了农业生产的发展。

五、沐氏治滇

沐英字文英，安徽定远人，是明朝开国功臣之一，因为人忠厚好学，英勇善战，屡建奇功，对朱元璋忠心耿耿，深受朱元璋赏识。洪武四年（公元1371年）朱元璋任命他为征南副将军，与征南将军傅友德一道出征云南。云南既平，傅友德等班师返京，沐英留滇继续镇守云南。从洪武十四年到洪武二十四年（公元1381—1391年）的10年间，沐英在滇推行开明政治，在处理民族关系、安定社会秩序、发展农业生产等方面，做了大量工作，使云南在短短的几年时间内恢复了社会稳定,在云南各族群众中建立了很高的威信,使朝廷无南顾之忧,被朝廷倚为西南之柱。

沐英镇守云南期间,主要做了以下几件大事:

1. 安抚少数民族,粉碎元朝残余势力的反扑

明朝平定云南大部分地区以后,元朝残余势力退守少数民族地区,经常勾结和组织当地土司进行军事反扑,各地顽抗不服或降而又叛的事件,此伏彼起,这对刚刚建立的明朝云南地方政权带来了极大的威胁。为此沐英采取了恩威并重的政策,根据不同情况,分别使用怀柔招抚与军事打击两种手段,粉碎和瓦解了元朝的残余势力。具体而言,一方面,沐英对于一部分地方上层,采取"顺而抚之"政策,使得许多与中央政权保持若即若离关系的地方势力,纷纷来归。如洪武十四年(公元1381年)临安土官杨政降;第二年景东归附,"土官俄陶献马百六十匹,银三千一百两,驯象三",镇抚"总管刀平与兄那直归附",等等。① 这就从政治上减少了对抗力量,有助于云南局势的稳定。另一方面,对于元朝的残余势力和负隅顽抗叛乱的土司,沐英采取了坚决予以军事打击的政策。一是镇压了川、滇、黔交界地区的乌蒙(今昭通)、乌撒(今威宁)、芒部(今镇雄)、东川(今会泽)、建昌(今西昌)等地的叛乱。二是平定了元朝残余势力的反抗活动,如原元朝云南"宣慰"高生和土官杨苴,纠集部众20万人包围昆明发动叛乱,也先忽笃和金齿(今保山)土官高惠、麓川傣族头人勾结,攻陷保山等,均被傅友德和沐英分别派兵各个击破。三是打击麓川土司思氏的叛乱和侵扰。通过镇压叛乱,沐英稳定了云南的边疆地区和巩固了明朝在云南的统治。

2. 建立卫所,推行屯田,兴修水利

云南地广人稀,土地荒芜。明朝大军进入云南后,由于蒙古贵族和云南农奴主、奴隶主的叛乱,局势没有能够很快稳定下来,明军出现了缺粮的严重局面,还经常出现"逃军"的情况。为了长久地解决云南缺粮的问题,沐英在洪武十九年(公元1386年)向明中央提出了在云南实行屯田的建议:"云南土地甚广,荒芜居多,宜置屯田,令军士开耕,以备储蓄。"② 这一建议立即得到了朱元璋的同意,朱元璋指令沐英"自曲靖大忽都至云南前卫易龙设堡卫,自易龙至云南右卫黑林子设堡三,自黑林子至楚雄禄丰设堡四,自禄丰至洱海卫普棚设堡七,自普棚至大理赵州设堡二,自赵州至德胜设堡二,人称便焉"③。这些营、堡、卫的设置,对云南的屯田垦荒,发展生产起到了极为重要的作用。它使不少山区得到了开发,也使许多地方变成了良田沃土,在一定意义上减轻了人民的负担。到了洪武二十六年(公元1393年),屯田数已增加到了一百余万亩。屯田数目的增加与沐英的领导是分不开的,他在执行明中央命令的同时,每年以屯田数目的增减作为赏罚官员的标准,所以云南的屯田在沐英治滇期间达到了高潮。

在平息变乱的同时,沐英还继续增加卫所设置,调整卫所布局,从而使祖国的西南边陲更加稳固。有关沐英独镇云南期间的立卫置所活动,史书记载颇为零散,现举要者如下:洪武二十二年(公元1389年)正月,因曲靖阿资负隅顽抗,沐英乃请于其要冲之地越州、马隆

---

① 《明史》卷三百一十三《土司传》。
② 《新纂云南通志》卷一百三十八《农业考》。
③ 《洪武实录》卷一百八十七。

两处置卫,驻兵把守,以"控其冲要",以制其出入。①洪武二十三年(公元1390年)二月,以沐英建议,诏置陆凉卫指挥使司。十一月,因沐英奏言"景东乃百夷要冲,蒙化州所管火头字青等亦梗化不服,俱宜置卫",遂诏置景东、蒙化二卫。十二月,以沐英奏曰"永昌居民鲜少,宜以府卫合为军民指挥使司",诏命罢永昌府,改金齿卫为军民指挥使司,等等。

元朝末年,昆明以及其他各地的水利工程已失修,坝堤溃坏,水患频繁。明初在沐英的推动和领导下,水利建设事业复兴了。洪武十四年(公元1381年)"滇池末流浅大霖再泛滥,濒池之田不可稼"。沐英乃发动昆明一带的军民屯户,疏池"入渠滥川中,浚而大之,无复水患"②。除此之外,他还兴修了许多渠道和闸坝,如呈贡玉带水(又名过山沟)等。史载"明黔宁王开滇,凿山引水灌溉田亩……置石坝十七座",灌溉"缪家营、郎家营、中庄等村田"。其他有汉族军民、商屯所在之地,水利兴修工程也都先后展开。如曲靖的西湖坝,"洪武间凿有坝闸,积水以灌田,军民利之",等等。水利事业的复兴,使大片的土地得到了灌溉,减少了水患,促进了云南各地生产的发展,对繁荣农业经济起到了不可低估的作用。

3. 发展云南文教事业

在沐英治滇期间,中原文明则向更广阔的地区和更多的人中推广。沐英遵太祖之命,在各府、州、县兴办学校。今天昆明的文庙,就是明朝的云南府学所在地,它是沐英在元学舍旧址的基础上重新建立起来的。在沐英治滇的10年中,云南各地都相继建立了学官。如洪武十六年(公元1383年)临安府设儒学庙,洪武十九年(公元1386年),建楚雄学官,等等。③沐英"选俊秀子弟入云南府学,行乡饮酒礼",还"间于朔望释菜毕,延师生坐于堂,设广席坐诸生于庭,烹羔羊以食之。土官子弟,于冬、夏制时衣以衣之"。此外,沐英在滇时,史载曾偶然得到《太极图》善本并《白鹿洞规》文本,沐英"善之",遂特意让人将其"刻石,置文庙","以端士习"。据史书记载,沐英的这些政策措施付诸实施后,收到了良好的效果,自此"民知尊长养老而兴其孝弟",从而为提高滇民的整体文化素质、缩短边疆与内地之间在文化发展程度方面的差异,直至从根本上改变云南的落后面貌作出了突出贡献。

4. 重建昆明城

为了巩固省城的安全,洪武十五年(公元1382年),沐英决定重建昆明城垣。城垣外用砖砌,内用土夯,高近三丈,周长九华里以上。城垣筑成后,又利用筑城取土留下的凹处,引盘龙江水灌注为"护城河",宽深可通舟楫,据记载,当时昆明城总共有六道城门,每道城门之上都建有一座城楼,分别取名为:东门"咸和",东北门"永清",南门"崇正",西门"广威"(一作广远),西南门"洪润",北门"保顺"。城门外,建有"忠爱"、"安远"、"金马"、"碧鸡"四座牌坊。南门"崇正"门楼上还设有报时辰的钟鼓。昆明城的大规模建设,进一步巩固了昆明作为全省政治、经济、文化中心的地位。但为了巩固明在云南的统治,沐英入滇后,认为不能留下少数民族的历史文献,于是下令将云南的地方图籍集中销毁,这极大地破坏了云南的历史资料。

沐英自洪武十四年(公元1381年)秋入滇至去世的十多年中,一直忙于公务,"手定云

---

① 《明太祖实录》卷一百九十五。
② (万历)《云南通志》卷十四《艺文四十》。
③ 《新纂云南通志》卷一百三十二《学制考》。

南之经营,未十年百务具举",深获明太祖朱元璋嘉许,朱元璋称赞沐英说:"自汝在镇,吾无西南之忧!"①洪武二十五年(公元1392年)六月十七日,沐英去世的消息传出后,云南士民官绅"莫不奔号其门,泣语于路"。沐英长子沐春奉诏护送其父灵柩还葬京师,"柩出金马山,送者数万人"②。明太祖破格追封沐英为"黔宁王",谥"昭靖",塑像祀于功臣庙,并追赠其三代。沐英镇守云南的十多年,为稳定云南社会秩序、改善生产条件、进一步开发和建设云南、维护统一的多民族国家的整体利益、稳固祖国的西南边陲作出了卓越的贡献。其后沐氏子孙世袭镇守云南,从沐英到沐天波共12世16人,镇守云南达270余年,其家族先后有"二王、一侯、一伯、九国公、四都督",掌握云南军政大权大体与明朝国运相始终。沐氏家族在政治、经济上都享有极高地位和特权,可谓无藩王之名而有藩王之实。而其历代子孙也对明王朝竭忠尽力,直到南明永历帝逃亡缅甸时,云南末代镇守沐天波还是其主要追随者。有明一代,在处理与境内土司和邻境各国的关系中,沐氏时常代表朝廷调集军队,随机处理各种矛盾争端,对安定边疆起到了积极的作用。

第三节 云南的经济、文化教育

一、云南经济的繁荣

明朝时期迁入云南的大量汉族对于促进当地经济文化的发展起了重大的促进作用,汉族居住区经济文化的发展,也影响着全省绝大多数兄弟民族居住的地方,使整个云南的经济文化日趋繁荣。

1. 农 业

在农业发展方面,沐英刚留下来镇守云南时,即奏请朝廷在云南开展屯田活动,并"岁较屯田增损以为赏罚,垦田至百余万亩"③。到洪武二十一年(公元1388年)前后,云南都司所属各卫所军队屯田数为43 5036亩。到1510年前后就增加为127 6630亩,这还只是军屯的数字,加上民屯和商屯部分,所开垦的土地就可想而知了,明代在云南垦荒垦出了大量的土地,对云南农业生产的发展作出了巨大的贡献。同时,明朝在开展云南屯田活动的过程中,还大兴水利。以云南新兴州(今玉溪)为例,据道光《澄江府志》卷六记载,军屯户在当地修筑坝塘25个,引水分渠40多条,纵横于玉溪坝子之中。再者,其他各种农业生产技术也相应得到推广。在外来的军屯、民屯和商屯户中普遍都采用牛耕。洪武二十年(公元1387年),朝廷从四川购买耕牛万头,发给云南军屯户,用以耕垦(《滇考卷下》),于是"即夷人亦渐习牛耕"(《滇海虞衡志》卷七),从史料的记载中我们不难发现,当地的少数民族受汉族的影响,也开始采用牛耕了。

---

① 《明太祖实录》卷一百九十七。
② 程立本:《黔宁昭靖王庙记》,参见(天启)《滇志》卷二十一《艺文志·记类》。
③ 《明史》卷一百二十六《沐英传》。

2. 手工业和矿冶业

随着农业生产的发展，云南的手工业也发达起来。据《云州志》卷三记载"大理接女师数人教以纺织"，当时大理地区有了纺织业。从《云南通志》和《滇志》记载，当时云南的纺织品主要有：火麻布、苎麻布、绵布、绵绸、乌帕、土棉、乌绫等，纺织生产技术大有进步。另外，内地的制瓷手工生产技术也通过迁入的汉族，带到了云南，并有了迅速的发展。《云南通志·赋役》中就有"窑课"的记载，说明当时云南的制瓷业规模不小。此外，云南的矿冶业也获得很大发展，金、银、铜、铁、锡、铅、宝石及盐等矿藏，都得到了全面的开采。其中银在云南诸种矿藏中是开采的大宗，由于政府的积极经营，其产量居全国之冠。全国有九个省产银，云南的产银量占了全国总量的一半。

3. 商　业

明朝时期，随着大量军队和内地移民进入云南，云南的商业开始繁荣起来，这主要体现在城镇交易繁荣、商贸活动活跃和废贝行钱等方面。首先是各地卫所建城池，修驿道，打通了相互间的联系，逐渐发展出集市，出现了大批的卫城，促进了商业的发展。其中昆明是云南政治、经济和文化事业的中心，集中了省府各类衙门和大批商家，成为西南地区有名的都市。昆明集市以十二支为率，寅日为虎街，午日为马街，以此类推。另外根据时令季节和物产，每月还定期举办大型集市，如正月灯市，二月花市，三月蚕市，四月棉市，五月扇市，六月香市，七月七宝市，八月桂市，九月药市，十月酒市，十一月梅市，十二月桃符市。《云南通志》卷一中记载，"市肆，俗呼街子，日午而聚，日夕而罢。交易用贝，一枚曰庄，四庄曰手，四手曰苗，五苗曰索"。《云南图经志书·晋宁州风俗》中也说："逢七为市。土人每遇初七、十七、二十七，无问远迩，来集于州治之西平原上相与贸易，每集不下三四千。"当时的晋宁城算不上大，热闹程度便已如此，其他昆明、大理、永昌等就更是繁盛一时了。另外，云南与中南半岛各国以及内地的贸易也十分繁荣，据万历《云南通志》卷十六记载，云南与内地的贸易主要通过"贡象道路"进行。这条道从缅甸先到永昌，然后北上经贵州思州府过辰、沅达北京。商业贸易的进一步发展，还促进了云南货币使用的变化。长期以来云南一直以贝币作为商品流通媒介，明代前期则流行钱、钞，后期虽未废贝币，但已多用银、钱了。总之，明初以后云南的社会面貌分别在不同程度上发生了新的变化，这就造成云南全省性经济文化的新繁荣，为明以前任何一个时期所不可企及，由此也进一步加强了云南各少数民族与汉族间的亲密关系，巩固了云南地方的统一。

二、云南的文化教育

1. 学校教育的兴起

（1）官学。明朝军队平定云南时，朱元璋即下发文榜告示，在云南提倡"官学"，要求"府、州、县学校，宜加兴举，本处有司选保民间儒士堪为师范者，举充学官，教养子弟，使知礼仪，以美风俗"[①]。接着便在云南主要城市建立了学校，府有教授、州有学正、县有教

---

① 张纮：《云南机务钞黄》。

谕，加上数量不等的训导，专司各地的学校教育。洪武末年，元代所建的11所儒学大部分得到恢复，其他府、州、县的儒学也在逐步推广。到景泰年间，已有云南、澄江、曲靖、临安、金齿军民指挥使司、楚雄、姚安、大理、蒙化、鹤庆等府学9个；建水、宁州、镇南、南安、北胜、赵州、剑川、楚雄、太和、云南、浪穹等州县儒学11个。进入这些学校学习的大多是汉族移民的子弟，但也有当地部分少数民族的子弟入校学习，这促进了云南学校教育的发展。《滇略》记载说："衣冠礼法，言语习尚，大率类建业（今南京），薰陶渐染，彬彬文献，与中州埒矣！""人文日渐兴，其他夷、夏杂处，然亦蒸蒸化洽，淳朴易治，庶几所谓一变至道者矣。"这样，明朝通过举办学校教育，促进了云南文化教育的发展和民族文化的融合。

在不设流官的土府、土州，因卫所移民较多，设有卫学；甚至尚未改流的某些地方，也率先设置有官学。因此，府、州、县学和卫学作为官方教授儒学的机构，在云南发展很快，远远超过了元代的数量和规模。① 随后，凡土府、土州一经改流立即设立官学。在未改流的土府，有的也已先期设立儒学，如寻甸府改流在嘉靖年间，儒学则在正德时率先设置。甚至边远的土司地区，明代也设儒学。到天启年间，云南20个府，除了广南、永宁、丽江无府学外，其他17府均设府学，直隶云南布政使司的北胜州也设学。各府之下，有州、县学45所。此外还有陆凉卫、平彝卫、景东卫等分置卫学。天启《滇志·学校志》序说："本朝列圣，喜意文教，庙学之盛，六十有余，士出其门者斌斌焉。"正规官学在云南广泛建立，吸纳了大量的云南子弟就学读书，明代后期"试稽游泮至一万二千余人"②。但府、州、县、卫官学每年新招生员额数均有严格限制，府学40员，州、县学依次递减10员；卫学根据情况而定，40至80员不等。

明代中叶，云南子弟求学蔚然成风，在正规官学学额不能满足需要的情况下，书院、社学等在官府的支持下，开始在云南推广开来，成为正规官学的补充。明王朝在云南设立的书院，没有严格的地域和生员额数限制，学无定制，员无定额。明朝中期，云南书院由各地方官府主创并拨给学田，在官府的大力支持下书院逐渐兴起。弘治十一年（公元1498年），浪穹知县蔡肖杰在县北建立龙华书院，这是明代云南最早建立的书院。嘉靖年间巡抚王启又建立了云南府五华书院。此后，大理、云南、澄江、楚雄、临安、曲靖等各府州县陆续建起了大批书院，据天启《滇志》卷八《学校志》记载，天启年间云南全省书院已经发展到56所。社学兴起于明代，据《续文献通考》记载"洪武八年正月，诏天下立社学。"云南社学的兴设稍晚于内地，成化以后开始兴建，逐渐推广，主要分布于社会经济文化比较发达的云南府、大理府、临安府、姚安府、鹤庆府等地。当时，云南府昆明县设社学31所，姚安府有社学28所，鹤庆府建社学36所，等等。据天启《滇志·学校志》不完全统计，明代云南全省设社学165所，且大理府"社学，城内外皆有"，还不在其内。

（2）私学。在举办官学的同时，云南的私学也得到了发展。云南的私学文化教育主要分为蒙学教育和科举应试教育。蒙学教育主要是儿童读书识字，以及伦理道德等的启蒙教育。教材主要有"蒙养书"、"字书"，也教读《孝经》、《论语》等儒家经典，或者是教师根据多年来教学经验总结而编写成的蒙学教育读本，这类教材如石屏人涂时相编的《蒙养图说》和临安府人徐澜编著的《塾训会略》等，对促进儿童的启蒙教育发挥了积极的作用。在应对科

---
① （天启）《滇志》卷八《学校志·云南府庙学》。
② 樊枢良：《请加额解疏》，（天启）《滇志》卷二十三《艺文志》。

举考试的教育方面，主要是针对各级科举考试的要求和内容，分门别类进行系统讲解和分析。如云南府人张英辞官回到故里后，曾专门收徒教授《易》经。临安府人张文礼则"居乡训徒，名士皆出其门"，等等。针对科举考试的教育发展起来后，在当时的云南私学教育中占有了很重要的地位。

2. 文化名人

(1) 郑和与七下西洋。

郑和，小名三宝，本姓马，云南昆阳州（今昆明市晋宁县）宝山乡和代村人，生于明代洪武四年（1371年）。郑和的先世是西域布哈拉人，即元朝的色目人。元王朝军队于1253年攻占了大理国，并于1276年设置云南行省，派郑和的先世——回族人赛典赤·赡思丁·乌马尔统治云南。赛典赤·赡思丁·乌马尔为阿拉伯语音译，"赛典赤"是贵族的称呼，"赡思丁"意为宗教的太阳，"乌马尔"是其本名，意为长寿。由于赛典赤·赡思丁·乌马尔治理云南政绩显著，深得民心，他死后被元世祖忽必烈封为"咸阳王"。其子孙因长期与汉族共处，改从汉俗，郑和的祖父从母姓，改姓马。由于信仰伊斯兰教的原因，幼年时的郑和已开始学习伊斯兰教的教义和教规。郑和父亲与祖父均曾朝拜过伊斯兰教的圣地麦加，熟悉远方异域、海外各国的情况。从父亲与祖父的言谈中，年少的郑和已对外界充满了强烈的好奇心，而父亲为人刚直不阿、乐善好施、不图回报的秉性也在郑和的头脑中留下了抹不去的记忆。1381年，明太祖朱元璋派大将傅友德率军进攻云南，郑和的父亲在战乱中死去，11岁的郑和被明军俘获遭阉割后随傅友德征战多年，随后被送到当时的北平燕王朱棣府上做了宦官，成了燕王的近侍。

郑和在燕王府期间，因为学习刻苦、聪明伶俐、才智过人、勤劳谨慎，取得了燕王的信任，被朱棣选在身边作为贴身侍卫，郑和本身所具有的优秀品质和领袖才能开始逐渐显露。在长达四年之久的"靖难之役"中，郑和跟随朱棣出生入死，南征北战，累建战功，成为朱棣夺取政权即位称帝的主要功臣之一。明成祖朱棣登上皇位之后，对跟随自己多年的武将文臣大都予以提升重用，其中也包括身为宦官的郑和。朱棣赐"郑"姓与郑和，又将其升迁为内官监太监（正四品），由于郑和又名"三保"，所以人们也叫他"三保太监"。

明永乐年间，经济繁荣富庶，在对外关系上，明成祖朱棣锐意进取，实行开放政策。自登基后第三个月起，朱棣就派遣使者四处活动。郑和从永乐元年（1403年）起，就进行过几次小规模的航海活动，访问了暹罗、日本等比较近的国家，因此掌握了一定的航海与造船知识。在出访日本的过程中，郑和还促成明朝与日本建立外交关系，敦促日本肃剿中国沿海倭寇，显示了其杰出的外交才能。

永乐二年（1404年），明成祖决定派遣大船队下西洋，郑和作为朱棣的心腹，学识渊博，熟知兵法，通晓阿拉伯语言文字，熟悉西洋各国各地区的情况，并了解航海，具有外交才能，因此成为下西洋统帅的不二人选。从永乐三年六月十五日（1405年7月11日）到宣德八年（1433年）的28年间，郑和先后七次下西洋，最多时率船200多只，人员达27 000多人，主要航线多达40多条，总计航程16万海里，是世界古代航海史上人数最多、行动范围最广的远洋航行活动。郑和1405年首下西洋，比哥伦布发现美洲新大陆早87年，比达·伽马经过好望角早92年，比麦哲伦环球航行早114年，他无疑在人类文明史及世界航海史上写下了辉煌的一页，成为中国历史上伟大的航海家，世界文明交流的先行者，打通并拓展了中国与亚非 30 多个国家和地区的海上交通,为世界航海事业的发展和各国人民的交流作出了不可磨灭的贡献。为了纪念郑和七下西洋的伟大壮举,经中华人民共和国国务院批准,自 2005 年起,每年的 7 月 11 日被定为中国海军日。

(2) 明代状元:杨升庵。

杨慎(1488—1559),字用修,号升庵,四川新都县人,明正德年间状元,历任翰林院修撰,翰林学士。1521 年,因卷入"大礼仪"之争,被廷杖两次后贬至云南永昌卫(今保山)。嘉靖三十八年(1559 年)病逝于永昌戍所,终年 72 岁,凡谪居云南 36 年。在滇期间,杨升庵博览群书,精研文、史诸学,著作达 400 余种(可惜大多流失,传世仅 100 余种),所览之书,上至经史、诸子百家,下至稗官小说,他因而成为明代一位学识渊博、著作丰富的学者。他在云南与文人学士交往甚广,使云南的学术活跃一时。他擅长书法,尤以颜体字见长,草书也不错,诗文更是大家风范。在云南生活期间,他的足迹遍及云南的山山水水,在各地遗留了大量的诗词、楹联、碑刻,成为云南民间津津乐道的知名文人。他把中原文化带入云南,对地方文化教育的发展起到了重要的推动作用。他常言:"临利不敢先人,见义不敢后身。"为人品格,极受后人敬仰。凡是他活动较多的地区,人民都为他立碑建祠,如安宁遥岑楼、大理写韵楼、高峣升庵祠等。在他出生的四川新都,人们也在桂湖公园立升庵祠纪念。

(3) 史上白族第一文人:李元阳。

李元阳(1497—1580)字仁甫,号中溪,别号逸民,明代大理府太和县人,白族。李元阳自幼沉默寡言,但聪明过人,勤读诗书,尤好文史。明嘉靖壬午年(1522 年),取云贵乡试第二名;嘉靖丙戌年(1526 年),中进士,初授翰林院庶吉士,由于参加议论为嘉靖皇帝生父加封号的所谓"大礼仪"而被贬江西分宜县。后改授江苏江阴知县。任职期间,兴利除害,体恤民苦,并以廉洁著称,嘉靖辛丑年(1541 年),借奔父丧,弃官回乡,从此隐居大理 40 年未再出仕。他寄情于苍山洱水之间,省却了尔虞我诈的倾轧,再无宦海的羁绊,既与杨士云、杨慎、张含、李挚等文化名流诗文唱和,又勤于著述,其诗文集有《艳雪台诗》、《中溪漫稿》,理学著作有《心性图说》,并在晚年编纂了嘉靖《大理府志》和万历《云南通志》。由于他在哲学、史学、文学、书法、教育诸方面的突出成就,被誉为"史上白族第一文人",在云南文化史上占有重要地位。万历八年(1550 年)病逝于家中。

(4) 明清时期云南书画艺术史上的第一人:担当。

担当(1593—1673),明末清初大书画家,云南晋宁县人。出家前俗姓唐,名泰,字大来。出家后,名普荷,又名通荷,号担当,意为能荷佛家之担。14 岁开始写作诗集《修园集》,35 岁上京应试,落第后漫游江苏、湖北,拜大书画家董其昌为师。南明永历元年(1647 年),担当 55 岁时出家为僧,潜心书画。担当的画作,多为山水画,兼及人物,画风冷峻荒寒,表现画家对于他所处社会的独特感受。担当的书法,早年学董其昌,字体工整而苍丽;晚年用笔老练,字体豪迈奔放,气势磅礴。尤其是狂草,运笔放纵老辣,飞跃跳荡,不受束缚。担当对自己的书法甚为自负,他曾有诗云:"太史堂高不可升,哪知万里有传灯,后来多少江南秀,指点滇南说老僧。"

(5) 徐霞客与云南。

徐霞客(1587—1641),名弘祖,字振之,号霞客,明代南直隶江阴(今江苏江阴)人,大旅行家,足迹遍及如今的北京、天津、上海、山东、河北、山西、陕西、福建、广东、江西、湖南、广西、贵州、云南等 19 个省市自治区。徐霞客于崇祯十一年(1638 年)五月初十日从胜境关进入云南，崇祯十三年（1640年）一月因病由鸡足山启程东归，在云南逗留了一年零九个月。徐霞客的足迹遍及云南的曲靖、昆明、玉溪、红河、楚雄、大理、丽江、保山、德宏、临沧等10个州市的46个县级行政区域。流传至今的《徐霞客游记》约有62.8万字，而描写云南的就长达25万字，占全书总文字的40%。徐霞客其人和他所著的游记，早在明末就被人们称颂和传阅、抄录，被誉为"千古奇人，千古奇书"。书中记录了各地的农业、手工业、商业、民族、政治、统治阶级的腐朽生活、人民生活、农民起义、宗教、文物等，记录了不少他亲见的历史文物：晋宁石将军像、昆明土主庙、大理崇圣寺三塔及雨铜观音像、宾川鸡足山铜殿、剑川金华山天王像、丽江玉河桥、澜沧江铁索桥、保山卧佛寺等。

第四节 明朝中后期云南的社会矛盾

明朝中叶以后，其在全国的统治开始走向腐朽，当时在云南的统治也不例外。各级官吏和各民族的统治者在经济上残酷剥削，横征暴敛；在政治上昏庸无道，吏治腐败，激化了云南的社会矛盾，明朝在云南的统治越来越腐朽。

一、明朝在云南统治的腐朽

自明朝中期以后，云南和全国一样，土地兼并活动就十分普遍，矛盾突出。沐氏家族作为云南省的最高统治者，通过政治上的特权掠夺了数量惊人的土地，早在1439年（正统四年）前后，沐氏家族就已经占有"圃墅田业三百六十处"，沐晟对人夸耀说，足够全年"日食其一"。到1610年（万历三十八年）前后，据《明史·周嘉谟传》记载"黔国公沐昌祚侵民田八千余顷，嘉谟劾之"。在周嘉谟向明神宗上的《查庄田册疏》中说得更明白，沐氏庄田在云南的各府、州、县境内已经达到了"八千三十顷三十七亩"之多，甚至红河南岸土司区"十五猛纵横四百余里"的地方，也被沐家圈为"勋庄"，当地少数民族土司直接向沐氏家族纳贡。在云南的其他大小官吏，也和沐氏家族一样，在霸占靠内地区的土地为"官庄"的同时，也深入到靠边疆地区强取豪夺，霸占人民的土地。何孟春在《复永昌府治疏》中说："景泰末（1456年），毛胜知金齿指挥使司（驻今保山），供应甚多，遂营干镇守官，有内臣见毛胜得利，遂接踵前来。由是广占夷田以为官庄，大取夷财以供费用。"而一般的地主、商人和官僚则相互勾结，以吞并汉族军、民屯户土地的情况就更普遍了。据万历《云南通志·兵食志》记载，"制田之初，军民相参，畛畦相入，欲其旱涝相关，盈志互察。自后，豪者诬私为公，贪者卖公为私。盖因巨奸宿猾，诱饵于前，纨绔之子，踵袭于后。"由此可见，大小官吏通过各种各样的强取豪夺，把军民、屯田户的土地变成了自己的"私田"。因此，明朝中后期以后，云南的土地兼并状况是十分严重，官僚、地主和商人强取豪夺，侵占了大量的土地，又利用土地对各族人民进行繁重的地租剥削，程度远远超过了土司对农奴的剥削。以沐氏家族为首的官僚庄园主们，对庄园农奴的剥削也不轻。在沐氏庄园中，沐氏"分派小管庄、火头、佃长"，对庄园农奴进行各种各样的剥削,"正派之外有杂派,杂派之外有亡(无)名,虐焰所加,不至膏见髓干不止"。又王宏祚《滇南十议疏》中也说:"黔国公沐英,世镇滇省,子孙相沿,将三百余年,各府置有庄田,岁抽租税,名曰籽粒,皆系沐府差官自行催收,不载有司册籍。"

另外,国家的田赋数额也不断增加。洪武二十六年(1393年)前后,云南布政使司征收的汉族民户和少数民族"夷户"的田赋总数是:夏税"麦一万八千七百三十石";秋粮"米五万八千三百四十九石"。而到万历三年(1575年)前后,夏税"麦三万六千一十九石六斗一升七合";秋粮"米一十万六千九百九十九石一斗八升九合二抄四圭"。这其中土地数量增加是有限的,主要还是在官僚、地主和商人大量兼并土地以后,国家增加了田赋的剥削,加上各种徭役,这就大大增加了农民的负担。大批农民在失去了赖以生存的土地后,难以维持生计,很多地方都发生了杀死地主的事件。

除了田赋之外,各种苛派掠夺也相当严重。云南各少数民族地区,历来被封建王朝的统治者视为出产金、银和奇珍异宝之地。明朝占领云南后,也在云南大肆搜刮,尤其是在明朝中期以后,皇帝派遣太监到云南坐镇,专门索取珍宝异物和征收矿课。而镇守云南的沐英家族先后掠夺和积藏了珍宝二百五十多库,每库五十箱,每箱重百斤以上,其中有赤金、落红、马蹄、丹砂等。作为有色金属王国的云南,蕴藏着丰富的银、锡、铜等矿产,历代统治者对之十分重视。自天顺年间以后,从皇帝到云南地方官员,都积极发动开银矿和征收银课。为了获得更多的矿课,明朝廷便派遣太监,以"内廷供奉之费"为名大肆搜刮矿课。大税之外有小税,正税之外有私税,以至地之所产,犹不能完纳税额。但腐败的明朝廷却仍然千方百计强取豪夺,以满足自己的奢侈享乐。先后派来云南的镇守太监,操纵吏治,为所欲为,横行霸道,当时以苛暴闻名的镇守太监主要有钱能、梁裕、杨荣等。钱能在云南到处索取宝石、象、马、珍禽、金灯等异物,"万里传送,势甚骚扰,虐焰薰燎"①。"时钱能镇守云南,恃宠肆虐,滇人如在水火。"②镇守云南的太监无恶不作,而终被杀死的是杨荣。万历三十三年(1605年)秋九月,诏罢采矿,以税务归有司。而云南矿税犹如故。杨荣长期以来习惯了在云南作威作福,杖毙数千人,还肆意扑打军官,导致人人自危,军民无不切齿痛恨。最后在指挥贺世勋、韩光的倡导下,杨荣及其党羽被杀。由于太监在云南的肆意妄为,残暴统治,导致了云南的吏治紊乱,政治腐败,阶级矛盾和民族矛盾的激化,造成了明朝后期云南的纷乱局面。

二、寻甸、武定的两次动乱

寻甸和武定的动乱有两次,都源于流官的暴政。成化十四年(1478年)寻甸土府改设流官之后,在流官的阶级剥削和民族压迫之下,导致了当地彝族人民的反抗。嘉靖六年(1527年)冬十一月,寻甸知府马性鲁在征粮的过程中,以"马头"(管理一个小区域的头目)安铨催征不力,乃将安铨之妻凤氏系于狱中,脱去衣服鞭打,引起了当地彝族人民的愤慨。于是,安铨便以反抗民族压迫相号召,发动当地彝族人民进行反抗。安铨自称寻甸知府,率领彝族群众进攻邻近的嵩明、马龙、木密千户所(今寻甸东南部之易龙)等处,最后攻陷寻甸府城,

---

① 诸葛元声:《滇史》卷十一。
② 倪蜕:《滇云历年传》卷七。

杀指挥、千户、百户王升、赵棒、马聪等，抓获知府马性鲁。

寻甸府的动乱发生之后，巡抚欧阳重征调其他不曾叛变的土司兵前往镇压，采取"以夷攻夷"之策。当时武定土府的土舍凤朝文即被命令以土兵千余守厂口。因寻甸发动反抗者安铨之妻为武定凤氏之女，历来是"姻亲相联，世戚亲厚"。于是凤朝文乘机响应安铨，于嘉靖七年（1528年）正月攻陷武定府城，杀流官同知袁棒、知州秦健等13人，与安铨合兵2万直犯省会昆明。明朝统治者便急调四川、贵州、湖广的军队，及云南元江、蒙化（今巍山县）、镇源（今镇沅）的傣族和彝族土司兵，才把寻甸和武定的反抗镇压下去。

寻甸和武定的反抗被镇压下去以后，统治者并没有采取措施缓和社会矛盾，阶级矛盾和民族矛盾仍然十分突出，这就为第二次武定、寻甸的动乱种下了祸根。第二次武定和寻甸的动乱也源于流官的压迫和剥削。隆庆元年（1567年）武定土府改设了流官之后。部分汉族地主、商人在流官的支持和纵容之下，深入当地的彝族村寨掠夺土地，欺骗和压迫彝族农民。彝族农民又时常受官吏和差役的敲诈勒索，于是怀念原来的土司，每逢初一、十五都去叩拜原土知府凤氏的后裔，使当地的统治者大为不安。流官知府刘宗寅便借故杀了土府经历凤历。万历三十五年（1607年），知府陈典以"廉访"为名，出巡彝族村寨，见彝族地主郑举家中富有，便要"收禁"郑举。郑举只好把金子置于鱼腹中馈于陈典，以此获免。接着陈典又来了第二次、第三次"收禁"，激起了郑举等人的不满，他们趁陈典把勒索到的金银送到昆明上司处庆贺之际，于当年十一月，拥立阿克，称其为原武定土知府凤氏之后，纠集彝族民众进行反抗。很快他们便攻破了武定府城，杀指挥金守仁及千户王应爵、魏守恭、张斗、梅应时等大小官僚及其家属450多人，进而又攻陷元谋、罗次、禄丰，直逼省城昆明。

寻甸彝族头目大理保、杨礼、彝族妇女海冲等，看到阿克、郑举等举事，也起而响应，率寻甸彝族民众攻破嵩明州城，杀吏目韦宗孝等全家，进逼杨林。而阿克、郑举等围困昆明索取武定府印，云南巡抚陈用宾不给，于是，阿克等被激怒，分道四掠。巡抚陈用宾被围困没有办法，遂将武定府印从城上缒下给阿克和郑举，二人便解了昆明之围，捧着武定府的大印回武定去了。返回武定之后，郑举等拥立阿克为知府。昆明之围被解以后，云南镇抚便调集土兵，分五路向武定、元谋、罗次、禄丰、嵩明等地进攻。万历三十六年（1608年）六月，诸路兵同时出动，武定被攻陷，阿克、郑举兵败逃到东川（今会泽），被东川彝族土司禄哲捆绑后献给了明朝军队，明朝最终平定了武定、寻甸两处土司的反抗活动。

三、木邦、孟养、陇川等边疆土司之间的纷争

自明朝初年以来，地处云南西南边陲的麓川（今瑞丽县）傣族中的贵族分子，看到明朝统治势力在该地区比较弱小，都企图发展自己的势力而称霸一方。在洪武三十年（1397年）思伦发的势力垮台之后，明朝在傣族地区设立了许多土司，令其各守领地，受云南三司的调度指挥，思伦发的后裔仍然担任麓川平缅宣慰使司宣慰使，但思氏后裔并不满足现状，继续侵夺周边地区。宣德初年，思任法侵夺孟养、南甸土司的土地，继而又攻破缅甸宣慰司（在今缅甸中部）以及孟定、南甸、千崖（今盈江）、腾冲、保山、孟连、湾甸、景东等地。明朝廷乃于正统六年（1441年）、八年（1443年）、十三年（1448年），派遣兵部尚书王骥统兵"三征麓川"，基本上遏制住了麓川思任法、思机发的扩展。在第三次征麓川时，明朝的军队基本

上消灭了思氏势力。明朝军队班师回朝以后，当地傣族又拥立思任法的幼子思洪发为主，王骥与思洪发誓约，麓川之势才稍为稳定下来。

随着明朝中期以后统治的日趋腐朽，云南镇守太监的大肆掠夺和骚扰，云南的民族纷争又加剧起来。成化初年，太监钱能想获得孟密宝石而纵容孟密贵族。孟密贵族因得以"估势纵横，掠地自广"，开始与木邦土司之间展开夺地纷争，并侵掠陇川，成化十六年（1480年），太监王举向孟密索取宝石。孟密不给。王举向明朝廷"疏请征之"。孟密贵族因害怕，便以宝石行贿大学士万安。在万安的操纵下，孟密从木邦分出另设安抚司，直隶云南布政使司，获得了合法的土司职位。以此同时，孟养贵族思禄亦以金宝贿赂镇守太监钱能，在钱能的默许之下，"稍稍纵横"，思禄与孟密、木邦、孟养的土司之间也纷争不断。

弘治十六年（1503年），云南巡抚陈金调陇川、干崖（今盈江）、南甸（今梁河）宣抚司土兵及战象随官军分道进兵讨伐思陆发，令其归还所占领的蛮莫等地。思陆发不得已，退还以前占据的蛮莫等地13处，渡金沙江（独龙江）西归。明朝廷仍然继续执行"三征麓川"以来把麓川思氏摒弃于金沙江以外的政策，使得思陆发只能继续在边境一带捣乱。嘉庆年间，缅甸洞吾（也作东吁）王朝莽瑞体逐步吞并邻近的古刺、孟密，招诱木邦、潞江、陇川、蛮莫等处，开始入侵云南西南边境地区，进一步加剧了这一地区的民族纷争和动荡，使得这一地区的局势变得更为复杂。不久，明王朝的统治也就崩溃了。

四、水西和乌撒等土司的叛乱

永宁、镇雄、乌撒、乌蒙（今昭通）、沾益（今宣威）、水西的彝族各土司，地处川、滇、黔三省结合部，分辖于川、滇、黔三省，"无事则互起争端，有事则相救相援"。当明朝统治稳定之时，尚能控制这些土司。到了明朝后期，随着统治的日趋腐朽衰落，这些土司为了扩大地盘，经常发生争夺战。万历末年，永宁土官奢崇明的儿子奢寅，与水西土司安氏之间为了争夺土地，纷争不已，当时官府也拿他没办法。到了天启元年（1421年），奢崇明以前往"援辽"为幌子，自动请求出马步兵两万，明朝廷不知是计便答应了。奢崇明于九月领兵北上，进据重庆，分兵攻合江、纳溪，破泸州，陷遵义，围成都，自称大梁王；水西土官安位的叔父安邦彦，则企图夺取安位的土司职位，乃起而响应奢崇明，率兵攻毕节，破安顺、平坝；乌撒土官安效良亦起而附和；贵州宋万化则"率苗、仲九股，陷龙里，围贵阳，自称罗殿王"；"沾益土妇设科、头目补鲊、奈科、李贤、期曲等焚劫沾、倘、炎、松、交、白六站堡，陷平夷（今富源），杀管操指挥曹三捷及军民数百众，掌印指挥唐九官、千百户等被创奔逃"；"武定夷目张世臣纠小东川夷千余攻陷他颇、补知二营，杀管营武举官陈竭忠"。明朝廷自顾不暇，疲于应付，而这时奢崇明被蜀兵打败，迫于无奈投奔水西的安邦彦，奢崇明仍然号称"大梁王"，安邦彦则称"四裔大长老"，其余头目称"元帅"。沾益、平夷、武定等地则为设科，与滇、黔官兵展开拉锯战，这一地区出现了连绵不断的战争。这时卫所的军队已腐败不堪，没有了战斗力，实在无法，云南抚按只好另调一些不曾叛乱的土司兵去镇压。安南长官司（驻今蒙自县东部之老寨）土官沙源（壮族）、阿迷（今开远）土官普名声（彝族）、元谋县土官吾必奎（傣族）等，便被调先后出动其土兵，于崇祯元年（1628年）最后把水西、乌撒、沾益等地彝族土司的叛乱镇压下去。

第五节 南明在云南的抗清斗争

一、大西军占领云南

1644年正月初一，李自成在西安正式建国，国号大顺，改元永昌。同年三月，李自成领导的大顺农民军进入北京，推翻了朱明王朝的统治。但随即清军入关，李自成兵败南退。八月，张献忠领导的大西军攻占了成都，建立了大顺政权。清顺治三年（1646年）11月，张献忠在四川北部和清军作战中牺牲。大西军余部孙可望、李定国、刘文秀、艾能奇四位将领率军转战西南，攻破重庆，占领贵阳。这时云南境内正发生了滇南土司沙定洲和明朝世袭镇守云南的黔国公沐天波争夺权利的混战，其他一些土司土官也在相互火并仇杀，夺地争权，全省处于一片混乱的局面。大西军抓住这个机会，乘机向云南进军，于1647年3月进入云南，沿途对老百姓"秋毫无犯"，受到各族人民热烈欢迎，4月"至省会，城门不闭，各民人户外俱设香案迎接"。大西军进驻昆明后，分路平定安抚，打败了沙定洲，到了这年秋天便基本上平定了云南全省。

大西军在云南建立政权坚持抗清，采取措施治理云南。在政治方面，成立了以孙可望为首，李定国、刘文秀、艾能奇为辅的领导核心，设立礼、兵、工、户等六部政府机构，实行科举考试，选拔官员，严厉惩处贪官污吏。在经济方面，招抚外逃农民回家生产，租借给耕牛和种子，废除繁重的赋税，"踏看土地，与百姓平分"，兴建水利，疏浚海口，鼓励民间开矿，发展贸易，改革货币。大西政权促进了云南生产发展，安定了社会秩序，出现了"物阜民安"的局面，受到当地人民的拥护，各族青年踊跃参军，大西军迅速从5万人发展到20多万人，还组建了具有云南特色的象队，提高了军队的战斗力。

二、南明政权在云南的最后抵抗

1644年清军入关之后，农民起义军进行了英勇的抗清斗争。同时，明朝在南方的一些有气节的官吏，拥护朱明遗裔在南方建立了南明政权，起而进行抗清斗争。1645年他们拥立朱由崧于南京。次年，南京沦陷，朱由崧被清军俘虏，他们又拥立鲁王朱以海于绍兴；复立唐王朱聿键于福州；再于1647年拥立桂王朱由榔于广东肇庆，是为南明永历帝。由于清军不断进逼，南明只得与农民起义军联合西南地区各族人民进行抗清斗争。张献忠的部下孙可望和李定国进入云南平定沙定州的叛乱，团结明王朝在云南的官吏和土司，招回沐天波，利用其影响招揽各土司，联合各民族，组成抗清队伍。

1652年至1654年，大西军组织三路大军进攻南下的清军。北路军由刘文秀指挥，出兵四川。东路军由李定国为指挥，进军湖南和广西等地。中路军由孙可望指挥。刘文秀指挥北路军在四川打了许多胜仗，大败吴三桂指挥的清军，收复了不少地方。1652年李定国率领10万大西军，50匹战象，转战于湖南、广西等地，与清军作战屡战屡胜，清军闻风丧胆，清廷也为之震动。1655年，李定国等大西军将领和南明地方官吏，将永历帝从贵州护送到昆明，把昆明作为永历政权的国都，称为"滇都"，以扩大影响，壮大抗清力量。在抗清力量的打击下，清统治者准备不再攻打南方，这种形势对抗清力量很有利。

但孙可望和李定国间发生了矛盾，孙可望嫉妒李定国的胜利和威望，欲谋害李定国，李定国只好带兵退至广西，江西等地得而复失。后李定国打败了孙可望，孙可望到长沙投降了清军。顺治十五年（1658年），清军统帅洪承畴、吴三桂利用大西军的内部矛盾，兵分三路，从四川、湖南、广西三路再次进攻云南，大西军战败。十二月，李定国拥着永历帝向滇西撤退，一直到腾冲的磨盘山（今高黎贡山），在云南边境团结各族人民共同抗清，坚持斗争。1659年清军攻占昆明，吴三桂率领清军往西追击，永历帝只得逃往缅甸。李定国准备伏击追击之清军，但其部下卢桂生投降了清军，李定国伏击失败，永历帝和沐天波一直南逃到缅甸。李定国不知永历帝的下落，只好退到梁河、木邦一带，继续组织抗清。永历帝退到缅甸被拘留，李定国几次入缅迎救永历帝，但都没有成功。1661年，缅甸发生政变，缅王弟猛白杀王自立，诱骗沐天波等40余人过河盟誓，同饮咒水，结果把这些人全部杀死，史称"咒水之难"。康熙元年（1662年）一月，缅甸国王猛白慑于清朝的威势，又将永历帝及其家属送交清军带回昆明。在抓捕永历帝后，和吴三桂在一起的内大臣、清军将领定西将军爱星阿提出将永历献俘北京，让朝廷处置，而吴三桂为了确立自己的不世之功，力主朝廷将永历帝就地处决。4个月后，清朝廷批复到达云南："仁皇帝命恩免献俘"，"着将永历正法"。吴三桂随即将永历帝及其儿子绞死在昆明五华山侧篦子坡（逼死坡）的金蝉寺（今华山西路），结束了南明最后一个王朝。李定国此时待命于中缅边境，闻讯悲愤不已，后病死在猛腊。

李定国死后，大西军余部多投降了清军，还有数千人流落在滇缅边境，他们和当地各族人民一起，继续开发着祖国的边疆。

第六节 明朝时期云南居民的社会生活

一、明朝时期云南居民的宗教信仰

在传统中国社会，宗教信仰是民众社会生活中的重要组成部分。明朝时期云南居民的宗教信仰，基本延续宋元以来的传承，在云南农业地区各民族居民中流行较广的宗教，主要是佛教、道教、伊斯兰教和基督教；在居住在山区和半山区的世居民族中，传统的原始宗教仍有较大影响。

在众多宗教中，佛教依然具有特殊的影响。明初太祖颁布圣旨，发中原僧人讨度牒者到云南曲靖等地，每三十里造一座寺庵，自耕自食，教化当地民族。太祖还应云南兴祖寺僧人性海等所请，颁发"护持山门榜文"，张挂于云南乃至全国各地寺院以作庇护。[1] 昆明人云山和尚，宣德时被召至京师演说佛法，钦授僧官。武定人智光和尚入京受到重用，洪武、永乐时3次奉使乌斯藏，"历事六朝，宠锡冠群僧"。从沐英开始，云南总兵官和各地官府均支持云南佛教，昆明众多寺庙都接受过沐氏的捐资修建。官府在一些地方设有宗教管理机构，如云南、大理、临安、永昌等13府有僧纲司，云南、大理2府另设阿吒力僧纲司；安宁、晋宁、

---

[1] 民国《新纂云南通志》卷一百零四《宗教考四》；卷一百零五《宗教考五》。

昆阳、嵩明、赵州、邓川、腾越、剑川、北胜9州有僧正司，宜良、云南、定远、大姚、浪穹5县有僧会司。①明万历时，曲靖僧人本智为慈圣太后讲经布道，宰官汪可授、陶望龄、袁宗道等对其执弟子礼。

明朝云南的道教一反元朝萎靡不振的状况，开始走向兴盛。云南道教有两个特点：第一是道人活动范围较广，道教影响社会生活的诸多方面。明代云南道教主要有武当道派、全真道天仙派、龙门派和长春派。在云南腹地20府和1个直隶州中，除丽江、顺宁、永宁、镇沅4府外，其他地区均建有道教宫观，在云南、大理、永昌和楚雄，设有管理道教事务的道纪司。一些地方的民间习俗深受道教的影响。如昆明地区，人们习惯于春天出游踏青，二月二日谒龙泉观；三月三日朝南岳庙，并谒真武于西山罗汉寺或东郊鸣凤山金殿。在彝、白、纳西等民族聚集的地区，还有民间道士与信徒组成洞经会，在道教节日设坛做会。第二是著名道士活跃，各地多建道观。洪武、永乐时，武当道派创始人张三丰一度至滇，吸收被贬谪到云南的江南著名大富沈万三翁婿及其外孙女西平侯沐春夫人余飞霞等为弟子。②永乐时，全真派长春真人刘渊然谪居昆明龙泉观，滇人慕名，"咸往求济"。刘后来受召回京"领天下道教事"，于宣德时奏请立云南、大理、金齿3道纪司，使云南道教声望大振。③据记载，明代云南所建道教宫观，多达103所，远远超过元朝。

明朝时基督教在云南也有流传，但文献记载不多。明崇祯十七年（1644年），张献忠领导的农民起义军攻克成都，一些天主教徒曾迁至滇东北盐津龙溪一带定居，并建立教会学校。明末永历皇室中有不少人加入天主教，后永历政权辗转入滇，其天主教徒随之进入云南。

二、明朝时期云南居民的社会习俗

明朝时期云南的汉族移民与白族等世居民族相融合，在云南腹地形成了汉族地方性群体。云南汉族的社会生活与内地汉族类似，同时带有一些地方性的特点。例如：明代云南汉族居住瓦房，"各省止用板瓦，此中（云南）用筒瓦，以南中多风也"。雨天云南汉族习惯戴以笋壳制作的斗笠，喜食"蒜脍"，交易多用海贝，可见汉民风俗受当地少数民族影响的痕迹。

明朝时期云南居民在服饰饮食方面受前朝影响较大，变化很小。明初《百夷传》记傣族宴饮时，"沽茶及蒌叶槟榔啖之，次具饭，次进酒馔"。食物喜欢冷食。明中后期傣族的饮食逐渐精细化，万历时的《西南夷风土记》说："（傣族）饮食，蒸、煮、炙、爆，多与中国同，亦清洁可食。"明代中期，傣族聚居的湾甸州还以产细茶闻名。傣族之俗贵男贱女，青年男女交往自由，一些地方流行一夫多妻。丧葬常与巫术结合，葬前女巫祝尸于前，亲邻饮酒作乐，入墓后不再像汉族那样祭扫。晚明以后风俗逐渐改变。顾炎武《天下郡国利病书·云南》说：傣族"旧俗不重处女，如江汉游女之习，及笄始禁足，今则此俗渐革矣"。彝族、白族、纳西族在丧葬习俗方面沿袭南诏以来的习惯，人死后通行火葬，但因官府明令禁止焚尸，改用棺葬者渐多。④

---

① 《明史》卷二百九十九《方伎传》；(天启)《滇志》卷十七《方外志》及卷五《建设志》。
② 民国《新纂云南通志》卷二百五十九《释道传》。
③ 《龙泉观长春真人祠记》，见陈垣编纂：《道家金石略》，文物出版社1988年版，第1261页。
④ 方铁主编：《西南通史》，中州古籍出版社2003年版，第761-765页。

三、《徐霞客游记》中所见晚明云南社会风俗

徐霞客于晚明时期到云南游历考察,《徐霞客游记》(以下简称《游记》)包罗万象,已成为我们民族的文化精品。除了考察山川形势之外,他对于社会生活中的所见所闻也予以逐日记载,据实书明,其《游记》是了解明朝晚期云南社会风俗十分珍贵的一本著作。

城市商业是文明的象征,对整个社会的发展起着至关重要的作用。《徐霞客游记》展示了云南那个时代城市商业的勃兴现实生活图景,使后人能真切地了解云南当年的商业城镇:"余乃仍由西门西向一里半,入演武场,俱结绷为市,环错纷纭。其北为马场,千骑交集,数人骑而驰于中,更队以觇高下焉。时男女杂沓,交臂不辨,乃遍行场市。……为饮于市,且觅面为饭。观场中诸物,多药,多毡布及铜器木具而已,无足观者。书乃吾乡所刻村塾中物及时文数种,无旧书也。"其盛景繁荣从中可略见一斑,就连徐霞客老家村塾中所刻的书籍在远隔数千里的边地云南城镇也有销售,中原与边地一体相连。徐霞客也记下了大量少数民族的易物方式,"惟茶山野人间从此(滇滩关道)出入,负茶、蜡、红藤、飞松、黑鱼,与松山、固栋诸土人交易盐布"。《游记》中也大量记录了乡村集市,包括赶街的时间及米、油等众多物产的价格情况。

徐霞客在《游记》中敏锐地观察到明末社会外表繁荣、内实萧条的虚假场景,贫富差距的巨大是这个社会的内在隐忧。《游记》记述丽江木氏土司的奢侈生活说:

> 初一日,木公命大把事以家黑香白银一两来馈。下午设宴解脱林东堂,下藉松毛,以楚雄诸生许姓者陪宴,仍旧以杯缎(银杯二支,绿绉纱一疋)大肴八十品,罗列甚遥,不能辨其熟为异味也。初二日……所馈酒果有白葡萄、龙眼、荔枝诸贵品,酥饼、油线(细若发丝,中缠松子为片,甚松脆)、发糖(白糖为丝,细过于发、千条万缕合揉为一,以细面拌之,油而不腻)诸奇点。

与之相对的则是普通人民的贫寒生活,《游记》如实白描:"卧无衾茵","衣服止用麻布,饮食味薄,一岁所食圆根半之,圆根即蔓菁也。贫家食盐之外,不知别味","麦秋一月而饥……蔬食菜羹并日而食,习以为常而莫知改也"。很多老百姓"囚发赤身","晚负下山鬻以为餐"。这就是明末社会差距的写照。

《游记》还如实描述了徐霞客在云南少数民族地区的所见所闻,勾勒出明末社会中云南少数民族的生活图景。比如白族:"榆城有观音街子之聚,设于城西演武场中,其来甚多。自此日始,抵十九日而散,十三省物无不至,滇中诸彝物亦无不至。"彝族则"茅舍低隘,牛畜杂处其中","所居皆茅屋,但不架栏,亦椤椤之种。俗皆勤苦垦山,五鼓辄起,昏黑乃归,所垦皆硗瘠之地,仅种燕麦、荞麦而已,无稻田也"。傣族人"晚稻香风,盈川被陇,真边境之休风"……"俨然与粤西无异"。综合来看,《游记》所涉及云南少数民族达十余个,其记述简约准确,有"民族志"的特色。考虑到明朝以前云南民俗记载之稀少,徐霞客留下的文字就显得弥足珍贵。

第八章 清朝前期的云南

清朝是我国最后一个封建王朝,从建政到辛亥革命后末代清帝溥仪退位(1644—1911年),一共存在了268年。改变中国历史的1840年的鸦片战争,也把清朝分成了截然不同的前后两期,本书以下内容只涉及清朝前期的云南。清朝虽为少数民族建立的政权,但其前期仍继承了历代中央王朝的统治传统,在对云南等边疆省份的治理上,维持了"守中治边"、"守在四夷"的传统意识。在经历了康熙、雍正年间平定三藩之乱和大规模改土归流之后,清廷采取了一系列措施调整统治政策,以适应生产关系变化的需要,使经济、社会和文化都得到了长足的发展,云南在清代进入了一个新的时期。

第一节 吴三桂镇守云南与三藩之乱的平定

一、吴三桂镇守云南的由来

吴三桂(1612—1678),字长伯,明朝末年辽远总兵,镇守山海关,其人一度有"勇冠三军、孝闻九边"的美誉。崇祯自缢、明朝灭亡后,李自成最初招降吴三桂,后又拷掠吴父,并将吴氏在京家属百余口处死。吴三桂一怒之下,引清兵入关,联合清军大败李自成。此后又为清军先锋,南下追击李自成,击杀张献忠,会同清军多尼等进攻南明云贵等地区,一路引兵入缅,迫缅王交出南明永历帝。康熙元年(1662年),吴三桂杀南明永历帝于昆明,南明政权最终灭亡,清王朝的统一战争暂时告一段落。

新王朝建立了,但主宰清朝统治者的治边思想与朱元璋等前代开国者的一样,仍是"守中治边"、"守在四夷"的传统意识。中国"居天下之中",但却不愿意轻开边衅,以四海宁静为主要施政目的。自入关以后,清军经营的重点是在黄河流域与长江流域,进军西南地区则指派降清的汉军作为前驱。待大局初定,清廷就部署清军主力驻扎于中部各省,而云南、贵州、广西、广东和福建等地则被划为吴三桂等明朝降将的防区。顺治十六年(1659年),作为吴三桂恩师的洪承畴上疏清帝,请定夺如何镇守云南的事宜。顺治诏议政王、贝勒、大臣计议,计议后诸臣奏:"平西、平南、靖南三藩内,应移一王驻镇云南。汉中已属腹里,兼有四川阻隔,不必藩王驻防。应移一王分驻粤东,一王分驻蜀中。"顺治帝遂命平西王驻镇云南,平南王驻镇广东,靖南王驻镇四川。① 明永历帝被俘死后,洪承畴再次上疏建议:"用明黔国

---

① 《清世祖实录》卷一百二十四,顺治十六年三月甲寅条。

公沐英故事,请以三桂世镇云南。"获清帝批准。康熙元年(1662年),清廷晋封吴三桂为平西亲王,兼辖贵州省,永镇云贵。与镇守福建的靖南王耿精忠、镇守广东的平南王尚可喜之子尚之信相呼应,成为拥兵自重的"三藩"。

二、三藩成患

洪承畴被调返回内地的时候,吴三桂向他求教巩固自己地位的策略。洪承畴说:"不可使滇一日无事而已。"言下之意,就是要让云南随时都有军事行动发生,使清朝皇帝不得不依靠吴三桂来镇压云南各民族人民。吴三桂心领神会,便在云南加紧对各民族的压迫,制造纷乱,趁机树立个人党羽,企图造成独霸一方的势力。具体来看,吴三桂在云南的飞扬跋扈表现在三个方面,即:经济上的垄断、军事上的扩张、政治上的专横。

吴三桂率领清兵进入云南的当年,把明朝时期的沐氏勋庄全部接收掌握在自己的手里。在康熙六年(1667年)他又将明朝时期遗留下来的云南府(驻昆明)的全部卫所军田,都圈拨为自己部下的兵丁口粮田地,而且要强迫耕种这些田地的各民族人民迁移。后来耕种这部分田地的各民族农民虽然没有迁移,但也都沦为吴三桂的官佃户,任吴三桂宰割;对于过去没有耕种军田的军户、夷户和小自耕农,则根据投降的明朝贪官污吏们上报的各种档案册,照旧征收各种赋税徭役,甚至明朝末年额外横加的一些"无艺之征",也丝毫不放弃,一概照收。明朝末年以来的一切残暴剥削项目,都被吴三桂全部接受,他还巧立名目,仅盐课一项,3年内就提高到明代万历年间的4倍以上。而吴三桂在给清世宗福临的报告中却说:"滇土虽收,滇局未结,边患一日不息,军费益繁。"[①]要求让他加强对云南各民族人民的榨取,用以平取"滇患"。

康熙四年(1665年)吴三桂镇压了滇中、滇东、滇东南、滇南的反抗之后,则将开化(今文山)、蒙自、阿迷(今开远)、师宗、维摩(今砚山北部、邱北)等地各民族土官们的领地全部夺过来,"堪丈额田",订定税则,而所收税粮比一般民田要高出1倍多,用以专供吴三桂的军粮,当地彝族等农民便在实际上从过去土官们的农奴转为吴三桂的农奴。与明朝的沐英家族一样,吴三桂的庄田星罗棋布于云南各地,他派遣自己的爪牙管理各处的庄田,而这些"管庄员役,尽属豺狼,杀人夺货,全无畏忌";其部下军官,则将一般农民以"余丁"之名强迫沦为自己的奴隶。吴三桂还役使大批农民开金矿、银矿、铜矿,"专利入已",同时铸造铜钱(也叫西钱)套购国内物资,又以掠夺所得进行商业诈骗,"诱人称贷,责重息,稍有毫发负,亦以逃人诬之,有司俱不敢问"。

在军事扩张上,吴三桂自恃对清廷有功,拥有重兵,在云南保持了庞大的军队,设前、后、左、右援剿四镇,分十营,海营有士兵1200人,组成忠勇五营。他为了维持军队数量,不断制造事端。顺治十七年(1660年),兵部大臣上疏奏议裁减吴三桂军队五分之二,吴三桂以"边疆未靖,兵力难减"为借口,反对裁兵。之后,又诡称蒙古侵掠丽江、中甸地,及调兵往,又称"寇遁"挟边防以自重。《滇云历年传》卷十一中记载:"康熙四年三月,迤东诸土酋相率叛,先是吴三桂意别有在,颇愿夷蛮蠢动,左右窥知其意,往往凌辱裔夷,激力起衅。"所以吴三桂不希望"滇患"平息,以利用"滇患"来扩大自己的军事实力和巩固自己

---

① 刘健:《庭闻录略》,《云南备征志》卷十六。

的地盘。康熙三年（1664年），贵州水西彝族的反抗被镇压下去后，吴三桂即在当地建立府、州、县，派遣自己的心腹前往充当官吏。

吴三桂在政治上的专横也成为清廷的一大心病。地方官员的任命权和地方事务的一切皆由吴三桂裁决，中央无权过问。《清世祖章皇帝实录》卷一百二十九作了概括："凡该省文武官贤否，甄别奉劾，民间利病，因革兴除，及兵马钱粮，一切事务，俱暂著该藩总管，奏请施行，内外各衙门，不得掣肘。"吴三桂有权节制云、贵两省的总督、巡抚，自行任免所属文武官吏，经费开支不向户部报销，人事上，吴三桂凭借自己开藩的特殊地位，向云、贵和其他地区选派官吏，各府、州、县的文职官员，也都是吴三桂的爪牙，称为"西选"，对于"西选"的官员，清朝吏部不敢不用。非"西选"官员而派来云南做官的，也必须投拜在吴三桂的门下。吴三桂就这样"召收人才，权党羽"，"诸水陆要冲，偏置私人"。云南官吏之非吴三桂私党者，仅属少数。自1659年（顺治十六年）至1673年（康熙十二年）的14年之间，吴三桂造就了他在云南独霸一方的势力。此外，南疆"三藩"中，尚可喜之子尚之信"以酗虐横于粤"，耿精忠"以税敛暴于闽"，加上"骄恣尤甚"的吴三桂，三藩坐大，成为清朝统治者的隐患。

三、康熙平定三藩之乱

康熙帝亲政数年，深知朝廷中外之利害和前代藩镇之得失，曾说："朕听政以来，以三藩及河务、漕运为三大事，夙夜厪念，曾书而悬之宫中柱上。"渐有撤藩之意。康熙六年（1649年），吴三桂以目疾请解除总管云贵两省事务，以相试探。康熙帝顺水推舟，命吴三桂将所管各项事务交出，责令云贵两省督抚管理。云贵总督卞三元、提督张国柱、李本深合词请命平西王仍总管滇黔事务。康熙帝以照顾吴三桂身体为理由，予以拒绝。尚可喜上疏请求归养辽东，朝廷许其撤藩回籍。吴三桂和耿精忠听说后，也上书请撤藩兵，"以探朝旨"。康熙帝召集廷臣及户、兵二部计议，朝廷内部就撤藩问题展开争论。朝廷中形成两种意见，一些大臣担心此举会导致动乱，主张维持三藩原状，只有户部尚书米思翰、刑部尚书莫洛等少数派主撤。康熙帝最后决定撤藩，原因是"藩镇久握重兵，势成尾大，非国家利"，他还说："三桂蓄异志久，撤亦反，不撤亦反。不若及今先发，犹可制也。"① 遂下诏许吴三桂移藩。吴三桂接诏大为失望，于是在康熙十二年（1673年）十一月发动叛乱，杀云南巡抚朱国治，拘捕了按察使以下不顺从的官员，发布檄文，自称"原镇守山海关总兵官，今奉旨总统天下水陆大元帅，兴明讨虏大将军"。他佯称拥立"先皇三太子"，兴明讨清，蓄发，易衣冠，传檄远近，致书平南、靖南二藩及各地故旧将吏，并移会台湾郑经，邀约响应。云南提督张国柱、贵州巡抚曹申吉、提督李本深等随吴三桂反。云贵总督甘文焜在贵州闻变，驰书告急，并出走至镇远，被副将江义以兵包围，甘文焜自杀，三藩之乱由此开始。

自康熙十二年（1673年）十一月二十一日吴三桂起兵反清，至康熙二十年（1681年）十月二十九日吴世璠自杀，清军平定叛乱进入昆明，三藩之乱历时8年。其演变过程，大致可分为三个阶段。第一阶段，自康熙十二年十一月至十五年四月。战乱不断扩大，吴三桂兵出云贵，进据湖南澧州、常德、岳州、长沙；清军云集荆州、武昌、宜昌，但不敢渡江撄其

---

① 魏源：《圣武记》卷二《康熙戡定三藩记上》。

锋。孙延龄叛于广西，罗森、郑蛟麟、吴之茂叛于四川，耿精忠叛于福建，台湾郑经渡海进兵福建漳州、泉州和广东潮州，提督王辅臣又叛于宁羌，击杀清陕西经略莫洛。四方震动，人心动摇。康熙帝欲亲征，经议政内大臣密议谏止。清军东征西讨，顾此失彼。随后尚之信又叛于广东，总督、巡抚俱附之，清廷增兵两江。第二阶段，自康熙十五年（1676年）五月至十七年（1677年）七月。以王辅臣败降平凉为转机，形势向有利于清军的方向发展。随后，因郑经部争据福建漳、泉、兴、汀等地，耿精忠腹背受敌，仓促撤兵请降。尚之信也相继投降。孙延龄又被吴世璠杀于桂林。于是，清军集中兵力进逼长沙、岳州，吴三桂聚众固守，两军在江西吉、袁二州，广东韶关、永兴和广西梧、浔二州及桂林等湖南外围要地展开反复争夺。清军将帅每多观望，旷日糜饷，双方在军事上仍处于相持阶段。第三阶段，自康熙十七年（1677年）八月至二十年（1681年）十月。康熙十七年，年已74岁的吴三桂在衡州称帝，国号大周，但未能改变叛军的困境。同年秋，吴三桂病死，形势陡变。叛军无首，众心瓦解。其孙吴世璠继承帝位。清军趁机发动进攻，从此叛军一蹶不振，湖南、广西、贵州、四川等地逐步为清军恢复。但马宝、胡国柱等叛军仍困兽犹斗，节节顽抗；清军将帅仍多迁延，以致时逾两年，清军才进逼云南。康熙二十年底，清军围攻省城昆明。吴世璠势穷自杀，余众出降，三藩之乱终告平定。

四、清王朝平定三藩之乱后对云南的善后措施

三藩之乱平定以后，康熙为了加强中央王朝对云南的控制，进一步采取如下措施来稳定云南地方局面和恢复社会经济的发展：

首先，彻底铲除吴三桂在各地的残余势力。三藩之乱平定后，清朝廷不再分封外姓王爵，废除了勋戚、功臣等地方官员的世袭制度，直接委任巡抚、总督治理地方，并在云南等地裁撤藩镇及地方军。康熙二十一年（1682年），为铲除吴三桂残余势力，将吴三桂亲属家口及其将军、总兵、副将等送往北京，参将、游击以下则发往河南、江西、山东、湖广四省安置。同时，将吴三桂残余的地方军队裁撤解散，另调由国家统一编制的绿营兵驻守各地，从制度上根除了地方割据的隐患因素。

其次，实行安抚地方民众的政策。到云南就任总督、巡抚的官员，根据清廷制定的"恩威并重"原则，在铲除吴三桂余孽势力的基础上，尽量缩小打击面。康熙二十九年（1690年），云南总督范承勋以吴三桂家属人口遣送将尽，尚有搜查未及者，奏请许其自首，精壮者补入行伍，愿归农者编入里甲，得到朝廷准许。康熙还下诏准吴三桂家属妇女一律免其拆离，避免扩大株连范围。同时，清廷根据康熙"以实心行实政"的指示，推行"以宽大培国脉"的政策，招抚逃亡农民复业，安置兵丁家属就地垦荒经商，自谋生路，鼓励私家集资自行开矿等。对效忠朝廷的当地土司，承认和委任其官职，授权治理当地。对于曾跟随吴三桂反叛的土司头人，只要不再继续反抗，也采取既往不咎的宽大政策，甚至在一定程度上承认其在当地的统治特权，利用他们在边疆民族地区的影响来维持社会稳定，恢复和发展生产。

最后，废除庄田和卫所军屯制度。康熙二十四年（1685年），云贵总督蔡毓荣提出"筹滇十策"，将吴三桂侵占的庄田变价归并于附近州县的民田，以后又将其中的荒田变卖，招抚逃亡农民耕种。这不仅摧毁了云南自沐氏以来三百余年的家族大地主庄田制度，而且大大增

加了地方的税收。同时，清政府还决定废除在云南的卫所屯田制度，将屯田并入民田，使大量军田改变为私田，对之征收统一的赋税。通过以上措施，不仅使云南与内地经济制度保持了一致，而且也增加了云南地方的土地面积和粮食产量。

随着以上举措的实施，久经战乱的云南社会经济得到很大的恢复，人口也有了显著的增长，五湖客商陆续入滇，云南的商业、矿业发展迅速，为以后云南进一步的改土归流奠定了基础。

第二节 清朝在云南的设置和经营

清朝时期对云南各地区的统治，从政治、经济制度及其所采取的各项政策措施来看，是明朝时期的继续和发展。清朝在明朝的基础上，对云南各地区进行设置和经营，并针对云南各地区的具体情况采取各种措施，促进各地区政治、经济、文化、社会的发展和国家的统一，同时在某些方面也加强了各民族之间的团结。

一、清代云南地方政权机构的设置

清代省一级政权机构的设置，在明代的基础上进行了适当调整。《清史稿》卷一百一十四《职官志一》说："世祖入关，因明遗制……外台督抚，杜其纷更，著为令甲。"与明朝时期不同的是，清朝设置总督掌管一方的政治、军事大权，代表封建中央王朝加强了对地方的集权统治。

清初沿明制置云南省，设巡抚治云南府（治今昆明市），并设云贵总督，云南、贵州省互驻。康熙元年（1662年），改设云南总督，驻云南曲靖。康熙三年（1664年），裁贵州总督并于云南，驻贵阳，二十二年（1683年）云贵总督移驻云南。雍正五年（1727年），朝廷命云贵总督兼辖广西；十二年（1734年）停兼辖广西。乾隆元年（1736年）设云南总督，十二年（1747年）又改为云贵总督。光绪时对督抚同城地区的官员设置作了调整，裁免云南巡抚。是为清朝在云贵地区任命疆土大员的大致情形。

清统一云南后，对所辖州府的隶属关系进行调整，变动较大的是滇东北地区。康熙五年（1666年），清朝降北胜直隶州为州，隶于大理；八年（1669年）降寻甸府为州，隶于曲靖；三十七年（1698年），升北胜州为永北府（治今永胜），省免永宁。雍正三年（1725年），改威远土州为直隶厅；四年（1726年），割四川之东川府隶云南；五年（1727年），以四川乌蒙、镇雄二府隶云南；六年（1728年），降镇雄为州，属于乌蒙。至此，明朝以来隶属四川的今会泽、东川、昭通、镇雄地区，正式被划归云南管辖。清朝把东川、昭通、镇雄等地从四川划出归云南管辖，主要是由于上述滇川交界地区，历来管理不力，土司势力骄纵难服。雍正四年（1726年），云贵总督鄂尔泰在云贵相连地区进行改土归流，为使鄂尔泰能便宜行事，清朝遂将以上地区划给云南，将其地土府纳入改土归流的范围。雍正七年（1729年）清朝置普洱府，八年（1730年）置开化府（治今文山），九年（1731年）改乌蒙为昭通府。乾隆三十一年（1766年），永北降为直隶厅；三十五年（1770年），广西、武定、元江、镇沅4府降为直隶州，景东、蒙化2府亦降直隶厅，省姚安以其地属楚雄，改鹤庆府为州，属于丽江。嘉庆二十四年（1819年），升腾越州为直隶厅（治今腾冲）。道光二年（1822年），又改镇沅直隶州为直隶厅。光绪十三年（1887年），置镇边抚夷直隶厅（治今澜沧）；二十四年（1898年），升镇雄州为直隶厅。

康熙年间，云南省下辖20府和1直隶州，以后又有改变。嘉庆时云南省的地界，东至广西泗城（今广西凌云），东北至贵州兴义府（驻贵州安龙），东南至广西镇安府（驻今广西德保），南与安南（今越南北部）分界，北至四川会理（今四川会理），西至神护关（在今盈江县苏典东北孔家湾），西南至天马关（在今瑞丽县南部境外勐卯三角地）与缅甸接界。光绪二十四年（1898年），云南省计有14府、6直隶厅、3直隶州、12厅、26州、41县及1土府、3土州和18土司。① 至光绪末年，清朝对云南辖地的调整才基本上完成。

二、继续实行土司制度

云南各少数民族内部政治、经济、文化发展不平衡现象比较明显，明朝时期云南靠内地区的大部分地方进行了改土归流，但土司没有完全废除；边疆以傣族为主的广大地区，土司权力不曾动摇。到明朝末年没有发生根本性变化，少数民族与汉族之间的差别比较突出。清朝政府统治云南后，对云南各民族之间客观存在的现实情况不得不采取与汉族地区不同的民族政策，即在政治、经济、文化发展水平与汉族地区有差别的一些少数民族地区，继续实行元、明以来的土司制度。清朝统治云南的二百多年，土司制度的基本内容与明朝时期相同，没有变化。"西南诸省，水复山重，草木蒙昧，云雾晦冥，人生其间……言语饮食，迥殊华风，曰苗、曰蛮，史册屡纪，顾略有区别。无君长不相统属之谓苗，各长其部割据一方之谓蛮。……远者自汉、唐，近亦自宋、元，各君其君，各子其子，根底深固，族姻互结。假我爵禄，宠之名号，乃易为统摄，帮奔走惟命，皆蛮之类。……清初因明制，属平西、定南诸藩镇抚之。……至雍正初，而有改土归流之议。……其土官衔号，曰定慰司，曰招讨司，曰安抚司，曰长官司，以劳绩之多寡，分尊卑之等差。而府、州、县之名亦往往有之。凡宣慰、宣抚、安抚、长官等司之承袭隶兵部；土府、土州之承袭隶吏部。凡土司贡赋，或比年一贡，或三年一贡，各因其土产，谷米、牛马、皮、布皆折以银，而会计于户部。"②

三、改变庄田和军屯的土地制度

明朝时期，耕种以沐氏为首的官僚们的"勋庄"、"官庄"田地的汉、彝、白族农民，实际上是大小官僚们的农奴，他们对土地没有所有权，只有占有权和使用权，且人身依附于庄主。大小官僚庄主们的剥削收入不向布政使司交纳粮赋，减少了国家的收入，容易造成地方势力与封建中央相对抗。吴三桂在云南正是利用了这种制度，造成他在云南的割据局面。加之庄田制度剥削残酷，明朝末年的时候，庄户不断起来暴动，清初则出现继续逃亡，把土地

---

① 《清史稿》卷七十四《地理二十一·云南》。
② 《清史稿》卷五百一十二《土司传一》。

抛荒。康熙年间，庄田之抛荒者，在大部分地区达半数以上。康熙《永昌府志》卷九《田赋》载府属境内原有居民和沐氏庄田共 2 328 顷多，但到康熙中年前后，便只有实在成熟可耕地 1 500 多顷，抛荒者近半数，其中庄田抛荒者比民田更多。永昌府等靠内地区各府的情况也大多类似。这样的情况再继续发展下去，庄田是否还有人耕种，将成为问题。又，清廷鉴于吴三桂在云南的叛乱，不希望云南再存在世袭的大官僚庄园主，所以不再在云南加封世袭的王、侯，世袭的大庄园领地也就没有必要再让它存在下去。更加以庄园土地的耕种为一般农民所不愿意接受，这也迫使清廷不能不作改革。

　　康熙二十四年（1685 年），云贵总督蔡毓荣报请清廷批准，将过去的沐氏勋庄田变价，归并入各所在府、州、县的民田中，废除了明代遗留下来的庄田制度。凡过去耕种庄田的汉、白、彝族农奴，交出一定数量的地价之后，便获得废除了对土地的个体私有权，自身也就成为了各州、县的自由农民，直接对官府负担田赋和徭役。这种变革，在一定程度上具有历史的进步性，方便了封建中央所委派的流官对农民进行直接统治，增加了国家的田赋收入。原来的庄园农奴虽然在形式上得到了土地和一定程度的人身自由，但却要付出大量的地价。甚至早已抛荒的庄田，其原耕的农奴也遭到地价的勒索。直到康熙三十二年（1693 年），还有 580 余顷的庄田地价无法勒索到手，清廷才不能不宣布免除，让这部分土地有人耕种，以增加赋税的收入。而这一变革的结果，使靠内地区各府、州、县的各民族地区的经济制度趋于划一，更有利于政治上通过流官来对各民族进行直接的统治。

　　明代所有的军屯户对土地都没有所有权，只有占有权和使用权。他们所交纳的屯粮有如"佃民之纳租于田主"，而且还要负担繁重的军事徭役。军户被附着在土地上，不能随便迁动，世代为军。所以，明朝中期以后的军屯户，实际上成为了封建国家的农奴。虽然明朝中期以后，许多军田已被军官盗卖，但军屯制度仍然保存着，成了军户的农奴制枷锁。清朝统治云南之初，仍然按照过去的档册把军屯田地登记起来，把军屯户仍然束缚在土地上，使之与民户仍有区别而不改变其国家农奴的地位。军屯的剥削收入较之民田的赋税收入高出十多倍，所以清朝廷不愿轻易放弃这种剥削方式。清朝的绿营兵制已代替明代的卫所军制，明代遗留下来的军户已变成非军户，因此成为了国家农奴。军户为摆脱这种农奴地位，纷纷放弃军田而争夺民田，将军屯田地大量抛荒。康熙《永昌府志》卷九《屯赋》载该府在明朝时期有卫所军田共 1 143 顷多，但到康熙中期，除抛荒者外，便只剩下成熟可耕田 364 顷多，抛荒者占 2/3。其他地区各府、州、县的军屯田的情况也都莫不如此。军屯田地既大量抛荒，屯田租税便历年拖欠。云南巡抚石文晟说："此非军户敢于顽抗，亦非各官不善催科，总因粮额太重，血比难完。"而且，如乌撒（驻今威宁）原属贵州都司，其后所驻于云南沾益州（今宣威），而屯赋则应由贵州征收。这种政区属此而田赋归彼的屯田制度，不利于政治上的统一管理。由于上述种种情况，迫使清政府不得不对明朝时期遗留下来的军屯制度进行变革。所以康熙二十八年（1689 年）云南巡抚石琳提出《改正赋役全书》的意见，要求改变屯田租额，并未得到清廷的批准。情况发展越来越严重，本想增加剥削收入而不愿意放弃屯田制，却反而减少了剥削收入。至康熙三十四年（1695 年）巡抚石文晟再继石琳之后向清廷上疏，对清廷建议说："减赋于今日，安知不增赋于将来。"因此，清廷才允许废除军屯制，将军屯田地并入所在府、州、县的民田中，无论军户还是民户，凡耕种军田者，按照河阳县（今澄江县）上则民田的税额向国家交纳田赋。这样，明代遗留下来的军屯土地也就成为了私有，原来的军户，解除了变相的农奴地位，其民户之间经济负担上的差别也被取消了，而在政治管理上也与民户完全一致了。这种变革,也是在有利于清朝加强封建中央集权统治的前提之下进行的。军田改为民田之后,军田不再被抛荒从而耕种面积扩大,增加了赋税的收入,以此加强封建中央在云南地方的经济力量,而且,取消了军户与民户之间的不同,既便于政治上的统一管理,也缩小了汉族与少数民族之间的差别。云南腹地各民族在政治、经济生活上越来越趋于一致。

四、云南边疆地区的继续开发

明朝末年,云南腹地的军屯田地,由于屯粮过重,多半抛荒。清明初年,为了增加田粮赋税的收入,康熙二十九年(1690年),开始允许各族人民承垦"老荒田地",最初减等或减半征收田赋,经过三五年后,再改照一般民田等则交纳田赋。这类田地垦复之后,便可成为耕种者的私田。再到康熙三十四年(1695年),屯田改照河阳县上则民田征收田赋之后,刺激了原来的军屯户恢复和发展生产的积极性。于是,云南腹地原来抛荒的田地,便逐步得到重新垦复,清朝更命令云南官吏普遍"劝令开垦荒地,以广种作,以资食用"。尤其是在新改土归流的地方,清朝官吏认为,鼓励汉族人民进入少数民族居住区垦荒,"可以填实地方,可以移易倮(彝)习"。汉族人民进入少数民族地区后,使地方情况迅速发生了变化。

雍正十年(1732年),云贵总督高其倬即招募汉族农民至新改土归流的原乌蒙土府(今昭通)地区垦荒,借给路费和耕牛籽种,每户分给田地20亩,"先尽熟水田给垦,熟水田给完,再就生水田给垦,生水田又完,然后以旱田给垦"。"其田给与执照,永远为业"。开垦恢复生产之后,"按年陆续收其稻谷,照时价计算,扣还工本,扣清之后,即令起科纳赋"。这样一来,象乌蒙等新改土归流地区,就逐渐被全部开发。乾隆元年(1736年),清廷更规定"云南夷户,除耕官屯民田仍按亩起科外,其所种夷地,皆计户纳粮,免其查丈",鼓励少数民族开发山区荒地,山区的荒地得到大量开发。至乾隆三十一年(1766年)之时,朝廷的"谕文"中说,云南"水陆可耕之地,俱经开垦无余",应该进一步开垦"山头地角"、"水滨河尾"之土,6年或10年之后,以下则田地标准征收田赋。① 清朝统治阶级的这一系列措施,其目的是为了使大量土地被开辟后,增加政府赋税收入,客观上促进了云南靠内地区农业生产的进一步发展。如宾川、大姚之间"盘据六百余里"的铁索箐山区,明朝时被认为是不开化的"奥区",经清朝康熙、雍正、乾隆时期的开辟,至道光年间,已是"深山大壑之中,无不开辟之地,即无不居人之境,而村屯瞭望,若指掌矣"②。

清朝时期除恢复抛荒土地和鼓励开垦荒田外,还对明朝初年以来在靠内地区兴修的水利工程进行修复,并进一步扩大灌溉面积。康熙二十一年(1682年)至二十七年(1688年)间,先后修复昆明东北郊的金汁河灌溉系统及废旧坝闸;康熙四十八年(1709年),大修包括金汁河在内的六河及海口,这对昆明周围地带的农业生产起了良好的作用。雍正年间,鄂尔泰命令靠内地区各府、州、县普遍兴复和增修水利工程。至雍正十年(1732年)之时,据鄂尔泰《兴修水利疏》中所说,先后恢复和兴修的较大水利工程情况是:昆明海口及盘龙江诸河之修复;疏浚了嵩明嘉利泽,涸出田地一万余亩;宜良县开挖河渠五道,解除了"洼地多淹,高地无水,旱涝不均"之患;临安府属境内泸江严碉之开凿,自江水上源之异龙湖(石屏)

---

① (光绪)《云南通志稿》卷三十九《田赋·事例》。
② (道光)《大姚县志》卷二《地理志下·村屯》。

直到阿迷州（开远）入盘江处，"沿途导水，酌定条规，挨次引灌"建水等地"田亩赖以丰收"；寻甸州寻川河，经勘察疏导之后，"涸出田地二万余亩"；疏浚了澄江府抚仙湖出水口，增筑逼水坝六墩，使澄江、江川、宁州（今华宁）等地，既解除了水患，又便于灌溉；楚雄府镇南州（今南华）千家坝之修复，"不独可灌千家，并可周万户"；东川府会泽县之地，依山临川，但却不通河渠，以致种稻田者不多，城北宽长二十余里之地又多积水而抛荒，至雍正五年（1727年），开挖了河渠三道之后，既泄积水，又增辟了稻田；大理府洱海出水口之疏通，使太和（今大理）、赵州（凤仪）、邓川等州县的水利因之而兴复；永昌府城（保山城）外南北两河之疏浚等①，从南到北，从东到西，于雍正四年（1726年）至十年（1732年）修复和兴修了不少水利工程。鄂尔泰在《兴修水利疏》中一开头便说："地方水利，为第一要务，或因势疏导，或尽力开通，大有大利，小有小利"，他指令各地官吏发动人民兴修水利。雍正十年（1732年）规定云南靠内的各府、州、县，凡有水利之处，将同知、通判、州同、州判、经历、县丞、典史等官，加给水利职衔，专管各地河道沟渠水利工程。云南靠内的各府、州、县，兴修水利、增辟田亩之风盛行一时。康熙、雍正、乾隆年间，普遍恢复熟荒田，增垦新荒田，兴修水利，方便灌溉，对于云南靠内地区农业生产的发展起到了积极的作用。

除以上云南腹地开发之外，云南东南部、南部和西南部边疆各少数民族地区也在不同的时间阶段内逐步得到开发。明朝时期，保山、元江、建水南部或西南部、东南部的少数民族地区，仍然被视为如汉朝初年的西南夷地区，到清朝康、雍、乾、嘉年代，一批汉族移民开始流入东南部、南部和西南边疆少数民族地区。同汉朝一样，在汉族移民到达的同时，清朝的统治直接到达了边疆。东南部的广南府和开化府（今文山）地区，过去为壮族等土官控制，封建中央王朝的统治势力难于直接深入。道光《广南府志》中说："广南边徼地，明代土司自治之府。我朝康熙十八年始隶版图，设官吏。"清政府派遣的流官直接到达了广南府，垦殖的汉族移民也随之而来。道光《广南府志》中又说："广南南北境相距七百余里，东西境相距六百六十里，中间冈峦稠叠，鸟道崎岖。山地不自殖，租与川、楚、黔、粤之民，携挈妻孥，风餐露宿而来，既视瘴乡如乐土，故稽烟户，不止较当年倍蓰。"自康熙至道光年间，汉族人民不断涌入广南府壮族地区，与当地壮族等少数民族一起开发广南、富宁一带。清康、雍以后，川、楚、粤、赣之汉人，则散于山岭间，新垦地以自殖，伐木开径，渐成村落。汉人垦山为地，初只选择肥沃之区，日久人口繁滋，由沃以及于瘠，入山愈深，开辟愈广，山间略为平广之地，可以引山水以灌田者，则垦之为田，随山屈曲，垄峻如梯，田小如瓦。迨至嘉、道以降，黔省农民，大量移入，于是，垦殖之地，数以渐增。这是清朝康、雍、乾、嘉、道年间，汉族移民进入广南府，与壮、彝等族人民共同开发广南、富宁一带的情形。与广南相临接的开化府的情况也大致如此，清朝以前的开化府之地是"土司自治之区"，汉族移民到达的极少。康熙六年（1667年）新设开化府之后，汉族移民随之进入。迁入开化府地区与壮、苗等族人民共同开垦的汉族农民，至道光三年（1823年）前后，已达24 000余户之多，总人口不少于10万。

南部的普洱府之地（包括今墨江以下至西双版纳州的澜沧江以东地带），清朝以前同样未曾建立流官统治的府、州、县，一直是通过少数民族中的土司来进行管理，因而汉族人口到达者甚少。这一带地方辽阔，少数民族人口分散，大多数的土地还不曾得到垦辟。至清朝

---

① （光绪）《云南通志稿》卷二十一《地理志·水利》。

初年，随李定国到边疆的汉族人口有部分开始定居下来，接着来了一批采茶的汉户。至雍正年间改土归流时，普洱流官府建立起来。于是"商旅辐辏，威远（今景谷）、宁洱（今普洱）产盐，思茅产茶，民之衣食资焉。客籍之商民于各属地，或开垦田土，或通商贸易而流寓焉"。自普洱府建立至道光年间的"百数十年来，风俗人情，居然中土"。新迁入的汉族人口，一部分从事采茶的生产活动，康熙年间，六大茶山的汉族人口已有万人。另一部分则从事农业垦荒活动，他们"携眷依山旁寨开挖荒土"，在傣、哈尼等少数民族聚居区附近的山林中搭盖棚而展开生产。汉族移民甚至深入到偏僻的勐烈（今江城）一带。迁入的汉族人口与当地少数民族共同杂居在一起，在新设置的普洱府辖境内进行积极的开发，至道光年间，普洱府直辖区已经是"人烟稠密，田土渐开"，成为南部边疆的繁荣地区。普洱府直辖区经济文化的发展，影响了澜沧江下游以西的车里土司地区。

西南部的保山西南地区，在康熙中期以前，有一些地方，清朝封建中央还难以进行有效的直接控制，如孟连、耿马土司地区，康熙《永昌府志》说："虽在控驭直隶之内，不过供差发，属羁縻而已，法令所不及也。"但与此同时，清朝加强了以保山、腾越（今腾冲）为中心对西南部边疆地区的控制，永顺镇（乾隆年间改为腾越镇）所属军队有一部分直接驻守于南甸（今梁河）乃至勐卯（今瑞丽）、陇川等边境地带，以及勐缅（后改称缅宁，今临沧）区域，控制了这一带的土司地方。至雍正年间前后，内地的一部分汉族人口也就到达了西南部边疆地区进行开发。这部分进入西南边疆的汉族人口，除有部分到达勐卯一带屯田之外，多数是深入西南边疆开矿。雍正前后，孟连土司境内的募乃银厂（今澜沧县北部）"旺盛三十余年"。乾隆十一年（1746年）以吴尚贤为首的许多石屏人，到达阿瓦山区的"葫芦国"（今沧源的班洪、班老及境外的一些地方），取得了佤族大山王蜂筑的信任，在当地开发茂隆银厂；同时，另一批汉族人民在耿马土司境内开采悉宜银厂（今耿马县大寨）；以宫里雁为首的、随永历帝朱由榔西奔后定居在缅甸木邦等地的汉人，也在当地开采波龙争厂（今缅甸北掸邦腊成一带）。于是，昆明、保山、大理等地，乃至江西、湖广、四川等地的汉族，都以开采银矿相继前往西南部边疆，在阿瓦山区"打槽开矿及走厂贸易者，不下二三万人"。波龙厂盛时，矿工达4万多，以至波龙厂所在地"商贾云集，或由内地贩往，或由外地贩来"，密切了内地汉族与西南边疆的傣、佤等少数民族的经济联系。有一些矿工更定居在一部分边境的傣、佤族区域内从事农业生产。汉族人民在西南边疆开矿和垦荒的结果，使长期闭塞的西南部边疆地区的生产得到发展，密切了与汉族内地的交通和联系。

从东南部到西南部边疆少数民族地区的开发，是这个时期迁入的汉族人民与当地少数民族人民团结生产的功劳。清朝中央统治者趁势把对边疆的统治进一步加以巩固。但统治者又害怕进入边疆的汉族人民与当地少数民族结合起来反抗清朝的统治，对在西南边疆领导开采银矿的吴尚贤和宫里雁，则视他们为"边防两虎"，甚至情愿牺牲大量的矿课银两收入，除去两人。乾隆十八年（1753年），吴尚贤入贡北京，回到昆明，清朝官吏便把他囚禁饿死于监狱里。乾隆二十七年（1762年）宫里雁被诱至昆明杀害。两人死后，西南部边疆的茂隆厂和波龙厂的矿工便先后被迫遣散，其余各个厂矿也先后被封闭，清朝廷明令不准汉族人民前往开采。清廷又对不断迁入东南部和南部边疆垦荒的汉族人民，以"或至奸匪混迹，滋生事端"为借口，加以限制阻挠，甚至有人迁到了边疆又被查拿驱逐。[①] 清统治者的做法，阻碍了边

---

① （道光）《威远厅志》卷三《户口》条。

疆地区的更进一步开发,对汉族人民前往边疆与少数民族团结开发起了破坏作用,使边疆少数民族地区的闭塞落后状态长期保留了下来。

第三节 清朝在云南的改土归流

一、清朝改土归流的原因

清初对云南少数民族地区的统治,沿袭了元、明以来的土司制度,即以少数民族的酋长世袭地担任当地的文武土官。其中文职有土知府、土知州、土知县等,武职有宣慰使、宣抚司的宣抚使、安抚司的安抚使、招讨司的招讨使、长官司的长官等。土司制度在一定历史时期的存在是有其合理性的,它适应了西南边疆地区交通不便,民族语言习俗各异,经济落后,以部族为单位,各为君长,不相统辖,剿抚难平的具体情况,并在较长的一段时期内曾经有效地加强了中央对地方的控制。从客观上看,土司制度推行的几百年里,中央政府能较有效地实施对边疆地区的管理,对于密切边疆与中央的政治联系,推动地区社会经济文化发展和与中原的交流,维护多民族国家的统一,防御外侮等各方面,都曾起过积极、重要的作用。但随着社会经济的发展,中央集权体制日益深入边疆地区,这一制度就越来越与中央集权制度和国家政策的统一相冲突,也越来越显示出弊端。

土司制度最大的弊病在于构成了地方势力。由于土司都是世袭,名义上虽是朝廷命官,实际上完全是"自王其地",极易发生叛乱,与封建朝廷对抗,各地土司还肆虐子民,对所属百姓进行超经济压榨和沉重的剥削。贵州古州蛮夷长官司杨云银等,"从长官杨政通占夺人田,杀人掠财"。贵州宣慰使安万钟"每游猎、酒酣辄射人为戏"。鄂西容美土司"每旦必割数人耳"。《圣武记·雍正西南改流记》记载:"乌蒙土官,其钱粮不过三百余两(指土官上交给朝廷的钱粮)而取于下者百倍。一年四小派,三年一大派,小派计钱,大派计两。土司一取子妇,则土民三载不敢婚。土民有罪被杀,其家属尚出垫刀钱数十金,终身无见天日之期。"①此外,土司间的仇杀纷争,也严重影响了土司地区的治安和稳定。改土归流前的各地土司,固然有"不犯法度,好生志诚"者,但多数土司都是虐害土民、仇杀不已,虐杀之风,至盛至极。如泗城州土官与上林土官因争地而引起的仇杀,由明宪宗朝到孝宗朝,绵延数十年,长期的仇杀使双方境内的土民备受其苦。雍正皇帝上台后,也曾多次诏谕各省:"各土司僻在边隅,肆为不法,扰害地方","互相仇杀,争夺不休"②,"鲜知法纪,每与所属土民,多端科派,较之有司征收正供,不啻倍数。甚至取其马牛,夺其子女,生杀任情,土民受其鱼肉,敢怒而不敢言"③。

同时,清朝在云南的改土归流虽然是为了改变土司统治下少数民族人民痛苦的处境,但清朝统治者实行改土归流还有一个深层目的,即鄂尔泰在对清世宗上的《改土归流疏》中开

---

① 魏源:《圣武记》卷七《雍正四年鄂尔泰奏》。
② 《清世宗实录》卷六十四。
③ 《清世宗实录》卷二十。

头所说:"为剪除夷官,清查田土,以增赋税,以靖地方事。"紧接着说:"若不改土归流,将富强横暴者渐次擒拿,懦弱昏庸者渐次改置,纵使田赋兵刑,尽心料理,大端终无就绪。"其真实目的显而易见,就是为了能够把各土司地区彻底纳入到国家统一的赋税体系和政治体系中。可见土司之间,土司与土民之间,土司与朝廷之间的矛盾日益发展,使土司作为落后的生产形式和地方割据势力的代表而成为矛盾斗争的焦点,改土归流便成为历史发展的必然。

二、改土归流社会历史条件的成熟

自明朝以来,为了加强中央的权力,消弭土司之患,朝廷就开始实施改土归流政策,试图把永久世袭的土官改为可以随时任免的流官。清朝雍正一朝,较大规模、集中地、有计划地实行改土归流的条件逐渐成熟。明朝以来,云南经济社会得到进一步发展,一部分少数民族中的领主经济已经解体,土司政权失去了继续存在的基础,明朝便在这部分少数民族地区进行了改土归流,但由于明朝统治势力走向衰微并继而崩溃,改土归流来不及深入进行。清朝初年,滇东北的东川、乌蒙等地,奴隶制经济比较稳固,乾隆《东川府志》卷八《户口附种人》载,截至乾隆年间,东川地区改流后残留下来的奴隶主,仍然出而劫掳汉族人口去做奴隶,将之枷锁起来从事农业生产,或使之放牧牲畜。在改流前,东川、乌蒙、镇雄一带,全部为彝族奴隶主所盘踞。由于这一带地区靠内,随着清朝封建中央集权统治的政治势力在云南腹地的发展,在东川、乌蒙、镇雄等地实行强制性地改土归流成为可能。处于靠内与边疆之间的镇沅等地,虽然封建领主经济比较牢固,但在清朝大力向南部发展时,其封建领主势力受到冲击后还是建立了流官政权,所以,在封建中央集权统治的势力强大于地方势力时,尽管奴隶制和封建领主经济尚未解体,但在这部分地区实行改土归流仍是可能的,这是改土归流的社会条件。

同时,自康熙年间平定三藩之乱后,清朝社会稳定,国力强盛,逐渐步入历史上有名的"康雍乾盛世"时期,对各省的控制能力也大大增强,此时的清政府有能力也有财力来解决土司制度这一久悬未决的问题。但"改土归流固系美事,然必须委用得人,方保永安长治",深明这一点的雍正皇帝较其父更具铁腕性格,同时被他派到云南担任滇黔桂总督的鄂尔泰也是一代名臣,具有很丰富的政治经验和很强的政治管理能力。鄂尔泰到任不久,就确立了改土归流"江内(澜沧江下游以东)宜流不宜土,江外(澜沧江下游以西)宜土不宜流"的总方针,提出了改土归流的目的、措施及策略,并得到雍正的高度赞赏,称其为"天赐朕也"的"奇臣",从而打消了雍正皇帝的犹豫,云南改土归流的条件就成熟了。

三、清朝在滇东北地区的改土归流

顺治十六年(1659年),元江土知府那嵩抗清失败,元江土府便改设了流官。康熙四年(1665年),宁州(今华宁)、蒙自、王弄山、教化(今文山)、古屏等地的土官起来反抗,被镇压之后,滇中、滇南、滇东南的一批土官都被改成了流官。雍正元年(1723年)丽江土府改流,雍正二年(1724年)威远土州(今景谷)、三年(1725年)姚安土府被废除。改土归流的高潮阶段是在雍正四年(1726年)至九年(1731年)之间,区域是滇东北和滇南的澜沧江中、下游以东地带。在这一急风暴雨般的社会变革中，滇东北地区的改土归流在整个西南地区的改土归流中占有重要地位。

滇东北地区，指明代属于四川的乌蒙、镇雄、东川三军民府，清代改土归流后所设的昭通府、东川府和镇雄州（即今昭通市、昆明东川区、曲靖市会泽县所辖区域）。这一区域位于川、滇、黔三省交界，地理位置十分重要。史载："乌蒙、乌撒、东川、芒部，古为窦地、的巴、东川、大雄诸甸，皆唐乌蒙裔也。宋有封乌蒙王者。元初置乌蒙路，遂以东川、芒部皆隶于乌蒙、乌撒等处宣慰司，元时尝置军民总管府，而于东川置万户府。"这一地区主要是彝、苗等少数民族聚居区，土酋势力极为强大。他们与川南、黔西的土酋一起"无事则互起争端，有事则相为救援，据地称雄，时起战乱"，长期以来成为封建王朝的心腹之患。滇东北地区的改土归流，从雍正四年（1726年）春鄂尔泰奏请东川府隶滇，到八年（1730年）底俘获禄万福，前后共历时5年，经大小数十战。整个过程可分为四个阶段。

第一阶段：进兵乌蒙、镇雄，平定禄万钟、陇庆侯。雍正四年三月二十日（公元1726年4月21日），鄂尔泰奏请："乌蒙土府与东川接壤，骄悍凶顽，素称难治……若不早图，终为后患。"雍正批示："一切机宜务出万全慎密，勿少轻易，致生事端。"鄂尔泰为此提出的改流之法是："计擒为上，兵剿次之；令其自首为上，勒献次之。"①这是种"恩威并济，剿抚兼施"的传统政策。他把基点放在招抚上，尽可能地使土司向化，目的则在于减少改流的阻力，而同时以军事镇压作为制胜的后盾。因乌蒙、镇雄尚隶属四川，川陕总督岳钟琪就借乌蒙土知府禄万钟"纵容土目，劫掠良民"之机，将其题参革职，并要将其提到四川质审。清廷后命令岳钟琪将禄万钟等解送云南质审。禄万钟母子逃到大关，在无路可走的情况下从筠连逃到四川，被四川守备胡琏解送到了成都。镇雄土知府陇庆侯因"向与万钟同恶，今复唆使逃匿抗拒"，所以在大兵压境的情况下，被迫到四川"缴印献土"。清朝廷命将禄万钟、陇庆侯押解到云南审讯。雍正皇帝命将禄万钟、陇庆侯安置于江南，使其离开昭通、镇雄本土。随后清朝派人查勘乌蒙、镇雄户口、钱粮实数，将乌蒙、镇雄改土归流。乌蒙、镇雄改土归流后，乌蒙设为府、镇雄改为州，改隶云南省。

第二阶段：平定东川。东川地区的"六营长"、"九伙目"长期以来为害一方，成为地方上的恶势力，侵扰四境，劫掠平民。东川改隶滇后，鄂尔泰没有及时打击这股土司势力，康熙四十七年（1708年）法戛土目禄天佑，长期与乌蒙禄鼎坤争斗，杀东川营兵，清王朝派兵追擒，他公然拒捕，匿法戛十余年，地方文武以暴死上报，清王朝同意以其妻沙氏出名看管该地。但夫妻二人各据一寨，内扰东川，外侵武定、寻甸、禄劝，后见乌蒙改流，阴谋叛逆，公然进行抵抗，鄂尔泰以此为借口，于雍正五年（1727年）十二月命武定营参将魏翥国，守备王先等，协同东川营将杨国华等，分四路进剿。禄天佑于雍正六年（1728年）二月初一在起得村被俘。其族党禄世豪则于正月初被黄世杰诱擒。鄂尔泰在三月八日给雍正的奏折中称："二凶既除，一郡皆靖，其余营长伙目俱可渐次整理，大者安设弁员，小者更易乡保，庶东川地方不负改土之虚名，而边方百姓咸沾归流之实惠矣。"东川改土归流得到了巩固。

第三阶段：米贴事件。乌蒙的米贴土目禄永孝，在改土归流初即已归顺，后却被鄂尔泰定罪拟斩，引起米贴人民的义愤。鄂尔泰还派副将郭寿域率兵五百去逮捕禄永孝的妻子禄氏，而禄氏则与雷波、沙马、吞都等头目为姻亲，在邻近地区受到众人尊重与保护。雍正六

---

① 《清史稿》卷二百八十八《鄂尔泰传》。

年（1728年）二月初三日，郭寿域到米贴，二月十二日，米贴人杀死了郭寿域及其所带士兵，其中仅有一人逃到昆明报告。鄂尔泰闻讯大怒，即派总兵张耀祖率大批军队到米贴报复，又派哈元生由乌蒙驰援。连续几天，清军的报复使得米贴人民或逃或亡，米贴几乎为之一空。此后"米贴"改名为"永善"。

第四阶段：平定禄万福叛乱。禄万富之父禄鼎坤本为乌蒙地方土司，由于觊觎乌蒙土知府一职，与刘建隆、禄万钟母子发生矛盾，于是降清。他在平定东川、米贴、阿卢、橄榄坝的战斗中，为清王朝冲锋陷阵，以妻子作为人质送到昆明，自己率士兵从征，奔走调遣，无不用命，极得雍正赏识，要求鄂尔泰论功行赏，予以重用，让他安心为朝廷效命。但鄂尔泰认为"禄鼎坤现虽改面，终难革心"，只令他入京召见，补授河南参将。由于个人野心没有得逞，禄鼎坤意甚不满，临行前与其子禄万福及头目数十人密约伺机在乌作乱。禄万福以回鲁甸治产业的名义回到乌蒙。这时，东（川）乌（蒙）镇总兵刘起元在改土归流后骄矜自大，贪冒残忍。加之大关通判刘镇宝丈量田地，苛刻为能，于是远近夷民皆无生之气，有死之心。禄万福利用彝族人民对清王朝贪官的强烈不满，在滇东北发动了一场大规模的土司叛乱。公元1730年10月7日（雍正八年八月二十五日），禄万福以为刘起元庆寿为名，率领各村寨大小土司头目破城而入，游击马秉伦等巷战死，刘起元仓皇逃跑途中被追杀于城外荔枝河边，知县赛枝大、司狱陈天锡、教授李焜亦被击杀，刘镇宝被罚之诸刑后杀死。在禄万福的煽动下，东川、镇雄、鲁甸、巧家等三省接壤处的土司群起响应，"以致贼势汹汹，民心惶惑"。为了迅速扑灭禄万福的叛乱，安定川、滇、黔三省，鄂尔泰一边出示安定民心，一边飞调滇、黔官、土兵一万数千人，分三路进剿，对俘获到省的一千多名土司头人及其眷属，后来都分别处以了"凌迟、斩、绞、充发、迁徙"等不同的刑罚。在经历了残酷清洗之后，大量彝族人民迁居至四川凉山地区。直到后来滇东北地区局势稳定之后，清廷才对土司采取了较为缓和的做法，滇东北改土归流基本结束。

土司的土地在改流后或者被没收，或者被变价入官，均被收归政府所有，但对没有参与叛乱的土司，则是例外，如镇雄陇庆侯庶母二禄氏没有参与叛乱，所以，雍正九年（1731年）十一月，清廷赏其两个女儿女婿有承嗣之权，"并将构官田肆千余亩，免其变价，赏给二女，以为养赡之资。"清政府对土司采取的政策，是在严剿的条件下，以怀柔作为补充手段，这在客观上对缓和矛盾、稳定政局有一定的作用。

四、对其他地区的改土归流

澜沧江中、下游以东以傣族为主的地区，也是经过了改流与反改流的斗争才最后完成了改土归流，滇南边境也设置了普洱府流官。

雍正四年（1726年），镇沅的傣族土司被废除后，清廷派遣刘洪度前往充当流官知府。刘洪度立即把对内地汉族人民进行剥削的方式，强加于镇沅傣族人民，导致"夷民苦汉法繁委"。刘洪度在命令原土知府刀氏家族把庄田全部交出的同时，又派人去丈量傣族农民耕种的土地，又以清丈费的形式，变相勒索地价，限傣族农民"三月为期，照亩上价"，如果"逾期不上"，则田地便"入官变卖"。不仅刘洪度本人趁机勒索，所属吏胥也相应勒索。导致当地傣族人民积怨很深，他们聚集起来，联合威远（景谷）的傣族和拉祜族，准备反抗。刘洪度命令原土司家族交出庄田，违背了地方统治阶级的利益，矛盾日益尖锐化。土司家族中刀如珍领导当地傣民进行了斗争。鄂尔泰闻变，立即派遣副将张应宗率兵前往镇压。原土知府刀瀚的母亲即率其孙刀辅震持府印至军前投降，刀如珍也主动就擒。张应宗还另外抓了一百多个参与反抗的为首者。刀如珍就擒后，清兵深入追剿傣、拉祜等族农民，直至威远，接着又继续南下，向车里土司辖区内的橄榄坝等地进攻。当时车里橄榄坝傣族土司刀正彦，也因清朝官吏的勒索敲诈，联合茶山的哈尼族起而进行反抗。清朝派来镇压的军队自镇沅南下，直抵勐腊，到处屠戮。然后，清朝将车里土司管辖的澜沧江下游以东之地全部改流，于雍正七年（1729年）新建普洱府，设置流官，移元江协副将领兵镇驻，于橄榄坝、攸乐山等地设戍兵。滇南的改土归流完成。

五、改土归流后清政府的善后政策

改土归流并非只是将土司和土司制度简单地一革了之，而是一个包括革除土司和善后工作两方面的全过程。鄂尔泰实际上也非常清醒地知道，革除土官只是改土归流的第一步，要使改土归流不致半途而废，前功尽弃，第二步的善后工作显得更加重要。为此，他还制定了一系列包括调整疆界、选拔流官等在内的善后政策。

鄂尔泰在云南、贵州、广西推行改土归流时，一方面与邻省督抚共同协商合力办理，另一方面积极调整疆界，归并事权，使改土归流得以顺利推行。雍正四年（1726年）四月，鄂尔泰奏准"东川归滇"，并考虑到巧家营距离府城过于遥远，便正式设县进行管理。在对乌蒙、镇雄两土府进行改土归流时，对于两府的归属问题，鄂尔泰在与四川总督岳钟琪一番争论之后，经雍正亲自裁决，将两府划归云南就近管辖。雍正八年（1730年）底，平定禄鼎坤之子禄万福叛乱后，鄂尔泰奏准废乌蒙天砥土城，另建新城于二木那，改设恩安县（今昭通市）为附郭县，与府同城，且将乌蒙易名为昭通。经过鄂尔泰的这一番筹划，东川、乌蒙、镇雄行政区划严整，疆界分明，成为云南的重要组成部分，为云南东北部经济、文化的发展打下了基础。

还有就是注意选拔流官。在"改土"之后接着要做的就是"归流"，即委任流官管辖原来土司治下的土民和土地。改土归流能否成功，很大程度上取决于流官是否任用得当。"新辟之地，首重得人"，鄂尔泰对此是清楚明白的。然而事与愿违，这一工作实际上完成得并不理想。雍正四年（1726年）六月鄂尔泰将镇沅改土后，委威远同知刘洪度往署府事，结果刘急于清丈土地，立法"过于严切"反激起民变；乌蒙、镇雄改土后一再反复也与用人不当有关。这给鄂尔泰的触动很大，雍正皇帝也不满意。虽然鄂尔泰反复告诫僚属，但由于改土归流后选拔的流官良莠不齐，政绩也迥异。

云南改土归流基本完成后，鄂尔泰还秉承雍正的指示，筹划东川、乌蒙、镇雄营制，设置营汛。乌蒙、镇雄地方辽阔，且乌蒙紧接东川，镇雄兼接贵州威宁，于是清朝在乌蒙设立一镇，以总兵一员统辖，三名游击分驻乌蒙、大关、凉山，两名守备驻扎米贴、鲁甸；在镇雄添设参将一员；所有贵州之威宁、云南之镇雄、东川三营，总归乌蒙镇管辖，俱受云南、贵州提督节制；寻甸、罗平二汛归云南曲寻镇统辖。经这一番调整归并，云南东北部、贵州西北部险要地方营汛棋布，营制井然。此外，滇西南的普洱府也如法炮制，加强了各地的防务。

鄂尔泰主张改土归流的目的之一，就是要"清查田土，以增租赋"，使边地粮饷有所增加。所以，每当擒获土司或土司自动投献后，派员查田编赋就是鄂尔泰的急切要务之一。改土归流后查田编赋，即把原来由土司控制的田地进行清丈，将原来由土司统治的土民按户稽查，登记编册，确定应缴的赋税，这是清王朝对少数民族进行直接统治的需要，也是流官统治与土司统治的显著区别之一。对于各少数民族来说，只是被统治方式的改变，即由过去的被土司统治改为被清王朝直接统治，其被统治的地位当然不可能得到改变。但是，在这种被统治方式改变的过程中，原来土民对于土司的那种超强的人身依附关系不存在了，过去土司的种种陋规被革除了，各少数民族的经济负担有所减轻。他们成为清王朝的编户齐民后，直接承担封建国家的各种负担。特别是那些过去在土司庄院内当牛做马的奴婢在改土归流后被开豁为良，获得了人身自由，他们愿意成为清王朝的编民，缴纳丁银，承担赋税。这都有利于缓和社会矛盾、调动少数民族的生产积极性和促进社会生产的发展。

六、清代改土归流的历史作用

清代的改土归流，是云南一部分少数民族中经济和政治制度方面的一种变革。从经济制度的变革方面来说，经过改土归流后，一部分少数民族地区的地主经济取得了完全统治地位，还有一部分少数民族地区的地主经济逐渐发展起来。在改土归流前，被改土归流的各地区仍然存在着各种不同的经济制度，清朝在改土归流中所采取的措施，普遍地使各被改流地区的经济制度发生了变化。

就政治制度方面的变革来说，过去土司统治时期，各地区的少数民族中，还分别保持着封建领主、奴隶主们的地方政权组织，封建中央的统治是通过该地方的封建领主、奴隶主们来进行的。改土归流后，各被改流地区的封建领主、奴隶主们的地方政权机构崩溃了，代之而起的是流官政权组织，封建中央直接通过流官政权组织加强对少数民族地区的封建中央的集权统治，各少数民族成了中央统治阶级直接统治的对象，被改流地区的地方基层政权组织形式，与内地汉族地区完全趋于划一。并且，清朝中央在云南部分地区改设流官之后，进而逐步加紧对边疆尚未改流的土司地区进行控制。例如，南部普洱府流官政权组织机构的建立，加强了对尚未改流的车里土司地区的控制；镇沅、威远（今景谷）、缅宁（今临沧）流官政权组织机构的建立，与永昌府（驻今保山）、顺宁府（今凤庆）的流官政权势力相联结，加强了对孟连、耿马、孟定、镇康、芒市（今潞西）、勐卯（今瑞丽）、陇川、干崖（今盈江）等西南部边疆土司地区的控制；丽江府流官政权组织机构的建立，以及进而在维西边境筑阿敦子（今德钦）、澜沧江、其宗、喇普、奔子栏格等城的做法，加强了清朝对西北部怒江边境地区的控制。改土归流，政治上使少数民族地区在不同程度上进一步发生了变化，更进一步加强了封建中央的集权统治。经过清朝雍正时期的改土归流之后，云南境内虽仍然存在土司，如蒙化土知府、广南土府同知、富州土知州、北胜土州同等，但它们在地方上不再握有政治、经济方面的实权，云南地方在政治上完全趋于统一的形势，又向前发展了一大步。

总之，少数民族中落后的封建领主制和奴隶制，在改土归流中，被较先进的地主经济制度所代替，是具有历史的进步性的。改土归流后，清朝廷在原土司地区设立府、厅、州、县，实行和汉族地区相同的制度，如清丈土地、按亩征税、蠲免钱粮、编制户口等，大大加强了西南地区与内地的联系，有利于促进少数民族地区经济文化的发展，有利于巩固国家的统一和西南边防。但由于这种变革的本质，和清朝封建统治阶级采取的残暴手段，使它的历史进步性也受到非常大的局限。同时，雍正年间改土归流后，土司制度还并未完全退出历史舞台，土司未改流者仍然很多，主要分布于云南、贵州、四川、广西等省区，也有一些散布于甘肃、青海、西藏等地，直至清末。

第四节 清朝时期云南的文化

一、清朝时期云南的教育

清朝统治者虽然是来自文化相对落后的少数民族，但却在全国极力宣扬汉族先进的儒家伦理思想和执政理念。他们极为重视学校的作用以及边疆地区的民族教育，把儒学教育进一步向云南地区推广。在继承了明朝重视儒学教育教化功能传统的同时，清朝时期云南的教育除了在程度上有所发展之外，还具有自身的特点。

清朝在云南办的学校同前朝一样，分为官学和民间义学。在官学方面，顺治十八年（1661年），云南巡抚袁懋功奏"滇省土酋既准袭封，土官子弟，应令各学立课教诲，使知礼义"，得到批准。① 由此，清代云南办学开始起步并逐渐进入了高潮。据《清圣祖实录》记载，康熙三十三年（1694年），清廷批示：设云南省曲靖、澄江、广西、元江、开化、顺宁、武定、景东八府学，寻甸、建水等十七州县训导各1员。这是清代云南数量最大、时间最集中的一次学校设置，其后又陆续有兴建。到清末新式学堂建立以前，云南的儒学在明代73所的基础上增加到101所，其中有府学14所、州学29所、县学34所、厅学12所和提举司学3所，以及光绪八年（1882年）添设定有学额而未建孔庙的县学、厅学9所。② 前代未设府学的广南、开化等偏远府州第一次设立了府学。在雍正朝改土归流后，针对滇东北地区汉彝杂处，文化落后的特点，清朝采取了一系列措施兴办教育，各地方官设文庙、修书院、办义学、置礼乐器，以期达到"以俎豆化干戈，以衣冠易椎髻"的目的。雍正五年（1727年），清王朝在滇东北地区设东川府、乌蒙府、永善县教职，取进童生额数：东川、乌蒙各10名，镇雄、永善各8名；雍正六年（1728年）设乌蒙府学、镇雄州学、永善县学；雍正十一年（1733年）设东川府科。雍正八年（1730年），户部批复鄂尔泰的报告，同意"苗俗向无学校，应于各属四乡适中之所设立义学，以广化导。"各地的书院、义学得以先后设立起来。其中，昭通设立了"昭阳书院"并启文等六义学，东川设立了"西林书院"并会泽等七义学，镇雄设立了"奎垣书院"并威信等五义学。

清统治者认识到明代的学校教育忽略了对普通子弟的教育，使得中央的统治局限在局部和上层集团，不能渗透到边疆各族下层民众之中，具有一定的局限性，因此在制定针对云南边疆新的教育政策时，注重推广启蒙和开化民智的初等教育——义学。在"教小子尤急于教

---

① 《清圣祖实录》卷二。
② 《新纂云南通志》卷一百三十四至卷一百三十六《学制考》。

成人，教夷人尤切于教汉户"①的教育理念下，从康熙至光绪年间，云南府、厅、州、县兴建的义学达 866 所。义学以"官办民助"为办学模式，主要针对边疆各民族子弟，面向社会各阶层提供识字明理的初等教育，促进了边疆少数民族的文化发展和文明进步，符合云南边疆民族地区的实际。与儒学教育在地域上大为拓展和教育形式的创新相适应，清代云南文人（进士、举人）的空间分布比明代进一步扩大。清政府特意对云南等边远省份赴京会试的举子适当降低录取标准，以昭政府"格外加恩之意"。据《新纂云南通志·历年贡举》载，清代云南共有 808 人考中文、武进士，9 906 人考中文、武举人，144 人为钦赐进士、举人，这个数字超过了清朝以前历朝云南科举数的总和。其中，在光绪二十九年（1903 年）的经济特科考试中，石屏人袁嘉谷名列全国第一，为云南历次科举考试中所未有。除此之外的一个显著特点是，清代云南进士的地域分布比明代要宽广。明代没有出过进士的偏远府、州（厅）在清代也出了进士，如景东直隶厅、元江直隶州、顺宁府、普洱府、镇沅直隶厅等。这些都表明清代云南的儒学教育由腹地较发达地区向边疆民族地区的渗透大为加强了。瑶族与同区域内的苗族相比较，更多地吸收了汉族文化。乾隆《开化府志》说："瑶人男女皆知书"。他们还借用汉字标瑶族语音，形成了本民族文字。同时各少数民族的教育文化也有一定程度的提高。

二、清朝时期云南的文学艺术

清初云南文坛比起明代更显活跃，具有代表性的作家主要有：昆明人朱昂，所著《借庵诗草》被人誉为"性情神韵，皆得杜甫之宗旨"，"自然清新，又兼王孟之胜"。②昆明人王思训，撰有诗集《见山楼集》和史著《滇乘》等，他督学江西时写作的文章，被人视为考试范文而传抄诵读。呈贡人文化远，著有《晚春堂诗》八卷，其诗反映民生疾苦和民俗，颇受时人推崇。姚安土官高奣映，在文学、佛学、经学、音韵和医学方面均有成就，著有诗文集《妙香国草》、史著《鸡足山志》及理学著作《太极明辨》等。寓居昆明的陕西人孙髯，撰有诗作《水言堂诗文集》和《金沙诗草》等，所作昆明大观楼长联共 180 字，联系云南历史描述滇池景物，被誉为"古今第一长联"。晋宁人李因培，曾任福建巡抚等职，有"才高八斗"之誉，撰有《鹤峰集》。其子、女、孙多人均擅长文学，极一时之盛，可称为李氏作家群。宜良人严廷中，13 岁所作诗词即传诵京华，长大后诗名更盛，江南文士以其诗为名组织'"春草诗社"并推其为盟主，和诗者达上百人。严廷中著有《红蕉吟馆诗序》等，在词、曲、赋、杂剧、传论方面也多有成就。嘉庆时保山袁文典、袁文揆兄弟主持纂辑《滇南诗略》和《滇南文略》，汇集乾隆以前有关云南的诗文作品，为云南第一部诗歌和散文的大规模总集。

清代从顺治至乾隆时期，见于著录的云南书画家有 120 余人，其中成就较高和影响较大的有：

周于礼（1720—1779 年），书法家。字绥远，一字亦园，号立崖，峨山县人。乾隆十六年（1751 年）进士。历官翰林院编修、大理寺少卿。其书师法苏轼、米芾，笔势雄浑，名扬海内。作品有《听雨楼法帖》10 卷，清代著名金石学家叶昌炽很赞赏这部法帖。另有《听雨楼诗草》，又手书七经藏于家，并有画作传世。

---
① （雍正）《云南通志》卷二十七《艺文七·查设义学檄》。
② 张福三：《云南地方文学史》（古代卷），云南人民出版社 1997 年版，第 358 页。

尹壮图（1738—1808年），书法家。字万起，一字楚珍，蒙自县人。乾隆三十一年（1766年）进士，改庶吉士，官至内阁学士兼礼部侍郎。因参奏天下仓库亏缺降补御史，放归，准在籍奏事，掌教五华书院。书法醇厚有画沙印泥之妙。著有《性理节要》、《楚珍诗集》、《自编年谱》等。

钱沣（1740—1795），书画家。字东注，一字约甫，号南园，昆明市人。曾入昆明五华书院学习，乾隆三十六年（1771年）进士，官至太子太保、吏部尚书、协办大学士等。工楷书，学颜真卿，又参以欧阳询、褚遂良，笔力雄强，气格宏大，行书参米芾笔意，峻拔多姿。被人评为："能以阳刚学颜公，千古一人而已。"包世臣在《艺舟双楫·国朝书评》中列其行书为"佳上品"。后之学颜者，往往以他为宗。如清末翁同龢、近代谭延闿、谭泽闿兄弟等都是学钱沣而卓然成家者。钱沣又擅画马，尤爱画瘦马，神俊形肖，筋骨显露，神姿逼人。他画的马，没有神态相似的，无一幅雷同，被世人称为"瘦马御史"。当时画名反在书名之上，直到嘉道以后，书名方显。钱沣的诗文也有很高的造诣，风格苍郁劲厚，主要著作有《南园诗存》、《南园存》、《南园集》等。

李沽，字仰亭，昆明人。名画家，早年拜杨畹亭为师。性情"放达不羁，勤奋好学"。一见到古代名画就要临摹，而且可以乱真。喜画山水、人物、花鸟，重视从生活中取材。清代嘉庆年间云贵总督曾叫他画少数民族风情《诸夷人图》，他画得"神采酷肖"。其子李小亭继承父业，也善画山水。

三、清朝时期云南的地方戏曲

清朝时期云南的戏曲也有较大发展，逐渐形成了一些地方剧种。其中的滇剧是丝弦（源于较早的秦腔）、襄阳（源于汉调襄河派）、胡琴（源于徽调）等声腔于明末至清乾隆年间先后传入云南而逐渐发展形成的，流行于云南九十多个县市的广大地区和四川、贵州的部分地区。清代是滇剧孕育、形成发展到逐步兴盛的时期。明永乐时，中原地区的昆腔、弋阳腔等传入云南；清初吴三桂从苏州移来戏班在昆明演出；乾嘉时期昆明已有来自不少省份的戏班滇剧在此基础上吸收各种声腔的长处，结合云南的方言和民间音乐而形成。道光时昆明已有永泰、福寿、洪升3个滇剧班子，曲靖地区也出现了玉林班。滇剧以后逐渐向州县扩展。曲靖、个旧、蒙自、下关和永昌等地，清末也有不少专业或业余的滇剧戏班。到了光绪年间，滇剧已经比较兴盛，不仅有了职业戏班，农村中的一些业余滇戏班子也纷纷成立。滇剧的表演艺术由于继承和吸收了徽、汉、秦腔等剧种之长，使之具备了丰富扎实的基础。云南是多民族的省份，向有"民族艺术海洋"之称，滇剧在发展过程中，长期在农村草台演出，吸收了民间多种艺术营养，因而具有鲜明的民族和乡土特色。

花灯是歌舞型的地方戏剧，流行于云南、贵州和四川的部分地区。其唱腔由明清俗曲、省内外民歌融合组成，风格方面有各地不同的支派，如昆明花灯、玉溪花灯、建水花灯等九个支派。清朝顺治年间，昆明等地演出花灯已较普遍，深受当地汉族、彝族等民族的喜爱。清康熙年间云南开始出现专业戏班，曾有四个戏班在昆明建立乐王庙，作为戏剧界专门集会的场所。云南花灯演出的许多剧目，都具有朴素单纯、健康明朗的民间艺术特色，充满着劳动人民的生活气息。花灯舞蹈是云南花灯的重要组成部分，传统的花灯舞蹈有只舞不唱的如《狮舞》、《猴子弹棉花》等，有集体性的歌舞如《连厢》、《拉花》等。花灯戏的行当，原来只有男女二人，以后才分为生、旦、丑三个行当，当花灯戏在演出了中型、大型的角色众多的剧目以后，又增加了其他行当。

此外，云南少数民族剧种还有白剧和傣剧，也主要形成于明清时期。白剧大约在清代乾隆时期或嘉庆年间形成，据有关资料记载，其形成年代约有200年左右。白剧脸谱吸收京剧脸谱特征而又略有变化。例如，白剧包公脸谱上没有京剧脸谱中"日断阳、夜断阴"的日月图案。清朝乾隆年间，大理、洱源、石龙、剑川、鹤庆等白族地区几乎寨寨有白剧戏台。傣剧最初产生于干崖（今云南盈江）一带，清代吸收滇剧、花灯等剧种的长处逐渐成形，以后流传于傣族的各个地区。

傩戏也是云南地方戏曲的重要组成部分，其种类繁多，如昭通端公戏就是云南傩戏的一个品种，流传在昭通市镇雄、彝良、大关、威信、盐津、巧家等县。明、清两代，傩戏分别从江西、四川和湖广传入昭通。昭通端公戏演员分生、旦、净、丑四类，戏服接近川剧服饰，剧目现存160多个。演出端公戏的戏班称"坛门"或"灯班"，演出时间一般在农历十一月、十二月、腊月至次年正月十六日以前。所以当地有"端公、端公，全靠一冬"的说法。演出时，有乐师、唱师、击鼓、敲锣、领腔、合腔等。至今昭通地区各县仍保存有大约50多个戏班，业余演出者多至千人。

四、清朝时期云南地方志书的大量编纂

清代云南方志大量出现，共有329种，今存215种。其中省志6种，除蔡毓荣的（康熙）《云南通志》仅名目见著录外，范承勋等的（康熙）《云南通志》、鄂尔泰等的（雍正）《云南通志》、阮元等的（道光）《云南通志稿》、岑毓英等的（光绪）《云南通志》、王文韶等的（光绪）《续云南通志稿》5种保存至今。另有省志类10种，今存谢圣纶的（乾隆）《滇黔志略》、师范的（嘉庆）《滇系》、张若骐的（嘉庆）《滇云纪略》、王崧的（道光）《云南志钞》、李廷辉的（道光）《滇南志略》、刘慰三的（光绪）《滇南识略》等8种。有府志61种，今存38种；有州志116种，今存74种；有县志89种，今存60种；有厅志18种，今存9种；乡土志16种，今存13种；盐井志13种，今存8种。其中，师范（1753—1828），字瑞儒，号荔菲，另号金华山樵。赵州（今弥渡）寅街新野村人。才大学博，著录宏富，素为云南诸大宪所推重。著有《金华山樵诗文集》、《南诏征信录》、《小停馆芝兰》、《雷音集》、《滇系》等。《滇系》40卷，是一部补《云南通志》的云南志书，全书共分十二系（类），约45万字，全面、详尽载述有清嘉庆以前云南一省的疆域、职官、事略、赋产、山川、人物、典故、艺文、土司、属类、旅途、杂载等，是研究云南历史的宝贵文献。此书编于作者晚年潦倒之时，他两耳全聋，手脚麻痹，僮仆散尽，收入全无，几乎无法生存。然而就在这样的艰难困苦中，师范仍然坚持把《滇系》一书编完。其书曾编入《清道光志·艺文》卷，也有单行本印行。

除方志外，清代云南还编撰有不少史志专书，如王思训的《滇乘》，冯苏的《滇考》，陈鼎的《滇黔土司婚礼记》、《滇黔游记》，倪蜕的《滇云历年传》，王凤文的《云龙纪往》，王昶的《云南铜政全书》，檀萃的《滇海虞衡志》，吴其浚的《云南矿厂图略》，余庆远的《维西见

闻记》等。其中有些书是方志类中的某种专志，对各地的民族、地理、山川、风俗和物产等作了详细记载，内容与方志可互为补充。

第五节 清朝时期云南居民的经济与社会生活

一、清朝时期云南的经济

云南的地形复杂，山地众多，除滇池、洱海附近以外的广大周边地区，四处丛山密布，峡谷纵横，交通状况十分不便，社会生产的发展颇受限制。所以直至17世纪的康熙年间，云南的开发仍然有限，大片可耕地尚未开垦。随着大规模改土归流的实行，清廷采取了一系列措施调整统治政策以适应生产关系变化的需要，使农业、手工业、商业等得到长足发展，中原与云南地区的经济文化交流加强，交通进一步开辟，四方商贾辐辏而至，移民源源而来，人口增多。清代改土归流后，云南少数民族上层的权力逐渐淡化，中央集权进一步加强，促进了云南社会经济文化的转型与变迁。随着云南汉族的大量增加，汉文化逐渐成为云南的主流文化，影响了其他民族的文化，另外一些少数民族也在这一时期陆续进入云南，也带来了不同的文化，使云南民族文化多元化特征更为突出。比如回族、普米族在元代进入云南，部分满族在清代入滇。云南各民族接触到了北方草原游牧文化、伊斯兰文化。南方的苗族、瑶族大规模地迁徙到了云南。苗族主要从贵州、川南，瑶族主要从广西大规模迁徙到云南。苗族迁徙范围大，从贵州进入曲靖、昭通等地，然后有一支向西直到滇西大姚一带，一支向南经红河州南部直到滇南墨江一带。

18世纪末到19世纪前期的乾、嘉、道三朝期间，是云南人口大发展的重要时期，云南的人口数量空前增加。号称"盛世"的乾隆五十一年（1786年），云南人口为341.3万人，嘉庆二十四年（1819年）首次突破600万，而咸丰元年（1851年）就达到了740.3万人。例如，永善县雍正十年（1732年）兵民共2 586户，乾隆四十一年（1776年）增至7 427户，到了嘉庆年间已是"人烟辐辏，生齿蕃甚"①。在外来的汉族移民和当地各族人民的辛勤劳动下，山区土地得到最大限度的开发。雍正二年（1724年）全省有农屯田地72 176顷，雍正十年（1732年）增至88 389顷，乾隆元年（1736年）增至90 638顷，乾隆三十一年（1766年）又增进到92 537顷，嘉庆十七年达到全省田地最高额，即93 151顷。嘉庆十七年（1812年）全省田地数额是雍正二年的1.3倍，是明万历六年（1578年）田地数17,993顷的5倍多。从明万历六年到清嘉庆十七年的200多年间，共增加田地将近8万顷。从中我们可以窥见云南农业在量上的进步。

为了适应人口的大量增加，玉米和马铃薯的广泛引种就显得意义重大。玉米和马铃薯都属高产作物，耐旱耐涝，性喜沙土，最适宜于山区种植。明末清初，它们由内地的汉族移民传入了西南地区，康熙时在云南各地得到普遍种植，并逐渐取代了低产的山地传统粮食作物燕麦、荞子等，而成为偏僻山区农民的"终岁之粮"。玉米、马铃薯的引种使得云南农业经济

---

① 查枢等：（嘉庆）《永善县志略》下卷。

提高到了一个前所未有的水平，是云南农业经济史上的一件大事。粮食种植结构的这种变化，适应了清代人口急剧增长对粮食的需求，使口粮紧张程度得以缓解，同时由于玉米、马铃薯的传入，使原来不适宜种植稻麦等作物的山区、沙地，能够得到开发利用，山区农业生产由此进入一个新台阶。

云南的经济作物以茶为代表。云南种植、生产茶叶的历史年代久远，是茶叶的原产地之一，尤其是现今思茅、西双版纳一带具备了茶树生长的良好生长自然环境，有树龄达 1 700 多年以上的野生的"茶王树"和树龄达 800 多年的栽培茶树，产"普洱茶"的六大茶山，即"攸乐、蟒支、革登、蛮砖、倚邦、漫撒"就出在这里。清代茶的种植技术越来越发达，从最初不事耕作的野生茶发展到了除草、施肥、剪枝、精心护理的茶园。这些茶叶大都运往下关经过加工精制成下关沱茶、饼茶，远销川、藏各地。江城在清代也是云南的优良产茶区，江城居民十之八九种茶，茶叶成为当地居民的主要经济来源。

云南矿产资源蕴藏丰富，是著名的金、银、铜、锡等矿产产地，伴之而兴的是采矿业和矿产品的加工业。改土归流后，盛产银、铜的昭通、东川等地，重新活跃起来，各地客商纷至，大量优质铜被源源不断地通过金沙江运往内地。昆明三牌坊的金银首饰，二纛街的铜、锡器，猪集（珠玑）街的铁器等都很有名，金铜制品、斑铜、乌铜走银等是其具有地方特色的产品。翡翠玉雕业以腾冲为中心，腾冲占有得天独厚的地理位置。乾隆年代，腾冲已成为珠玉宝石的集散地，从清道光延续到光绪初的著名侨商"三成号"经营的也主要是玉石。

清代云南的食品加工业也有很大改进，酿酒业进一步发展，《道光云南通志·食货志》上载的酒类就有烧酒、白酒、黄酒数种。楚雄的滴酒（后称吕合酒）、鹤庆的干酒、蒙自的高粱陈酒都非常有名。光绪十三年（1887年）蒙自私营酒坊所产高粱酒就达 50 吨。通海的酱油，"每年销十余万斤"，可见其销量之大。火腿则以迤东之宣威，迤西之鹤庆最为著名，"每年销数甚多"。此外，制糖业、榨油业等行业在清代都有发展，为市场提供了众多的生活用品。云南农村市场的称谓有街子、会、场、摆、市、镇、集、市集、街市和街镇等，大多数地区称街子，相应将赶集称为赶街，农村集市分布很广，主要有集会集市、定期市和常市三种类型。在农村商品经济和基层市场发展的基础上，清代云南商业城镇开始崛起。随着经济的发展，云南对外商业联系的加强，很多原作为行政中心的府、州、县增加了经济功能。也有不少城镇的商品集散、中转功能日益增强，逐渐超越了其政治、军事功能，使得这些城镇逐渐演变为商业城镇。

二、清朝时期云南居民的宗教信仰

在前代积累的基础上，清代前期云南兴建佛寺之风依旧盛行不衰。据民国《新纂云南通志》的《宗教考》和《祠祀考》记载，道光时全省庵寺达 1650 余所，可确知建于清代者共 587 所，这其中还未包括一部分小乘佛教寺院。咸丰、同治年间云南社会动荡，许多寺庙在战火中被毁，大乘佛教受到沉重打击，有一蹶不振之势。这一时期云南出现佛教与道教融合的现象，常见云南各地佛寺、道观混杂。在一些地区寺观住持僧道难分，和尚研习的经籍有时释道相混，民间信仰也不择僧道。不过总的来看，各地佛寺仍普遍多于道观。据记载，清代云南所建道教宫观有142所，加上前代所建及年代无考的200余所，至清末云南共有道观465所。① 在一些地区释、道、儒三教相融，佛寺、道观与儒家文庙、学校杂处，三教圣人偶像同堂供奉，甚至出现以"三教"为名称的寺院。云南居民的生活习俗往往也是共受三教的影响，难分彼此。

元朝以来，大批穆斯林进入云南。清真寺作为穆斯林进行经堂教育、宗教活动和聚会的场所，在清代尤其是道光以前在云南广泛修建。凡有回族聚集的城乡，几乎都建有清真寺。如鲁甸县磨盘山只有5户回民，也建有一寺。雍正时，清将哈元生率回族军队到昭通一带推行改土归流时，便在当地建盖了清真寺48所。② 其中位于鲁甸县城东约10公里桃源乡拖姑村玉盘山中的拖姑清真寺，就始建于清雍正八年（1730年）。清朝武官蔡家地马姓先祖马鳞灿、马鳞炽因战功而获得封地拖姑地区，他们带头捐资建造该寺以作为礼拜之所。该寺因其历史悠久而被称为云南省五大古寺之一，其在该地区更被奉为祖寺。一些回族学者从事伊斯兰教著作的翻译和经堂教育，也有利于伊斯兰教的传播，其代表人物有马注、马德新和马联元等。

清朝时期天主教和基督教新教开始在云南流行。康熙三十五年（1696年）云南天主教区设立，五十一年（1712年）和乾隆四年（1739年），法国神父雷勃郎、传教士马蒂亚先后受命为云南教区主教，但并未到任，不久云南教区并入四川。嘉庆十年（1805年）清廷取缔天主教，各地传教活动受阻。鸦片战争后，传教活动才渗入云南各地。道光二十三年云南教区恢复，法国神父袁若瑟任主教。此后，以主教公署所在地盐津为基地，天主教势力逐渐扩展，在昭通、大关和邓川等省内各地纷纷建立教堂。信仰天主教的大多是汉族、白族和彝族等民族的居民。新教势力在清末光绪时才进入云南，主要在苗、傈僳、景颇等少数民族地区传播。

三、清朝时期云南居民的生活习俗

清朝时期，汉族人口通过各种方式大量移民云南，在云南腹地各区域性中心城市形成了汉族地方性群体。云南汉族的社会生活与内地汉族类似，同时带有一些地方性的特点。频繁的经济文化交流，使各族在风俗习惯上都发生了一些变化。如蒙化地区的少数民族，"男妇以青布蒙首，体掩羊皮"，城镇汉人受其影响，"亦多效之"。与汉族杂居的少数民族反过来也深受汉族习俗的影响。如寻甸府，"诸蛮杂处，习尚顽梗，置流以来，其俗渐迁，建学之后，人文可睹。节令葬祭、服食货贝等俗，与列郡同"。安宁州为白族、彝族和汉族杂居之地，原先"猓猓之性，喜祷鬼神"，经长期汉族文化的熏陶，至清代已"渐符汉俗"了。③ 镇雄州原本彝族多汉族少，此时由于汉民族先进的文化的影响，也俨然如内地了。"元宵节自初八至十六日，城中烧灯张乐，人家植竿于门，悬挂天灯，市肆箫鼓聒，爆竹喧震，杂戏呈耀衢路，汉彝相率走观，欢声动地，乡里多演龙灯，逐处跳舞，相传以逐牛疫。"④

再如昭通地区记载的节日习俗：元宵节，人们都喜欢去辕门口的镇台衙门摸石狮子，意在祈福；二月初二，称龙抬头，要耍龙灯、求雨、求晴、做法事；三月初三在元宝山赶庙会；

---

① 段玉明：《西南寺庙文化》，云南教育出版社1992年版，第72页。
② 杨履乾、包鸣泉：《民国昭通县志》卷六，1938年铅印本。
③ （道光）《云南通志稿》卷三十《地理志五·风俗》。
④ （乾隆）《镇雄州志》卷三。

四月初四是赛马会；五月初五是端午，风俗要吃包子、粽子、雄黄酒；六月初六晒衣服；七月十四接祖宗，摆香案挂遗像，做麦芽灯，烧包，在纸袋上面写上祖父祖母名称，放金银镍，是极其盛大的典礼；八月中秋吃月饼；九月九，过重九，吃重阳糕，即千层糕，并游城，到城上去驱百病；十月十日送彩礼，如果哪家姑娘未嫁就送礼至这家，以催这户人家早嫁女；十二月初八吃腊八粥，煮一锅粥，经济丰厚的家庭吃咸的，放火腿、鸡肉丁煮在一起，贫穷的人家吃糖粥；十二月十六日后，宰猪祭灶，腌制猪肉；十二月二十六日后掸尘；除夕过年送天帝（天上玉帝和灶君），一家磕头，然后团拜，吃丰盛的酒筵，饭后小辈给老辈辞岁（磕头），管家的老人给每人压岁钱，然后每家烧火，围火讲故事守岁，守到天微明，起身拜年，拜完吃汤圆；大年初一读书人家去孔庙朝圣，商人则去拜财神。[1]其基本习俗都与内地汉族地区没有太大差别。

云南居民的饮食文化受民族、宗教、社会发展程度以及聚居地地形地貌的影响，即使是汉族聚居区，也有不小的差别。如彝族在云南广泛分布于各地的山区与坝区，社会发展程度很不平衡，由此形成丰富多彩的饮食习惯。彝族早期主要从事畜牧业且多山居，大部分彝族居民喜食牛羊肉、玉米、洋芋等食品，嗜好玉米酒，烹饪方式以蒸、煮为主，从中可见受山居与游牧生活影响的痕迹。同时彝族不同支系的饮食习惯，视地区、海拔高度的差异又有所不同。清代云南种植业有很大发展。除玉米、洋芋外，广为种植的耐旱作物还有荞与高粱。玉米、荞和高粱富含蛋白质，除充食粮外还可酿酒及制粉。畜牧业也达到更大规模。清人檀萃说：云南民俗以牲畜为富，人言牲畜之多，常以"群"为计算单位，一群牲畜至少有数十只，或至数百、上千只。饲养的马和牛不但用于劳作，也被大量屠宰供祭祀或食用。牛有黄牛、水牛两种，以黄牛居多。羊有山羊和绵羊，主要供食用。清代云南普洱茶享誉省内外，在经过复杂工艺处理后，其饮用、药用价值极高。清代药学家赵学敏在《本草纲目拾遗》中写道："普洱茶膏黑如漆，醒酒第一，绿色者更佳。"清代今云南西双版纳、思茅等地所产大叶种普洱茶，不仅大量用于滇藏茶马贸易，还运销国内其他地区，深受人们的喜爱。

---

[1] 姜亮夫：《昭通的风土人情》，见《姜亮夫全集》第24册，云南人民出版社2002年版，第28-32页。

主要参考文献

[1] 方国瑜. 云南史料丛刊[Z]. 昆明：云南大学出版社，2002.
[2] 方国瑜. 云南史料目录概说[M]. 北京：中华书局，1984.
[3] 江应樑. 中国民族史[M]. 北京：民族出版社，1990.
[4] 尤中. 中国西南的古代民族[M]. 昆明：云南人民出版社，1980.
[5] 方国瑜. 云南地方史讲义[M]. 昆明：云南广播电视大学，1993.
[6] 马曜. 云南简史[M]. 昆明：云南人民出版社，2009.
[7] 尤中. 云南民族史[M]. 昆明：云南大学出版社，1994.
[8] 方铁. 边疆民族史探究[M]. 北京：中国文史出版社，2005.
[9] 方铁. 西南通史[M]. 郑州：中州古籍出版社，2003.
[10] 方铁，方慧. 中国西南边疆开发史[M]. 昆明：云南人民出版社，1997.
[11] 马继孔，陆复初. 云南文化史[M]. 昆明：云南民族出版社，1992.
[12] 云南日报社新闻研究所. 云南，可爱的地方[M]. 昆明：云南人民出版社，1984.
[13] 李寿. 云南历史与人文地理[M]. 昆明：云南大学出版社，1996.
[14] 杨福泉，等. 云南少数民族概览[M]. 昆明：云南人民出版社，1999.
[15] 杨学政，等. 云南境内的世界三大宗教[M]. 昆明：云南人民出版社，1993.
[16] 王文光，等. 云南民族与民族文化[M]. 昆明：云南教育出版社，2000.
[17] 《思想战线》编辑部. 西南少数民族风俗志[M]. 北京：中国民间文艺出版社，1981.
[18] 贾兰坡. 中国大陆上的远古居民[M]. 天津：天津人民出版社，1987.
[19] 张之恒，黄建秋，吴建民. 中国旧石器时代考古[M]. 南京：南京大学出版社，2003.
[20] 周国兴. 北京人第一头盖骨发现六十周年文集[G]. 北京：科学技术出版社，1992.
[21] 汪宁生. 云南考古[M]. 昆明：云南人民出版社，1992.
[22] 段渝. 四川通史：1[M]. 成都：四川大学出版社，1993.
[23] 李昆声. 云南文物古迹[M]. 昆明：云南人民出版社，1991.
[24] 李昆声. 云南艺术史[M]. 昆明：云南教育出版社，1995.
[25] 夏光辅，等. 云南科学技术史稿[M]. 昆明：云南科技出版社，1992.
[26] 王声跃，等. 云南地理[M]. 昆明：云南民族出版社，2002.
[27] 常璩. 华阳国志校补图注[M]. 任乃强，校注. 上海：上海古籍出版社，1987.
[28] 常璩. 华阳国志校注[M]. 刘琳，校注. 成都：巴蜀书社，1984.
[29] 聂崇歧. 宋史丛考：上[M]. 北京：中华书局，1980.
[30] 马曜. 云南各族古代史略[M]. 昆明：云南人民出版社，1977.
[31] 刘小兵. 滇文化史[M]. 昆明：云南人民出版社，1991.

[32] 张增祺．滇国与滇文化[M]．昆明：云南美术出版社，1997．

[33] 张文勋．滇文化与民族审美[M]．昆明：云南大学出版社，1992．

[34] 陆韧．云南对外交通史[M]．昆明：云南民族出版社，1997．

[35] 黄懿陆．滇国史[M]．昆明：云南人民出版社，2004．

[36] 萧霁虹，等．滇史疑云[M]．昆明：云南人民出版社，2004．

[37] （明）刘文征．滇志[M]．昆明：云南教育出版社，1991．

[38] 李晓斌．历史上云南文化交流现象研究[M]．北京：民族出版社，2005．

[39] 邹长铭．昭通风物志[M]．昆明：云南人民出版社，1999．

[40] 李正清．昭通史编年[M]．昆明：晨光出版社，2009．

[41] 林超民．南中大姓与爨氏家族研究[M]．北京：民族出版社，2002．

[42] 马继孔，陆复初．爨史[M]．昆明：云南人民出版社，1991．

[43] 范建华．爨文化论[M]．昆明：云南大学出版社，1991．

[44] 尹绍亭．云南物质文化：农耕卷[M]．昆明：云南教育出版社，1996．

[45] 吴兴南．云南对外贸易[M]．昆明：云南民族出版社，1997．

[46] 方国瑜．方国瑜文集：2[M]．昆明：云南教育出版社，2001．

[47] 王忠．新唐书南诏传笺证[M]．北京：中华书局，1963．

[48] 李霖灿．南诏大理国新资料的综合研究[M]．台北：台湾"中央研究院"民族研究所，1967．

[49] 杨仲录．南诏文化论[M]．昆明：云南人民出版社，1991．

[50] 向达．蛮书校注[M]．北京：中华书局，1962．

[51] 木芹．云南志补注[M]．昆明：云南人民出版社，1995．

[52] 木芹．南诏野史会证[M]．昆明：云南人民出版社，1990．

[53] 李昆声，祁庆富．南诏史话[M]．北京：文物出版社，1985．

[54] 尤中．僰古通纪浅述校注[M]．昆明：云南人民出版社，1989．

[55] 詹全友．南诏大理国文化[M]．成都：四川人民出版社，2002．

[56] 谷跃娟．南诏史概要[M]．昆明：云南大学出版社，2007．

[57] [美]巴克斯．南诏国与唐代的西南边疆[M]．林超民，译．昆明：云南人民出版社，1988．

[58] 赵鸿昌．南诏编年史稿[M]．昆明：云南人民出版社，1994．

[59] 李东红．白族佛教密宗阿吒力教派研究[M]．昆明：云南民族出版社，2000．

[60] 方慧．大理总管段氏世次年历及其与蒙元政权关系研究[M]．昆明：云南教育出版社，2001．

[61] 段玉明．大理国史[M]．昆明：云南民族出版社，2003．

[62] 连瑞枝．隐藏的祖先：妙香国的传说和社会[M]．北京：生活·读书·新知三联书店出版社，2007．

[63] 李东红，等．苍洱五百年[M]．昆明：云南人民出版社，2004．

[64] 张旭．大理白族史探索[M]．昆明：云南人民出版社，1990．

[65] 徐嘉瑞．大理古代文化史稿[M]．北京：中华书局，1978．

[66] 林旅之．南诏大理国史[M]．香港：大同印务公司，1981．

[67] 王叔武．云南古佚书钞[M]．昆明：云南人民出版社，2000．

[68] 顾峰．云南碑刻与书法[M]．昆明：云南人民出版社，1984．
[69] 邵献书．南诏国和大理国[M]．长春：吉林教育出版社，1990．
[70] （元）李京，郭松年．云南志略辑校·大理行记校注[M]．王叔武，校．昆明：云南民族出版社，1986．
[71] 夏光南．元代云南史地丛考[M]．台北："中华书局"，1968．
[72] 方国瑜．中国西南历史地理考释[M]．北京：中华书局，1987．
[73] 方国瑜，林超民．《马可·波罗行纪》云南史地丛考[M]．北京：民族出版社，1994．
[74] 邱树森．元代中国少数民族新格局研究[M]．广州：南方出版社，2003．
[75] [波斯]拉施特．史集：2[M]．余大均，周建奇，译．北京：商务印书馆，1985．
[76] 高国祥．中国西南文献丛书[M]．兰州：兰州大学出版社，2004．
[77] （明）徐弘祖．徐霞客游记校注[M]．朱惠荣，校．昆明：云南人民出版社，1985．
[78] 杨绍猷，莫俊卿．明代民族史[M]．成都：四川民族出版社，1996．
[79] 江应梁．明代云南的土官与土司[M]．昆明：云南人民出版社，1955．
[80] 龚荫．中国土司制度[M]．昆明：云南民族出版社，2006．
[81] 龚荫．明史云南土司传笺注[M]．昆明：云南民族出版社，1988．
[82] 陆韧．变迁与交融：明代云南汉族移民研究[M]．昆明：云南教育出版社，2001．
[83] [法]伯希和．郑和下西洋考[M]．上海：商务印书馆，1935．
[84] （清）谷应泰．明史纪事本末[M]．长春：吉林出版集团有限责任公司，2005．
[85] 陈垣．道家金石略[M]．北京：文物出版社，1988．
[86] 杨学琛．清代民族史[M]．成都：四川民族出版社，1996．
[87] 余梓东．清代民族政策研究[M]．沈阳：辽宁人民出版社，2003．
[88] （清）倪蜕．滇云历年传校点[M]．李埏，校．昆明：云南大学出版社，1992．
[89] 张福三．云南地方文学史：古代卷[M]．昆明：云南人民出版社，1997．
[90] 段玉明．西南寺庙文化[M]．昆明：云南教育出版社，1992．
[91] 杨履乾，包鸣泉．民国昭通县志稿[M]．昭通：新民书局，1938．
[92] 姜亮夫．姜亮夫全集：24[M]，昆明：云南人民出版社，2002．

后　记

笔者曾在20世纪80年代就读于云南大学历史系。当时的云南大学历史系虽然僻处西南，但在全国高校中颇有影响，这离不开有以方国瑜、尤中先生等为代表的知名地方民族史专家和学者的开拓奠基之功。现在回头审视走过的路，觉得自己正是因为在大学时代有幸亲耳聆听了这些专家学者的谆谆教诲，才由此奠定了个人在民族地方史领域教学和研究的基础。

在毕业后的二十多年里，笔者一直承担着昭通师范高等专科学校历史专业开设的云南地方史课程。在长期的云南地方史教学和研究实践中，笔者以方国瑜先生的《云南地方史讲义》、尤中先生的《云南民族史》、马曜先生的《云南简史》等著作为教材，广泛借鉴民族地方史方面的其他论著，逐渐形成了自己关于云南地方史教学的知识体系，撰写了不少地方史方面的学术论文，编写了云南地方史讲义。以前自己也曾有过编写教材的想法，但都因这样或那样的理由而不了了之，其中也有对诸位先生皇皇巨著的依赖之心。2009年，"云南地方史"课程立项为校级精品课程，为做好课程建设，教材的编写工作就被提上日程。特别是2011年本课程开始面向全校学生实行公选，故而尽快编写一本在篇幅和内容上适合当今大学生的地方史教材就变得更加迫切。从2009年底，云南地方史精品课程教学团队就开始着手教材编写，历经近两年的寒暑，教材终于杀青。

"数千年往事，注到心头……"浏览云南地方史的每一个篇章，透过一幅幅历史画卷，云贵高原千年来几多兴衰的历史以及各族先民们筚路蓝缕开拓前行的身影仿佛就在面前，让人难以释怀。感慨之余更多的是对先辈的敬仰和对未来美好生活的憧憬。希望这本教材能够在使读者认识云南各族先民创造历史的足迹，继承祖先不畏艰难、勇于探索的精神方面起到一定的启发作用。

本书各章的初稿执笔人分别是：

导　言、第二章：周　玲

第一章、第四章：唐　靖

第三章：张世斌

第五章：罗　锋

第六章：王亦秋

第七章：李加茂

第八章：华业庆

全书初稿完成后，由周玲、唐靖、罗锋对书稿进行了统一的编排、修订和补充。

在本书编写过程中，由于参考资料的欠缺和各种条件的限制，加之编者水平所限，不足之处在所难免，敬请专家及广大读者批评指正，以期在将来再版时能予以完善。

周　玲

2011年5月30日